MAPPING THE WORLD
Atlas géopolitique mondial

世界大局
地圖全解讀

亞歷克西斯‧鮑茲曼（Alexis Bautzmann）
吉雍‧傅蒙（Guillaume Fourmont） —— 主編

蘿拉‧瑪格麗特（Laura Margueritte）
達里歐‧英古斯托（Dario Ingiusto） —— 製圖

嚴慧瑩、陳郁雯——譯

野人

地球觀 51

世界大局‧地圖全解讀
Mapping the World

主　　編　　亞歷克西斯‧鮑茲曼（Alexis Bautzmann）、吉雍‧傅蒙（Guillaume Fourmont）
製　　圖　　蘿拉‧瑪格麗特（Laura Margueritte）、達里歐‧英古斯托（Dario Ingiusto）
撰　　文　　David Amsellem、Victoria Bachelet、Fabrice Balanche、Myriam Benraad、Jean-Paul Burdy、
　　　　　　Théotime Chabre、Isabella Damiani、Guillaume Fourmont、Tristan Hurel、Éric Janin、
　　　　　　Xemartin Laborde、Hugo Lefebvre、Jean-Baptiste Maudet、Nicolas Ressler、Caroline Ronsin、
　　　　　　Nashidil Rouiaï、Clément Therme、Jérôme Tubiana、Tigrane Yégavian
譯　　者　　嚴慧瑩、陳郁雯

野人文化股份有限公司

社　　　長　　張瑩瑩
總 編 輯　　蔡麗真
責 任 編 輯　　陳瑾璇
協 力 編 輯　　余純菁、郎秀慧
專 業 校 對　　魏秋綢
行 銷 企 劃　　林麗紅
封 面 設 計　　児日設計
內 頁 排 版　　洪素貞

讀書共和國出版集團

社　　　　　長　　郭重興
發 行 人 兼 出 版 總 監　　曾大福
業 務 平 臺 總 經 理　　李雪麗
業 務 平 臺 副 總 經 理　　李復民
實 體 通 路 協 理　　林詩富
網 路 暨 海 外 通 路 協 理　　張鑫峰
特 販 通 路 協 理　　陳綺瑩
印　　　　　務　　黃禮賢、李孟儒

出　　版　　野人文化股份有限公司
發　　行　　遠足文化事業股份有限公司
　　　　　　地址：231新北市新店區民權路108-2號9樓
　　　　　　電話：（02）2218-1417　傳真：（02）8667-1065
　　　　　　電子信箱：service@bookrep.com.tw
　　　　　　網址：www.bookrep.com.tw
　　　　　　郵撥帳號：19504465遠足文化事業股份有限公司
　　　　　　客服專線：0800-221-029
法律顧問　　華洋法律事務所　蘇文生律師
印　　製　　凱林彩印股份有限公司
初版首刷　　2019年06月
初版13刷　　2021年04月

國家圖書館出版品預行編目 (CIP) 資料

世界大局‧地圖全解讀 Mapping the World / 亞歷克
西斯‧鮑茲曼 (Alexis Bautzmann) 作 -- 初版 . -- 新北
市：野人文化出版：遠足文化發行, 2019.06
　　面；　公分 . -- (地球觀；51)
譯自：Atlas Géopolitique Mondial 2018
ISBN 978-986-384-334-4(平裝)

1. 國際政治 2. 地緣政治 3. 國際關係 4. 主題地圖

578　　　　　　　　　　　　　　　107022252

Atlas Géopolitique Mondial 2018
Copyright © 2017, EDITIONS DU ROCHER/AREION GROUP
Directed by Alexis Bautzmann
Cartography by Laura Margueritte
Contributions by Guillaume Fourmont and Dario Ingiusto
Complex Chinese translation copyright © 2019 Yeren Publishing House
Published by arrangement with Peony Literary Agency
All rights reserved

世界大局‧地圖全解讀
線上讀者回函專用 QR CODE，你的
寶貴意見，將是我們進步的最大動力。

野人文化
官方網頁

野人文化
讀者回函

目錄

歐洲篇 EUROPE

中東篇 MIDDLE EAST

非洲篇 AFRICA

亞洲及大洋洲篇 ASIA OCEANIA

美洲篇 AMERICAS

美國篇 UNITED STATES

環境議題篇 ENVIRONMENT

國際議題篇 INTERNATIONAL ISSUES

地緣政治詭譎混戰，
掌握全球局勢的必備指南

　　如同往年，《世界大局‧地圖全解讀》第 5 版匯集了《Carto》雜誌編輯部 18 個月以來研究、分析與繪製之圖表，此版問世時正值一個特殊的歷史時點。在短短數月之內，世界上發生了兩項重大事件，一件在美國，一件在英國，兩者都與民主投票有關，結果也同樣令眾人跌破眼鏡，全球地緣政治的情勢從此大為不同。

川普全面啟動保護主義、孤立主義

　　第一是唐納‧川普（Donald Trump）在眾人驚訝的目光下入主白宮。他的執政團隊準備不足、能力也明顯不足，他嫌惡媒體，他會發布「另類事實」（alternative fact），他缺乏明確的地緣政治觀，與俄國的關係亦十分曖昧（聯邦政府正調查中），這些都為美國未來的外交政策增添許多不確定因素。在東亞情勢方面，兩韓關係日益緊張，川普卻對中國充滿敵意；在中東關係方面，敘利亞、伊拉克和伊朗等諸多問題正等著川普解決；此外，他還企圖強化美國的貿易保護主義（實質上早已十分強烈），由這些現象即可預測未來全球關係將會風波不斷。

仇外心態蔓延全球，歐盟「一體化理想」首當其衝

　　第二是 2016 年 6 月 23 日英國舉行脫歐公投，卡麥隆（David Cameron）敗下陣來，此一決定將大大影響歐盟與英國接下來的發展。留歐派的失敗以及脫歐後續效應造成地緣政治情勢一夕驟變，這是絕大多數歐洲人始料未及的，正如川普當選之後的美國，從此進入一段不穩定的時期。歐盟的未來將是近來歐洲最重要的議題，不論對內或對外，它勢必要改革、努力提高民主透明度、更要提高效率，畢竟歐洲面對的挑戰十分艱鉅。在歐洲南方邊境，由於鄰近的阿拉伯國家出現愈來愈多伊斯蘭國（ISIS）的據點，致使動亂四起，恐怖主義進而入侵歐洲城市，並形成難以控制且愈來愈強的移民推力，對歐盟內部政治平衡的衝擊與日俱增。

　　在仇外心理的帶動下，民粹主義與反歐洲意識（europhobe）水漲船高，對歐洲共同體的型塑而言，無疑是最令人憂心的一顆不定時炸彈。在歐洲東方邊境，俄羅斯則形成另一個國防威脅。這個難以捉摸的鄰國一方面與歐盟邊陲地區維持「凍結衝突」（conflit gelé）之態勢（邊陲地區指：納戈爾諾‧卡拉巴赫 [Haut-Karabagh]、阿布哈茲 [Abkhazie]、南奧塞梯 [Ossétie du Sud]、聶斯特河地區 [Transnistrie]、克里米亞 [Crimée]、頓巴斯 [Donbass]），一方面讓俄裔人口極為稀少的波羅的海國家產生愈來愈迫切的危機感。歐盟內部也不平靜，巴爾幹半島國家（科索沃和北馬其頓）可能會爆發嚴重衝突，某些成員國之間的內部矛盾愈演愈烈（尤其是波蘭與匈牙利），加上其它問題，都讓歐盟為了提出有力、可靠和一致的回應而疲於奔命。

將多元資訊化為清晰圖像，一次看懂８３項地緣衝突

　　這種不安定的氣氛今後將成為國際事務的常態，讓我們對全球情勢的剖析更加困難也更不確定。《世界大局‧地圖全解讀》利用圖表將不同尺度的資訊化為圖像，幫助讀者理解資訊，呈現出重要的差異，再以文字提供清晰的解說與圖表相互對照，更悉心挑選豐富多元的主題，在在都是為了讓本書成為一套不可或缺的輔助工具，幫助讀者跳脫刻板印象、避開偏見干擾，得以更深入理解這個世界。

主編／亞歷克西斯‧鮑茲曼（Alexis Bautzmann）

北愛爾蘭 p.12
不滿英國脫歐，主張公投脫離英國

英國脫歐 p.10
執政黨為鞏固權力，發起荒唐公投

比利時 p.14
歐洲最大的聖戰士搖籃

歐洲旅遊業 p.22
法國為什麼留不住觀光客？

伊斯蘭教在法國 p.26
認識穆斯林青年的真實樣貌

義大利 p.30
地震震出政經大動盪

西班牙 p.17
經濟危機帶來第三勢力崛起

玻里尼西亞 p.24
為何始終不願脫離法國獨立？

法國反恐前哨戰 p.34
鮮為人知的駐非反恐部隊

EUROPE
歐洲篇

東正教的地緣政治 p.36
土耳其、俄羅斯兩強鬥爭浮上檯面

英國脫歐：
執政黨為鞏固權力，發起荒唐公投

Brexit 這個字，是 British Exit 的縮寫。2016 年 6 月 23 日，英國國民公投決定脫離歐盟。率先提出脫歐公投計畫的時任首相卡麥隆（David Cameron，任期 2010~2016 年），後來改變態度轉為支持留歐，公投結果出來之後宣布辭職下台。英國脫歐對經濟的影響不容忽視。

1975 年，英國加入當時的「歐洲經濟共同體」(EEC) 短短兩年之後，就曾舉辦一場公投，決定是否退出。當年那場公投，有 2/3 的英國國民 (67.2%) 贊成續留。在這之前，分別在 1963 和 1967 年，主導「歐洲經濟共同體」的法國總統戴高樂（Charles de Gaulle，任期 1959~1969 年）曾兩次否決英國的加盟申請，認為英國太過傾向大西洋主義，而非歐陸主義。

40 年後，相同的議題又浮上檯面：英國要留歐或是脫歐？這一次，疑歐的聲音日益高漲，愈來愈多保守黨議員對布魯塞爾（歐盟總部）滿懷敵意，並且得到媒體與民意的支持。卡麥隆在 2013 年 1 月宣布舉辦公投，歐盟其他 27 國成員為了激起英國續留歐盟的意願，於 2016 年 2 月 19 日承諾倫敦提出的多項歐盟改革要求。然而，全民公投還是在同年 6 月 23 日舉辦了。

保守黨為了拉攏選民，提出脫歐公投

英國首相宣布舉辦公投時，非常清楚國內敵視歐洲的氛圍。他發起公投的目的，原本是想藉由這個策略鞏固保守黨的勢力，遏止英國獨立黨 (UKIP) 選民日漸壯大的趨勢。

獨立黨於 2009 年的歐洲議會選舉獲得 16% 的選票，實力不容小覷（2014 年數據參見圖 3）。民意調查顯示輿論愈來愈支持獨立黨的脫歐訴求，2010~2013 年的地方選舉和議會部分選舉更證實了這個趨勢。這些獨立黨的選民其實很多原先是支持保守黨的，因此保守黨採取對歐盟愈來愈敵視的態度，以便挽回選民的心。然而，這個策略並沒有奏效。每一次選舉英國獨立派都獲得更多選票：2014 年的歐洲議會選舉，獨立黨獲得 27.5% 的選票，拿下 24 個席位，成為第一大黨；2010~2015 年的下議院選舉，該黨的得票數增加了近 300 萬票。

歐盟挽留英國，刪減移民福利、保障英鎊地位

針對歐盟，英國的策略是以脫離歐盟作為要脅，以得到其他會員國對英國的讓步優待。倫敦希望能夠重新討論歐盟整合計畫、豁免歐盟規定會員國必須提供新移民最初 4 年的社會福利措施（意即移民必須在英國工作 4 年以上才能申請福利）、加強國內議院重要性以與歐洲立法相抗衡、主張歐元不再是歐盟唯一一貨幣，以免使英鎊失利。然而，儘管保守黨提出這些主張，他們的策略依然沒有見效，因為歐盟其他成員早已經被迫對倫敦做出許多額外的讓步，英國也已經在許多範疇得到例外的優厚待遇，例如在共同農業政策 (CAP) 方面。歐盟也擔心一再妥協，會造成其他成員國也要比照辦理的骨牌效應。但是到了最後，歐盟其他 27 個成員國還是在 2016 年 2 月 19 日就移民社會福利議題上做出讓步，讓英國得以在 7 年之內停止提供歐盟會員國移民的部分社會福利。

脫歐可能導致 GDP 狂跌超過 4%

公投最終決定脫離歐盟。這對英國經濟的衝擊不容忽視，因為企業能否進入歐洲單一市場，對英國經濟而言非常關鍵。根據 2013 年「歐盟統計局」(Eurostat) 的統計，英國占歐盟出口 6.3%，進口 9.3%。英國最大的貿易夥伴是歐盟（參見圖 4），美國次之，中國第三。金融服務對英國經濟尤其重要，占 GDP 的 10%，脫歐後企業將大量移轉到歐洲其他金融中心或是美國華爾街的疑慮並非空穴來風。聚集 24 萬家公司的英國工業聯合會 (Confederation of British Industry) 一直支持續留歐盟，並指出脫歐的話，英國的 GDP 可能會下跌 4~5%，這代表的是 730~910 億歐元。

德國貝塔斯曼基金會 (Bertelsmann Foundation) 預估的結果還更嚴重[1]，該基金會認為到了 2030 年時，脫歐不僅將會使英國 GDP 減少 3%，再加上各種連帶效應（例如倫敦失去金融影響力），GDP 可能減少高達 14%。相對的，歐盟也需要英國，因為英國不只是全球第 5 大強國，也是歐洲創新和文化的重要中心。從預算面來看，失去英國，代表歐盟將失去英國每年繳交的 130 億年費。

除了有形的影響之外，英國的外交也可能在歐洲各機構、國際各組織之間失去影響力。遭到「邊緣化」將是英國脫歐產生的第一個後遺症，這史無前例的情況充滿未知數。

文 ● D. Amsellem

---

[1] 數據引用自 Bertelsmann Stiftung,《Brexit-potential ecnomic consequences if the UK exits the EU》, in *Policy Brief* n° 2015/05, mai 2015.

1 英語的國際影響力

貝里斯
牙買加
蓋亞那
巴哈馬
安的列斯群島
美國
加拿大

甘比亞
獅子山
賴比瑞亞
迦納
奈及利亞
喀麥隆
納米比亞
波札那
南非
賴索托
史瓦濟蘭
莫三比克
馬達加斯加
模里西斯
盧安達
尚比亞
辛巴威
烏干達
坦尚尼亞
肯亞
馬拉威
塞席爾共和國
南蘇丹
蘇丹
埃及
約旦
巴林
卡達
阿拉伯
聯合大公國
葉門
科威特
巴基斯坦
印度
馬爾他
利比亞
賽普勒斯
以色列
愛爾蘭
英國
馬爾地夫
斯里蘭卡
孟加拉
緬甸
香港
新加坡
馬來西亞
汶萊
菲律賓

澳洲
巴布亞紐
幾內亞

吉里巴斯
諾魯
薩摩亞
所羅門群島
東加
斐濟 吐瓦魯
萬那杜

紐西蘭

○ 大英國協成員國

英文是/曾是官方語言的國家
- 英文是官方語言之一
- 英文曾經是官方語言

2 2015年英國失業率*

英國各行政區分界
失業人口占16~64歲勞動人口的百分比
- 5.2~5.8%
- 5.2~5.8%
- 全國平均失業率5.1%
- 3.7~4.9%
- 未登記數據

*計算期間：2015年10~12月

蘇格蘭
格拉斯哥 愛丁堡
北愛爾蘭
貝爾法斯特
曼城島
英格蘭東北
英格蘭西北
約克郡-亨伯
曼徹斯特
東密德蘭
西密德蘭
威爾斯
東英格蘭
Cardiff
大倫敦
英格蘭西南
英格蘭東南

3 英國獨立黨(UKIP)勢力示意圖

2014年各行政區投票給英國獨立黨的百分比
- 30%以上
- 20~30%
- 10~19.9%
- 未登記數據

蘇格蘭
格拉斯哥 愛丁堡
北愛爾蘭
貝爾法斯特
曼城島
英格蘭西北
英格蘭東北
約克郡-亨伯
曼徹斯特
東密德蘭
西密德蘭
威爾斯
東英格蘭
Cardiff
大倫敦
英格蘭西南
英格蘭東南

4 英國與歐盟的貿易統計圖

歐盟會員國

2015年英國主要商業夥伴
交易額度(億英鎊**)
- 出口
- 進口

**1英鎊=1.28歐元
(2016年2月23日匯率)

大英國協主要國家
165 / 202

美國
475 / 347

歐盟
1,344 / 2,234

英國

瑞典
44 / 70

愛爾蘭
168 / 128

荷蘭
173 / 313

德國
306 / 622

比利時和盧森堡
118 / 215

法國
180 / 245

瑞士
73 / 85

義大利
86 / 160

西班牙
89 / 141

北愛爾蘭：
不滿英國脫歐，主張公投脫離英國

2016 年 6 月 23 日，英國公投決定脫離歐盟。北愛爾蘭多數人民不支持這個結果 (55.8％)，擔心一旦脫離歐盟，北愛爾蘭和南邊歐盟成員愛爾蘭共和國之間又會設置邊界 (北愛爾蘭屬於英國)。在北愛爾蘭人眼裡，脫歐不但會嚴重影響國內經濟，還可能喚醒痛苦的歷史傷痕。

英國脫歐的公投結果一公布，愛爾蘭新芬黨 (Sinn Féin) 就立刻號召舉辦全民公投，主張統一南北愛爾蘭，避免受到英國脫離歐盟的池魚之殃，使得南、北愛爾蘭之間重新設置起邊界。新芬黨的舉動不僅反映出北愛爾蘭不滿英國選擇脫離歐盟，更可能再度掀起社會、宗教的衝突，讓已式微的北愛獨立派蠢蠢欲動，使北愛爾蘭內部的公民、經濟、政治意識分歧更加嚴重。

英國、愛爾蘭為何衝突不斷？

南北愛爾蘭的邊界長達 499 公里，從愛爾蘭島最北端離德里市 (Derry) 不遠的福伊爾灣 (Foyle)，直到瀕臨愛爾蘭海的沃倫波因特市 (Warrenpoint)。邊界蜿蜒，基本上穿越的都是農地鄉野，邊界北邊是屬於英國的阿爾斯特省 (Ulster)，南邊是愛爾蘭共和國的康諾特省 (Connaught) 和倫斯特省 (Leinster)。

1920 年，英國為了終止愛爾蘭獨立戰爭 (1919~1921 年)，頒布了《愛爾蘭政府法》(Government of Ireland Act)，分隔開愛爾蘭 32 郡 (請參考圖 1)：人口多數為天主教徒的南部 26 郡 (占全島面積 4/5) 為愛爾蘭自由邦，而人口多數為新教徒的北部 6 郡，則以北愛爾蘭的名義留在英國。但這個解決方法挑起了社會、經濟、宗教、文化上諸多本質上的衝突。1925 年，英國想重新界定兩愛邊界，卻在北愛爾蘭施壓之下不了了之，愛爾蘭共和國本想藉機多蠶食一點國土，因此義憤填膺，更加深了南北嫌隙。

1956 年，愛爾蘭共和軍開始在南北邊界發動恐怖活動，攻擊愛爾蘭共和國邊界以北、象徵英國主權的北愛爾蘭。南北關係逐漸惡化，兩地的經濟往來因 1924~1937 年間愛爾蘭共和軍抵制已衰退 70％，自此更加蕭條，鐵路交通線也一一關閉。這一連串的恐怖攻擊，使得大多數天主教徒組成的愛爾蘭共和國和大多數新教徒組成的北愛爾蘭，淪為一片戰土，是西歐近代死傷最多的衝突行動之一，從 1919~2005 年愛爾蘭共和軍宣布放棄武裝抗爭期間，已造成近 3,000 名犧牲者。

1998 年北愛爾蘭、英國以及愛爾蘭共和國三方簽訂和平協定，南北愛爾蘭的關係漸趨正常。這項協定促使倫敦和都柏林加強邊境區的合作，並創立部長級的「南北委員會」，在農業、旅遊、教育、健康、環境與交通這 5 大範疇上具有實際行政權。1973 年，英國和愛爾蘭共和國雙雙加入「歐洲經濟共同體」(CEE)，終結了衝突，大幅改善了兩國關係。愛爾蘭藉由歐洲的

資助，經濟積極成長，創立雙邊經濟合作機構後，原本問題重重的邊界地區蛻變為經濟活躍地區 (請參考圖 2)。

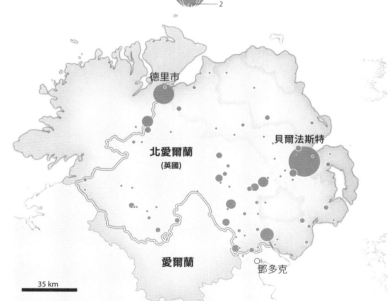

1 遭到愛爾蘭共和國攻擊的北愛爾蘭地區

—— 1920年《愛爾蘭政府法》劃定的兩國邊界(即今日的邊界)
—— 舊時的阿爾斯特省

多數居民為新教徒的郡
2013年
1911年

1997~2014年暴力衝突事件數目
愛爾蘭共和國對英國北愛爾蘭維安部隊、經濟重地發動軍事攻擊(手段包括槍枝攻擊、隨機爆炸、放火)
140
60
30
2

德里市
貝爾法斯特
北愛爾蘭 (英國)
愛爾蘭
鄧多克

35 km

資料來源：*Guilhem Marotte, « Stratégies violentes et non-violentes pour le contrôle de l'espace républicain de Belfast », in Hérodote n°158, octobre 2015 ; « The melting pot », in The Economist, 9 mars 2013 ; Michel Foucher, Fronts et frontières, Fayard, 1991*

脫歐影響超過 40 萬愛爾蘭人的工作

英國選擇脫離歐盟，讓愛爾蘭人憂心忡忡。愛爾蘭 1993 年撤銷關稅崗哨，南北邊界可說消弭於無形，到了 2006 年，雙邊商業往來蓬勃發展，每天有 3 萬人往來於兩國邊界。生活在北邊英國的愛爾蘭公民有 35 萬人，相對的，10 萬北愛爾蘭的英國公民住在愛爾蘭共和國。南北愛爾蘭經濟密不可分，北愛爾蘭出口有 1/3 輸往愛爾蘭，英國也是都柏林最大的商業夥伴 (占愛爾蘭出口 16％，進口 17％)。兩國商業往來牽涉到 40 萬人的生計。

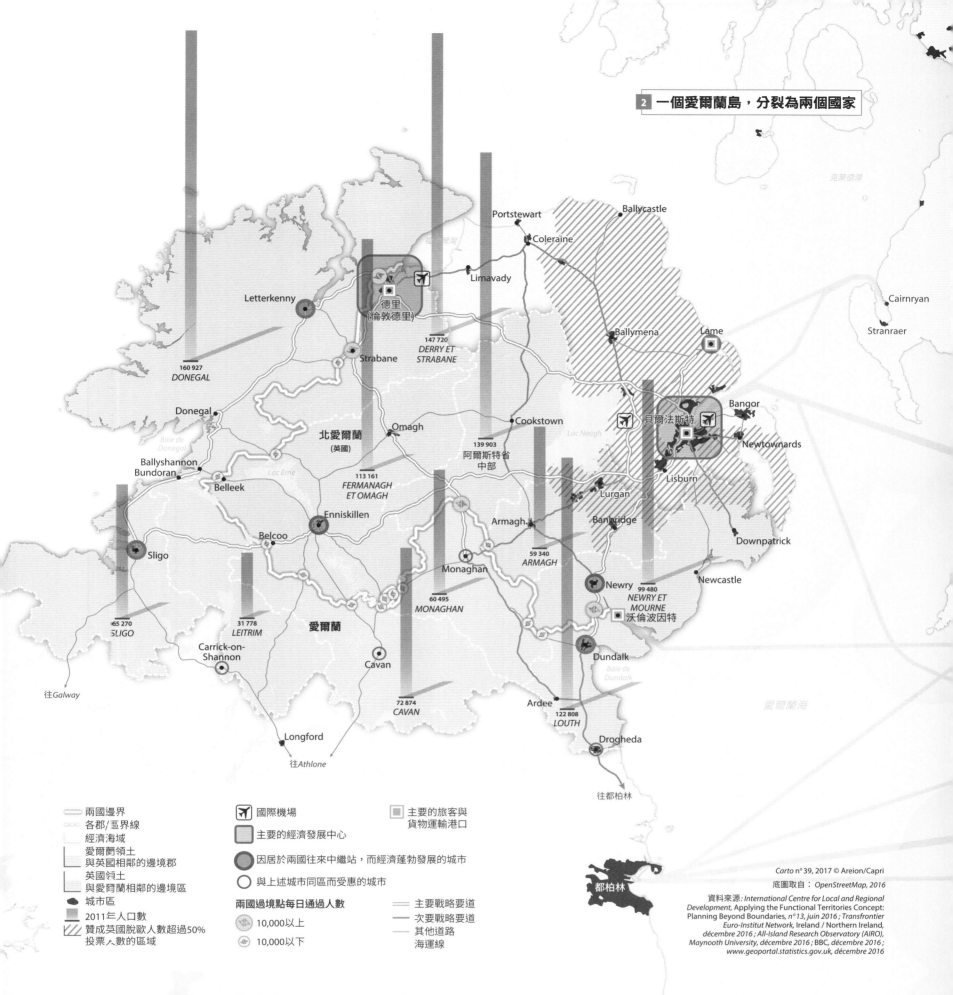

Letterkenny

160 927
DONEGAL

Portstewart
Coleraine
Limavady

147 720
DERRY ET STRABANE

德里
(倫敦德里)

Ballycastle

Ballymena
Larne

Cairnryan

Stranraer

Donegal

北愛爾蘭
(英國)

Strabane

Omagh

Cookstown

貝爾法斯特

Bangor
Newtownards

Ballyshannon
Bundoran

Belleek

113 161
FERMANAGH ET OMAGH

阿爾斯特省
中部

139 903

Lurgan
Lisburn

Downpatrick

Enniskillen

Belcoo

Armagh.

Banbridge

Sligo

59 340
ARMAGH

Newcastle

愛爾蘭

Monaghan

60 495
MONAGHAN

Newry

99 480
NEWRY ET MOURNE

沃倫波因特

65 270
SLIGO

31 778
LEITRIM

Carrick-on-Shannon

Cavan

Dundalk

往Galway

72 874
CAVAN

Ardee

122 808
LOUTH

愛爾蘭海

Longford

Drogheda

往Athlone

往都柏林

圖例

═══	兩國邊界
┄┄┄	各郡／區界線
	經濟海域
	愛爾蘭領土
┃	與英國相鄰的邊境郡
	英國領土
┃	與愛爾蘭相鄰的邊境區
⬛	城市區
▮	2011年人口數
▨	贊成英國脫歐人數超過50%投票人數的區域

✈	國際機場
▢	主要的經濟發展中心
⬤	因居於兩國往來中繼站，而經濟蓬勃發展的城市
○	與上述城市同區而受惠的城市

⬛	主要的旅客與貨物運輸港口

兩國過境點每日通過人數

⬤	10,000以上
⬤	10,000以下

═══	主要戰略要道
───	次要戰略要道
───	其他道路
	海運線

都柏林

Carto n° 39, 2017 © Areion/Capri
底圖取自：*OpenStreetMap, 2016*

資料來源：*International Centre for Local and Regional Development*, Applying the Functional Territories Concept: Planning Beyond Boundaries, *n° 13, juin 2016*; *Transfrontier Euro-Institut Network, Ireland / Northern Ireland, décembre 2016*; All-Island Research Observatory (AIRO), Maynooth University, *décembre 2016*; BBC, *décembre 2016*; *www.geoportal.statistics.gov.uk, décembre 2016*

因此，2017年愛爾蘭的經濟成長預估，也從 3.9% 拉低到 3.5%。

自從 1949 年英國承認愛爾蘭獨立之後，兩國之間就可自由通行。愛爾蘭南北邊界兩側的人民擔心脫歐後出入邊境將需要管制，手續會變得和 1949 年以前一樣繁複。因此，英國脫歐的結果一確定，許多北愛爾蘭人第一件事就是申請愛爾蘭共和國國籍，以便能夠繼續到邊界以南尋求工作機會。都柏林也發給所有出生於愛爾蘭和北愛爾蘭，或是父母和祖父母是愛爾蘭國籍的人公民身分。申請人數一年之間翻增了一倍 (2016 年夏季的

統計數目是 21,549，前一年是 10,959 人)。

人民不樂見當年屢屢成為愛爾蘭共和軍恐怖攻擊目標的邊境崗哨重新出現。英國政府一再保證南北愛爾蘭之間不會出現實質的「硬邊界」，而倫敦面臨的一大挑戰就是：如何留住北愛爾蘭，同時與都柏林維持良好關係，以便為脫離歐盟之後的未來做準備。

文 ● X. Laborde

比利時：歐洲最大的聖戰士搖籃

比利時南部瓦隆區 (Wallonie) 和北部佛拉蒙區 (Flandre) 之間的對立、摩擦愈趨激烈，各政黨支持的理念愈來愈相左且極端，這個國家的根基與政權正面臨嚴厲的考驗。2016 年 3 月 22 日的布魯塞爾連環爆炸案，揭露伊斯蘭聖戰士 (Djihadiste) 的網絡已在同時身為歐盟總部所在地與比利時首都的布魯塞爾扎根。

根據 2016 年 8 月比利時聖戰組織研究專家彼得·范奧斯塔延 (Peter van Ostaeyen) 和吉·范弗利耶登 (Guy van Vlierden) 發表的可靠數據顯示，有 543 名比利時公民曾前往伊拉克和敘利亞加入聖戰士活動。以人口比例來看 (2015 年統計人口數為 1129 萬，請參考圖 4)，比利時是歐洲最大的聖戰士「搖籃」。2015 年 1 月和 11 月巴黎的恐怖攻擊，以及 2016 年 3 月布魯塞爾的恐怖爆炸，在在顯示比利時也是非法武器的中繼站。發生這些恐怖攻擊之後，比利時採取了一連串的反恐行動，但國際仍舊對這個國家的穩定性劃上問號，因為比利時放任聖戰士巢穴如此之久才發現，以及在安全警力掌控上缺乏統一合作。

行政部門、安警單位漏洞百出

比利時境內四分五裂，其中一個原因是地方與聯邦之間的管轄權協調不佳。每任政府的執政時間為時短暫，無法有效推行公共服務改革政策，某些權力機構也沒有足夠的權限與預算。比利時的司法預算在歐洲國家中是最低的：2016 年預算是 18.9 億歐元 (法國是 80.4 億歐元)，必須負責監獄管理維護、司法支出、法官薪水、各法院建築修繕維護種種支出。此外，聯邦警署預算 6 年以來已連續被刪減了 1 億歐元，因此 2016 年春季爆發了罷工潮，蔓延到各公共服務部門、鐵路、瓦隆區的監獄看守人員等等。

政府在境內發現伊斯蘭激進派分支的事實，更加速分化社會，引起族群間更大的分歧。這些事件凸顯比利時各個政治行政階層的陋習。莫倫貝克區 (Molenbeek) 是滋養暴力伊斯蘭主義極端份子的溫床，上一任區長菲利浦·穆羅 (Philippe Moureaux) 被抨擊 1992~2012 年在任期間，為了選票因素睜隻眼閉隻眼，放任當地聖戰士團體發展。再往上追查，整個國家也都未曾有效地測定出這些極端勢力團體的存在。

布魯塞爾一首都區下轄 19 個行政區、6 個警察機構，每個安警單位之間分工支離破碎，協調不順，無法有效執法。2016 年 3 月，副首相兼內政部長與司法部長因先前處置恐攻事件嫌犯不當，向 2014 年 10 月執掌政府的總理夏爾·米歇爾 (Charles Michel) 提出辭呈，但被拒絕。瓦隆區與佛拉蒙區之間的敵對也因恐攻事件再度白熱化。

南北兩大族群分歧劇烈

比利時建國以來，國內分歧就一直存在 (請參考圖 1)。1830 年，比利時從荷蘭聯合王國統治下獨立，分為北部新教徒、南部天主教徒的局面。這個國家的誕生，並非起因於人民共同的願景，而是歐洲各強國間領地戰略的角力結果。當時英國為了

1 1815~1920年荷比盧國界競爭圖

- ☐ 1831年的比利時國土
- ▨ 1920年比利時收管的國土
- ☐ 1815~1830年荷蘭的國土
- ▨ 1831年荷蘭的國土

日耳曼邦聯的國界
- ☐ 1815年時
- ⋯ 1839~1866年
- ☐ 1839年盧森堡大公國的國土

荷蘭
阿姆斯特丹
海牙　烏特勒支
鹿特丹
德意志邦聯
安特衛普　林堡省
布魯日　　　　馬斯垂克
Ostende　根特
布魯塞爾
比利時　　列日
Namur　　　　Malmedy
盧森堡
大公國
法國
Arlon
盧森堡

資料來源：*Georges Duby, Grand Atlas historique, Larousse, 2008*

100 km

Carto n° 37, 2016 © Areion/Capri

北海

荷蘭

荷蘭

Ostende
Brugge
Bruges

安特衛普省

Antwerpen
Anvers

西佛拉蒙省

Gent
Gand

Mechelen

林堡省

德國

東佛拉蒙省
Aalst

布魯塞爾

Leuven
Louvain

Hasselt

Ieper
Ypres

Kortrijk
Courtrai

佛萊明-
布拉班特省

Tongeren

Mouscron

瓦隆-布拉班特省

Waremme

Liège

Verviers

Tournai

Nivelles

埃諾省

Huy

列日省

Mons

Charleroi

Namur

法國

那慕爾省

Dinant

盧森堡省

行政區分界

┈┈ 省分界線

━━ 語言分界線

比利時3大區

瓦隆區

佛拉蒙區

布魯塞爾—首都區

比利時3大語言區

法語區(瓦隆區+布魯塞爾—首都區)

荷語區(佛拉蒙區+布魯塞爾—首都區)

德語區

3大語言區通用語言

法語(荷語區)

荷語(法語區)

德語(法語區)

Neufchâteau

盧森堡

註：佛拉蒙區的城市同時標示法語和佛拉蒙語地名，瓦隆區則以法語拼法標示地名。

15 km

資料來源：*Office national de sécurité sociale belge, 2016 ; Institut géographique national belge, 2016*

Carto n° 37, 2016 © Areion/Capri

荷蘭

北海

Bruges

Anvers

佛拉蒙區

荷蘭

Hasselt

德國

Gand

布魯塞爾—首都區

Liège

Mons

Charleroi

Namur

法國

瓦隆區

┈┈ 比利時各省界線

比利時各大政黨版圖
新佛拉蒙聯盟2014年的議會選舉得票率
領先所有政黨

左派政黨(包括瓦隆社會黨[PS Wallon]、
佛拉蒙不同社會黨[SPA flamand])

右派政黨(包括革新運動黨[MR]、
開放佛拉蒙自由民主黨[Open VLD])

中間路線(包括人道民主中心基督教
民主與佛拉蒙黨[CDH/CD&V])

新佛拉蒙聯盟(主張佛拉蒙獨立)

極右派獨立分子勢力區

佛拉蒙黨(勢力大幅削減，
2004年選舉獲24%支持率，
2014年僅獲9%)

━━ 語言分界線(語言邊界將國家分為3區：
荷語佛拉蒙區、法語瓦隆區、
雙語布魯塞爾首都區)

瓦隆區一直有主張
本區歸入法國的運動，
勢力很小但持續存在。

◆ 能通用雙語的地區(雙語地區的政治角力
常使得語言邊界處、布魯塞爾周邊情勢緊張)

盧森堡

Arlon

20 km

資料來源：*P. Blaise et al., « Les résultats des élections fédérales et européennes du 25 mai 2014 », in Courrier hebdomadaire du CRISP, 2014/37 (n° 2242-2243), p. 5-112 ; B. Gibiin (dir.), Les conflits dans le monde, Éditions Armand Colin, 2011*

© Xemartin Laborde, 2016

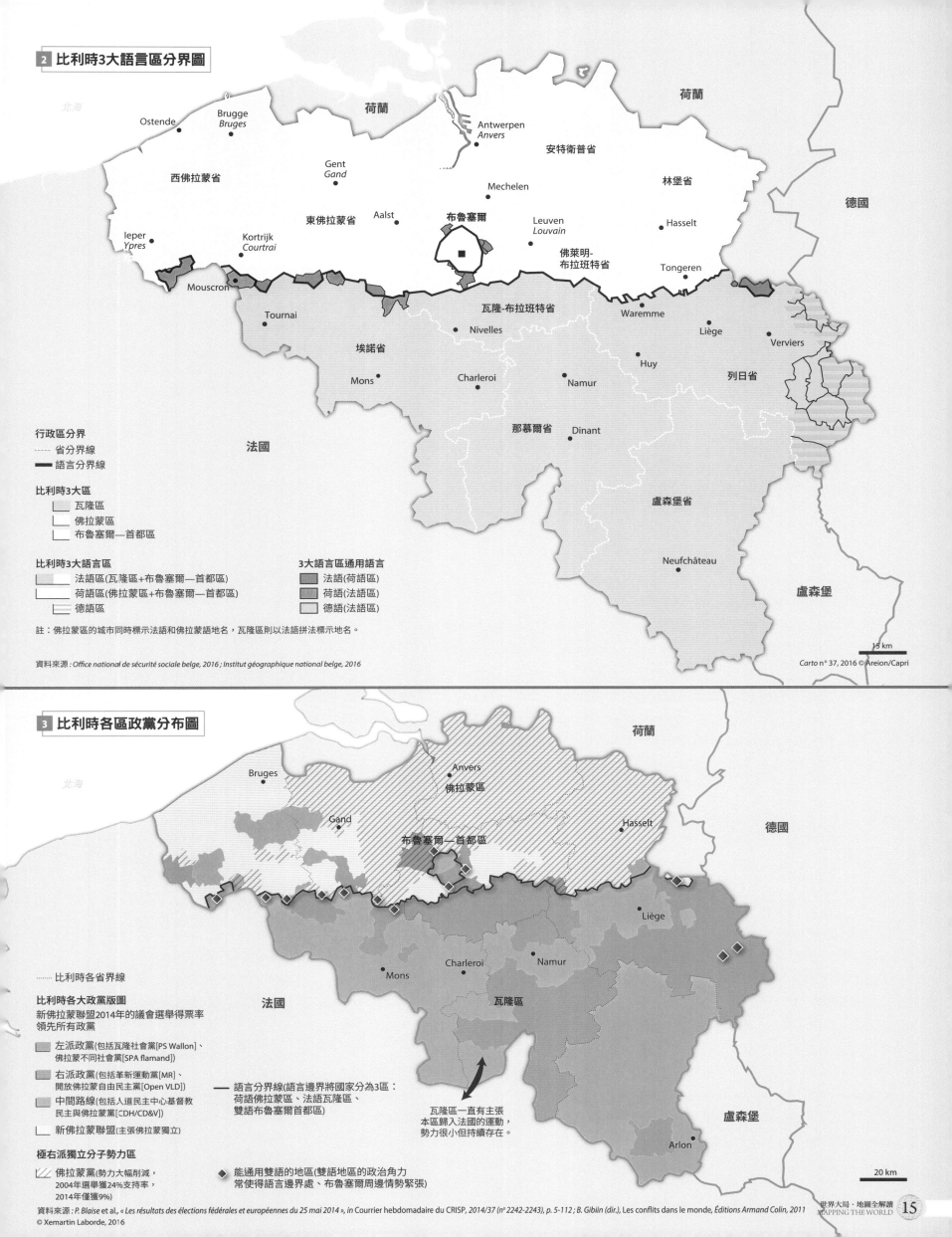

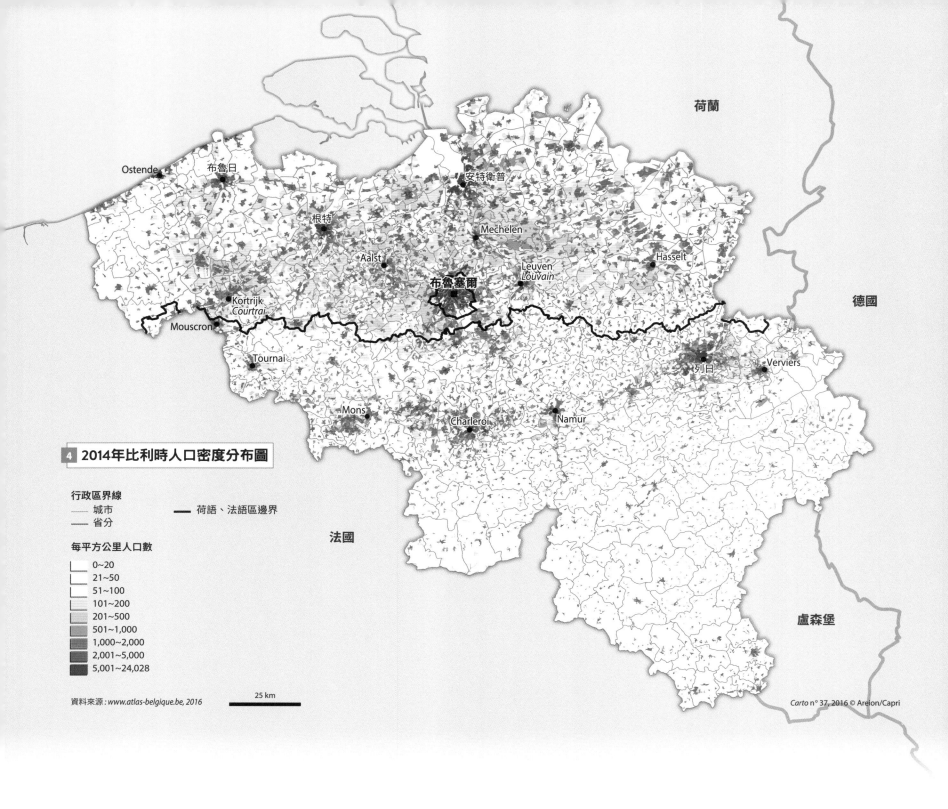

荷蘭

德國

法國

盧森堡

4 2014年比利時人口密度分布圖

行政區界線
—— 城市
—— 省分
—— 荷語、法語區邊界

每平方公里人口數
0~20
21~50
51~100
101~200
201~500
501~1,000
1,000~2,000
2,001~5,000
5,001~24,028

資料來源：www.atlas-belgique.be, 2016

25 km

Carto n° 37, 2016 © Areion/Capri

Ostende　布魯日　安特衛普
根特　Mechelen
Aalst　Leuven / Louvain　Hasselt
布魯塞爾
Kortrijk / Courtrai
Mouscron
Tournai　Mons　Charleroi　Namur　列日　Verviers

避免這塊土地被荷蘭或法國併吞，強力主導了比利時獨立建國。

　　比利時誕生了，但國家認同並未融合國內兩大族群：北半部的佛拉蒙人 (Flamands) 與南半部的瓦隆人 (Wallons)。瓦隆人和佛拉蒙人之間，一直存在著嚴重的語言和文化衝突 (請參考圖2)，再加上南北經濟發展懸殊，情況更加複雜。憲法規定法語和佛拉蒙語同為官方語言，但 20 世紀屬於法語區的瓦隆區工業蓬勃發展、佛拉蒙區實權也多掌握在說法語的資產階級手上，因此法語才是主流語言。到了 1980 年，煤礦工業沒落，使瓦隆區經濟衰敗蕭條，相反的，佛拉蒙區藉著發展港口、銀行、商業、服務業，經濟好轉，扭轉了以前的貧富地位。自從 2000 年以來，佛拉蒙區的經濟加速成長，和瓦隆區的差距愈來愈大。今日，佛拉蒙區占國內生產總值的 50％，遠遠超過瓦隆區的 25％和布魯塞爾─首都區的 20％。佛拉蒙區的經濟穩定實力也反映在失業率差距上：2015 年該區失業率為 5.2％，而瓦隆區為 11.9％，布魯塞爾─首都區為 17.3％。南北兩邊的社會經濟消長日漸加劇。

極右派勢力捲土重來，危及國家穩定

　　2010 年比利時大選結果並無單一政黨獲得足以控制國會的優勢席次，使國家進入 541 天的無政府狀態，分歧亂象幾乎使比利時分崩離析。夏爾·米歇爾成功地安撫了政治和社會的緊張對峙，他帶領自己所屬的中間偏右改革運動黨 (Mouvement des réformateurs) 聯合開放自由民主黨 (Open VLD)、基督教民主黨 (Chrétien démocrates)、主張法蘭德斯獨立的新法蘭德斯聯盟 (NVA) 共同組閣 (請參考圖3)。政府針對 2017 年頒布了 25 項有關國家經濟和社會的重要措施，以迎接 2018 年舉辦的聯邦議會選舉。專家預估聯邦議會選舉結果將會使國家分裂狀況更加嚴重，因為主張佛拉蒙獨立的極右派勢力捲土重來：新佛拉蒙聯盟支持北部荷語區脫離比利時，自成一個民主國家，這無疑是在比利時無法痊癒的傷口上再加一刀。

文 ● X. Laborde

西班牙：
經濟危機帶來第三勢力崛起

西班牙正在轉變。2008 年以來全國經濟崩盤，政壇出現了新的政黨與人民黨 (PP) 和西班牙工人社會黨 (PSOE) 兩大傳統黨相抗衡（參見圖 1），使得國家面臨政治瓦解的局面。2015 年 12 月 20 日國會選舉的結果，更反映了西班牙必須施行透明化撙節政策的急迫性。

2008 年房地產泡沫破裂時，西班牙國民不知道更糟的還在後面：失業人口大量激增、社會貧窮倒退、貧富差距愈來愈懸殊、無法償還貸款的屋主被強行驅逐、公共醫療服務體系愈來愈緊縮……數據顯示，當年的危機至今仍未全面改善（請參考右圖）：2015 年，官方發表的全國失業率高達 22％，首當其衝是 20~24 歲的年輕人（失業率 44.6％）以及安達盧西亞自治區的居民（31.5％），全國 17 個自治區的失業率都高於 13.8％（參見圖 2）。20⌐2 年社會情況最惡劣的時候，全國失業率甚至高達 25.7％。

政府要求人民勒緊褲帶，貪汙醜聞卻連環爆發

經濟大環境跌到谷底時，政府官員卻爆發貪腐醜聞，甚至還牽涉到執政的人民黨，就連自從 2011 年 12 月以來擔任總理的人民黨黨主席拉荷義 (Mariano Rajoy，任期 2011~2018 年) 也身陷貪汙醜聞，這種情況下保守派的人民黨有什麼資格要求人民勒緊褲帶、接受撙節措施呢？西班牙因此掀起一波民主革新，以領導階層都是 40 歲以下年輕人的左翼「我們可以」黨 (Podemos) 和右翼公民黨 (Ciudadanos) 為代表，撼動了自佛朗哥獨裁統治 (post-franquisme，1939~1975 年) 結束後，1975~1982 年都是一左一右兩黨制的政治體系。這些崛起的年輕世代，大多都是從 2011 年 5 月 15 日「憤怒者」反抗運動 (indignado) 中竄起的。

年輕世代投入選舉、翻轉國會

2015 年 12 月 20 日的國會選舉，「我們可以」黨贏得 69 席 (總席次共 350 席)，公民黨拿下 40 席，成功進入國會殿堂。2011 年共獲得 73.3％選票的人民黨和西班牙工人社會黨，2015 年卻只有 50.7％的得票率，前者只拿下 123 席 (2011 年為 186 席)，後者 90 席 (2011 年 110 席)。其實，2015 年 5 月的地方選舉已反映人民期待政壇能夠改頭換面，兩大重鎮馬德里和巴塞隆納各選出女市長，兩位都是自「憤怒者」反抗運動中異軍突起，為反對強行驅逐舉債屋主而奔走動員，也都得到「我們可以」黨的支持。

西班牙的民主覺醒，是人民面對危機與撙節措施，決心起而投入政治的必然結果。經濟仍是西班牙人的首要議題，某些地區的情況比較危急，尤其是瓦倫西亞自治區這種舉債嚴重的地區。2011 年，這些自治區的債務占西班牙全國債務的 2/3 (全國財政赤字占國內生產總值的 9％，2014 年赤字拉回到 6.3％，2015 年數據參見圖 3、4)。社會及經濟狀況極不穩定，人民對無能的總理拉荷義失去信心，開始期望選出一個新政府以解決問題，因此西班牙在 2016 年 6 月 20 日又舉辦了一次國會大選。在短短半年內舉辦 2 次國會選舉，這在西班牙民主史上前所未見。左派在這一次選舉中嚴重分裂，使人民黨坐收其利，贏得 137 席，讓拉荷義保住總理的職位。

文 • G. Fourmont

1　2015年12月20日國會大選結果

自治區界線 ——
省分界線 ……

巴斯克　法國

葡萄牙

加那利群島

各自治區領先黨派
人民黨
西班牙工人社會黨
「我們可以」黨與其聯盟黨
巴斯克民族主義黨 (PNV)
民主自由黨 (Démocratie et liberté)

Carto nº 34, 2016 © Areion/Capri　　資料來源：El País, 2015

2　全國青年失業率

20~24 歲年輕人失業率超過全國平均(44.6%)的地區

法國

葡萄牙

埃斯特雷馬杜拉　卡斯提亞拉曼查　瓦倫西亞區

安達盧西亞　莫西亞

加那利群島

梅利利亞　休達

資料來源：INE, 2016

2015年各自治區青年失業率百分比
30~34%
25~29.9%
20~24.9%
15~19.9%
15%以下

3　各自治區面對經濟危機的脆弱程度

資料來源：Ricardo Méndez, Luis D. Abad et Carlos Echaves, Atlas de la crisis, CSIC, 2015

法國

葡萄牙

ESTRÉMADURE　卡斯提亞拉曼查　瓦倫西亞區

安達盧西亞　莫西亞

加那利群島　MELILLA　CEUTA

2015年各自治區脆弱性指數
低　中　高
-0.75　-0.25　0.25　0.75

*脆弱性指數依據該自治區房地產、經濟與社會情況為基準來計算

4　2015年第三季各自治區的債務

GALICE 103
ASTURIES 38
CANTABRIE 26
PAYS BASQUE 98
NAVARRE 35
CASTILLE-ET-LÉON 105
LA RIOJA 14
ARAGON 67
加泰隆尼亞 681
馬德里 272
ESTRÉMADURE 35
卡斯提亞拉曼查 131
瓦倫西亞區 403
ILES BALÉARES 81
ANDALOUSIE 301
MURCIE 76

法國

葡萄牙

加那利群島 65

資料來源：www.datosmacro.com, 2016

2015年第三季債務
以1億歐元為單位 ◯

債務占GDP的百分比
13~20%　21~30%　31~40%

歐盟申根公約：因移民危機面臨崩解

2016 年 4 月 4 日，依據 3 月份安卡拉與布魯塞爾簽訂的合約內容，第一艘土耳其船隻從希臘萊斯沃斯島 (Lesbos) 上的米蒂利尼港 (Mytilène) 出發，遣返從土耳其偷渡到希臘的數十名非法移民。土耳其將因此成為歐洲的堡壘和屏障嗎？目前大量的移民潮挑戰「申根區」(Schengen) 所代表的歐洲理想，突顯了歐洲對鄰國邊境管理成效上的問題。

歐盟擴大版圖，不僅僅是擴增內部規模，也同時重組了歐盟的地緣政治。2004 年 5 月 1 日，隨著賽普勒斯、愛沙尼亞、匈牙利、拉脫維亞、立陶宛、馬爾他、波蘭、捷克、斯洛伐克、斯洛維尼亞等國加入，歐盟由原先的 15 個成員國增加到 25 個。2007 年 1 月 1 日，則加入保加利亞、羅馬尼亞，克羅埃西亞隨後也在 2013 年加入。這一系列向東歐國家擴張的行動，為歐盟帶來了一些新的難題。

申根區邊界充滿衝突、極不穩定

增加新成員國引起歐盟某些內部問題 (經濟失衡、人均 GDP 大幅降低、各地區的差距增大)，但歐盟也因此增加了 25% 的領土和 20% 的人口。隨著幅員擴大，歐洲的勢力範圍也大幅擴增。宏觀來看，歐洲成為一個更廣大的地區，從北非到俄羅斯，橫跨近東與中東。然而，新的鄰國大多是面臨社會、政治、經濟困境的國家，使得歐盟的邊界情勢極不穩定。

面對這個新的地理風貌和新的地緣政治，歐盟於 2001 年 3 月 24 日在斯德哥爾摩舉辦的歐洲理事會上，放眼 2004 年的擴張，制定了「歐盟睦鄰政策」(PEV)。PEV 的目的在於與鄰國建構雙邊關係、增強與鄰國的互信，最首要的議題是強化安全穩定，因為歐盟與新鄰國之間有著極大的經濟發展差距，邊界處諸多鄰國也存在許多已火熱化的衝突或隱憂，歐盟希望能夠事先預防移民潮、防阻非法人蛇集團。總歸一句，PEV 首要工作是與北非、阿拉伯東部地區、巴爾幹半島、南高加索和中東這些周邊鄰近地區共同建立一道「安全走廊」。

1995 年成立的申根區，開通了歐洲內部的邊界。申根區包含 28 個成員國其中的 22 個國家，加上 4 個非成員國 (挪威、冰島、瑞士、列支敦斯登)，接受各國國民在申根區內自由進出，進出國界不再需要接受檢查管制。如此一來，各國門戶大開，安全問題更為迫切。歐盟對內開放國界，對歐盟外的國家則必須更加強邊境管制，尤其是 2013 年克羅埃西亞加入之後，歐盟的海岸線長達 65,000 公里，陸上邊界也超過 13,000 公里。

歐盟啟動「睦鄰政策」穩定邊界安全

為了保護歐洲大陸、鞏固安全穩定，「歐盟睦鄰政策」在 2014~2020 年的預算高達 154 億歐元，用於援助 16 個鄰國的政治經濟改革 (請參考圖 2)，包括：10 個地中海以南國家 (阿爾及利亞、埃及、以色列、黎巴嫩、摩洛哥、敘利亞、巴勒斯坦、突尼西亞)，以及 6 個東歐國家 (亞美尼亞、亞塞拜然、白俄羅斯、喬治亞、摩爾多瓦、烏克蘭)。歐盟想運用政治、經濟、外交……等間接手段，實踐自己內部以及與鄰國之間更穩定安全的中程、遠程計畫 (參見圖 2)。

就短期來說，2004 年 10 月成立的「歐盟邊境管理局」(Frontex) 是負責陸海邊境的控管與監督。儘管「歐盟邊境管理局」編製的預算這幾年逐年增加，

1 各國收容難民統計圖

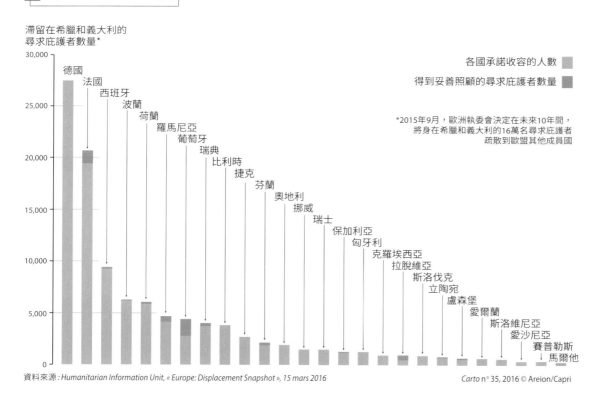

滯留在希臘和義大利的尋求庇護者數量*

各國承諾收容的人數

得到妥善照顧的尋求庇護者數量

*2015年9月，歐洲執委會決定在未來10年間，將身在希臘和義大利的16萬名尋求庇護者疏散到歐盟其他成員國

德國
法國
西班牙
波蘭
荷蘭
羅馬尼亞
葡萄牙
瑞典
比利時
捷克
芬蘭
奧地利
挪威
瑞士
保加利亞
匈牙利
克羅埃西亞
拉脫維亞
斯洛伐克
立陶宛
盧森堡
愛爾蘭
斯洛維尼亞
愛沙尼亞
賽普勒斯
馬爾他

資料來源：*Humanitarian Information Unit*, « *Europe: Displacement Snapshot* », 15 mars 2016

Carto n° 35, 2016 © Areion/Capri

2 歐盟睦鄰政策(PEV)的合作夥伴

本圖為2016年1月1日的歐盟版圖與其他鄰國

歐盟成員國

等待加入歐盟的國家

歐盟睦鄰政策涵括的國家

各種地區合作機制的成員國

歐盟東部夥伴關係計畫的成員國

地中海聯盟成員國*

*敘利亞因2011年起的內戰被暫停成員身分,
利比亞則僅為觀察員

PEV提供給各個國家的金援數字

單位：百萬歐元，2014年

○ 已通過的預算　● 實際撥款

314.1 (烏克蘭)
200
100
50
20
2 (敘利亞)

**PEV提供給地中海地區以及
其他合作計畫的金援數字**

單位：百萬歐元，2014年

地中海國家　　　歐盟東部夥伴
　　　　　　　　關係計畫

229.1　　　　152.4
92.8　　　　　47

跨邊界　　　　　伊拉斯莫斯計畫
合作計畫　　　　(Erasmus)

113　　　　　102.9
　　　　　　　　99.9
6.9

資料來源：*Commission européenne, avril 2016;
Assemblée nationale, Pour une politique européenne
de voisinage plus adaptée aux enjeux régionaux et
nationaux, Rapport nº 2771, mai 2015*

Açores
(PORTUGAL)

芬蘭

挪威

瑞典

愛沙尼亞

拉脫維亞

俄羅斯

立陶宛

愛爾蘭

英國

丹麥

白俄羅斯

北海

波羅的海

烏克蘭

荷蘭

波蘭

德國

比利時

捷克

斯洛伐克

摩爾多瓦

盧森堡

匈牙利

羅馬尼亞

喬治亞

亞塞拜然

法國

瑞士

奧地利

斯洛維尼亞

克羅埃西亞

波士尼亞與
赫塞哥維納

塞爾維亞

保加利亞

亞美尼亞

裏海

黑海

蒙特內哥羅

科索沃

Madère
(PORTUGAL)

摩納哥

義大利

北馬其頓

土耳其

伊朗

葡萄牙

西班牙

阿爾巴尼亞

希臘

賽普勒斯

敘利亞

伊拉克

大西洋

Ceuta
(ESPAGNE)

Melilla
(ESPAGNE)

馬爾他

地中海

黎巴嫩

科威特

Canaries
(ESPAGNE)

摩洛哥

突尼西亞

巴勒斯坦

約旦

以色列

沙烏地阿拉伯

西撒哈拉

阿爾及利亞

利比亞

埃及

紅海

茅利塔尼亞

馬利

尼日

查德

蘇丹

Carto nº 35, 2016 © Areion/Capri

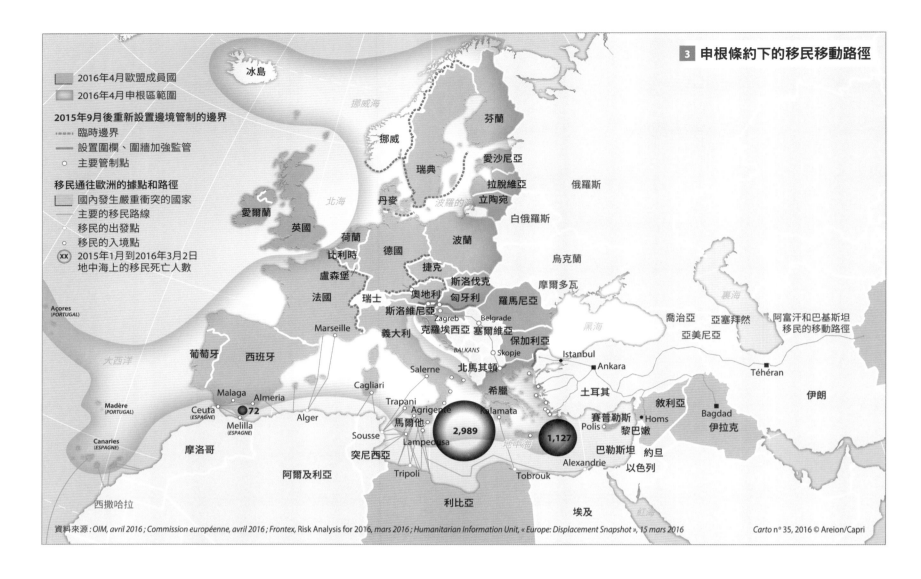

3 申根條約下的移民移動路徑

圖例
- 2016年4月歐盟成員國
- 2016年4月申根區範圍

2015年9月後重新設置邊境管制的邊界
- ···· 臨時邊界
- ── 設置圍欄、圍牆加強監管
- ○ 主要管制點

移民通往歐洲的據點和路徑
- □ 國內發生嚴重衝突的國家
- ── 主要的移民路線
- ○ 移民的出發點
- ○ 移民的入境點
- ⓍⓍ 2015年1月到2016年3月2日地中海上的移民死亡人數

資料來源：OIM, avril 2016 ; Commission européenne, avril 2016 ; Frontex, Risk Analysis for 2016, mars 2016 ; Humanitarian Information Unit, « Europe: Displacement Snapshot », 15 mars 2016

Carto n° 35, 2016 © Areion/Capri

從 2013 年的 8,500 萬歐元、2014 年的 9,400 萬攀升到 2015 年的 1 億 4,200 萬歐元，但這也只占歐盟總支出的極小部分 (還不到 2014~2020 年總預算 9,084 億歐元的 1%)，面對歐洲節節高漲的移民潮，它的效率廣受質疑。

多國背棄申根公約，設置臨時邊界

根據國際移民組織 (OIM) 和聯合國難民署 (UNHCR) 公布的資料，2015 年有超過 100 萬移民經由海陸進入歐洲，這是第一次大戰之後最龐大的一批移民潮。比較一下歷年數字：2014 年，穿越地中海抵達歐洲的移民數是 216,000 人，而 2015 年光是經由希臘進入歐洲的移民人數已達 856,000(移民超過大半是取道希臘)。然而，2015 年「歐盟邊境管理局」分配給希臘的預算只有 1,800 萬歐元，同時間，非政府組織憂心將有愈來愈多偷渡難民死於海上 (參見圖 1、3)。

歐洲各國面對移民危機，採取的做法是設置臨時邊界 (請參考圖 3)。2015 年 6 月法國在與義大利相鄰的文蒂米利亞市 (Vintimille) 設立管制站，阻擋移民從義大利進入法國，2016 年 2 月，比利時也在與法國交接處設置邊界，防止遭到法國加萊市 (Calais) 驅逐的非法移民流竄到比利時。在這兩個日期之間，歐洲已有 11 國採取相同做法，或暫時中斷國界自由進出 (包括：德國、奧地利、比利時、丹麥、法國、匈牙利、義大利、捷克、斯洛伐克、斯洛維尼亞、瑞典)。

歐洲內部重新設置國界並非前所未見，好幾個國家曾在舉辦特殊活動時這麼做，比如：2012 年波蘭舉辦「歐洲足球盃」(UEFA Euro)、2009 年哥本哈根舉辦「聯合國氣候變遷會議第 15 次締約國大會」(COP15)、2013 年華沙舉辦「聯合國氣候變遷會議第 19 次締約國大會」(COP19)、2009 年史特拉斯堡舉辦「北大西洋公約組織」(OTAN) 高峰會時。國家遭受恐怖活動威脅時，也會重新設置國界，比如 2014 年 7 月，挪威為了防止來自敘利亞的聖戰士在國內引發恐怖活動，曾採取這個例外的措施；又或是為了阻擋移民潮，比如 2011 年法國、義大利就曾經重新設置邊界。

這些做法之前雖然也曾出現過，但這一次的範圍與程度卻是前所未有。這個情況不僅令人對「歐盟睦鄰政策」處理鄰國衝突、「歐盟邊境管理局」控管歐盟對外邊界的能力與成效產生疑慮，甚至也引起對申根區的重新思考。更放大來說，是對歐洲理想建構的整體質疑。歐盟內部邊界一個接一個重置，各國內部也出現欲與外界隔絕的意見 (2014 年 5 月歐洲議會選舉時，民粹主義、民族主義、反歐洲整合黨派聲勢高漲)，這和建構一個和平、團結、繁榮歐洲的計畫似乎難以相容。

文 ● N. Rouiaï

歐盟與加拿大：達成「里程碑式」經貿協議

2016 年 10 月 30 日，加拿大與歐盟簽署了「全面經濟貿易協定」，大眾可能更熟悉它的英文縮寫 CETA(Comprehensive Economic and Trade Agreement)。這對歐盟 28 個國家大部分的政府來說，都是決定性的成功，但某些激進人士卻擔心這項協議可能威脅民主，雖以民主為名卻不尊重民意。因此，這個協議歷經 7 年馬拉松談判，才終於簽訂。

CETA 將幾乎完全取消雙方關稅

這個協議有什麼作用呢？它的目的是發展加拿大和歐盟之間的貿易。最主要的目標是幾乎完全取消雙方關稅，和廢除阻礙兩國商品往來的非關稅壁壘。歐盟 28 國和加拿大之間的商業往來金額每年約 600 億歐元，這個貿易協定預計可將此金額提高 25%。歐盟也希望藉由這個協定，替歐洲企業拿下更多加拿大的公開招標事項，預計能將目前拿下的 10%，提高至 30%。這項協定也會提高雙方工作者的權益，讓他們往來加拿大與歐盟間更加方便。

CETA 自 2009 年開始協商，協商過程中發生許多衝突，使得協議必須延遲簽署、施行。協議將增加加拿大出口到歐盟的農產品配額，看似對大家都有好處，但歐洲的農業從業者卻擔心自己將面臨加拿大的不公平競爭。根據協定，加拿大將可出口 45,840 噸牛肉 (2015 年配額是 4,162 噸)，75,000 噸豬肉 (2015 年配額是 5,549 噸) 到歐盟，出口到歐盟的肉品不能施打荷爾蒙或萊克多巴胺 (瘦肉精)，基因改造品也不允許。相對的，歐盟可以出口更多乳酪到加拿大 (18,500 噸，相較於之前每年平均是 13,000 噸)，但產品必須標上以前並不硬性規定的地理標示 (IG) ❶。

CETA 必須經過 28 個成員國全數通過才能簽署，比利時瓦隆區有權利投否決票，該區對這個協議不以為然，認為協議不但可能造成農業與環境上的威脅，甚至可能威脅到政府當局 (這項威脅指的是獨立的投資法庭制度 [Investment Court System]，因為它允許投資人在國內法律體制外的特別法庭，對地主國政府提起訴訟)。在最激進的反對人士眼裡，CETA 簡直是敵營美國「跨大西洋貿易及投資夥伴協議」(TAFTA) 埋下的伏兵，好來個裡應外合。

雖然瓦隆區最後放棄杯葛，使比利時得以通過，但是協議離正式批准的道路還很長。2017 年 1 月歐洲議會簽署通過之後，還必須再送交各國國會批准，某些國家 (如比利時) 甚至必須送交地方議會批准。此外，一旦任何一國否決協議，CETA 勢必會因為沒有設定因應對策而引發另一場危機。歐盟和加拿大決定不等各國國會批准，從 2017 年開始臨時、漸進性實施，此舉引起反對人士的強力反彈，聲稱這種做法剝奪了未來人民決定自己國家經濟的權利。

文 ● G. Fourmont

---

❶ 地理標示 (IG) 是歐盟根據農產品的原產地、地名、傳統特產賦予的認證標示，目的是推廣區域特產、消弭次級品和仿冒品。

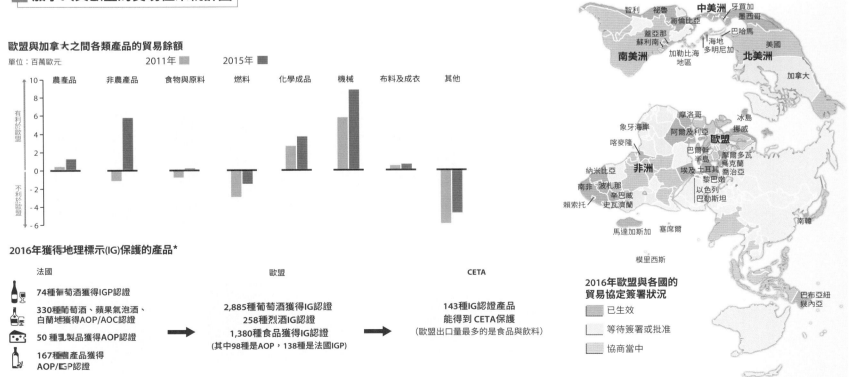

■ 加拿大與歐盟的貿易往來統計圖

歐盟與加拿大之間各類產品的貿易餘額

單位：百萬歐元　　2011年　　2015年

（農產品、非農產品、食物與原料、燃料、化學成品、機械、布料及成衣、其他）

2016年獲得地理標示(IG)保護的產品*

法國
- 74種葡萄酒獲得IGP認證
- 330種葡萄酒、蘋果氣泡酒、白蘭地獲得AOP/AOC認證
- 50 種乳製品獲得AOP認證
- 167種農產品獲得AOP/IGP認證

歐盟
- 2,885種葡萄酒獲得IG認證
- 258種烈酒IG認證
- 1,380種食品獲得IG認證
- (其中98種是AOP，138種是法國IGP)

CETA
- 143種IG認證產品能得到 CETA保護
- (歐盟出口量最多的是食品與飲料)

2016年歐盟與各國的貿易協定簽署狀況
- 已生效
- 等待簽署或批准
- 協商當中

*「地理標示」IG)包括了「原產地命名保護」標示(AOP/AOC)與「地理標示保護」(IGP)。AOP是指其產品的原料、生產、包裝等都是在原產地完成的，IGP則只有一部分是在原產地完成。

資料來源：Parlement européen, octobre 2016 ; Commission européenne, octobre 2016　　Carto n° 39, 2017 © Areion/Capri

歐洲旅遊業：法國為什麼留不住觀光客？

暑假已過，這段假期為全球觀光業做出了不小的貢獻：根據世界觀光組織 (World Tourisme Organization, WTO) 的普查，2015 年國際間遊客總流量達 11.8 億人 (其中 6 億 800 萬在歐洲)，預估 2030 年時人數將翻倍。對接待旅客的國家而言 (特別是全球觀光客排行第一的法國)，觀光業是一個重要的經濟籌碼，但法國近年觀光業疲軟，使得歐洲各國有望從中得利。

從 1980 年代開始，法國成為全球觀光客最多的國家。2015 年共有 8,445 萬國際旅客到訪，比 2014 年成長了 0.9％，穩居觀光業龍頭。另外一個正面的指標是遊客過夜數也提高了 (增加了 0.8％)，連帶提高觀光業占法國 GDP 的比率 (2014 年觀光收入占 GDP 的 7.4％，牽涉 200 萬工作人口)。

法國的遊客有 2/3 來自歐洲各國，尤其是英國 (1,220 萬人)、德國 (1,150 萬人)、比利時和盧森堡 (1,050 萬人)。2015 年來自亞洲的遊客大幅增加 (比 2014 年增加 25.4％)，共達 610 萬人次。亞洲遊客中，印度 (增加 45.4％) 和中國旅客 (增加 32.8％) 數量成長最多，中國旅客甚至突破 200 萬人大關。但是在安全情勢緊張的大環境之下，這個亮眼的數據無法掩蓋法國觀光業的一些弱點。

地理位置有缺陷，恐怖攻擊威脅深

法國的國外旅客很多，但旅遊業收入在全球卻只排行第 4 (請參考圖 1)。相較之下，西班牙的國際觀光客比法國少 30％，觀光收益卻比法國高出 10％，主要的原因出在法國遊客的停留天數比西班牙少。2015 年到法國觀光的歐洲旅客平均停留天數是 6.3 天，其中 6,700 萬來自歐洲鄰國的遊客，47％ 只停留了 1~3 個晚上。

這是因為法國位居歐洲大陸的中心，許多旅客來自鄰國，大多是為了參觀巴黎 (大巴黎地區的遊客過夜數占全法國的 20％)，通常只待一個周末。因為地理位置的關係，法國經常只是歐洲旅遊路線中的一個停留點。這個現象也出現在歐洲之外的旅客：超過 1/3 (37.5％) 的美國遊客和大約 1/2 的亞洲遊客只在法國停留 1~3 晚。這個情況促使法國政府自 2015 年開始著手振興方案，加強觀光產業的競爭性，強調全國各地區的觀光價值，以留住遊客的匆匆腳步，期待 2020 年能吸引 1 億外國觀光客。

2015 年 1 月 7 日巴黎發生《查理周刊》(Charlie Hebdo) 總部槍擊事件，為觀光蒙上一層疑慮。緊接著，2015 年 11 月 13 日巴黎發生的恐攻事件也深深影響了外國遊客的來訪意願，巴黎市受到的影響最嚴重 (2015 年 11、12 月兩個月份，觀光人數減少了 15％)。2016 年 7 月 14 日在尼斯 (Nice) 發生的恐怖攻擊，更重創了以海灘度假城市和高消費旅客群聞名的普羅旺斯—阿爾卑斯—蔚藍海岸地區 (Provence-Alpes-Côte d'Azur)。法國外交部正視這個問題，撥了 1,000 萬歐元做觀光推廣促銷，尤其針對 2016

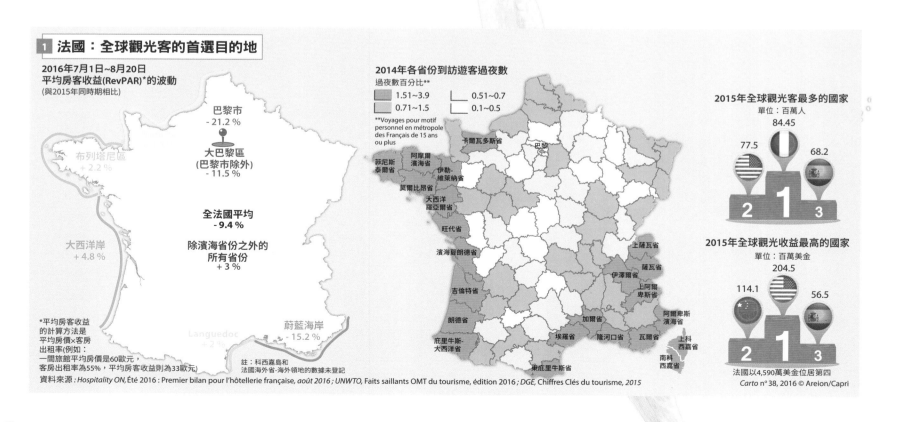

1 法國：全球觀光客的首選目的地

2016年7月1日～8月20日
平均房客收益(RevPAR)*的波動
(與2015年同時期相比)

巴黎市 - 21.2％
大巴黎區 (巴黎市除外) - 11.5％
全法國平均 - 9.4％
除濱海省份之外的所有省份 + 3％
布列塔尼區 + 2.2％
大西洋岸 + 4.8％
蔚藍海岸 - 15.2％
Languedoc

*平均房客收益的計算方法是平均房價×客房出租率(例如：一間旅館平均房價是60歐元，客房出租率為55％，平均房客收益則為33歐元)

註：科西嘉島和法國海外省-海外領地的數據未登記

2014年各省份到訪遊客過夜數
過夜數百分比**
■ 1.51~3.9　□ 0.51~0.7
■ 0.71~1.5　□ 0.1~0.5
**Voyages pour motif personnel en métropole des Français de 15 ans ou plus

卡爾瓦多斯省　菲尼斯泰爾省　阿摩爾濱海省　伊勒-維萊納省　莫爾比昂省　大西洋羅亞爾省　旺代省　濱海夏朗德省　上薩瓦省　薩瓦省　伊澤爾省　上阿爾卑斯省　阿爾卑斯濱海省　吉倫特省　朗德省　加爾省　隆河口省　瓦爾省　上科西嘉省　南科西嘉省　庇里牛斯-大西洋省　東庇里牛斯省　埃羅省

2015年全球觀光客最多的國家
單位：百萬人
84.45　77.5　68.2
2　1　3

2015年全球觀光收益最高的國家
單位：百萬美金
204.5　114.1　56.5
2　1　3
法國以4,590萬美金位居第四

資料來源：Hospitality ON, Été 2016：Premier bilan pour l'hôtellerie française, août 2016；UNWTO, Faits saillants OMT du tourisme, édition 2016；DGE, Chiffres Clés du tourisme, 2015
Carto n° 38, 2016 © Areion/Capri

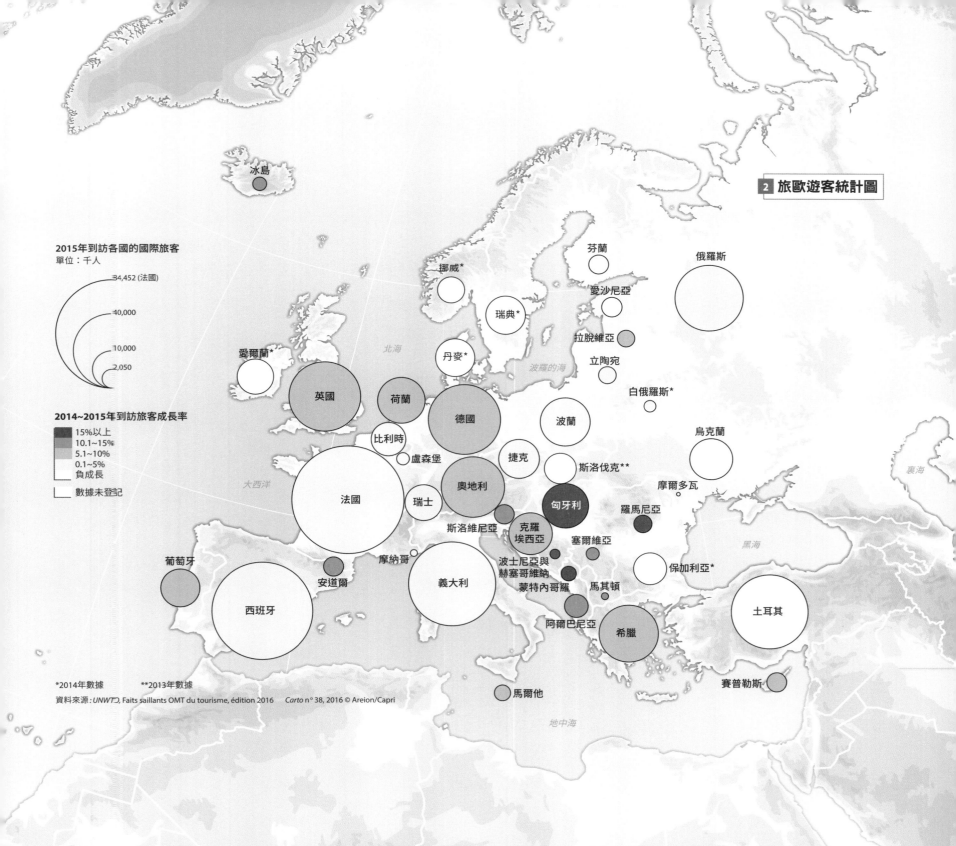

2015年到訪各國的國際旅客
單位：千人

84,452 (法國)

40,000

10,000

2,050

2014~2015年到訪旅客成長率

15%以上
10.1~15%
5.1~10%
0.1~5%
負成長

數據未登記

冰島

挪威*

芬蘭

俄羅斯

瑞典*

愛沙尼亞

北海

拉脫維亞

立陶宛

丹麥*

波羅的海

白俄羅斯*

愛爾蘭*

英國

荷蘭

德國

波蘭

烏克蘭

比利時

盧森堡

捷克

斯洛伐克**

摩爾多瓦

裏海

大西洋

法國

瑞士

奧地利

匈牙利

羅馬尼亞

斯洛維尼亞

克羅埃西亞

塞爾維亞

葡萄牙

安道爾

摩納哥

義大利

波士尼亞與
赫塞哥維納

蒙特內哥羅

馬其頓

保加利亞*

黑海

西班牙

阿爾巴尼亞

希臘

土耳其

賽普勒斯

*2014年數據　**2013年數據

馬爾他

地中海

資料來源：*UNWTO*, Faits saillants OMT du tourisme, édition 2016　　*Carto* n° 38, 2016 © Areion/Capri

年初以來外國旅客數已掉了8%的大巴黎地區和普羅旺斯－阿爾卑斯—蔚藍海岸地區。從全國平均遊客住房率來看，2016年8月比2015年8月降低了4.8%。

歐洲各國虎視眈眈，欲瓜分觀光商機

歐洲其他各國的觀光產業，受到的衝擊似乎比法國小，有些國家甚至表現得更亮眼（請參考圖2）。德國（2015到訪外國遊客比2014增加6%）、英國（增加5.6%）、西班牙（增加5%）、義大利（增加4.4%），這些國家雖然觀光客總數不及法國（依序為3,500萬、3,440萬、6,820萬、5,070萬人），卻都交出穩定成長的成績單。

歐洲其他國家也看準觀光這塊商機大餅，紛紛強調該國獨特的吸引力，期望能瓜分2015年前往歐洲大陸旅遊的6億8千萬觀光客。西班牙自2014年起，就躍升為歐洲各國中遊客過夜數第一名，這是因為暖化延長了西班牙的夏季（78.7%的過夜數在

濱海地區），且西班牙的旅館規模平均而言比歐洲其他國家還大。除了幾個旅遊大國之外，其他國家也展現非常高的「旅遊密度」（遊客過夜數對應當地居民人口數的比值）。歐洲各國平均密度是5，奧地利則以其冬季夏季同樣壯闊的山區景致，密度是13；而克羅埃西亞以其綿延的海岸（94%的過夜數發生在海濱城市）和物超所值的消費，密度高達15.5。

文 ● D. Amsellem

玻里尼西亞：
為何始終不願脫離法國獨立？

2016 年 2 月 21、22 日，法國總統歐蘭德 (François Hol-land，任期 2012~2017 年) 出訪玻里尼西亞，這是法國在南太平洋中心的屬地，海域面積相當於歐洲大陸。這次的出訪對兩方都具有多重意義與目的，玻里尼西亞希望深入討論核子試爆的賠償議題，而法國則想加強自身對屬地的重要性。

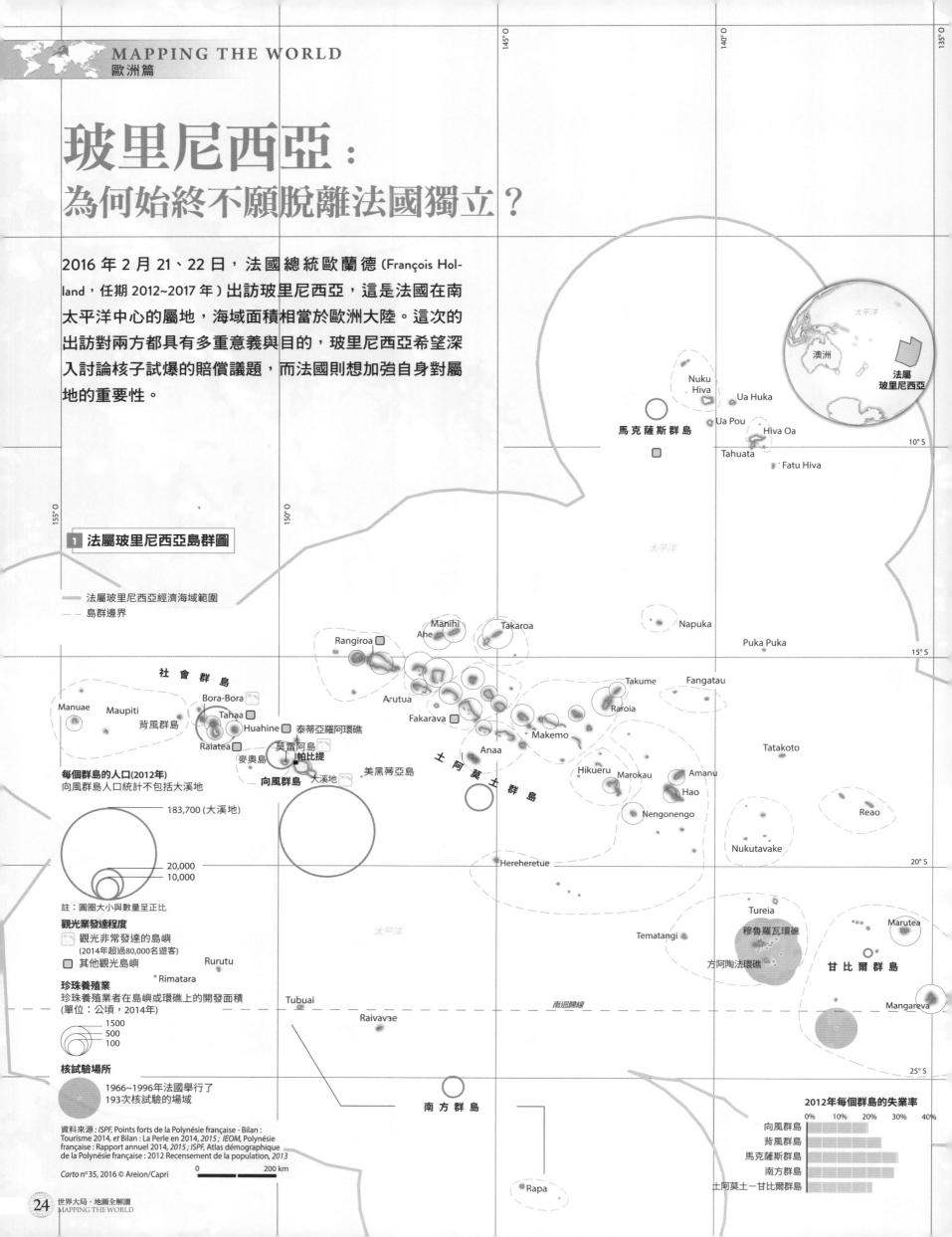

太平洋

澳洲

法屬
玻里尼西亞

1 法屬玻里尼西亞島群圖

—— 法屬玻里尼西亞經濟海域範圍
--- 島群邊界

每個群島的人口 (2012年)
向風群島人口統計不包括大溪地

183,700 (大溪地)
20,000
10,000
註：圓圈大小與數量呈正比

觀光業發達程度
☖ 觀光非常發達的島嶼
(2014年超過80,000名遊客)
▢ 其他觀光島嶼

珍珠養殖業
珍珠養殖者在島嶼或環礁上的開發面積
(單位：公頃，2014年)
1500
500
100

核試驗場所
1966~1996年法國舉行了
193次核試驗的場域

資料來源：ISPF, Points forts de la Polynésie française - Bilan : Tourisme 2014, et Bilan : La Perle en 2014, 2015 ; IEOM, Polynésie française : Rapport annuel 2014, 2015 ; ISPF, Atlas démographique de la Polynésie française : 2012 Recensement de la population, 2013

Carto n° 35, 2016 © Areion/Capri

0   200 km

馬克薩斯群島
Nuku Hiva
Ua Huka
Ua Pou
Hiva Oa
Tahuata
Fatu Hiva

社會群島
Manuae
Maupiti
背風群島
Bora-Bora
Tahaa
Raiatea
Huahine
泰蒂亞羅阿環礁
麥奧島
莫雷阿島
帕比提
向風群島
大溪地
美黑菁亞島

Rangiroa
Manihi
Ahe
Takaroa
Napuka
Puka Puka
Arutua
Fakarava
Takume
Raroia
Fangatau
土阿莫土群島
Makemo
Anaa
Tatakoto
Hikueru
Marokau
Amanu
Hao
Reao
Nengonengo
Nukutavake
Hereheretue

南迴歸線
Rurutu
Rimatara
Tubuai
Raivavae
南方群島
Rapa

Tematangi
Tureia
穆魯羅瓦環礁
方阿陶法環礁
Marutea
甘比爾群島
Mangareva

145° O
140° O
135° O
150° O
155° O
10° S
15° S
20° S
25° S

2012年每個群島的失業率
0% 10% 20% 30% 40%
向風群島
背風群島
馬克薩斯群島
南方群島
土阿莫土─甘比爾群島

玻里尼西亞 16 世紀時被歐洲航海家發現，1843 年歸為法國保護地，1946 年成為法國海外領地 (TOM，2003 年改稱 COM〔collectivité d'outre-mer〕)，1958 年全民公投確定隸屬法國。玻里尼西亞由南太平洋 5 大群島組成，共有 118 個小島 (請參考圖 1)，海域面積遼闊 (2,500 萬平方公里)，与法國擁有的海域面積的一半，然而露出海面的陸地面積僅 4,200 平方公里。

2014 年 12 月 31 日玻里尼西亞人口共 271,800 人，居住區非常集中，118 座島中只有 67 座有人居住，3/4 的人口集中在隸屬於社會群島 (Archipel de la Société)❶的向風群島 (Îles du Vent) 上。向風群島由大溪地島 (Tahiti)、莫雷阿島 (Moorea)、泰蒂亞羅阿環礁 (Tetiaroa)、麥奧島 (Maiao)、美黑蒂亞島 (Mehetia) 組成，其中 2/3 的人口集中在大溪地島 (請參考圖

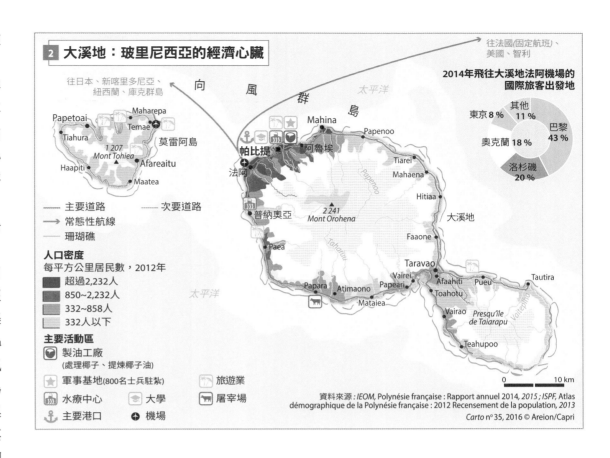

2)，且大部分環繞在帕比提 (Papeete) 周邊的城鎮：普納奧亞 (Pnuaauia)、法阿 (Faaa)、帕比提、皮哈埃 (Pirae)、阿魯埃 (Arue)。

法國須賠償核試爆對當地的損害

法國總統的到訪，是玻里尼西亞商談「核試債務」的大好機會。1966~1996 年間，法國在穆魯羅瓦 (Mururoa) 和方阿陶法 (Fangataufa) 兩座環礁上從事了 193 次的核試驗，其中 46 次是在大氣層中進行。法國認為這兩座環礁面積夠大，離其他陸地也距離夠遠，適合從事核試驗。

核試驗結束之後，法國成立了一個輔導玻里尼西亞經濟轉型的基金會，以彌補「太平洋 (核試驗) 實驗中心」(Centre d'expérimentation du Pacifique) 關閉對當地經濟帶來的損失。當地政府也以維持法律和政治穩定為名，向法國政府要求每年撥給約 9 千萬歐元的款項，這次總統來訪同意了這一項要求。此外，總統也承諾當地諸多協會，將修改核子試爆受害者賠償法案。原先的賠償法案自 2010 年 1 月執行以來，在 1,000 個申請中只通過 19 個。

除了核子問題之外，這次總統到訪還有一個重要目的，就是與主權派、玻里尼西亞獨立黨 (Parti indépendantiste polynésien) 創立者與主席、現任法阿市長的奧斯卡．特馬魯 (Oscar Temaru) 會面，加強法國在這塊屬地上的重要性。玻里尼西亞於 1984 年取得自治權，2004 年 3 月 2 日通過的成文法更讓自治權的範圍愈來愈廣，除了國家專有的職能 (外交關係、貨幣、國防等等) 之外，玻里尼西亞還擁有獨立的政權機構 (總統、政府、國會)。2013 年，經過一段長時間的游說行動，法屬玻里尼西亞進入聯合國的「解除殖民國家」名單，此舉讓當地社會黨和獨立黨兩大政治夥伴關係降到冰點。2012 年做的一份調查顯示，64.5 % 的玻里尼西

亞人民反對獨立，原因是本身經濟和社會情況太糟糕，目前還無法切割對法國的依賴。

經濟結構脆弱，亟需法國財政援助

經過 1997~2007 年每年平均 4.2 % 的經濟成長之後，玻里尼西亞的國內生產總值成長疲軟，2009 年甚至大幅陡降，到 2014 年為止還停留在負數 (-3 %)，而國民生產總值 (GNP) 也因人口增加而下降，只達法國 GNP 的一半 (16,667 歐元相對於 31,858 歐元)。此外，2007~2012 年間失業率大幅攀升，由原來的 11.7 % 增漲到 21.8 %，年輕就業人口受創最深，半數的失業人口是 25 歲以下年輕人。2014 年，待業人口繼續增加 (相對於 2013 年，增加 1.8 %)，多達 9,900 人，1/5 的家庭生活在貧窮線之下。

玻里尼西亞擁有相當多自然資源：當地生產的珍珠、提亞蕾花、椰子油、香草外銷表現不俗，明媚風光也可積極發展觀光。觀光產業已成為當地最大的經濟來源，全國共有 2,750 家企業，占玻里尼西亞產業總營業額的 15 % 和雇員總數的 16 %，但是觀光業受到亞太地區諸多國家強勁的競爭，政府也未提出有效的觀光發展策略，導致 2000 年前往玻里尼西亞觀光的旅客有 252,000 人，2014 卻下降到 180,602 人。法國「海外發展協會」(IEOM) 於 2015 年 4 月公布的報告指出❷，玻里尼西亞因缺乏有效的經濟成長替代方案，經濟結構脆弱。因此，玻里尼西亞還是必須依賴法國的財政支援：法國中央每年以補助地區與城鄉財政為名義，撥款 8 億 3,000 萬歐元給玻里尼西亞。

文 ● D. Amsellem

---

❶ 社會群島是 5 大群島之一，面積 1,600 平方公里，主要由兩大島群組成：向風群島、背風群島。

❷ IEOM, L'économie de la Polynésie française en 2014, avril 2015.

伊斯蘭教在法國：認識穆斯林青年的真實樣貌

法國自從 2015 年 1 月 7 日發生《查理周刊》槍擊案後，恐怖攻擊就接二連三：2015 年 11 月 13 日巴黎「巴塔克蘭劇場」爆炸案 (Battaclan)、2016 年 7 月 26 日一名天主教神父被槍殺、2016 年 7 月 14 日尼斯恐怖攻擊。兇手以伊斯蘭之名發動恐怖攻擊，讓伊斯蘭教千夫所指，某些人甚至認為伊斯蘭與法蘭西共和國的價值觀相牴觸。眾聲喧譁，究竟什麼才是法國穆斯林的真實樣貌？

法國 1978 年 1 月 6 日頒定《數據保護法》(Loi informatique et libertés)，第 8 條明令禁止任何人收集或使用與宗教信仰有關的個資，觸犯者可處 5 年徒刑及罰款 30 萬歐元。因此，法國沒有官方數據顯示境內存在多少種宗教。然而，還是有一些特例的做法，例如以不具名方式來估算宗教人口。

法國：擁有全歐洲最大的穆斯林社群

2010 年，法國「國家統計局」(INSEE) 估算，法國 18~ 50 歲之間的伊斯蘭教徒有 210 萬人，伊斯蘭教是僅次於天主教 (1,150 萬人) 的第二大宗教，位於基督教 (50 萬人)、佛教 (15 萬人)、

猶太教 (12 萬 5 千人) 之前❶。2016 年 9 月，法國智庫「蒙田研究中心」(institut Montaigne) 指出，伊斯蘭教徒占法國境內 15 歲以上人口的 5.6%❷。皮尤研究中心 (Pew Research Center)2010 年加入不同年齡層後公布的數字，應該是最準確的：法國的伊斯蘭信徒有 470 萬人，超過德國 (410 萬人)、英國 (280 萬人)、義大利 (150 萬人)、西班牙 (100 萬人，請參考圖 2)❸。2011 年，「法國輿論研究所」市調公司 (IFOP) 調查了伊斯蘭教徒在法國境內分布情況 (請參考圖 3)，發現大多數穆斯林集中在工業都市❹，這個分布情形呼應了伊斯蘭教早期在法國的背景。伊斯蘭信徒 20 世紀初從法國殖民地來到法國時，被視為「原住民」，成為法國工業發

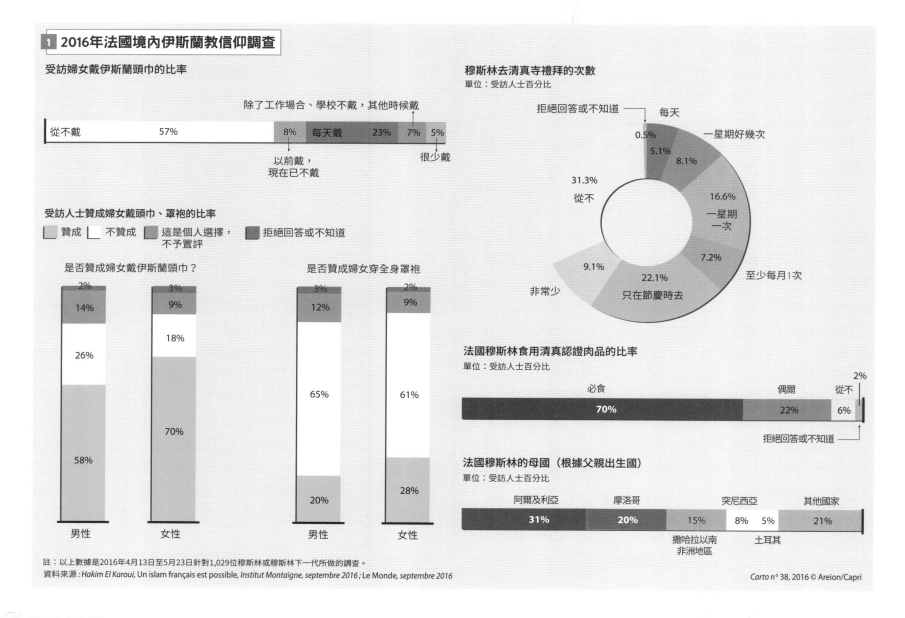

1 2016年法國境內伊斯蘭教信仰調查

受訪婦女戴伊斯蘭頭巾的比率

| 從不戴 57% | 8% | 每天戴 23% | 7% | 5% |

除了工作場合、學校不戴，其他時候戴
以前戴，現在已不戴
很少戴

受訪人士贊成婦女戴頭巾、罩袍的比率

贊成　不贊成　這是個人選擇，不予置評　拒絕回答或不知道

是否贊成婦女戴伊斯蘭頭巾？

男性：2% / 14% / 26% / 58%
女性：3% / 9% / 18% / 70%

是否贊成婦女穿全身罩袍

男性：3% / 12% / 65% / 20%
女性：2% / 9% / 61% / 28%

穆斯林去清真寺禮拜的次數
單位：受訪人士百分比

拒絕回答或不知道 0.5%
每天 5.1%
一星期好幾次 8.1%
一星期一次 16.6%
至少每月1次 7.2%
只在節慶時去 22.1%
非常少 9.1%
從不 31.3%

法國穆斯林食用清真認證肉品的比率
單位：受訪人士百分比

| 必食 70% | 偶爾 22% | 從不 6% | 2% |

拒絕回答或不知道

法國穆斯林的母國（根據父親出生國）
單位：受訪人士百分比

| 阿爾及利亞 31% | 摩洛哥 20% | 15% | 8% | 5% | 其他國家 21% |

突尼西亞
撒哈拉以南非洲地區
土耳其

註：以上數據為2016年4月13日至5月23日針對1,029位穆斯林或穆斯林下一代所做的調查。

資料來源：*Hakim El Karoui, Un islam français est possible, Institut Montaigne, septembre 2016；Le Monde, septembre 2016*

Carto n° 38, 2016 © Areion/Capri

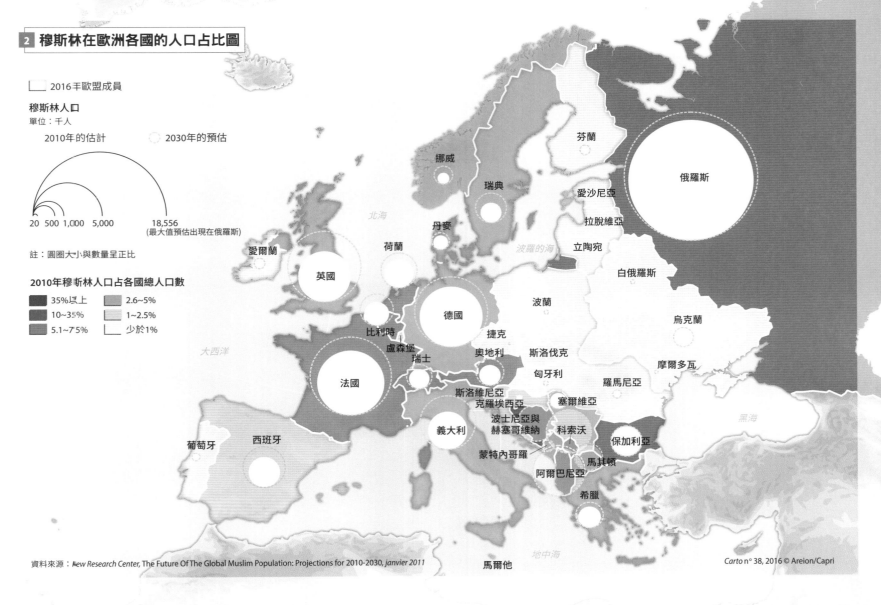

2 穆斯林在歐洲各國的人口占比圖

2016年歐盟成員

穆斯林人口
單位：千人

2010年的估計　　2030年的預估

20　500　1,000　5,000　　18,556
（最大值預估出現在俄羅斯）

註：圓圈大小與數量呈正比

2010年穆斯林人口占各國總人口數

35%以上	2.6~5%
10~35%	1~2.5%
5.1~7.5%	少於1%

資料來源：New Research Center, The Future Of The Global Muslim Population: Projections for 2010-2030, janvier 2011

Carto n° 38, 2016 © Areion/Capri

芬蘭　挪威　瑞典　丹麥　俄羅斯　愛沙尼亞　拉脫維亞　立陶宛　白俄羅斯　波蘭　烏克蘭　摩爾多瓦　愛爾蘭　英國　荷蘭　德國　比利時　盧森堡　瑞士　捷克　奧地利　斯洛伐克　匈牙利　羅馬尼亞　法國　斯洛維尼亞　克羅埃西亞　塞爾維亞　科索沃　保加利亞　葡萄牙　西班牙　義大利　波士尼亞與赫塞哥維納　蒙特內哥羅　阿爾巴尼亞　馬其頓　希臘　馬爾他　北海　波羅的海　大西洋　黑海　地中海

展的小兵，進入工廠、礦區，並在第一次世界大戰時，加入法國軍隊上戰場，之後又投入戰後國家重建工作。法國為了紀念第一次世界大戰為國捐軀的伊斯蘭教徒，興建了「巴黎大清真寺」(Grande Mosquée)，於 1926 年揭幕。1939~1945 年第二次世界大戰開戰時，同樣的劇情又上演了一次，但是隨著北非殖民地一一獨立，穆斯林的身分從「原住民」轉變成「移民」。他們參與了戰後經濟起飛的「黃金 30 年」(Trente Glorieuses)，在法國落地生根，接來家鄉的家人。1983 年 10~11 月的「北非移民後裔遊行」(marche des beurs)，暗示了穆斯林第二代的身分已不同於父母，或為「法國公民」。

法國清真寺數量嚴重不足

我們試著拼湊出法國穆斯林的真實樣貌。2010 年，「國家統計局」指出，伊斯蘭家庭中的宗教世代傳承力量相當大，受調查的伊斯蘭信徒中，有 78％認為虔誠度很重要，而在天主教信徒中，只有 24％的人如此認為。IFOP 於 2011 年公布的調查顯示，41％的穆斯林自認虔誠、會遵守禮拜儀式，34％自認教徒，22％自認只是穆斯林後代。受訪的人年紀大多很輕 (62％介於 18~35 歲之間)，出身基層 (32.9％是工人)，或是非在業 (19.6％退休人士，7.3％其他)。五年後，「蒙田研究中心」證實了這個數據：法國的穆斯林只有 4.5％屬於管理階層，平均年齡是 35 歲。

2011 年的齋戒月，有 71％的穆斯林遵守齋戒。清真認證食品市場 (以及連帶的行銷產業) 大幅發展，2016 年，70％穆斯林必定購買清真認證食品。根據「蒙田研究中心」，到清真寺參加禮拜活動的穆斯林並不多，31.3％從來不去，22.1％只在節慶日才去 (請參考圖1)。法國內政部公布，2012 年法國境內有 2,131 個穆斯林禮拜集會場所，但真正可稱為清真寺的只有 90 座，至於天主教教堂則有 45,000 座，新教教堂 3,000 座，猶太教堂 280 座。雖然清真寺數量持續增加中，但伊斯蘭宗教代表們認為祈禱場地數量無法滿足信徒量的需求，因此正在規劃興建 350 個禮拜場所。

北非、中東等穆斯林母國勢力滲入法國

法國穆斯林移民主要來自阿爾及利亞和摩洛哥，這兩大移民母國因此在法國伊斯蘭世界中占有特殊地位，許多事情法國政府都需要和移民母國協商。以「巴黎大清真寺」為例，這裡直到 1980 年代都由巴黎市政府和內政部管轄，但阿爾及利亞每年提供 180 萬歐元維持其運作，對清真寺也具有極大的影響力。摩洛哥則金援史特拉斯堡 (Strasbourg) 和聖艾提安 (Saint-Etienne) 的大清真寺。法國約有近 300 位外國伊瑪目，其中一半是土耳其派遣來的。這些金錢和人力上的往來，都讓這些北非、中東國家得以在法國發揮「軟實力」，同時蒐集情報。

法國政府與境內宗教組織的溝通時常牽涉到其他國家，難度因此增加許多。歷史最久的「巴黎大清真寺」成立於 1923 年，其他的組織則出現於 1980 年代：「法國穆斯林聯盟」(FNMF) 成立於 1985 年，與摩洛哥關係密切，「法國土耳其穆斯林協調委員會」(CCMTF) 成立於 1986 年，「法國非洲、科摩羅島、安地列斯群島穆斯林協會聯盟」成立於 1989 年，每一個組織都與其母國維持友好關係。2006 年「法國穆斯林聯盟」內部出現歧見，持不同意見者成立了「法國穆斯林團結」(Rassemblement des musulmans de France)，但兩者皆仍與摩洛哥維持密切的關係。另外一個比較另類的團體——「法國伊斯蘭組織聯合會」(UOIF) 成立於 1983 年，與穆斯林兄弟會 (Frères musulmans) 往來密切。這個組織以每年在巴黎東北方向 12 公里處的布爾歇 (Bourget) 舉行歐洲穆斯林民眾文化大聚會而著名，也因發展個資蒐集受到各方注意。

法國政府於 2003 年創立「法國穆斯林宗教委員會」(CFCM)，希望解決這種各據山頭的分歧情況，但各伊斯蘭組織彼此交惡，使得這個委員會難以發揮作用。一般而言，法國的穆斯林比較信賴當地的文化協會，而非這些大型宗教組織，但是對政府而言，這依舊無法解決長久以來存在的問題：禮拜集會場所資金的透明化、伊瑪目和佈道者的培養、各個組織內部的「代表權」爭奪戰……等等。2015 年發生「巴塔克蘭劇院」爆炸案後，法國政府成立了「法國伊斯蘭基金會」(FIF)，希望能解決上述提到的諸多難題。

薩拉菲派：用極端口號吸引穆斯林青年

2015~2016 年法國遭受恐怖攻擊之後，伊斯蘭教成為千夫所指的罪人，特別是薩拉菲主義 (Salafisme)。薩拉菲派是遜尼派漢巴利學派 (sunnisme hanbalite) 的分支，不乏激進狂熱分子，但只是小眾，並且基本上著重低調的靈修，與外界接觸不多，因

3 穆斯林在法國各省的人口占比圖

估計穆斯林人口
2008~2011年穆斯林占該省人口的百分比*
- 10%以上
- 7.8~10%
- 5.8~7.7%
- 3.8~5.7%
- 3.8%以下

2015年穆斯林的禮拜場所所在地
- ○ 一或多個清真寺所在地
- 聚集眾多信徒的祈禱場地

*2008~2011年期間以950人為樣本的調查，總調查次數為69,849次

註：科西嘉島及海外領地的數據未標記

Carto n° 38, 2016 © Areion/Capri

資料來源：*IFOP, Analyse : 1989-2011 : Enquête sur l'implantation et l'évolution de l'Islam de France, juillet 2011 ; L'Atlas des religions, Le Monde/La Vie, 2015*

此絕不應將它和暴力劃為等號。2015 年法國境內有 90 個薩拉菲派信徒聚集祈禱的場所 (2010 年時只有這個數字的一半)，受到警方與情資單位嚴密監視。薩拉菲派強調鮮明的宗教認同，與伊斯蘭教隨著時間所做的改變完全切割，主張回歸最初始的伊斯蘭信仰，並以「重生」為口號吸引年輕人，但這只是一個「市場招數」，這個支派其實沒有悠久的歷史。另一個更激進的派別也需要特別注意，就是名為「信仰和實踐協會」(Foi et pratique) 的宣教團體 (tabligh)。

法國是世界上最多元、族群融合度最高的國家之一，自由之聲遠遠超過排外聲浪，但這樣的情形還能維持多久呢？諸多調查顯示，雖然許多人呼籲「宗教歸宗教，生活歸生活」，但對穆斯林的偏見和排斥日益增高[5]。唯有教育才能使所有國民認識伊斯蘭、尊重法蘭西共和國的價值觀，但法國的中東、阿拉伯文、伊斯蘭教義等教學學術活動，卻持續嚴重欠缺經費。

文 ● G. Fourmont

❶ INED/INSEE, Trajectoires et origines : Enquête sur la diversité des populations de France, octobre 2010. 下載網址 :www.ined.fr/fichier/s_rubrique/19558/dt168_teo.fr.pdf. On pourra aussi consulter le rapport du Sénat : De l'Islam en France à un Islam de France, établir la transparence et lever les ambiguïtés, juillet 2016. ❷ Institut Montaigne, Un Islam français est possible, septembre 2016. 下載網址 : www.institutmontaigne.org/res/files/publications/institut_montaigne_-_un_islam_francais_est_possible.pdf ❸ Pew Research Center, The Future of the Global Muslim Population: Projections for 2010-2030, janvier 2011. 下載網址 : www.pewforum.org/files/2011/01/FutureGlobalMuslimPopulation-WebPDF-Feb10.pdf ❹ IFOP/La Croix, Analyse : 1989-2011. Enquête sur l'implantation et l'évolution de l'Islam de France, juillet 2011. 下載網址 : www.ifop.com/media/pressdocument/343-1-document_file.pdf ❺ IFOP, Le rapport des catholiques à l'islam en France, août 2016. 下載網址 : www.ifop.com/media/pressdocument/924-1-document_file.pdf

科索沃：塞爾維亞惡意干預邊界劃定

2016 年 9 月 1 日，科索沃議會因為反對派的強烈反彈，延後了與蒙特內哥羅訂立國界的表決投票，然而，通過這個法案是加入歐盟的必要條件，如此緊張的局勢體現了科索沃從脫離塞爾維亞過渡到成為主權國家時面臨的困境。科索沃共和國誕生於 2008 年 2 月 17 日，是前南斯拉夫社會主義聯邦共和國解體後最新成立的國家，也是歐洲最年輕的國家。

科索沃宣布獨立之後，國內情勢依然令人憂心。根據官方數據，2014 年科索沃人口共有 182 萬，是歐洲國民生產總額最低的國家之一；世界銀行 (World Bank) 2015 年公布，科索沃的購買力平價 (PPP) 只有 9,712 美元 (當年歐盟的平均 PPP 是 38,463 美元)。同時，科索沃和敘利亞、阿富汗，同列為向歐盟國家申請庇護人數最多的國家 (2014 年有 37,895 人)。

塞爾維亞態度強硬，不放棄科索沃主權

我們可以從以下事件看出科索沃和歐盟 28 個成員國之間的關係：2015 年 8 月，歐盟與西巴爾幹半島國家的高峰會議中，科索沃是唯一沒有享有申根免簽證旅遊待遇的國家，因為科索沃無法保證邊境的穩定和安全。儘管科索沃在 2008、2009 年與阿爾巴尼亞、馬其頓共和國的國界已達成共識，但和蒙特內哥羅的國界從 2012 年開始密切討論以來，依舊爭議不斷，這種不安定的狀況助長了邊境各種走私活動。

上述情況一部分應該歸罪於塞爾維亞，因為塞爾維亞難以接受本來屬於自己的國土分割出去，一直在科索沃北部大部分是塞爾維亞人居住的地區施加影響。這也使得科索沃與鄰國蒙特內哥羅的關係始終無法平穩下來，因為蒙特內哥羅本身也是於 2006 年 6 月從塞爾維亞獨立出去的。

其實，科索沃和蒙特內哥羅已經在 2015 年 8 月的會議中，達成國界劃分的協議，蒙特內哥羅國會也在同年 12 月批准認可，但科索沃國內卻反對聲浪四起，發生了一場政治危機。民意抨擊政府退讓了原先南斯拉夫時期的 8,200 公頃國土，2016 年 9 月 1 日，國會前聚集了數以千計的示威者，反對黨也不惜大動作表態，甚至在國會辯論當中施放催淚彈阻撓議程，使得國界劃定投票案的同意票未超過 2/3 而流產，這也顯示了自 2014 年 12 月開始執政的兩大黨「科索沃民主聯盟」(LDK) 和「科索沃民主黨」(PDK) 之間的合作困難。

缺乏國際支持也是科索沃國界紛爭持續不斷的原因。科索沃在 2016 年獲得聯合國承認，進入聯合國組織，但過程中卻頻頻受到俄羅斯與中國的阻撓。加入歐盟的計畫也困難重重，因為歐盟有 5 個成員國 (賽普勒斯、西班牙、希臘、羅馬尼亞、斯洛伐克) 不承認科索沃，擔心承認科索沃獨立會間接鼓動自己國家境內的分裂主義活動。

除了國界紛爭之外，反對黨一直抗拒外國勢力介入科索沃，箭頭尤其指向「北大西洋公約組織」派駐在科索沃的維和部隊 (KFOR)。這些維和部隊之所以駐紮在科索沃，主要是因為科索沃政府當局在科索沃戰爭期間與國際法院合作 (1999~2000 年)，同意接受聯合國的保護，反對黨認為這項合作「令人無法接受」。

文 ● T. Chabre

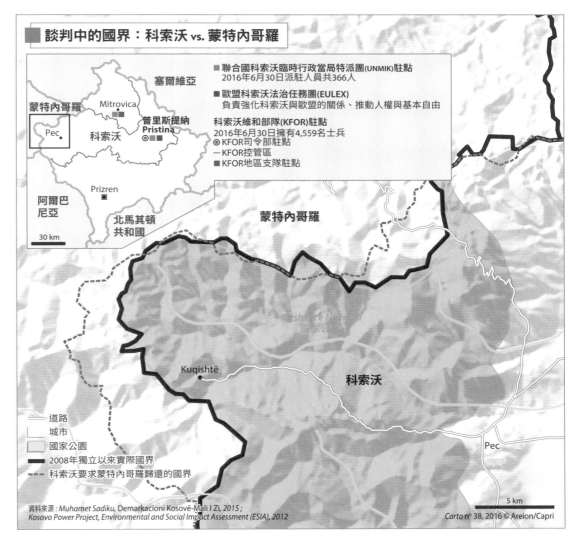

談判中的國界：科索沃 vs. 蒙特內哥羅

- 聯合國科索沃臨時行政當局特派團(UNMIK)駐點
  2016年6月30日派駐人員共366人
- 歐盟科索沃法治任務團(EULEX)
  負責強化科索沃與歐盟的關係、推動人權與基本自由
- 科索沃維和部隊(KFOR)駐點
  2016年6月30日擁有4,559名士兵
  ◎ KFOR司令部駐點
  — KFOR控管區
  ■ KFOR地區支隊駐點

塞爾維亞
蒙特內哥羅
Mitrovica
普里斯提納 Pristina
科索沃
Pec
Prizren
阿爾巴尼亞
北馬其頓共和國
30 km

蒙特內哥羅
科索沃
Kuqishtë
Pec

道路
城市
國家公園
—— 2008年獨立以來實際國界
----- 科索沃要求蒙特內哥羅歸還的國界
5 km

資料來源：Muhamet Sadiku, Demarkacioni Kosovë-Mali I Zi, 2015；
Kosovo Power Project, Environmental and Social Impact Assessment (ESIA), 2012

Carto n° 38, 2016 © Areion/Capri

義大利：地震震出政經大動盪

2016 年 8 月 24 日，一場芮氏規模 6 的大地震震毀義大利中部、貝魯賈市 (Pérouse) 東南邊好幾個村鎮（請參考右圖）。兩個月之後，同一地區又發生了規模 6.5 的強震，本已殘破的家園雪上加霜。自古以來，義大利就地震頻繁，但值此國內經濟、移民政策、政治都困難重重的時刻，義大利面對地震天災更顯無語與無力。

白朗峰
4 809 m
Aos

根據義大利紅十字會統計，2016 年 8 月的大地震造成了 292 人死亡，中部三個受災區拉吉歐 (Latium)、翁布利亞 (Ombrie)、馬爾許 (Marches)，緊急撤離到安置中心的人數超過 3,000 人（參見右圖）。2016 年 10 月 30 日的地震是義大利 1980 年以來最強地震，幸而受災區域居民已在一個星期之前撤離，30 日的地震雖造成多人受傷，但沒有人遇難。大地震後的幾個鐘頭之內，又接連發生了幾乎 200 次餘震。靠近震央的烏西塔鎮 (Ussita) 有 90％的建築物倒塌成廢墟。

經濟損失嚴重，期望歐盟延長債務寬限期

1980 年 11 月發生在那不勒斯 (Naples) 附近的伊爾皮尼亞地震 (Irpinia)，造成近 2,500 個罹難者，7,700 人受傷，25 萬人無家可歸。近十幾年來，義大利也遭逢了不少地震，例如 2009 年 4 月發生在阿布魯佐區 (Abruzzes) 首府阿奎拉 (Aquila) 的地震，造成 308 人喪生；2012 年 5 月在艾米利亞－羅馬涅區 (Emilie-Romagne) 的一連串地震，造成 27 人喪生。

義大利之所以地震不斷，是因為相對穩定的非洲大陸板塊和歐亞大陸板塊之間，還有許多個小板塊，例如西班牙板塊和亞德里亞板塊 (micro-plaque adriatique)。亞德里亞板塊由北到南貫穿整個義大利，其上就是貫穿國土中央的亞平寧山脈 (Apennins)。由於板塊運動，非洲板塊以每年 0.5~0.7 公分的速度向歐洲擠壓，亞德里亞小板塊則以逆時針方向移動。當地層裂縫之間的能量累積到一定程度，便會釋放能量而發生地震。因此，沿著亞平寧山脈的周邊地區（亞德里亞板塊邊緣）是義大利地震帶。

科學家表示，地震至今尚無法預測，而且不是規律性發生，一旦爆發地震又經常是一連串接續不斷的餘震。相鄰的斷層之間相互擠壓，引起連鎖效應，義大利的情形便是如此。儘管地震無法預測，義大利政府還是得試著做好防備。地震災情慘重，災後重建所費不貲，加上義大利正面臨諸多經濟挑戰，因此 2014 年以來每年經濟成長率不到 1％。2009 年阿奎拉地震的災後重建速度緩慢，更讓地震災民憂心忡忡。

義大利民防局估計，光是 2016 年 8 月的大地震災後重建就需耗資超過 110 億歐元，其他地區震災也需要 50 億歐元。其中一部分由保險公司負擔，歐盟某些私人機構也捐獻了一些資金。根據「經濟合作與發展組織」(OECD) 估算，義大利政府平均每年必須撥出 0.1~0.2％的 GDP 來收拾自然災害的殘局。大地震造成的實際損失必須好幾個月、甚至好幾年才能真正估算出來，但應該不至於造成國家財政預算的困難，儘管如此，義大利還是要求歐盟委員會考慮到地震以及移民潮危機帶來的經濟衝擊，容許義大利在降低公共債務目標上，能有更長的寬限期（歐盟一直要求義大利必須改進財政體質）。

移民潮造成更大的政治危機

地震這種天然災害對國家經濟的長遠衝擊很難估算，重建時帶動的興建產業多少能平衡一些災害造成的經濟損失。然而，義大利民眾也憂心歷史古蹟的保存問題，以及受災區旅遊業受到的打擊。2016 年 10 月 30 日的地震損壞了阿馬特里切鎮 (Amatrice) 的聖奧古斯汀諾教堂 (Sant'Agostino) 的鐘樓，15 世紀的教堂門面雖在 8 月份的地震中坍塌了一部分，本體建築大致還算完好。但是諾爾洽鎮 (Norcia) 建於 14 世紀的聖本篤大教堂 (basilique San Benedetto)，在 10 月強震中幾乎完全傾頹毀壞。如何維護這些充滿歷史建築的古城，對義大利古蹟保護單位是一個巨大的挑戰。同時，過去針對新設建築制定的防震法規，也被認為不足以因應強震。2016 年 10 月地震之後，政府頒布了一項加強建築抗震力的法案。然而，義大利若想將整個國家的防震法規提升到國際安全標準，預估還須超過 50 年的努力。

義大利正面臨嚴峻的經濟和政治挑戰，移民潮危機令義大利當局和百姓都極為憂心，相形之下，地震災害與災後重建工作的急迫性很可能淪為次要。2016 年義大利收容了 16 萬名移民和申請庇護者，歐盟其他國家卻沒有落實增加金援、疏散移民的承諾。2016 年 12 月 7 日，前義大利總理倫齊 (Matteo Renzi 任期2014~2016年) 因 3 天前的修憲公投未通過 (59.1%反對) 而辭職，導致義大利的政治出現危機，我們無法確定如此不穩定的政治情勢將會產生什麼後果。

文 • C. Ronsin

列支敦斯登侯國

瑞士

奧地利

匈牙利

斯洛維尼亞

克羅埃西亞

波士尼亞與
赫塞哥維納

蒙特內哥羅

各區界線
2011年義大利境內的城市發展情況
大城市，人口高度集中地區
中型城市和郊區，人口密度普通

義大利的地質構造
大陸板塊界線
小板塊界線
板塊擠壓區
板塊張裂區
斷層

有地震危險的區域
1980年以來發生規模5.4以上地震的地區*

2015年地震區域
發生強烈地震的最危險地區
發生大地震的地區

MASSIF DE L'ORTLES

Ortles
3 905 m
Bolzano
DOLOMITES
Marmolada
3 342 m
FRIOUL-VÉNÉTIE
JULIENNE

阿爾卑斯山

TRENTIN-HAUT-
ADIGE
Trente
Udine

Côme
Bergame
Pordenone

Varèse
Vicence
威尼斯
Trieste

米蘭
Brescia
VÉNÉTIE

Novare
Vérone
Padoue

LOMBARDIE
Crémone
2012/05/20 29

Pavie
Plaisance
Ferrare
Golfe de
Venise

Asti
PIÉMONT
Parme
Reggio
d'Émilie
Modène
5.8 6

urin
Alexandrie
波隆那
亞德里亞板塊
(古代非洲板塊的一部分)

艾米利亞－羅馬涅區
Ravenne

Gênes
LIGURIE
Forlì
Rimini

Golfe de
Gênes
La Spezia
Carrare
Prato
SAINT-MARIN

亞平寧山脈

Pise
佛羅倫斯
Ancône

Livourne
1997/09/26和
1997/10/03

Gorgone
TOSCANE
貝魯賈
馬爾許區
烏西塔
2016/10/26
5.9
5.5
2016/10/30

Capraia
翁布利亞區
6.5
阿馬特里切

Île d'Elbe
Terni
諾爾洽
2016/08/24

Grosseto
阿奎拉
Pescara
Îles
Tremiti

Giglio
2009/04/06
阿布魯佐區

拉吉歐區
亞平寧山脈
2002/10/31

科西嘉島
(法國)
羅馬
5.7

MOLISE
Foggia
Trani
Bari

Latina
Bénévent

Détroit de Bonifacio
Caserte
CAMPANIE
1980/11/23
6.9
IRPINIA
1990/05/05
5.8
POUILLES
Matera
Brindisi

那不勒斯
Avellino
Tarente

Îles
Pontines
Vésuve
1 281 m
Salerne
Potenza
Lecce

Sassari
Ischia
Capri
BASILICATE
Golfe
de Tarente

薩丁尼亞島

第勒尼安海

CALABRE
Cosenza

Stromboli
Catanzaro

歐亞大陸板塊
Îles
Éoliennes
愛奧尼亞海

Ustica

非洲大陸板塊
Lipari

巴勒摩
Messine
Reggio
de Calabre

地中海
Etna
3 330 m
Détroit de Messine

西西里島
Catane

Syracuse

西西里海峽
Gela
Raguse

地形起伏
單位：公尺
4,000
3,000
2,000
1,500
1,000
500
200
100
0

*地震強度標示：
‧規模5.4~6：可能造成一般建築物的嚴重破壞，也可能讓建造結構完善的建築物受到損害。
‧規模6.1~6.9：可能造成方圓100公里之內的破壞。
‧規模7~7.9：可能造成極嚴重的損失與破壞。
‧規模8以上：可能造成方圓好幾百公里範圍內嚴重損害的強烈大地震。

100 km

Carto n° 39, 2017 © Areion/Capri

資料來源：*Istituto Nazionale di Geofisica e Vulcanologia, décembre 2016；
Protezione civile, Classificazione sismica al 2015, février 2015；Eurostat, European
statistics on cities, 2016；www.earthquake.usgs.gov, décembre 2016；Monique
Terrier, Réalisation d'un zonage sismique de la Méditerranée occidentale à
1/2 000 000 préalable aux choix de scénarios de tsunamis, BRGM, 2007*

馬爾他

納戈爾諾·卡拉巴赫：
已獨立卻不獲承認的高加索小國

納戈爾諾·卡拉巴赫 (Haut-Karabakh) 是亞美尼亞境外屬地，位於亞塞拜然境內，處境如同喬治亞 (Georgia) 共和國之下的阿布哈茲 (Abkhazia)、南奧塞梯 (Ossetia) 等地，衝突不斷，是蘇聯解體造成的後遺症之一。2016 年 4 月 2 至 5 日，亞塞拜然向亞美尼亞挑起了一場軍事衝突，重新啟動了長久以來從未真正平息的戰爭，受到衝擊的國家絕不只局限於高加索地區。

1921 年 6 月，時任民族事務人民委員的史達林，將本來劃給亞美尼亞的納戈爾諾·卡拉巴赫交還給亞塞拜然；兩年之後，又承認亞塞拜然為獨立的亞塞拜然蘇維埃社會主義共和國 (1920~1991 年)。納戈爾諾·卡拉巴赫這片占地 4,400 平方公里、95％居民是亞美尼亞人的土地，因此被亞塞拜然包圍。史達林這麼做的目的是什麼呢？其實這是在討好 1923 年剛成立的土耳其共和國 (土耳其和亞塞拜然的關係很親近)，以及削弱納戈爾諾·卡拉巴赫的民族主義聲浪。

自行宣布統一，遭致種族清洗大屠殺

蘇聯共產政體持續 70 年，許多潛在的衝突呼之欲出，最終都在 1985~1991 年共產黨開放政治經濟改革時爆發了。1988 年，納戈爾諾·卡拉巴赫的亞美尼亞人舉行投票，決定和「亞美尼亞蘇維埃社會主義共和國」統一。投票結果導致亞美尼亞人遭到種族清洗式的大屠殺，屠殺發生在亞塞拜然三大城市：蘇姆蓋特 (Sumgait)、基洛瓦巴德 (Kirovabad) 和巴庫 (Bakou，1990 年 1 月)。

1991 年 9 月 2 日，納戈爾諾·卡拉巴赫宣布獨立。此舉引發的戰爭持續了 3 年，亞美尼亞和亞塞拜然戰況激烈，結果是亞美尼亞戰勝。這場戰爭造成了 3 萬人死亡，超過 100 萬難民流離失所。亞美尼亞戰勝後，納戈爾諾·卡拉巴赫「首府」斯捷潘奈克特 (Stepanakert) 宣布擴大邊境的圍籬範圍，擴張國土至 11,500 平方公里，這麼做不但能加強國家安全，同時也和亞美尼亞更靠近，兩地可通過拉欽走廊 (Corridor de Latchine) 往來 (請參見右圖)。

1994 年 5 月亞美尼亞和亞塞拜然簽訂停火協議後，歐洲安全與合作組織 (OSCE) 就不斷利用外交來穩定此地局勢，由 1992 年設立的明斯克小組 (Minsk Group) 負責該地區的和平。明斯克小組展開了多次和平談判，但內容都沒有強制性，因此調停成效不彰，直到 2007 年才討論出一個差強人意的衝突處理方針，稱為「馬德里原則」(Madrid Principles)。「馬德里原則」核心內容除了禁止使用武力之外，還包括尊重各國領土完整與民族自決，這本來就是亞美尼亞和亞塞拜然兩方的訴求。

與亞塞拜然再次交火：高加索地區近年「最大規模暴力衝突」

亞塞拜然揚言若和平談判沒有結果，將不惜以武力收回納戈爾諾·卡拉巴赫。違反 1994 年停火協議的意外事件幾乎每天發生，且情勢愈演愈烈。亞塞拜然靠著石油和天然氣的收益，迅速提升軍備，並與以色列發展戰略同盟。總統

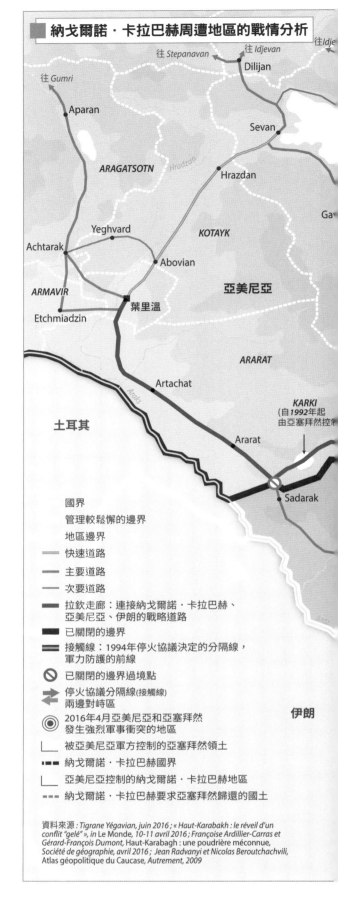

納戈爾諾·卡拉巴赫周遭地區的戰情分析

往 Stepanavan　往 Idjevan　往 Idje
Dilijan
往 Gumri
Aparan
Sevan
ARAGATSOTN　Hrazdan
Hrazdan
Yeghvard　KOTAYK　Ga
Achtarak
Abovian　亞美尼亞
ARMAVIR
葉里溫
Etchmiadzin
ARARAT
Artachat
Arails
土耳其　KARKI (自1992年起由亞塞拜然控制
Ararat
Sadarak
伊朗

國界
管理較鬆懈的邊界
地區邊界
━━ 快速道路
━━ 主要道路
━━ 次要道路
━━ 拉欽走廊：連接納戈爾諾·卡拉巴赫、亞美尼亞、伊朗的戰略道路
■ 已關閉的邊界
━━ 接觸線：1994年停火協議決定的分隔線，軍力防護的前線
⊘ 已關閉的邊界過境點
⇄ 停火協議分隔線(接觸線) 兩邊對峙區
◎ 2016年4月亞美尼亞和亞塞拜然發生強烈軍事衝突的地區
└ 被亞塞拜然軍方控制的亞塞拜然領土
▪▪▪ 納戈爾諾·卡拉巴赫國界
└ 亞美尼亞控制的納戈爾諾·卡拉巴赫地區
▪▪▪ 納戈爾諾·卡拉巴赫要求亞塞拜然歸還的國土

資料來源：Tigrane Yégavian, juin 2016 ; « Haut-Karabakh : le réveil d'un conflit "gelé" », in Le Monde, 10-11 avril 2016 ; Françoise Ardillier-Carras et Gérard-François Dumont, Haut-Karabagh : une poudrière méconnue, Société de géographie, avril 2016 ; Jean Radvanyi et Nicolas Beroutchachvili, Atlas géopolitique du Caucase, Autrement, 2009

伊利哈姆·阿利耶夫 (Ilham Aliev) 的言論充滿民族主義與強硬好戰色彩，他為了轉移因原油價位大跌引起的國內社會經濟問題，在 2016 年 4 月 2 日發動大規模武力攻擊納戈爾諾·卡拉巴赫，於 1994 年停火時兩方軍隊駐防的「接觸線」上 (ligne de contact) 發生嚴重的武裝衝突。4 天的衝突收回被亞美尼亞占據的一些國土 (800 公頃)，卻造成數百人死亡。

俄羅斯是此區的老大哥，向來支持亞

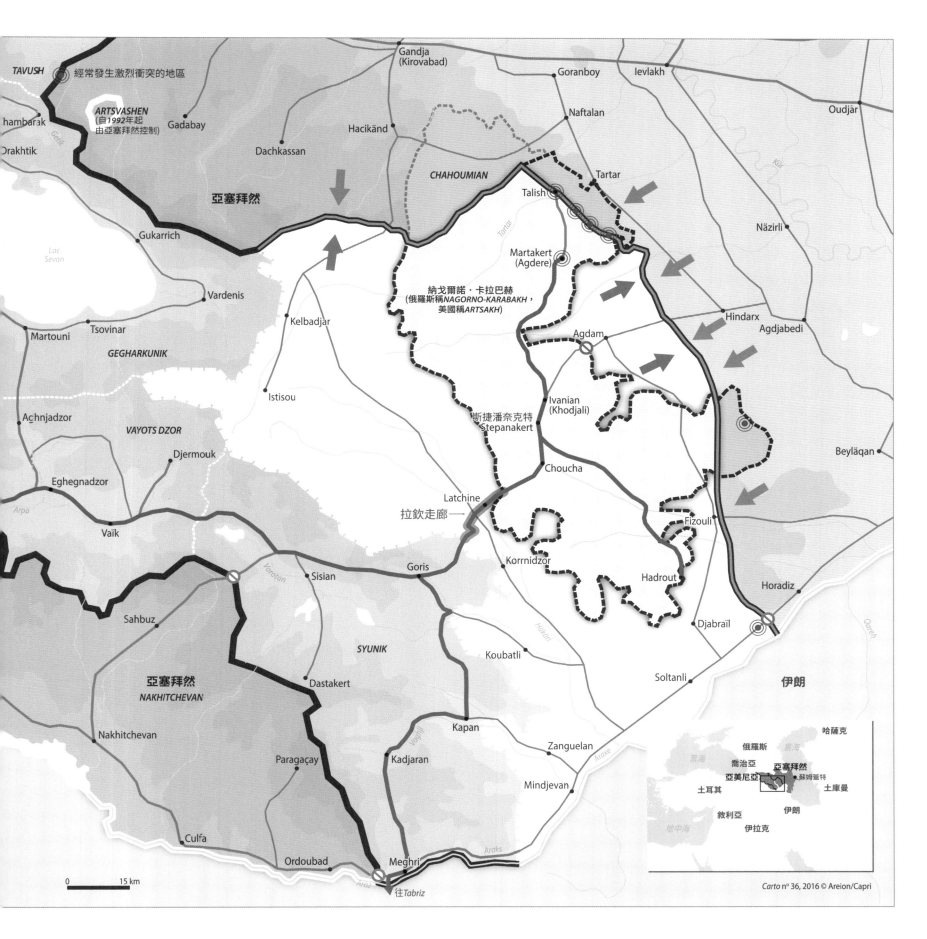

Carto n° 36, 2016 © Areion/Capri

美尼亞，這次卻未出手干預，是因為俄羅斯想再次與亞塞拜然這個軍火大客戶交好，並增加戰略上的影響力，只好犧牲亞美尼亞，甚至不惜強迫亞美尼亞退讓。亞塞拜然挾著優越的軍武和科技，可以仗著土耳其老大哥的威勢，讓土耳其運派武器與軍事教練到該國。但另一方面，納戈爾諾・卡拉巴赫也具有足夠攻擊敵人重要基礎設施的武力，這讓亞塞拜然也不得不有所顧忌。

外交地位備受孤立，獨立建國不獲承認

　　納戈爾諾・卡拉巴赫受到各國直接或間接的介入（伊朗、土耳其、法國、美國），但國際間並無以武力介入調停的共識，加上此地在外交上備受孤立，因此獲得和平的希望並不樂觀。納戈爾諾・卡拉巴赫得到亞美尼亞的支持，擁有獨立的行政、立法、司法機構，2006 年還舉辦全民公投制定了憲法，可是國際、亞美尼亞首府葉里溫 (Erevan) 至今仍不承認其國家地位。2014 年 1 月 1 日的人口普查顯示納戈爾諾・卡拉巴赫的常住人口有 148,100 人（但是數字受到質疑）。1996 年的國內生產總值為 3 千萬美元，2013 年已提升到 3 億 9 百萬美元。

文 ● T. Yégavian

法國反恐前哨戰：
鮮為人知的駐非反恐部隊

法國在 2015 年 1 月與 11 月遭到恐怖攻擊之後，開始在境內和多個國家部署軍力，打擊聖戰組織，維護國家安全。這是法國從阿爾及利亞戰爭 (guerre d'Algérie, 1954~1962 年) 以來，第一次採取如此大規模的軍事行動，使法國軍隊面臨了嚴峻的考驗。

2015 年 11 月 13 日巴黎發生恐怖攻擊之後，法國行政部門便不斷宣稱：「法國處在戰爭中」。這句話讓人難以理解，因為法國自第二次世界大戰之後，就一直相當和平，究竟「處在戰爭中」具體來說是什麼意思？其實，這個用詞並不是指法國真的在打仗，而是將本來就在進行中的許多反恐行動拉上檯面。事實上，法國數年前已會同其他國聯軍，投入了一場打擊恐怖主義的不對稱戰爭 (請參考圖 1)。

2016 年起，法國在非洲發起極大規模反恐行動

面對恐怖主義，法國毫不猶豫地坐上軍事反恐的領袖位置，歐洲其他國家的表現則相當躊躇、怯懦。2011 年，法國在利比亞發動「哈瑪丹行動」(Opération Harmattan)，接著 2013 年出兵馬利共和國。此後，法國又投入了兩個主要戰場：一是 2014 年 9 月以來在伊拉克、敘利亞展開的「半島北風行動」(Opération Chammal)，二是在非洲薩赫爾地區❶展開的「巴爾赫內行動」(Opération Bakhane，請參考圖 2)。「巴爾赫內行動」主要是延續「檻貓行動」(Opération Serval，2013 年 1 月至 2014 年 8 月法國協助馬利共和國平定國內聖戰士)，但範圍更廣，同時取代了更早期在查德的「雀鷹行動」(Opération Épervier，1986 年 2 月至 2014 年 8 月)，總共動員了 3,500 士兵和重型軍武 (2016 年 1 月出動了 200 輛戰車、200 輛後勤車、14 架直升機、6~10 架戰術戰略機、8 架戰鬥機、5 架無人機)，行動範圍廣及茅利塔尼亞 (Mauritania)、馬利、布吉納法索、尼日、奈及利亞、查德，這是法國罕見出動如此大規模的軍事行動。此外，法國可說是孤軍奮鬥，只獲得部分國家 (例如美國) 的後勤支援，以及當地政府的政治支持。

法國不僅必須同時面對好幾個國外戰場，在國內也發動「哨兵行動」(Opération Sentinelle)，動員了 1 萬名軍人，加強國內安全，支援 2015 年 1 月啟動的「反恐安全措施」(Vigipirate)。這對軍備後勤和軍方人員都是一個很大的挑戰，法國國防支出不斷增加，但軍事預算卻逐年縮減，1990 年國防預算是 390 億歐元，2015 年是 314 億歐元，平均減低了 20％。人員編制也同樣縮減，且降幅更明顯，從 1970 年的 50 萬人降到 2020 年預估的 20 萬人，超過 9,000 名軍人長期派駐在外國，使得軍方宣稱無法長久背負國家所交付的沉重使命。現在法國心有餘而力不足，已經無法從事像 2011 年在利比亞剷除當地「伊斯蘭國」分支、穩固利比亞政府權威的任務。

1　法國的全球軍事部署圖(2016年1月8日)

維德角

法屬玻里尼西亞
900

1,000　安地列斯群島

2,100
圭亞那

西撒哈拉
駐有「聯合國西撒哈拉特派團」(MINURSO)
13

10,000
法國國內實施反恐安全措施，並駐紮哨兵

地中海
駐有「歐盟地中海海軍」在此巡航

塞內加爾　350
馬利
駐有「聯合國馬利訓練團」(MINUSMA)
85

FINUL

黎巴嫩　900

Chammal
3,500　伊拉克

○ 法國基地駐紮點
法國在各地部署的士兵人數
單位：千人
○ XX

象牙海岸　600
Barkhane
3,500　薩赫爾
西奈半島

ONUCI 10

法國軍方的軍事合作對象
　僅有法國軍隊
　與聯合國合作
　與其他歐洲國家合作

幾內亞灣
Corymbe　350

中非
Sangaris
900　20 EUMAM
14 MINUSCA

吉布地
1,700

570
650　阿拉伯聯合大公國

加彭　450

剛果
民主共和國

印度洋
Atalante
EPE/OEF*
12

新喀里多尼亞
1,400

MONUSCO
EUSEC

3,260　法國海軍常駐派遣隊

法屬留尼旺島
1,650

*亞特蘭大行動(Atalante EPE)：法國在印度洋部署軍力防範索馬利亞海盜威脅的軍事行動。
持久自由行動(OEF)：美、法聯軍針對蓋達組織和塔利班政權採取的軍事行動。
**西奈半島駐有多國軍力，法國受國際委任，在該地設置兩個軍事觀察站。

資料來源：Ministère de la Défense, 2016 ; DSI, La France face au terrorisme, Hors-série nº 43, août-septembre 2015　　Carto nº 34, 2016 © Areion/Capri

撒哈拉沙漠地區　　　　薩赫爾地區

非洲不穩定的地區

伊斯蘭馬格里布蓋達組織
(AQMI)活動地
因衝突而不穩定的國家

「伊斯蘭國」等聖戰組織
活動區
薩赫爾地區聖戰組織活躍的三角地帶

毒品運輸出入口

軍火買賣重要中心

主要的軍火、毒品走私點

通往歐洲主要路徑

法國的反恐計畫實施地區

《薩赫爾地區五國合作計畫(G5 Sahel)》
2014年8月1日,法國和5個非洲國家訂定合作計畫,在薩赫爾—撒哈拉地區打擊持有武器的恐怖分子集團。

軍事配合行動參謀團(CEMOC)
薩赫爾地區五國合作計畫之前成立的反恐組織,但未見成效。

法國軍力駐防點

被「巴爾赫內行動」驅逐的AQMI駐紮處

法國監視中的戰略鎖定區

法國常駐支援據點

法國暫時性前沿基地

法國其他軍事定點

2016年1月「巴爾赫內行動」的動員軍力總數

3,500名士兵

400輛戰車及後勤車

14架直升機

6-10架戰術戰略機

8架戰鬥機

5架無人機

Carto n° 34, 2015 © Areion/Capri

資料來源:*Ministère de la Défense, 2016 ; IOM, 2016 ; UNODC, 2016 ; Guillaume Larabi, « "Barkhana split", l'écartèlement de l'opération Barkhane ou la naissance d'un triangle jihadiste transsahélien », janvier 2016 ; Olivier Hanne et Guillaume Larabi, Jihâd au Sahel, Bernard Giovanangeli Editeur, 2015*

法國積極與中東國家發展軍火貿易

　　安全情勢不穩迫使法國出兵國外,卻也為法國帶來經濟上的收益,以及增加軍事自主權。法國能自己製造戰鬥機、航空母艦、核潛艇、戰車、直升機,這是一個優勢;另一個更重要的優勢,是法國是聯合國安全理事會(United Nations Security Council)的常任理事國。法國目前的經濟情況和預算,不允許國家投入大量金額維護軍備和發展軍事現代化、科技化,必須靠著輸出軍事技術專門知識,才能補貼財政上的缺口。

　　法國的國外軍事行動,並沒有以增加軍火出口為考量(請參考圖3),但依舊帶動了軍火出口的成長,出口收益讓法國得以保障武器和戰備的品質。以「陣風戰鬥機」(Rafale)為例,2015年最大的買家是埃及和卡達(各24架)。整體而言,2015年是法國軍事工業收益破紀錄的一年,總共收到160億歐元訂單,2016年成績還會更好。法國最大的軍火買家是沙烏地阿拉伯和阿拉伯聯合大公國,這兩國也是法國在中東地區關係最密切的盟國,法國在阿布達比更設有聯合特遣部隊。軍火出口收益使法國得以繼續發展軍武,從政治策略上來看,軍火貿易不但確保了和軍武購買國的長期合作關係,也助於鞏固法國外交。

文 ● T. Hurel

❶薩赫爾(Sahel):非洲北部撒哈拉沙漠、中部蘇丹原草原地區之間的地區。

3 **法國的全球軍火貿易統計圖**

各洲軍火訂單占比
(2010~2014年)

38.1%
30.1%
12.7%
10.8%
4.4%
0.7%
3.2%

歐洲　非洲　亞洲　近東與中東

軍火訂單收益總計
(2005~2014年)

單位:10億歐元

9　8　7　6　5　4　3　2　1

2005
2006
2007
2008
2009
2010
2011
2012
2013
2014

主要軍火購買國(2010~2014年)

美國
俄羅斯
英國
摩洛哥
沙烏地阿拉伯
印度
馬來西亞
新加坡
阿拉伯聯合大公國
巴西

資料來源:*DICoD, Rapport au Parlement 2015 sur les exportations d'armement de la France, juin 2015*　　*Carto n° 34, 2016 © Areion/Capri*

東正教的地緣政治：土耳其、俄羅斯兩強鬥

2016 年 6 月 19~26 日，10 個東正教自主教會聚集在希臘克里特島上的哥林巴里市 (Kolymbari) 舉行神聖大會議，這是東正教自西元 787 年以來第一次舉行這種形式的大會議，會後發布的公告中，特別強調維護教會自主獨立、拒絕政治干擾、摒棄世俗主義，不再扮演國家外交上的任何角色。然而，包括俄羅斯在內的 4 個最重要的東正教自主教會抵制這個盛會，製造了緊張情勢。

19 世紀起，東正教的分布地區民族主義抬頭，許多地區因此出現教義分歧與教會分裂的情況，導致東正教至今無法團結、統一，而俄羅斯與西方世界的再次冷戰，也是造成各國教會關係緊張的原因之一。

2016 年這次神聖大會議意義極重大，籌備計畫可上溯到半個世紀之前，也就是 1961 年「泛東正教會議」第一次在希臘羅德島舉辦時，當時莫斯科東正教會和整個蘇俄都表示贊同。

俄羅斯正教會：擁有最多信徒的自主教會

東正教信徒數量在一個世紀內大幅增加：20 世紀初為 1 億 2 千 5 百萬人，2010 年增長到 2 億 7 千 5 百萬。2011 年 12 月美國智庫「皮尤研究中心」估計，全球基督教人口中，東正教徒占了 11%（50.1% 為天主教，36.7% 為基督新教）。

除了君士坦丁堡正教會和俄羅斯正教會這兩大教會之外，世界上還有 12 個東正教「自主教會」（請參考圖2），分別是：阿爾巴尼亞正教會、亞歷山大正教會、安提阿正教會、保加利亞正教會、賽普勒斯正教會、喬治亞正教會、希臘正教會、耶路撒冷正教會、波蘭正教會、羅馬尼亞正教會、塞爾維亞正教會、捷克和斯洛伐克正教會。這些自主教會都是在 1054 年從羅馬教廷分裂出來，不承認羅馬教廷任何領導管轄權。其他地區的東正教會大多附屬於以上這些自主教會，例如日本、中國附屬於俄羅斯正教會；也有一些獨立的教會，因為派系、政治和領土問題不被國際承認 —— 例如基輔東正教會（官方上，烏克蘭東正教會應附屬於俄羅斯正教會）。「東部正統教會」(Oriental Orthodox) 則包括亞美尼亞、衣索比亞、埃及、敘利亞等地教會，教義和東正教不盡相同，這次沒有參加神聖大會議。

君士坦丁堡正教會的牧首巴多祿茂一世 (Bartholomé 1er，1991 年任職至今) 是唯一有資格召開神聖大會議的人，他決定就算信徒最多的俄羅斯正教會缺席 (2010 年有 1 億 145 萬信徒，請參考圖1)，會議仍將照常舉行。此次會議聚集了 200 位教會領導和宗主教，討論有關東正教離散分歧以及教會的使命等議題。主要的辯論焦點集中在消除各教會彼此敵意的「大公主義」(L'Oecuménisme)，以及鼓勵東正教與其他基督教派從事合一運動。此外，會議也特別呼籲國際保護少數中東基督徒，使他們免於打壓迫害。在政治層面，東正教會批判世俗主義，聲稱宗教世俗化是「任意混淆教會的神性影響力和保守主義」。

1 2010年各國東正教信徒數量

單位：人

3,000萬
500萬
50萬
1萬

俄羅斯1億145萬

美國
加拿大
俄羅斯
歐洲
烏克蘭
白俄羅斯
哈薩克
喬治亞
亞美尼亞
埃及
印度
厄利垂亞
衣索比亞
澳洲

註：超過1萬名東正教信眾的國家才標示。

資料來源：*Pew Research Center, 2016*   *Carto n° 37, 2016 © Areion/Capri*

爭浮上檯面

俄羅斯不斷嘗試分裂君士坦丁堡正教會

　　神聖大會議的公告期待所有東正教能超越分歧，達成以下共識：協助解決環境和宗教危機、拒絕一切只以經濟為前提的發展、大聲疾呼科技必須尊重道德倫理規範。這些訴求其實並不具革命性的新意，和俄羅斯正教會一貫的態度也大致相同，本應會得到俄羅斯的贊同，但事實卻相反，俄羅斯正教會直言這次神聖大會議所做的決定，不能代表所有正教會，尤其是未出席的 4 個正教會。尼古拉·巴拉可夫 (Nicolas Balachov，俄羅斯正教會對外關係部副主席) 甚至表示：「神聖大會議的決定不可以視同民主制度中的選舉」。

　　俄羅斯之所以抵制神聖大會議，除了教義上的分歧，還因為神聖大會議牽涉到俄羅斯和土耳其之間的政治鬥爭。俄羅斯正教會與君士坦丁堡正教會之間的權力鬥爭可上溯到鄂圖曼帝國 (1299~1923 年) 與沙皇帝國 (1721~1917 年) 之間的對峙，至今俄羅斯和土耳其之間的政治局勢依舊緊張，使得君士坦丁堡正教會對俄羅斯充滿戒心、敵意。雪上加霜的是，「蘇俄長久以來都在幫助隸屬安提阿正教會的阿拉伯東正教徒擺脫離君士坦丁堡正教會」，歷史學家強－弗朗索·克洛西摩 (Jean-François Colosimo)❶分析：「20世紀甚至出現了一條明確的莫斯科－大馬士革軸線，在蘇維埃時期並未中斷，直到今日，軸線靠著兩國正教會的經濟支援和物流互通，繼續活躍」。

文 ● C. Therme

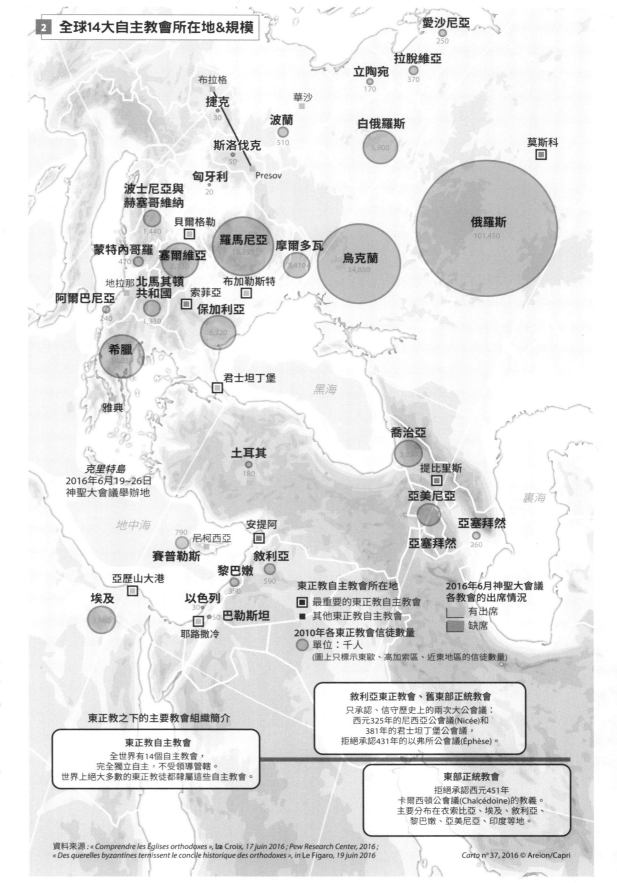

2 全球14大自主教會所在地&規模

愛沙尼亞 250
拉脫維亞 370
立陶宛 170
布拉格
捷克 30
波蘭 510
斯洛伐克 50
華沙
Presov
匈牙利 20
白俄羅斯 5,900
莫斯科
波士尼亞與赫塞哥維納 1,440
貝爾格勒
羅馬尼亞 18,750
摩爾多瓦 3,410
俄羅斯 101,450
烏克蘭 34,850
蒙特內哥羅 470
塞爾維亞 6,730
地拉那
北馬其頓共和國
布加勒斯特
阿爾巴尼亞 240
索菲亞
保加利亞 6,220
希臘 10,032
君士坦丁堡
黑海
雅典
喬治亞
提比里斯
土耳其 180
亞美尼亞
裏海
克里特島
2016年6月19~26日
神聖大會議舉辦地
亞塞拜然
亞塞拜然 260
地中海
790
尼柯西亞
安提阿
敘利亞 590
賽普勒斯
黎巴嫩 350
亞歷山大港
以色列 300
埃及 3,860
巴勒斯坦
耶路撒冷

東正教自主教會所在地
■ 最重要的東正教自主教會
■ 其他東正教自主教會

2010年各東正教信徒數量
● 單位：千人
(圖上只標示東歐、高加索區、近東地區的信徒數量)

2016年6月神聖大會議各教會的出席情況
□ 有出席
▨ 缺席

東正教之下的主要教會組織簡介

東正教自主教會
全世界有14個自主教會，完全獨立自主，不受領導管轄。世界上絕大多數的東正教徒都隸屬這些自主教會。

敘利亞東正教會、舊東部正統教會
只承認、信守歷史上的前兩次大公會議：西元325年的尼西亞公會議(Nicée)和381年的君士坦丁堡公會議，拒絕承認431年的以弗所公會議(Éphèse)。

東部正統教會
拒絕承認西元451年卡爾西頓公會議(Chalcédoine)的教義。主要分布在衣索比亞、埃及、敘利亞、黎巴嫩、亞美尼亞、印度等地。

資料來源：« Comprendre les Églises orthodoxes », La Croix, 17 juin 2016 ; Pew Research Center, 2016 ; « Des querelles byzantines ternissent le concile historique des orthodoxes », in Le Figaro, 19 juin 2016

❶ 採訪 Jean-François Colosimo,《Pourquoi l'Église orthodoxe russe refuse de participer au concile》, in La Croix, 15 juin 2016.

MIDDLE EAST

中東篇

阿拉維邦 p.42
保護少數族群的敘利亞自治邦

孩童教育 p.53
女性數學成績優於男性，全球唯一

伊朗 p.58
積極鼓勵移民返國，卻大肆逮捕？

巴林 p.59
首都城市規劃強化階級對立

沙烏地阿拉伯 p.44
王室教義瓦哈比成為聖戰士溫床？

沙烏地阿拉伯 p.46
全球最晚允許女性開車的國家

敘利亞難民潮 p.40
哪些國家收容最多難民？

糧食困境 p.54
阿拉伯之春的導火線之一

敘利亞難民潮：
哪些國家收容最多難民？

2017 年初，也就是敘利亞爆發內戰 6 年後，聯合國難民署 (UNHCR) 登錄的敘利亞難民已達 500 萬人。最主要收容難民的幾個國家，包括土耳其、黎巴嫩、約旦的國內以及國際局勢都不甚平穩，已無法處理難民潮帶來的恐慌。

人道援助逐漸減少，國際社會開始更加關切如何將難民留在第一個庇護國，然而各國為此做出的努力與提供的資金，無法解決難民的長期收容、居住問題。

土耳其壓力沉重，負擔將近 300 萬難民

土耳其 (2015 年全國人口 7,866 萬) 當局表示，從危機爆發以來，政府為了因應難民潮已耗資 70 億歐元。光是聯合國難民署登錄的土耳其難民收容人數就高達 297 萬 (2017 年 4 月)。2015 年，100 萬名難民從土耳其出發，渡過地中海，抵達歐洲。2016 年 3 月，安卡拉當局答應歐盟將非法進入歐盟區的難民遣送回土耳其，並採用「一換一」的方式，每當希臘遣送一名敘利亞籍的移民回土耳其，歐盟就從土耳其接收一名敘利亞籍難民，鼓勵難民透過正式途徑申請庇護，減少海路偷渡釀成悲劇。此外，作為交換條件，歐盟承諾在短時間內給予土耳其公民進入歐盟免簽證的待遇，以及更多的國際援助。然而，2016 年 7 月土耳其發生政變失敗後，與西方國家關係惡化，總統艾爾多安 (Recep Tayyip Erdogan，2014 年 8 月上任) 揚言若歐盟不履行承諾，將中止協議。

再看到黎巴嫩，該國人口僅 585 萬，卻湧入了 100 萬敘利亞難民，政府當局憂心國內脆弱的政教體系會受到太大衝擊。根據國際勞工組織 (ILO) 估計，2011~2015 年間，有 17 萬黎巴嫩人掉到貧窮線以下。2016 年 6 月 27 日，8 名「伊斯蘭國」組織的成員在東北部艾爾卡村 (Al-Qaa) 發動自殺式攻擊，讓敘利亞和黎巴嫩之間的情勢更加緊張。

ISIS 多次恐攻，約旦憂遭殃停止收容難民

約旦 (759 萬人口) 至 2017 年 4 月為止，已收容了 658,015 名敘利亞難民 (加上未登記的，估計是 130 萬)，政府當局自 2015 年起宣布國內基礎設施無法承受不斷增加的外來人口，將限制入境的難民人數。因此，想穿越國界的敘利亞難民只好移往約旦東北地區的崗哨。2016 年 6 月 21 日，伊斯蘭國攻擊約旦東北地區的拉克邦通道 (passage de Rukban)，導致約旦全面關閉國界。約旦擔憂難民潮將造成局勢不安，因此本來就嚴格控管難民的收容數量，如今更是全面停止，並限制人道組織進入哈達拉特難民收容區 (Hadalat) 和拉克邦難民營 (Rukban，請參考圖 1)。

黎巴嫩拒絕給予難民合法工作權

在土耳其、黎巴嫩和約旦，大部分的敘利亞難民都生活在難民營之外的地方，過得朝不保夕。就算是難民營，也無法提供穩定的生活條件，難民沒有官方許可證不能擅自出入營區，也沒有機會改善生活條件。2013 年春季，約旦的扎泰里難民營 (Zaatari) 曾一度爆滿，收容了 20 萬名難民，之後則維持在 8 萬人；難民也漸漸融入了馬弗拉克省 (Mafraq) 當地的社會經濟體系。但由國際組織修建、位於人煙稀少的隔離地區的阿茲拉克難民營 (Azraq) 情況卻大相逕庭。扎泰里難民營的難民多少參與並帶動了社會經濟發展 (請參考圖 2)，阿茲拉克難民營卻在成立兩年之後的 2016 年春季，才終於興建了第一個市場。

難民潮為收容國帶來諸多影響，首當其衝的是公共服務，尤其是健康、教育體系，也導致收容國內部的社會氣氛更加緊張。敘利亞爆發內戰 5 年以來，鄰國的市政服務、醫療體系、教育和交通設施都面臨嚴峻的考驗，尤其是在本身基礎建設不足的地區，情況更為惡劣。這些國家也擔心本來就艱難的青年就業市場，還得與敘利亞難民競爭。

敘利亞難民潮持續不斷，這些難民回到恢復和平祖國的日子還遙遙無期，收容國急需解決難民長期居住問題的方法。2016 年初，土耳其和約旦承諾到了 2020 年，兩國將各發放 60 萬和 20 萬份工作證給敘利亞難民。做出這番妥協是為了獲得國際間更多的金援，幫助兩國創造工作機會、增進經濟發展。不過，政策的成效相當有限，敘利亞難民擔心進入合法勞動市場，將剝奪他們賴以為生的人道援助權利。在黎巴嫩，政府當局則拒絕給予難民合法工作權，許多難民只能非法打工，任人剝削。

國際社會也遲遲無法兌現給予收容國人道與資金援助的承諾。情勢急迫，2016 年 2 月在倫敦舉行的難民協助大會承諾撥款 120 億美金，但到了同年 8 月，只兌現了 25%；而國際金援開出讓敘利亞難民兒童在 2016 年開學時能有教室上課的承諾，也難以實現。

文 • C. Ronsin

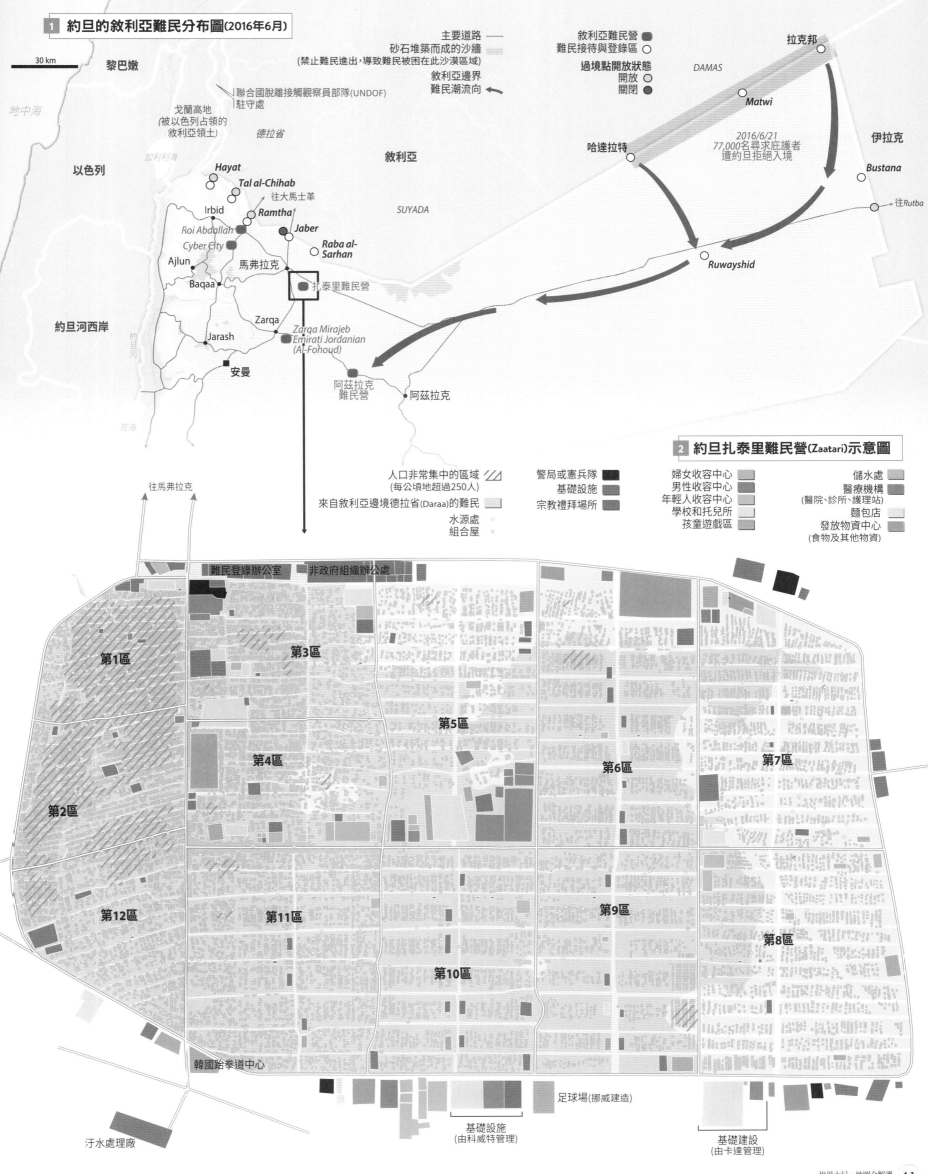

1 約旦的敘利亞難民分布圖(2016年6月)

30 km

主要道路	——
砂石堆築而成的沙牆	
(禁止難民進出,導致難民被困在此沙漠區域)	
聯合國脫離接觸觀察員部隊(UNDOF)駐守處	
敘利亞邊界	
難民潮流向	←

敘利亞難民營 ●
難民接待與登錄區 ○

過境點開放狀態
開放 ○
關閉 ●

黎巴嫩
地中海
以色列
戈蘭高地
(被以色列占領的
敘利亞領土)
德拉省
加利利海
拉克邦
DAMAS
Matwi
哈達拉特
敘利亞
2016/6/21
77,000名尋求庇護者
遭約旦拒絕入境
伊拉克
Bustana
往Rutba
SUYADA
Hayat
Tal al-Chihab
往大馬士革
Ramtha
Irbid
Jaber
Roi Abdallah
Cyber City
Raba al-
Sarhan
Ajlun
馬弗拉克
Ruwayshid
Baqaa
扎泰里難民營
約旦河西岸
約旦河
Zarqa
Jarash
Zarqa Mirajeb
Emirati Jordanian
(Al-Fohoud)
安曼
阿茲拉克
難民營
阿茲拉克
死海

往馬弗拉克

人口非常集中的區域	
(每公頃地超過250人)	
來自敘利亞邊境德拉省(Daraa)的難民	
水源處	○
組合屋	▪

警局或憲兵隊 ■
基礎設施 ■
宗教禮拜場所 ■

2 約旦扎泰里難民營(Zaatari)示意圖

婦女收容中心		儲水處	
男性收容中心		醫療機構	
年輕人收容中心		(醫院、診所、護理站)	
學校和托兒所		麵包店	
孩童遊戲區		發放物資中心	
		(食物及其他物資)	

難民登錄辦公室　　非政府組織辦公處

第1區
第3區
第2區
第4區
第5區
第6區
第7區
第12區
第11區
第9區
第10區
第8區

韓國跆拳道中心

足球場(挪威建造)

汙水處理廠

基礎設施
(由科威特管理)

基礎建設
(由卡達管理)

資料來源:UNHCR, 2016;OCHA, 2016;Commission européenne, 2016

Carto n° 37 2016 © Areion/Capri

200 m

阿拉維邦：保護少數族群的敘利亞自治邦

敘利亞內戰爆發第 4 年，阿拉維派自治邦 (alaouite) 在敘國西部地中海畔成立的可能性愈來愈高。敘利亞內戰衝突各方都譴責這個分割國土的計畫，庫德人 (Kurde) 除外，因為庫德人也正在敘利亞東北部如火如荼地成立羅賈瓦自治區 (Rojava)。

2015 年秋季，敘利亞大馬士革當局能控制的全國國土只有 30%，以及這部分國土上的 1,200 萬居民，約占敘利亞全國人口的 2/3。當局政府想收回四分五裂的國土顯然相當困難。至於反叛軍想控制少數民族，尤其是阿拉維派居民聚集地，也幾乎是不可能的事。分裂的結果，就是阿拉維派在國土西北邊規劃了一個穆斯林的避難地 (請參考地圖)，保護什葉派 (Shiite) 的支派阿拉維派 (敘利亞總統阿塞德 [Bashar al-Assad, 2000 年上任] 就是阿拉維派)、其他少數部族，以及世俗化的遜尼派穆斯林。倘若敘利亞政權被推翻，俄羅斯和伊朗也會欣然見到這靠海之區和敘利亞國土分開，以確保他們在地中海地區政治和軍事的影響力。

1922 年，鄂圖曼土耳其帝國瓦解，敘利亞交由法國託管，阿拉維邦在這個時期成立，邦界切分阿拉維派和遜尼派聚集地區。到了 1936 年，這塊擁有 35 萬人口的阿拉維邦合併到敘利亞境內。合併的原因有二：一是當時社會經濟落後，急需進步，各教派的自我意識不像今日如此高漲，二是阿拉伯國家主義承諾保護飽受伊斯蘭遜尼派欺侮的阿拉維派信徒。敘利亞共和國獨立後，1970 年 11 月 12 日，阿拉維派的老阿塞德 (Hafez al-Assad) 發動軍事政變，促使人口算少數的阿拉維派進駐軍事領導階層，擔任國家政要。自此，這個只占全國人口 10~15% 的派別，掌握了整個敘利亞。2011 年內戰以來，因為軍中領導階層大多是阿拉維派，政府有軍方當靠山，自然更有恃無恐。

俄羅斯、伊朗撐腰，阿拉維派政治實力堅強

　　成立一個新的阿拉維邦的可能性有多大呢？首先要說明的是，阿拉維邦成立的大前提，是阿塞德失勢。如此一來，政府軍隊將大規模撤退到西部這塊不大不小的阿拉維派區域 —— 區域大小，尚仰賴阿拉維派界定東邊邦界的能力。阿拉維派有俄羅斯和伊朗撐腰，經濟和軍事上都有本事獨立。而邦界劃定將決定成立的是「大阿拉維邦」或是「小阿拉維邦」。「大阿拉維邦」占地十多萬平方公里，涵蓋拉塔基亞 (Lattaquié) 和塔爾圖斯 (Tartous)、邁斯亞夫 (Masyaf) 和塞萊米耶 (Sqalbyeh) 以及霍姆斯市 (Homs) 所在的霍姆斯省西部。「小阿拉維邦」則縮減為 6,000 平方公里，不包含拉塔基

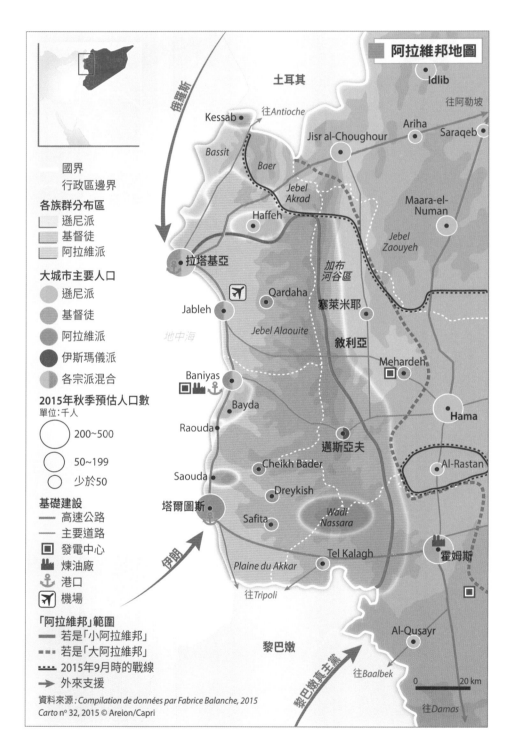

阿拉維邦地圖

圖例
國界
行政區邊界
各族群分布區
遜尼派
基督徒
阿拉維派
大城市主要人口
遜尼派
基督徒
阿拉維派
伊斯瑪儀派
各宗派混合
2015年秋季預估人口數
單位：千人
200~500
50~199
少於50
基礎建設
高速公路
主要道路
發電中心
煉油廠
港口
機場
「阿拉維邦」範圍
若是「小阿拉維邦」
若是「大阿拉維邦」
2015年9月時的戰線
外來支援

資料來源：*Compilation de données par Fabrice Balanche, 2015*
Carto n° 32, 2015 © Areion/Capri

亞北部、霍姆斯以及加布河谷區 (Ghab) 的阿拉維派和遜尼派信徒共存區。「大阿拉維邦」人口預估差不多有 300 萬，「小阿拉維邦」人口 250 萬，差距之所以如此小，是因為不管大小，「阿拉維邦」都將湧入敘利亞中部大量阿拉維派信徒、基督教信徒與伊斯瑪儀派信徒 (Isma'ilism)。

文 ● F. Balanche

埃及：聯手沙烏地阿拉伯，控制蒂朗海峽

兩大強國主導著整個阿拉伯世界：一是沙烏地阿拉伯，二是埃及。自從 2011 年「阿拉伯之春」爆發以來，沙烏地阿拉伯積極尋求強大盟友，且最好是遜尼派當政的國家，埃及正是最適當的人選。埃及總統塞西 (Abdel Fattah el-Sisi) 也不惜割讓幾座小島，以便與沙烏地阿拉伯締結戰略合作關係並達成經濟利益互惠。

2016 年 4 月，沙烏地阿拉伯國王薩爾曼 (Salman，2015 年 1 月即位) 出訪開羅，和埃及總統共同簽訂了 17 項經濟協議，其中包含興建發電廠和綜合大樓、成立共同投資基金、創立私立大學等等。埃及總統塞西很高興沙烏地阿拉伯帶來及時雨般的充沛資金，決定割讓兩座位於西奈半島南端、沙烏地阿拉伯西北方的阿卡巴灣 (Gulf of Aqaba) 入口處的島嶼給沙烏地阿拉伯：蒂朗島 (Tiran) 和塞納菲爾島 (Sanafir)。

利雅德當局表示，這其實不是割讓，是歸還，因為 1950 年以色列建國時，沙烏地阿拉伯擔心自己的海軍力量薄弱將導致兩座島嶼被以色列占領，才讓給埃及保護，現在算是物歸原主。這兩座無人島在 1967 年「六日戰爭」(Israel Six-Day War) 中被以色列占領，後來依據 1979 年的和平協議於 1982 年歸還埃及。那為什麼說這兩座島是沙烏地阿拉伯的屬地呢？這兩座島在 19 世紀末時屬於埃及，那時沙烏地阿拉伯還沒誕生 (1932 年才成立)。其實是因為英國在殖民埃及時期，於 1923 年將這兩座島劃給了沙烏地阿拉伯。

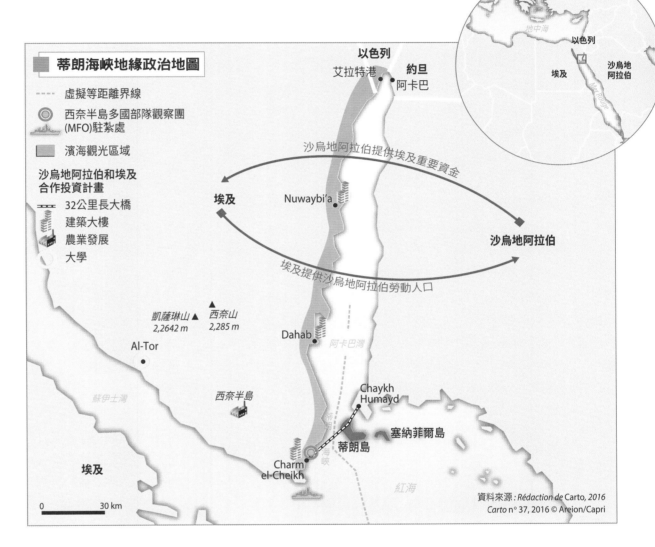

蒂朗海峽地緣政治地圖

- ---- 虛擬等距離界線
- ◎ 西奈半島多國部隊觀察團 (MFO) 駐紮處
- 濱海觀光區域

沙烏地阿拉伯和埃及合作投資計畫
- 32公里長大橋
- 建築大樓
- 農業發展
- 大學

以色列
艾拉特港
約旦
阿卡巴

沙烏地阿拉伯提供埃及重要資金

埃及
Nuwaybi'a

沙烏地阿拉伯

埃及提供沙烏地阿拉伯勞動人口

凱薩琳山 ▲ ▲ 西奈山
2,2642 m 2,285 m

Dahab 阿卡巴灣

Al-Tor

蘇伊士灣

西奈半島

Chaykh Humayd

塞納菲爾島

埃及

蒂朗島

Charm el-Cheikh

紅海

0 ____ 30 km

資料來源：Rédaction de Carto, 2016
Carto n° 37, 2016 © Areion/Capri

用兩座無人小島，扼住以色列石油進出要道

蒂朗島和塞納菲爾島面積各為 80 和 33 平方公里，無人居住，荒涼無比，由監督埃及和以色列遵守和平協議的「西奈半島多國部隊觀察團」(MFO) 所監視。這兩座無人小島重要的僅是戰略位置，控制以色列艾拉特港 (Eilat) 的出入口，尤其是石油進口。此外，阿卡巴灣也是沙烏地阿拉伯和埃及的自然邊界，但利雅德當局準備消除這條邊界，以防沙烏地阿拉伯遇到緊急狀況時必須仰賴埃及盟友，例如葉門內戰，因此誕生了經由蒂朗島連結阿拉伯半島與西奈半島的跨海大橋興建計畫，這座橋命名為「薩爾曼國王大橋」。想想看，如果早在 2011 年 3 月，

沙國利雅德當局派兵壓制巴林王國首都麥納瑪 (Manama) 的示威活動時，兩國之間有這樣的往來通道，豈不方便許多？說穿了，埃及和沙烏地阿拉伯之間的貿易並不頻繁，這座大橋並不會為兩國貿易加分。在沙烏地阿拉伯境內工作的埃及人僅有 200 萬，上下班也不會經過這裡，這座橋更不是為他們的方便而建的。對埃及而言，西奈半島上恐怖分子亂竄，國家又面臨嚴峻的經濟困境，和中東地區主要的軍事經濟大國結盟是攸關生死存亡之舉。但是隨著國家意識抬頭，埃及人民並不同意這個做法，高等行政法院宣布「歸還兩島」協議無效，然而 2017 年 4 月憲法法院做出裁決，推翻下級法院的判決；沙烏地阿拉伯袖手旁觀，靜待埃及總統塞西將蒂朗島和塞納菲爾島雙手奉上。而這項協議，最終在 2017 年 6 月成為事實。

文 • G. Fourmont

瓦哈比主義：王室教義瓦哈比成為聖戰士溫床？

2016 年 11 月，摩洛哥推動宗教教育改革，剔除教科書中的激進伊斯蘭思想。同時期，突尼西亞一位部長因批評「瓦哈比主義」(Wahhabisme) 是孕育恐怖主義的溫床而被迫辭職。這兩個北非國家都面臨國內「薩拉菲主義」(salafisme，來自沙烏地阿拉伯的瓦哈比主義的別稱) 日漸壯大的問題，這與沙烏地阿拉伯不斷散布激進的瓦哈比主義有關嗎？

瓦哈比派信奉極度嚴謹的原教旨主義

沙烏地阿拉伯盛行遜尼派神學，並積極向全世界傳播此思想。遜尼派受到罕百里學派 (艾哈邁德‧伊本‧罕百里 [Ahmad ibn Hanbal，780~855 年] 所創立的學派) 的影響，強調唯一真神、原教旨。從 1960 年代起，石油收益使這個沙漠國家繁榮蓬勃，於是當局便開始發展宗教外交。遜尼派神學可回溯到 18 世紀的瓦哈比派創始人穆罕默德‧伊本‧阿布多‧瓦哈比 (Mohamed ibn Abdelwahhab，1703~1792 年)，他提倡回歸伊斯蘭本源，以《古蘭經》和先人聖訓 (Salaf，「薩拉菲」即得名於此，但 19 世紀出現的「薩拉菲主義」與「先人聖訓」幾乎已無共通點，不容混淆) 為圭臬。瓦哈比派認為其他的教派都不純正、違反道德。1744 年，伊本‧阿布多‧瓦哈比和酋長穆罕默德‧伊本‧沙特 (Mohamed ibn Saoud，1710~1765 年) 結盟，瓦哈比幫助穆罕默德建立第一個沙烏地阿拉伯王國，條件是在他管理的土地上必須遵行瓦哈比派教義。瓦哈比主義對宗教的解釋也為 20 世紀初王室家族的征伐爭權提供了宗教合法性，兩者結合成為宗教軍事聯盟。1932 年，沙烏地阿拉伯王國建立，執掌政權的王室家族依舊與瓦哈比主義相輔相成。

宗教滲入信徒日常生活的每一寸空間

沙烏地阿拉伯的城市景觀讓人聯想到美國都市，像是交叉的高速公路、摩天大樓、防守嚴密的封閉住宅區等等，然而宗教卻滲入日常生活的每一寸空間。以公共場所來說，餐廳和商場裡男女必須隔離、巨大的可蘭經裝飾放眼皆是、衣飾必須謹守規範、祈禱時間商店必須關門。國內清真寺多如牛毛，根據 2016 年的官方統計，共有 98,992 座 (參見圖 2)，而全國人口只有 3,170 萬，其中 2,000 萬是沙烏地阿拉伯國籍。當局還在全國各地廣設可蘭經背誦中心 (39,933 個)。「道德宣揚防範罪惡委員會」更嚴密監視全國遵守薩拉菲教義。而且，以「伊斯蘭兩大聖地守護者」自居的沙烏地阿拉伯，也會舉辦一年一度的伊斯蘭教朝覲 (Hajj)，是所有穆斯林一生必做的事。

沙烏地阿拉伯自認是「伊斯蘭理想國」，所有信徒在這裡遵循阿拉教規，更因此在全世界擁有極大的宗教影響力，當然沙國也欣然利用這個權威。1962 年，沙國號召成立了「伊斯蘭世界聯盟」(Muslim World League)，總部設在麥加，世界各處皆設有分會 (辦事處、清真寺)。聯盟的目標很明確：宣揚先知聖訓，避免伊斯蘭分裂分歧。換句話說，就是闡釋獨一無二的伊斯蘭教義和原則：瓦哈比派教義。

此外，沙國也提供獎學金給外國學生，招攬學生到位於第二聖城麥地那、麥加、利雅德等地傳授薩拉菲教義的伊斯蘭大學就讀。不只如此，沙烏地阿拉伯廣泛發送免費的阿拉伯文和其他語言譯本的《古蘭經》錄音帶和印本，其中的解釋簡單流暢，易於閱讀及互相討論。根據官方統計，2014 年 10 月到 2015 年 10 月之間，至少有 958 萬冊經書寄往亞洲的回教國家 (923 萬冊寄亞洲，其他寄往中東各國，參見圖 1)。每個朝聖客離開沙國前，也必然受贈《古蘭經》。

沙國強力宣傳瓦哈比主義，遭疑助長全球聖戰組織

這種做法招致愈來愈嚴厲的批評，不僅來自其他教義不同的伊斯蘭教派別，也來自國際社會。沙烏地阿拉伯當年資助阿富汗聖戰組織對抗蘇聯 (1979~1989 年間)，國際社會交相稱許，但如今各國懷疑沙國運用在巴爾幹半島戰爭時期 (1991~1995 年) 的手法，透過世界各地的組織散布宗教褊狹思想、排除異己，助長聖戰組織的勢力。2001 年 9 月 11 日的恐怖攻擊事件震驚世界：19 名劫機者中，有 15 名是沙烏地阿拉伯國籍，一如「蓋達組織」(al-Qaida) 的首腦賓拉登 (Osama bin Laden)。在美國施壓之下，沙國著手追查可疑資金流向 (但投資的金額很難估算，從 1970 年代以來，粗估應有好幾百億歐元) 以及剷除極端組織，「哈拉曼基金會」(Al-Haramain Foundation) 就是因此於 2004 年關閉。同時，聖戰組織引述的文獻文章也遭禁止。

研習瓦哈比派教義，就是崇尚暴力嗎？雖然薩拉菲主義證實是聖戰主義的溫床，但恐怖分子不見得是經過瓦哈比派洗禮才發動攻擊，而且沙烏地阿拉伯 2,000 萬人民也不是暴力分子。更何況，接受統治者沙特家族對伊斯蘭教的詮釋，並不代表屈服於他們的政權，情況甚至相反，許多薩拉菲派人士認為應該要打破「離世」思想，投身政治舞台。2011 年阿拉伯之春爆發之後，沙國誕生了許多新政黨，如同埃及的光明黨 (Al-Nour)。但沙烏地阿拉伯踏得出這一步嗎？對利雅德當局來說，維持專制體制勝過擁抱政治浪潮，薩拉菲派的政治浪潮也包含在內，因為這麼做很可能會敞開多元發聲的民主道路，而這和嚴謹的瓦哈比教派思想是相互牴觸的。

文 ● G. Fourmont

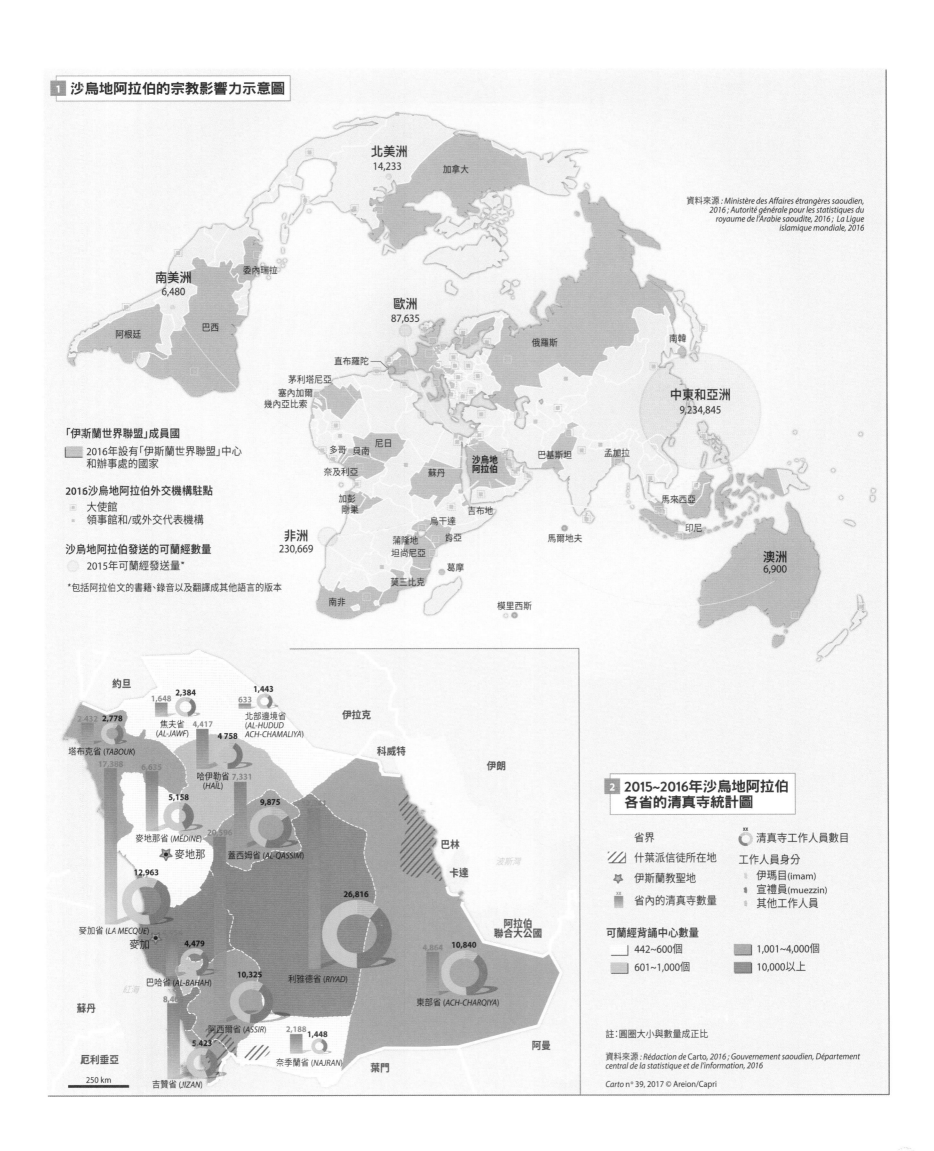

1 沙烏地阿拉伯的宗教影響力示意圖

資料來源：*Ministère des Affaires étrangères saoudien, 2016；Autorité générale pour les statistiques du royaume de l'Arabie saoudite, 2016；La Ligue islamique mondiale, 2016*

北美洲
14,233
加拿大

南美洲
6,480
委內瑞拉
阿根廷
巴西

歐洲
87,635
俄羅斯
南韓

直布羅陀
茅利塔尼亞
塞內加爾
幾內亞比索

中東和亞洲
9,234,845

多哥　尼日
貝南
奈及利亞
加彭
剛果

巴基斯坦
孟加拉

沙烏地
阿拉伯

蘇丹

吉布地
馬爾地夫

馬來西亞

印尼

烏干達
蒲隆地　肯亞
坦尚尼亞
葛摩

「伊斯蘭世界聯盟」成員國

▦ 2016年設有「伊斯蘭世界聯盟」中心
和辦事處的國家

2016沙烏地阿拉伯外交機構駐點
▪ 大使館
• 領事館和/或外交代表機構

沙烏地阿拉伯發送的可蘭經數量
◯ 2015年可蘭經發送量*

*包括阿拉伯文的書籍、錄音以及翻譯成其他語言的版本

非洲
230,669

南非

莫三比克

模里西斯

澳洲
6,900

約旦

焦夫省
(AL-JAWF)
1,648　2,384

633　1,443

北部邊境省
(AL-HUDUD
ACH-CHAMALIYA)
4 758

2,432　2,778
塔布克省 (TABOUK)
17,388　6,635

哈伊勒省 7,331
(HAÏL)

5,158
麥地那省 (MÉDINE)
20,596

4,417

9,875

伊拉克

科威特

伊朗

**2 2015~2016年沙烏地阿拉伯
各省的清真寺統計圖**

巴林

卡達

⬡ 麥地那

蓋西姆省 (AL-QASSIM)

12,963

麥加省 (LA MECQUE)
⬡ 麥加

4,479

巴哈省 (AL-BAHAH)
8,461

10,325
利雅德省 (RIYAD)

26,816

阿拉伯
聯合大公國

4,864　10,840

東部省 (ACH-CHARQIYA)

阿西爾省 (ASSIR)
5,423

2,188　1,448

奈季蘭省 (NAJRAN)

吉贊省 (JIZAN)

蘇丹

厄利垂亞

250 km

葉門

阿曼

省界
⟋⟋ 什葉派信徒所在地
⬡ 伊斯蘭教聖地
▦ 省內的清真寺數量

◯ 清真寺工作人員數目

工作人員身分
▪ 伊瑪目(imam)
▪ 宣禮員(muezzin)
▪ 其他工作人員

可蘭經背誦中心數量
☐ 442~600個
▦ 601~1,000個
▦ 1,001~4,000個
▦ 10,000以上

註：圓圈大小與數量成正比

資料來源：*Rédaction de Carto, 2016；Gouvernement saoudien, Département central de la statistique et de l'information, 2016*

Carto n° 39, 2017 © Areion/Capri

沙烏地阿拉伯：
全球最晚允許女性開車的國家

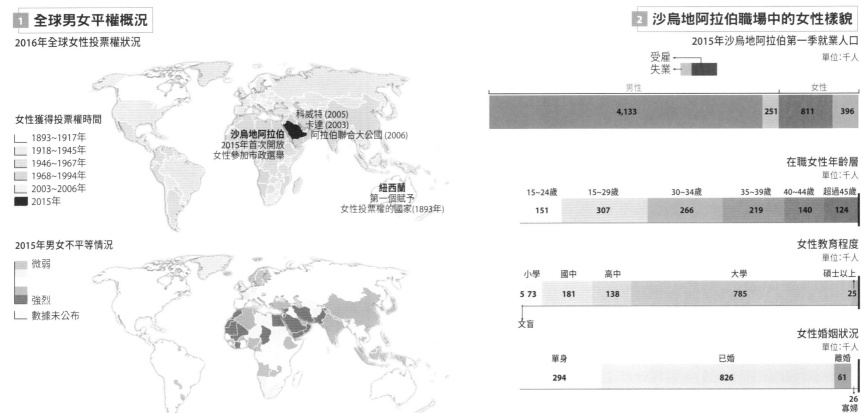

1 全球男女平權概況

2016年全球女性投票權狀況

女性獲得投票權時間
- 1893～1917年
- 1918～1945年
- 1946～1967年
- 1968～1994年
- 2003～2006年
- 2015年

科威特 (2005)
卡達 (2003)
沙烏地阿拉伯
2015年首次開放
女性參加市政選舉
阿拉伯聯合大公國 (2006)

紐西蘭
第一個賦予
女性投票權的國家(1893年)

2015年男女不平等情況
- 微弱
- 強烈
- 數據未公布

2 沙烏地阿拉伯職場中的女性樣貌

2015年沙烏地阿拉伯第一季就業人口
單位：千人

受雇
失業

男性		女性	
4,133	251	811	396

在職女性年齡層
單位：千人

15～24歲	15～29歲	30～34歲	35～39歲	40～44歲	超過45歲
151	307	266	219	140	124

女性教育程度
單位：千人

小學	國中	高中	大學	碩士以上
5 73	181	138	785	25

文盲

女性婚姻狀況
單位：千人

單身	已婚	離婚
294	826	61

26
寡婦

資料來源：World Economic Forum, The Gender Gap Index 2015, 2016；« A timeline of women's right to vote », in The Guardian, 2011；Gouvernement saoudien, Département central de la statistique et de l'information, 2015　Carto n° 34, 2016 © Areion/Capri

沙烏地阿拉伯嚴格遵守伊斯蘭律法 (Islamic *Sharia* law)，是全世界最保守、最專制的國家之一，男女在政治權利上都沒有自由。女性地位極其卑微，可以說是從屬於男性，例如簽署工作合約或旅行文件，並女性必須先得到家中男性的允許，像是父親、丈夫或兄弟。2015 年 12 月 12 日，沙國婦女第一次前往投票所參與地方議會選舉，獲得女性參選的權利 (請參考圖 1)。這是沙烏地阿拉伯歷史上的第一次，但這算是女性主義革命嗎？

在沙烏地阿拉伯，女性 (住在沙國的外籍女性不在本文討論之列) 並不是少數，甚至相反。沙國官方數據顯示：2014 年總人口是 2,070 萬，其中 1,003 萬是女性。這一千多萬女性都必須遵守公共場所男女隔離的規定，而且女性禁止開車❶。然而，近幾年來，女性的社會地位成為國內重要的討論議題，保守派和改革派在媒體上針鋒相對，要求國王定奪。政府當局不僅夾在保守與改革派之間，也不得不正視女性在社會上地位的改變，因為，即使大多數女性虔誠信守教規，並不爭取政治上的權利，但她們在社會經濟層面的影響力不容忽視 (請參考圖 2)。

女人出門不再依賴 UBER 及私人司機

女性踏入婚姻和生育的年齡逐漸往後延，他們在事業上的

企圖心愈來愈明顯。舉個例子，15 歲以上的沙國女性勞動人口為 560 萬 (2015 年)，其中大部分擁有大學文憑。但問題是：女性勞動人口中，很少人真正投入勞動市場，官方公布的準確數字只有 81 萬 1,458 人。這是因為值此經濟危機、石油收入緊縮的時期，沙國家庭必須勒緊褲帶，丈夫上班時，沒有多少家庭有餘力雇請男司機載女主人外出工作。

因此，2018 年沙國正式允許女性開車，這是女性成功爭取社會地位的根本象徵。除此之外，當西方國家為沙國地方選舉首度開放女性投票、參選而鼓掌叫好，視之為沙國邁向性別平等的重要里程碑時 (但別忘記，沙國地方當局並無任何決策權)，沙國女性還獲得了一個更重要的權利：一旦離婚，母親有權將子女姓名登記在自己的身分證上。如果不能登記的話，孩子將來不管是要註冊入學或是就醫，母親都必須得到孩子父親的同意書。更大的進步是：沙國 2013 年 8 月通過了一項法律，保障女性免於任何形式的虐待。

改革雖然是一小步一小步，但是透過提升公民權利與經濟活動參與狀況，沙烏地阿拉伯逐漸降低了女性踏入社會的門檻。

文 ● G. Fourmont

❶ 沙國官方媒體報導，國王薩爾曼發布政令，准許向國內女性核發駕照，命令自 2018 年 6 月生效。

伊斯蘭國：擅長利用Twitter的恐怖傳媒集團？

在網路發達的 21 世紀，伊斯蘭國利用網路的威力，持續在各大網路社群上散播訊息和活動，目的是激勵成員士氣和招攬新血，全球通行的 Twitter(推特) 便是其中之一。

伊斯蘭國大力展開媒體攻勢，除了傳統的宣傳手法 (CD、DVD、書籍、雜誌等等) 之外，更側重比較新型的專業技術，例如在宣傳影片中精心剪接、加入特效，製作出媲美電影公司拍的影片。但是，該組織與其他恐怖團體的不同之處在於他們善用社群網站 (例如 Twitter) 的快速散布特質，在網站上發布訊息、上傳影片，利用支持者轉發，大大增加傳播效力和資訊能見度。

Twitter 聖戰士超過 1/5 來自沙烏地阿拉伯

2015 年 3 月美國發布一份研究報告，深入探討伊斯蘭國使用 Twitter 的情形，取樣 2 萬名疑似與該組織往來的用戶❶。首先，這份研究利用用戶所在地，勾勒出社群網路上支持該組織的地緣地圖 (請參考右圖)。用戶數量最龐大的地區，是沙烏地阿拉伯 (占 27%)。與伊斯蘭國深具地緣關係的敘利亞和伊拉克位居第二和第三，兩國加起來 (28%) 也只比沙烏地阿拉伯高出一點點。中東以外的國家，Twitter 用戶中伊斯蘭國支持者占比最高的是美國 (排名第 4)，遠遠超過歐洲排名最高的英國 (排名第 10)。發布的訊息 73% 使用阿拉伯文，18% 使用英文，6% 使用法文 (與國家排序相符)。

Twitter 高層強行關閉大量可疑帳號

網路宣傳操作簡單、效果顯著，只須鎖定一小群活躍用戶 (500~2,000 人)，向他們發送訊息，透過不斷轉傳就可引爆話題。2014 年，Twitter 用戶平均 67% 至少會發一篇文，而支持伊斯蘭國的用戶中，至少傳出一篇文的比率是 98%。而且每個支持伊斯蘭國的用戶，平均有 1,000 個追隨者，散播力之快之廣由此可見。

Twitter 高層為因應這個問題，不時關閉大量疑似與恐怖組織有關的用戶，大大影響伊斯蘭國在 Twitter 平台上的傳播活動。然而，除了 Twitter，Facebook、Youtube 等網路媒體遭到激進恐怖分子利用，恐怖組織本身還擁有自己的網路發行管道。問題的癥結其實不是關閉所有支持伊斯蘭國的用戶帳號 —— 這根本是不可能的事 —— 而是打擊該組織的傳媒行銷宣傳核心，抑制其活動。但這個做法也有風險，因為可能會孤立支持伊斯蘭國的網民，促使他們加速走向極端。

文 ● D. Amsellem

❶ The Booking Institution, *The ISIS Twitter Census:Defining and describing the population of ISIS supporters on Twitter*, 2015 年 3 月。

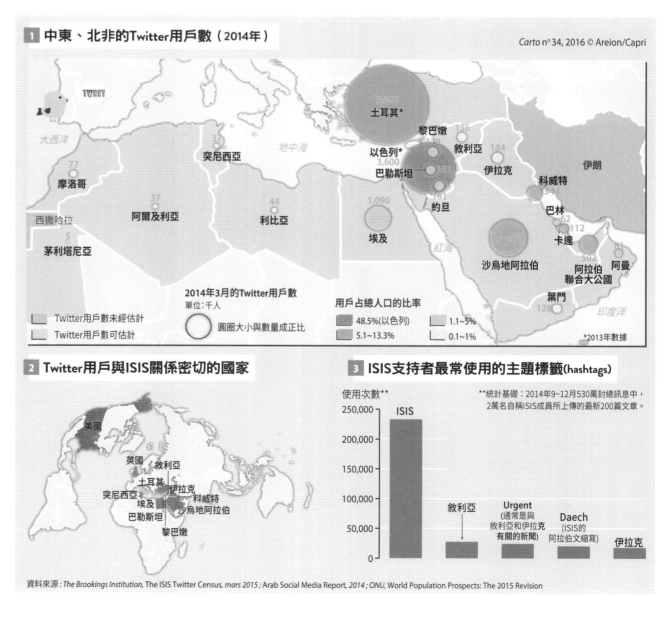

1 中東、北非的Twitter用戶數（2014年）

Carto n° 34, 2016 © Areion/Capri

2 Twitter用戶與ISIS關係密切的國家

3 ISIS支持者最常使用的主題標籤(hashtags)

資料來源 : *The Brookings Institution, The ISIS Twitter Census, mars 2015 ; Arab Social Media Report, 2014 ; ONU, World Population Prospects: The 2015 Revision*

伊拉克：
為何推翻海珊後，生活愈來愈惡劣？

國際媒體報導伊拉克，內容大多與伊斯蘭國有關，鮮少報導伊拉克人民的日常生活。海珊政權 (Saddam Hussein，1979~2003 年) 倒台後直到今天，伊拉克的社會經濟狀況仍令人憂心。在艱辛的大環境之下，國內各群體之間衝突愈演愈烈，國家團結的希望也愈來愈小。

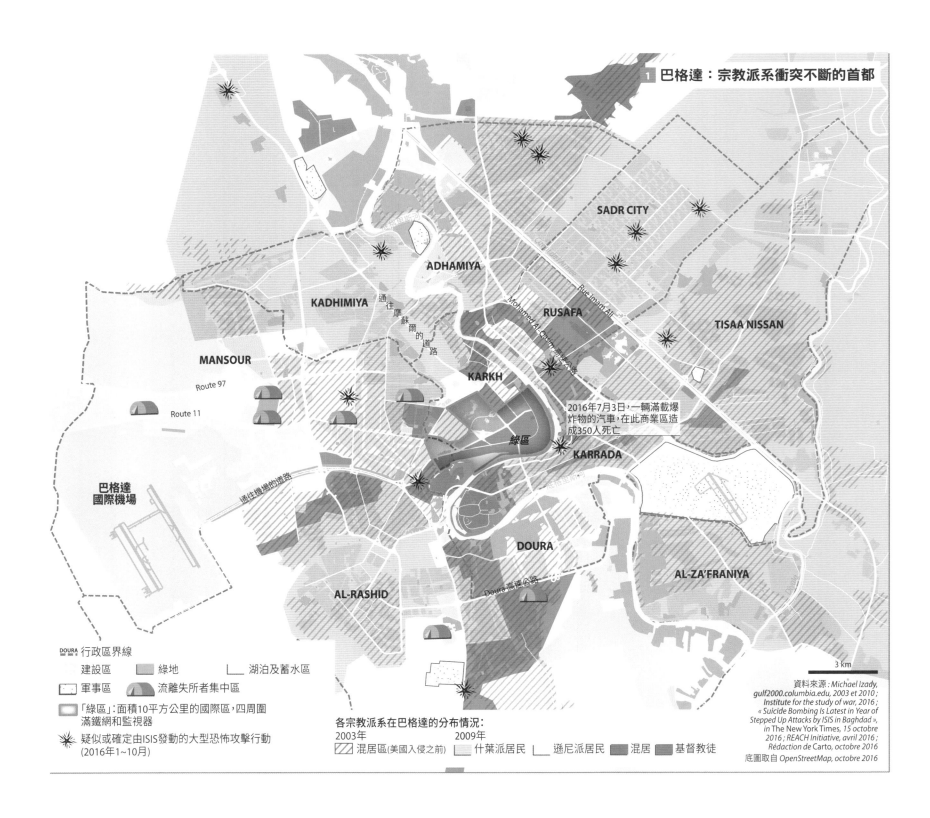

1 巴格達：宗教派系衝突不斷的首都

SADR CITY

ADHAMIYA

KADHIMIYA

通往摩蘇爾的道路

MANSOUR

Route 97

Route 11

RUSAFA

TISAA NISSAN

Mohamed Al Qasim 高架公路

Rue Imam Ali

KARKH

2016年7月3日，一輛滿載爆炸物的汽車，在此商業區造成350人死亡

綠區

KARRADA

巴格達國際機場

通往機場的道路

DOURA

AL-ZA'FRANIYA

AL-RASHID

Doura 高速公路

3 km

圖例

DOURA 行政區界線

建設區　　　綠地　　　　湖泊及蓄水區

軍事區　　　流離失所者集中區

「綠區」：面積10平方公里的國際區，四周圍滿鐵網和監視器

疑似或確定由ISIS發動的大型恐怖攻擊行動（2016年1~10月）

各宗教派系在巴格達的分布情況：

2003年　　　　　　　2009年

混居區(美國入侵之前)　什葉派居民　遜尼派居民　混居　基督教徒

資料來源：*Michael Izady, gulf2000.columbia.edu, 2003 et 2010 ; Institute for the study of war, 2016 ; « Suicide Bombing Is Latest in Year of Stepped Up Attacks by ISIS in Baghdad », in The New York Times, 15 octobre 2016 ; REACH Initiative, avril 2016 ; Rédaction de Carto, octobre 2016*
底圖取自 *OpenStreetMap, octobre 2016*

2016 年 4 月 30 日，什葉派領導人穆克塔達・薩德爾 (Moqtada al-Sadr) 的數千名支持者占領了巴格達「綠區」(Green Zone)。這一小塊戒備森嚴的區域，象徵了伊拉克社會分歧撕裂的嚴重性 (請參考圖 1)。「綠區」聚集了各政府單位和外國外交使管，禁止閒人進入。住在這區的人不僅安全無慮，也不必忍受斷電、斷水之苦。看在生活條件愈來愈惡劣的大部分伊拉克人民眼裡，自然引發不滿與抗議。

公務員人數龐大、貪腐無孔不入

自從 2003 年推翻海珊政權以來，伊拉克便陷入長期的政治危機，除了伊朗和沙烏地阿拉伯愈來愈強硬干涉之外，中央政府刻意打壓少數的遜尼派，也造成國家動亂，亂象反映在多次的選舉上。伊拉克黨政體系帶有鮮明的宗教派別色彩，滋生出嚴重的貪汙腐敗。按照「國際透明組織」(Transparency International)2015 年公布的國際貪汙狀況列表，伊拉克在 168 個國家中，吊車尾排名第 161。聯合國指出，伊拉克 99% 的財政收入來自石油工業，但該產業卻只雇用該國勞動人口的 1%；2010 年，23% 的伊拉克人民每日靠不到 2.2 美元過活，15~24 歲的青年失業率高達 18%。

政治腐化使得關說、庇護等「裙帶關係」高漲，導致領公帑的公務員數量龐大到不可思議的地步，伊拉克總人口數 3,640 萬，公務員就有 300 萬人，引發人民頻頻抗議，要求改組官僚政府，結束 2003 年美國撤離後留下的這個宗教引領政治的爛攤子，以及廢除比例代表制。

2006~2014 年的總理努里・馬利基 (Nouri al-Maliki，屬於什葉派) 因為伊拉克軍隊被伊斯蘭國打得潰不成軍而被迫下台。繼位的海德爾・阿巴迪 (Haïdar al-Abadi，屬於什葉派) 為了恢復國內公共秩序安全，矢言整治行政體系，將國會議員減低到 328 席次，並解除比例代表制。

2015 年以來，伊拉克民眾要求改換政府的遊行示威抗議活動幾乎天天發生，而政府當局一方面要擔心內戰爆發、一方面又要積極把北方被伊斯蘭國占領的摩蘇爾市 (Mossoul，自 2014 年 6 月被占領) 搶回來，早已焦頭爛額。2015 年 7 月 30 日，反貪腐的示威遊行得到什葉派人士的支持，在巴格達引爆，迫使國會在 2015 年 8 月 11 日表決通過一系列反浪費公眾財源的措施。穆克塔達・薩德爾更是以反貪腐作為主要號召。阿巴迪總理決心成立一個「專家政府團隊」的努力，在經歷首都一連串群眾示威抗議後，在 2016 年 3 月終告失敗。巴格達一些宗派混雜的居住區幾乎完全消失，基督教徒遷走了，遜尼派教徒也搬移到

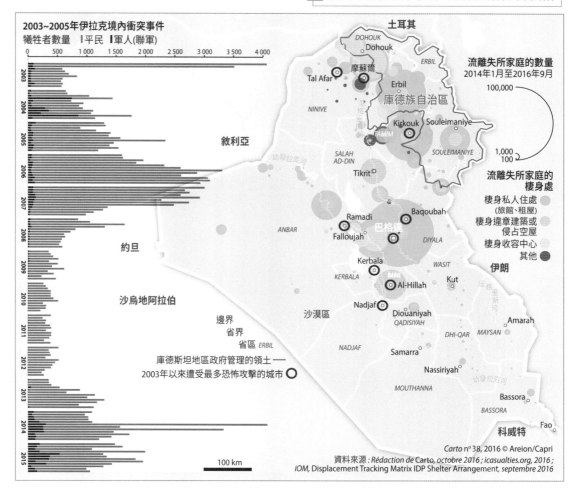

2003~2005年伊拉克境內衝突事件
犧牲者數量 ▌平民 ▌軍人(聯軍)

流離失所家庭的數量
2014年1月至2016年9月
100,000
1,000
100

流離失所家庭的棲身處
棲身私人住處
(旅館、租屋)
棲身違章建築或侵占空室
棲身收容中心
棲身其他

庫德斯坦地區政府管理的領土—
2003 年以來遭受最多恐怖攻擊的城市

資料來源：*Rédaction de Carto, octobre 2016; icasualties.org, 2016; IOM, Displacement Tracking Matrix IDP Shelter Arrangement, septembre 2016*

Carto n° 38, 2016 © Areion/Capri

100 km

該教人數比較多的地區。首都反而遷進許多本來居住在國土南部的什葉派教徒。

什葉派民兵勢力壯大，遜尼派心懷恐懼

2016 年 8 月 25 日，出身摩蘇爾市的遜尼派國防部長哈立德・奧貝迪 (Khaled Obaidi) 遭國會解除職務，更顯露出伊拉克嚴重的民族分歧與政治角力。同時間，總理答應革職所有貪汙收賄的軍方人員。西方國家擔心伊拉克政府為了解決國內族群反抗運動而無暇對抗伊斯蘭國，此時伊拉克國內又出現另一個重大憂患：和伊朗關係密切的什葉派民兵勢力日漸壯大，使得民間瀰漫蕭殺之氣 (伊拉克法律第 36 條明定禁止政黨擁有民兵，或是與武力組織結盟)。在緊繃的政治環境下，中央政府編訂了國民衛隊法，加強區域控管及維安警力，試圖減低遜尼派和庫德人加入所謂「邊緣分子」民兵的數量，但這個做法也受到多方質疑。

連年戰火逼得伊拉克人民四處逃難 (請參考圖 2)，伊斯蘭國的暴行又迫使遜尼派信徒逃到政府管轄的地區。除了從敘利亞逃來的 225,455 難民 (2016 年 9 月 30 日統計) 之外，國內也有超過 50 萬流離失所的人湧進首都，在以安全為名、鐵血為實的政權下勉強苟活。遜尼派的少數人口擔心遭到什葉派信徒孤立，將導致 2006~2007 年的內戰重演；而每當遜尼派試圖重組、成為強力執政黨時，什葉派信徒又擔心是新復興黨 (néobassiste，前遜尼派海珊政權所屬阿拉伯復興社會黨的遺留勢力) 借屍還魂。雙方互不信賴、充滿戒心，除了注定伊拉克維持這種難堪的局面之外，毫無建設性。

文 ● T. Yegavian

摩蘇爾市：
成功脫離ISIS，巴格達能否安定敏感局勢？

經過 9 個月的戰火，伊拉克終於在伊斯蘭國組織潰敗後，收復了於 2014 年 6 月遭該組織占領的摩蘇爾市。然而，要恢復城市的正常運作似乎很遙遠，因為這裡十多年都籠罩在衝突之下，直到現在依舊如此。

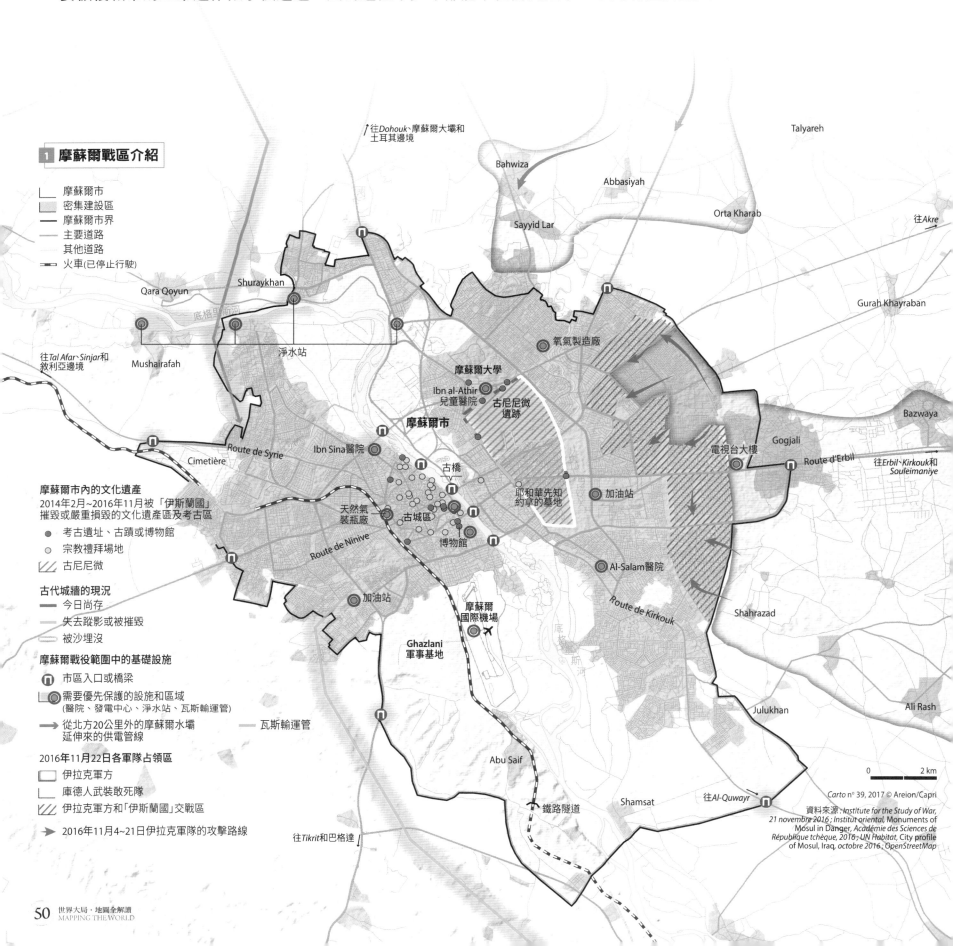

1 摩蘇爾戰區介紹

摩蘇爾市
密集建設區
摩蘇爾市界
主要道路
其他道路
火車（已停止行駛）

摩蘇爾市內的文化遺產
2014年2月~2016年11月被「伊斯蘭國」
摧毀或嚴重損毀的文化遺產區及考古區
● 考古遺址、古蹟或博物館
○ 宗教禮拜場地
▨ 古尼尼微

古代城牆的現況
━ 今日尚存
━ 失去蹤影或被摧毀
━ 被沙埋沒

摩蘇爾戰役範圍中的基礎設施
Ⓜ 市區入口或橋梁
▣ 需要優先保護的設施和區域
（醫院、發電中心、淨水站、瓦斯輸運管）
➡ 從北方20公里外的摩蘇爾水壩
延伸來的供電管線
━ 瓦斯輸運管

2016年11月22日各軍隊占領區
▢ 伊拉克軍方
▢ 庫德人武裝敢死隊
▨ 伊拉克軍方和「伊斯蘭國」交戰區
➡ 2016年11月4~21日伊拉克軍隊的攻擊路線

往Dohouk、摩蘇爾大壩和
土耳其邊境

Talyareh
Bahwiza
Abbasiyah
Orta Kharab
往Akre
Sayyid Lar
Gurah Khayraban

Qara Qoyun
Shuraykhan
氧氣製造廠

底格里斯河
淨水站
摩蘇爾大學
Ibn al-Athir
兒童醫院
古尼尼微
遺跡
Bazwaya

往Tal Afar、Sinjar和
敘利亞邊境
Mushairafah
摩蘇爾市
Route de Syrie
Ibn Sina醫院
電視台大樓
Gogjali
Route d'Erbil
往Erbil、Kirkouk和
Souleimaniye
Cimetière
古橋
耶和華先知
約拿的墓地
加油站

天然氣
裝瓶廠
古城區
Route de Ninive
博物館
Al-Salam醫院

加油站
摩蘇爾
國際機場
Route de Kirkouk
Shahrazad

Ghazlani
軍事基地
底格里斯河

Julukhan
Ali Rash

0   2 km

Abu Saif
Shamsat
往Al-Quwayr
鐵路隧道

往Tikrit和巴格達

Carto n° 39, 2017 © Areion/Capri

資料來源：Institute for the Study of War,
21 novembre 2016；Institut oriental, Monuments of
Mosul in Danger, Académie des Sciences de
République tchèque, 2016；UN Habitat, City profile
of Mosul, Iraq, octobre 2016；OpenStreetMap

全世界都密切注意著摩蘇爾市 (Mossoul，請參考圖一)，這座城市位在伊拉克北部尼尼微省 (Ninive)，伊拉克政府結合國際聯軍、使用強力砲火轟炸，收復了這座城市。雖然摩蘇爾市在 2017 年 7 月被解放，但未來發展讓人憂心。居住在伊拉克北部的遜尼派阿拉伯人，將會面臨怎麼樣的未來？戰爭結束後，該區百萬名平民可能被迫遷移，恐怕會引起「內戰結束後的另一波內戰」。伊拉克中央政府結構早已崩壞，摩蘇爾市的問題將會讓這個政府提早敗亡，還是苟延殘喘？

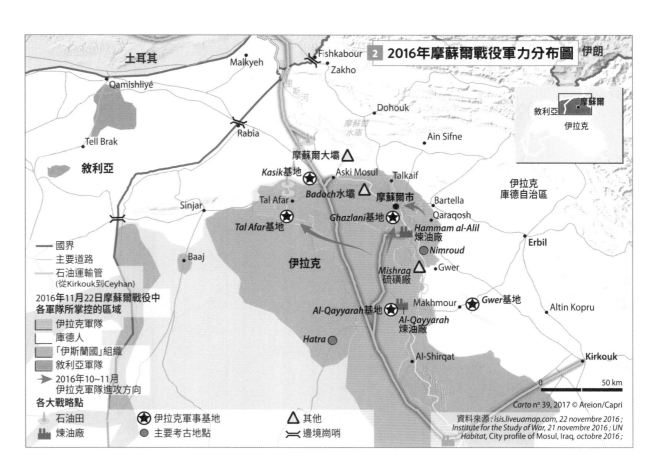

2 2016年摩蘇爾戰役軍力分布圖

資料來源：isis.liveuamap.com, 22 novembre 2016；
Institute for the Study of War, 21 novembre 2016；UN
Habitat, City profile of Mosul, Iraq, octobre 2016；

Carto n° 39, 2017 © Areion/Capri

遜尼派重鎮，遭 ISIS 全面控制

摩蘇爾市位居伊拉克北部、底格里斯河畔，歷史悠久深厚，廣納各種不同民族文化。西元 7 世紀時，阿拉伯人占領了上美索不達米亞平原，摩蘇爾成為重要的城市。此地充滿濃厚的遜尼派宗教色彩，因此 2014 年 6 月伊斯蘭國能輕易滲入，大力向年輕人傳播極端意識形態。伊斯蘭國首領巴格達迪 (Abu Bakr al-Baghdadi) 就是在這個城市自封「哈里發」(califat)，成為伊斯蘭國最高領導人。

摩蘇爾位在今日的土耳其、敘利亞邊境，幾個世紀以來一直是戰略要地 (請參考圖二)。在中古世紀，摩蘇爾因位在中東交通樞紐地帶，所以運貨馬車來往不息，運輸當地盛產的布疋、大理石和各式貨品。繁榮興盛引來其他民族的覬覦，中古世紀摩蘇爾遭受蒙古人、波斯人連續侵犯掠奪。西元 10 世紀曾一度是獨立的酋長國，但到了 13 世紀，又被鄂圖曼帝國占領。

根據伊拉克和美國的情報，伊斯蘭國一部分的作戰指揮部其實早在 2016 年 10 月初就已經撤離摩蘇爾，將攻擊任務交給 5,000 名由伊拉克人、土庫曼人、車臣人組成的精銳兵團。這個兵團擅長使用新式戰爭手段，例如在石油礦區點火，干擾西方聯軍和政府軍隊的轟炸，延遲伊拉克部隊的推進。除此之外，他們一再使用自殺式攻擊及恐怖爆炸，也積極挖建地下戰略通道。在歷年的衝突戰爭中，伊斯蘭國一直表現出頑強的抵抗力，然而後續節節挫敗，組織轉入地下化，到處發起更機動的反叛活動，猶如他們剛進入伊拉克時的活動模式。

「伊斯蘭國」切斷了摩蘇爾與外界的通訊，對外宣傳中刻意隱瞞摩蘇爾居民生活條件嚴苛、巴格達迪的王國搖搖欲墜的事實。伊拉克政府一直揚言要連根拔除恐怖組織，鼓吹摩蘇爾百姓與政府軍合作，尤諾將百姓從毫無正義的暴行中解救出來。然而，前任總理努里·馬利基 (任期 2006~2014 年) 在位期間，伊斯蘭國強悍的戰鬥力曾使伊拉克安全部隊潰不成軍，讓政府的號召顯得有點可笑。

局勢敏感，什葉派高層慎防遜尼派掌管摩蘇爾市

摩蘇爾解放後將由誰執政一直態勢不明，伊拉克遜尼派阿拉伯人的處境相當悲慘。自從 2003 年 4 月海珊政權倒台以來，遜尼派沒有任何一個政治代表上得了檯面。然而，唯有可信的政治代表，才能帶領遜尼派參與國家事務，穩定從伊斯蘭國手中收復的地區。此外，巴格達當局還需要了解許多問題，比如：到底有多少遜尼派阿拉伯人加入伊斯蘭國的驅逐戰役呢？他們的實力如何？收復摩蘇爾之後，他們會反過來襲擊國內敵對勢力，並試圖掌握政治優勢嗎？伊拉克什葉派掌權高層非常清楚此地的敏感局勢，2016 年召開多次集會，商討兩派共同與各自的利益關係，某些官員提倡在原先伊斯蘭國占領區成立遜尼派地方自治區，但目前只是紙上談兵。局勢敏感尖銳，當時有兩位候選人浮上檯面，一個是阿瑪帝·蘇旦 (Naoufal Hamadi al-Soultan)，他代表巴格達當局，曾在摩蘇爾戰役中領導遜尼派武力支援伊拉克軍隊，並統帥尼尼微省什葉派的「人民動員」民兵組織 (Popular Mobilisation Forces)。蘇旦從 2015 年秋季以來就擔任尼尼微省的省長，曾是復興黨黨員，親生弟弟效忠伊斯蘭國。另一號人物則是阿帝勒·努賈菲 (Athil al-Noujaïfi)，商人出身，曾任尼尼微省省長，2014 年 6 月棄職潛逃，與庫德斯坦 (Kurdistan)、土耳其關係密切，與伊拉克當局、伊朗敵對。

一個世紀以前，法國、英國在第一次世界大戰結束後，爭奪著石油豐富的摩蘇爾市周邊地區，現在景況重演。蘇摩爾的未來似乎預告了伊拉克的命運：這個國家若無法浴火重生，便可能全盤瓦解。

文 ● M. Benraad

中東—北非：
香菸呼嚕呼嚕地抽，全球菸癮最重的地區

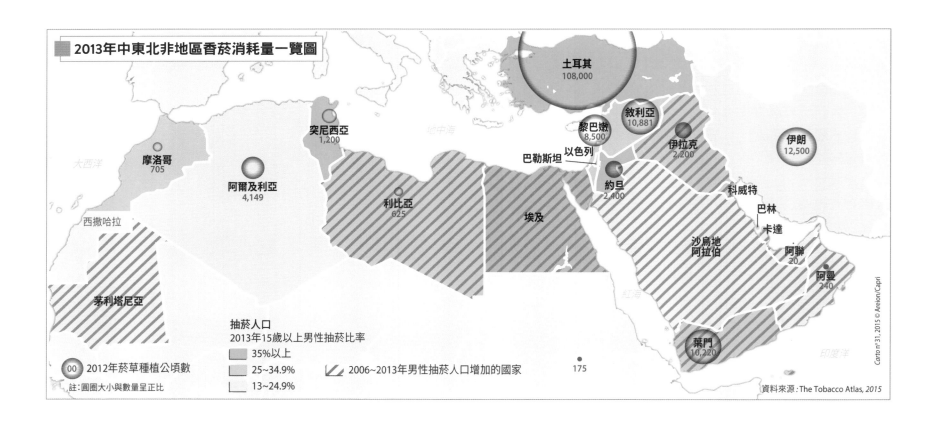

2013年中東北非地區香菸消耗量一覽圖

土耳其 108,000
敘利亞 10,881
黎巴嫩 8,500
伊朗 12,500
伊拉克 2,200
以色列
巴勒斯坦
約旦 2,400
科威特
巴林
卡達
阿聯 20
阿曼 240
沙烏地阿拉伯
埃及
葉門 10,220
利比亞 625
阿爾及利亞 4,149
突尼西亞 1,200
摩洛哥 705
西撒哈拉
茅利塔尼亞

抽菸人口
2013年15歲以上男性抽菸比率
■ 35%以上
■ 25~34.9%
□ 13~24.9%

⊙ 2012年菸草種植公頃數
／／ 2006~2013年男性抽菸人口增加的國家

註：圖圈大小與數量呈正比

資料來源：The Tobacco Atlas, 2015

黎巴嫩：每人每天平均抽掉近 10 根香菸

2011 年「阿拉伯之春」發生後，全球開始注意中東地區，大量的統計數據出爐。這個人口組成相當年輕的地區 (2014 年中東 30% 的人口低於 15 歲)，有大半人口都落入菸草工業的手掌。由於已開發國家的香菸銷量減退，因此各大菸草企業都把焦點放在開發中國家，並且採取非常積極的銷售策略。2005~2013 年全球香菸銷量增加，但大部分的區域市場都縮減，只有在中東和非洲維持穩定 (銷量占全球 7%)。

2014 年，中東國家每人每年平均的香菸消耗量為：葉門 388 根最低，約旦 1,855 根最高，以上數量雖然比一些香菸大國少，例如中國 2,250 根、蘇俄 2,690 根，但是這個數據還沒加上抽水菸的根數 (中東地區水菸十分風行，家庭、朋友聚會必定有它的蹤影)。黎巴嫩的情形則是例外，香菸消耗量位居全球第三 (僅次於蒙特內哥羅和白俄羅斯)，每人每年平均消耗量高達 3,000 根。

突尼西亞：男性抽菸比率將近 50%

2013 年，中東和北非地區成年男性吸菸人口比率為：阿曼王國 13% 最低，突尼西亞 45.1% 最高，其他國家大致介於 25~40% 之間 (請參考上圖)。女性吸菸人口則大部分在 10% 以下，除了黎巴嫩 (女性吸菸人口為 21.2%)、以色列 (14.1%)、土耳其 (13.7%)。

根據 2011 年統計，中東北非地區 13~15 歲在學人口的吸菸比率介於 10~20%。在約旦、敘利亞、黎巴嫩、伊朗、卡達等國，這個年齡層男性的抽菸比率則是 30%，女生 15%。

土耳其：中東最嚴格執行菸品管制的國家

香菸不但可能引發多種癌症，也是心臟血管疾病的元兇。由於對國民健康有害，阿拉伯國家和世界衛生組織 (WHO) 簽訂協議，電掣風馳地頒發各項菸害防制法規。但是直至目前，這些努力並沒有降低吸菸人口。以沙烏地阿拉伯為例，2012 年頒布的菸害防制法鮮少落實，政府沒有考慮到國內工業成長、工廠從業人員水菸需求量日增的現實。埃及的情況也一樣，政府對菸草的各種危害宣導不足、戒菸諮詢和協助單位幾乎不存在，所以儘管香菸價格高漲，降低吸菸人口的成效依然不彰。

土耳其的做法或許值得學習：2010 年，菸害占該國男性死亡原因 30.8%(世界排名第二，僅次於北韓的 34.3%)。但土耳其在 2007~2008 年間制定了全世界最嚴厲的香菸管制法案，使得 2008~2012 年間，菸品消耗量大幅降低了 15%(數據來自世界衛生組織)。

文 ● C. Ronsin

孩童教育：
女性數學成績優於男性，全球唯一

中東戰火不斷，從利比亞蔓延到伊拉克，又從葉門蔓延到敘利亞，漫天烽火造成好幾百萬孩童失學，此一後遺症影響深遠，卻鮮少媒體報導。中東地區原本就因為貧富差距大，導致教育體系面臨諸多挑戰，戰爭更使得一切雪上加霜。

中東地區的教育制度在過去數十年來有了長足的進步。1980~2015 年間，不論男女孩童幾乎都有權接受小學教育，因此文盲人口比率銳減了一半。2015 年，該地區的識字率在 15~24 歲年輕族群已高達 92%，成年族群則達 80%。根據世界銀行統計，在 20 世紀下半葉，中東和北非地區各國的教育支出占國內生產總值的 5%，高於拉丁美洲和南亞地區。除了葉門和茅利塔尼亞之外，中東國家平均每 10 個孩子裡便有 9 個能進小學念書。

儘管男女仍未平等，女性受教育的情形已大幅改善。在中東和北非許多國家，大學畢業的學生以女性占大多數。除此之外，中東是全世界唯一一個女性的數學成績比男性優秀的地區。

教育水平完全由社經地位決定

然而，教育普及的背後卻隱藏了制度上的一大缺失。阿拉伯世界正經歷「教學危機」：學生就算上學也不見得能獲得基礎知識，在農村地區尤其明顯。數學教學整體來說水平很低。這個教學危機或許是導致青年失業率高居不下的原因之一，年輕人在學校或大學裡所受的專業教育並不符合就業市場的需求。這個問題也助長了「階級教育」：經濟能力好的家長會為孩子選擇私立學校。受教育的水平幾乎完全取決於社會階級高低。以約旦為例，社會前 1/5 富裕家庭出身的孩子中，76% 具備基本數學能力，而前 1/5 貧窮家庭出身的孩子中，僅有 36% 具備基本數學能力。

學校數量嚴重不足，學生比須輪流上學

敘利亞、利比亞、伊拉克、葉門、巴勒斯坦地區的戰亂，使中東地區的教育前景更為黯淡；戰爭不僅僅影響交戰中的國家，還殃及收容成千上萬難民的鄰近國家。根據聯合國兒童基金會 (UNICEF) 統計，2015 年因戰亂而無法上學的孩童超過 1,300 萬名，在伊拉克、利比亞、敘利亞和葉門，總計有 8,850 所小學不堪使用，而且至今情況並無好轉，尤其是敘利亞，按 2017 年初統計，630 萬人流離失所，500 萬人逃到鄰近國家避難。收

容難民的國家必須盡速解決孩童就學的問題，因此學校嚴重超收學生，在某些地區及難民營裡，學校不得不讓學生輪流上學。

中東許多國家目前面臨的困境，不僅僅是極需改革的教育體系，甚至包括人道危機。教育體系欠缺資金與預算，千百萬個飽受戰爭迫害的孩童，將被剝奪接受基礎教育的機會。

文 ● C. Ronsin

中東孩童的教育及失學情況

2015年15~24歲年輕人識字率統計
- 99%以上
- 96~99%
- 90~95.9%
- 82%以下
- 數字未公布

學齡兒童未上小學比率
- 24%以上
- 10~15%
- 5~9%
- 5%以下
- 數字未公布

教育占國家公眾財政支出的比率
- 16~22%
- 10~15%
- 9%以下
- 數字未公布

和前一年相比
- 提高
- 降低

2015年底敘利亞難民兒童在主要收容國的就學比率
（主要收容國包括：埃及、伊拉克、約旦、黎巴嫩、土耳其）

- 非正式教育 9%
- 正式教育系統 38%（就學兒童）
- 53%（失學兒童）

資料來源：UNICEF, Education Under Fire, septembre 2015；www.uis.unesco.org, 2015

Carto n° 34, 2016 © Areion/Capri

糧食困境：
阿拉伯之春的導火線之一

2010 年 11 月一名突尼西亞青年自殺身亡，引燃了「阿拉伯之春」的火焰，這個事件最主要突顯出中東生活窮困的現況，尤其是糧食缺乏的困境。北非和中東糧食極度依賴進口，在這個社會、經濟、制度都問題重重的區域，若缺乏大刀闊斧的改革，糧食短缺問題只會更加惡化。

北非四國和埃及是羅馬帝國時期的「糧倉」，然而，2011 年此地區糧食進口比率竟分別高達 51% 和 36%。近東和中東各國的糧食依賴進口比率也超過 50%；僅有土耳其維持在 10%(請參考圖 1、圖 3)。

全球最大的小麥進口區，麥價上漲導致政治動盪

根據法國國家農業研究院 (INRA)2015 年 10 月發表的一份報告❶指出，中東地區 1961~2011 年間農產品進口需求激增 6 倍的兩個主要原因分別是：人口快速增加以及飲食習慣改變。2011 年，世界各地平均每人每天食物攝取熱量都超過 3,000 大卡，除了中東地區，這是因為伊拉克和葉門食物攝取量偏低而拉低了平均數。飲食習慣改變也連帶導致中東人民普遍肥胖，對油料作物和糖分需求量尤其大增。除了阿曼之外，埃及、約旦、波灣國家 (沙烏地阿拉伯、巴林、阿拉伯聯合大公國、科威特、卡達) 的人民肥胖比率都超過 30%。

在中東地區的飲食習慣中，肉類占的比例不高 (10%)，但集約化耕作技術使得 1961~2011 年間飼料作物暴增了 8 倍。該地區農業生產同時期也增加了 4 倍，但仍然不敷國內所需，因此大量仰賴進口，主要由歐洲和北美供應。自 2000 年以來，進口市場更加入了環黑海國家及拉丁美洲國家。

中東因而成為世界上最大的小麥進口地區，尤以埃及為首 (2011~2015 年間，每年平均進口量為 1,100 公噸)。小麥是阿拉伯國家的主食，包含摩洛哥、突尼西亞、阿爾及利亞、埃及人民，每天平均攝取超過 600 公克 (法國人 320 公克)。2000 年代初起，國際市場上的小麥交易該地區就占了 1/3，而該地區人口僅占全世界的 6%。許多專家分析指出，2011 年小麥價格上漲，也是引發阿拉伯之春的因素之一，因為即使國家發放巨額食品補貼金，政府仍然無法保障人民糧食安全。

農業生產效率極差，耗掉全國 75% 水資源

世界銀行和國際貨幣基金組織 (IMF) 等全球大型金融機構，呼籲該地區改革食品補貼制度。因為補貼金增加了國家的財政負擔，且補貼對象是全國人口，而非最需要幫助的弱勢族群，而且這個制度間接壓低了農產品價格，造成農業用水超支。在

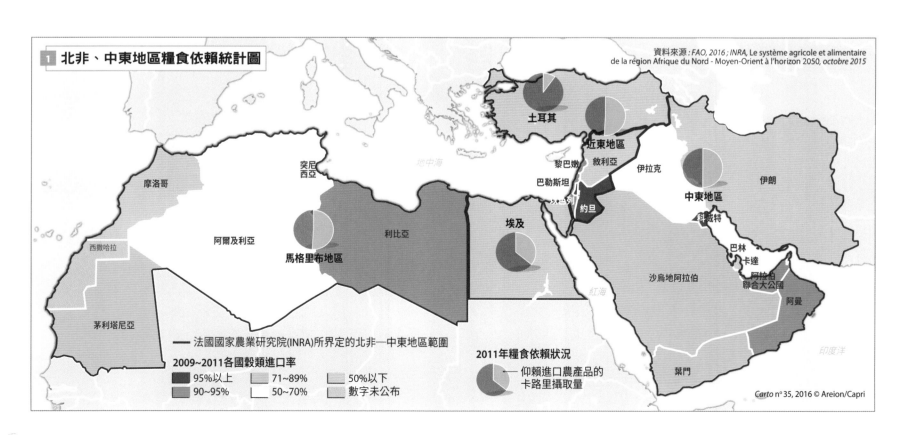

1 北非、中東地區糧食依賴統計圖

資料來源 : *FAO, 2016 ; INRA, Le système agricole et alimentaire de la région Afrique du Nord - Moyen-Orient à l'horizon 2050, octobre 2015*

土耳其
近東地區
黎巴嫩 敘利亞
巴勒斯坦 伊拉克
以色列 約旦 中東地區 伊朗
科威特
巴林
卡達
阿拉伯聯合大公國
阿曼
沙烏地阿拉伯
葉門

摩洛哥
突尼西亞
西撒哈拉
阿爾及利亞 利比亞 埃及
馬格里布地區
茅利塔尼亞

地中海 紅海 印度洋

— 法國國家農業研究院(INRA)所界定的北非—中東地區範圍

2009~2011各國穀類進口率

| 95%以上 | 71~89% | 50%以下 |
| 90~95% | 50~70% | 數字未公布 |

2011年糧食依賴狀況
— 仰賴進口農產品的卡路里攝取量

Carto nº 35, 2016 © Areion/Capri

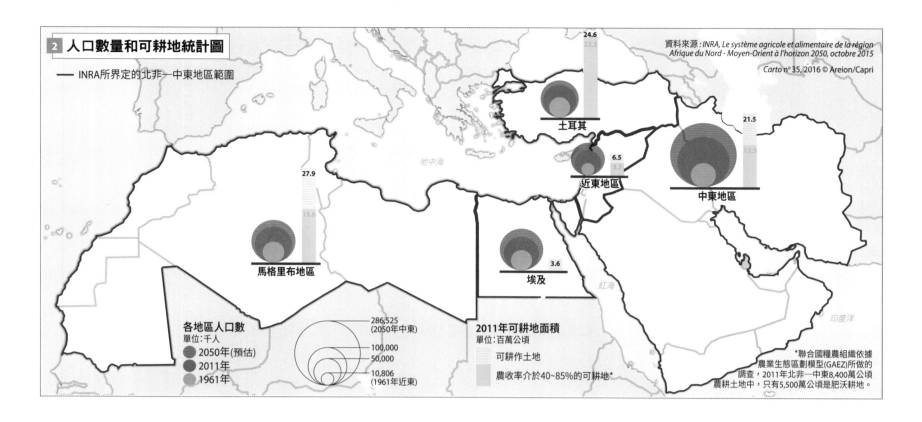

2 人口數量和可耕地統計圖

—— INRA所界定的北非—中東地區範圍

資料來源: INRA, Le système agricole et alimentaire de la région
Afrique du Nord - Moyen-Orient à l'horizon 2050, octobre 2015

Carto n°35, 2016 © Areion/Capri

24.6
23.3

土耳其

27.9
19.6

馬格里布地區

6.5
3.7

近東地區

21.5
12.3

中東地區

3.6

埃及

地中海

紅海

印度洋

各地區人口數
單位:千人
● 2050年(預估)
● 2011年
● 1961年

286,525
(2050年中東)
100,000
50,000
10,806
(1961年近東)

2011年可耕地面積
單位:百萬公頃

可耕作土地

農收率介於40~85%的可耕地*

*聯合國糧農組織依據
農業生態區劃模型(GAEZ)所做的
調查,2011年北非—中東8,400萬公頃
農耕土地中,只有5,500萬公頃是肥沃耕地。

約旦,農業僅占 2012 年全國生產總值的 3.9%,卻動用了 15% 的勞動力,消耗了 65~75% 的全國用水量。此外,中東地區某些國家和大型農業生產國 (如歐盟與美國) 之間簽署的自由貿易協定 (FTA) 也沒有刺激當地農業生產的效率。

北非和中東地區因沙漠占地廣和降雨量低的緣故,可耕地面積有限 (請參考圖2)。1961~2011 年間,耕地面積有增長,主要歸功於灌溉系統,將農業學家稱為「不可耕」的土地轉為農業生產用地。不過,灌溉系統對阿拉伯國家的儲水量造成重大危害,許多國家,例如葉門或約旦,早已嚴重缺水而開始汲取無法再生的水資源。約旦河、幼發拉底河、尼羅河沿岸陸續建造水庫,以解決周邊國家供水問題,卻也嚴重影響了上游國家,導致該地區各國之間的衝突增加。

改變飲食習慣,才能解決糧食依賴困境

法國國家農業研究院希望藉由引入進步技術、改變飲食習慣和減少浪費,在 2050 年改善中東糧食依賴的問題。同時,在這個被戰爭衝突和治理不善弄得千瘡百孔的地區,也必須確實推動能夠短期見效的公共政策。位於「肥沃月灣」的敘利亞,在長年戰火之下,農業幾乎蕩然無存;而葉門的戰爭也拖延了該國自古以來號稱「幸福阿拉伯」(Arabie heureuse)的現代化進程。根據法國國家農業研究院的報告,北非四國和中東地區若無法及時大力改革,到了 2050 年糧食依賴將高達 70%,可能引起糧食危機和政治危機。

文 • C. Ronsin

3 北非—中東地區糧食依賴趨勢圖

由進口農作物所獲得的卡路里比率(單位:大卡)*

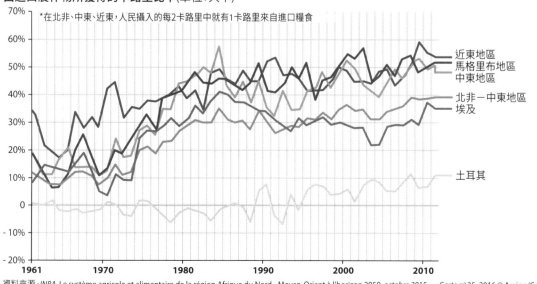

*在北非、中東、近東,人民攝入的每2卡路里中就有1卡路里來自進口糧食

近東地區
馬格里布地區
中東地區
北非—中東地區
埃及
土耳其

資料來源: INRA, Le système agricole et alimentaire de la région Afrique du Nord - Moyen-Orient à l'horizon 2050, octobre 2015   Carto n°35, 2016 © Areion/Capri

❶ 法國國家農業研究院發表《2050 年北非、中東地區的農業及糧食系統報告》(Le système agricole et alimentaire de la région Afique du Nord-Moyen-Orient a l'horizon 2050),2015 年 10 月。

土耳其：
以民主為名，行貪汙與鬥爭

2016 年 7 月 15 日土耳其軍事政變失敗後，艾爾多安總統 (Recep Tayyip Erdogan，2014 年上任) 便開始積極行動，以鐵腕統治重拾政權，大刀闊斧肅清各機關、媒體、反對政黨，更以國家安全為名，將伊斯蘭教士葛蘭 (Fethullah Gülen) 領導的教派和庫德族獨立運動視為戰略威脅，矢言不執行到底絕不罷休。

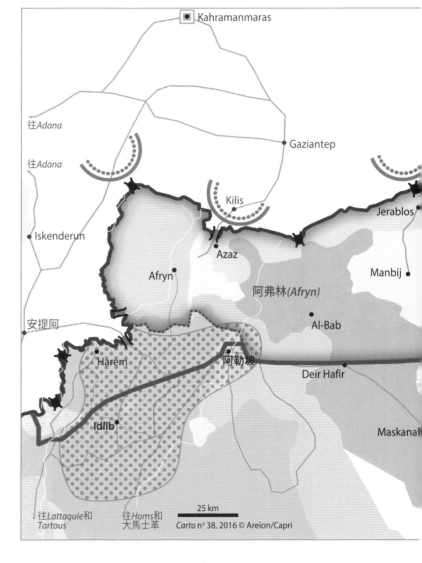

往Adana

往Adana

Kahramanmaras

Gaziantep

Kilis

Jeralbos

Iskenderun

Azaz

Manbij

Afryn

阿弗林(Afryn)

安提阿

Al-Bab

Harêm

阿勒坡

Deir Hafir

Idlib

Maskanal

往Lattaquie和Tartous　往Homs和大馬士革

25 km

Carto n° 38, 2016 © Areion/Capri

2016 年 7 月 15 日穆斯林兄弟會在伊斯坦堡和安卡拉發動政變，這是一場危險的賭注。想以武力從艾爾多安與所屬「正義發展黨」(AKP) 手中奪下政權，絕非易事。正義發展黨從 2002 年起掌政，無論在立法委員選舉、市府選舉、總統大選都所向披靡，得到超過 40% 的民調支持。7 月 15 日深夜發動政變，次日早上便宣告失敗，土耳其總統透過網路社群，號召人民走上街頭「捍衛民主」，獲得極大迴響，國內在野黨也與總統聯手，槍口一致。

以肅清政敵為名，掃除所有異議人士

政變失敗後，土耳其總統展開清算行動。2016 年 7 月 16 日至 9 月 28 日，超過 32,000 人被捕，7 萬名公務員遭到免職。政府當局認為，這場政變是自 1999 年流亡美國的伊斯蘭教士葛蘭所領導的穆斯林兄弟會一手策畫的。

「葛蘭運動」(Cemaat) 起始於 1970 年末，長年來默默滲透到教育界、警界、司法界、軍界，自正義發展黨執政以來，勢力更為茁壯。政府聲稱所有被逮捕的人都與「葛蘭運動」有關。

自 2010 年以色列、土耳其之間爆發加沙船隊衝突事件 (Mavi Marmara) ❶以來，政府當局和葛蘭運動矛盾日深，剛開始只是意識形態的衝突，但由於親葛蘭運動的媒體揭發政府內部貪汙醜聞，雙方衝突擴展到政治層面。政府當局發動反撲，指責葛蘭運動無法無天，並開始肅清司法機關。2016 年 7 月 15 日政變之後，肅清行動擴大到所有疑似與兄弟會有瓜葛的部會和組織。然而，政府大舉掃蕩的行動似乎不僅止於葛蘭運動的網絡。艾爾多安高舉伊斯蘭國家主義的大旗，趁機掃除左派組織和批評他極權的學術界人士。

色佛爾症候群：懷疑全世界都想瓜分土耳其的病態心理

艾爾多安任內打擊眾多恐怖組織，庫德人叛亂行動是其中之一。庫德族的問題

---

1 庫德族分布圖

俄羅斯

喬治亞

安卡拉

亞美尼亞
Erevan

亞塞拜然

土庫曼

黑海

迪亞巴克爾

Tabriz

土耳其

Gaziantep

Qamishliyé

敘利亞

阿勒坡

Erbil

伊朗

Lattaquié

賽普勒斯

摩蘇爾

德黑蘭

黎巴嫩

Kirkouk

Hamadan

以色列

大馬士革

地中海

巴格達

巴勒斯坦

約旦

伊拉克

沙烏地阿拉伯

2016年9月庫德族勢力分布範圍

庫德人居住區

庫德工人黨(PKK)掌握區域

庫德斯坦地區政府(GRK)管轄領土

庫德斯坦地區政府掌握區域

遜尼派阿拉伯人居住區，因戰亂而情勢不穩定

將來可能脫離原屬國的自治區

庫德族羅賈瓦自治區(Rojava)

敘利亞西部自治區

阿拉維邦(alaouit)

資料來源：D'après une carte de Fabrice Balanche, « Rojava's Sustainability and the PKK's Regional Strategy », The Washington Institute, 24 août 2016 ; M. R. Izady, 2016 ; « Les Kurdes, un peuple sans État », in Qantara n° 88, juillet 2013 ; B. Agirdir, Kürtler ve Kürt Sorunu, Konda, 2008

400 km

Carto n° 38, 2016 © Areion/Capri

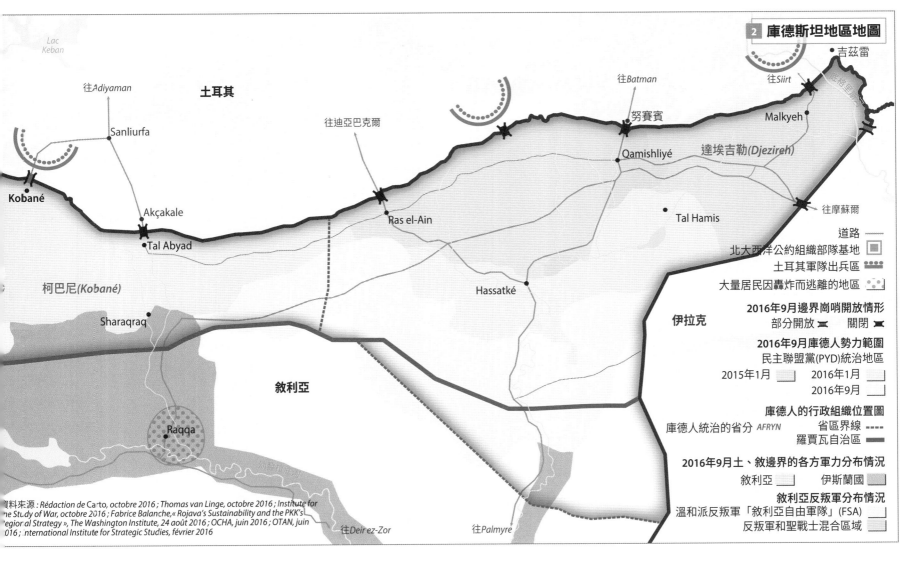

2 庫德斯坦地區地圖

Lac Keban

往Adiyaman
往Batman
往Siirt
吉茲雷

土耳其
努賽賓
Malkyeh

Sanliurfa
往迪亞巴克爾
Qamishliyé
達埃吉勒(Djezireh)

Kobané
Akçakale
Ras el-Ain
往摩蘇爾

Tal Abyad
Tal Hamis

柯巴尼(Kobané)
Hassatké
伊拉克

Sharaqraq

敘利亞
Raqqa

往Deir ez-Dor
往Palmyre

道路 ——
北大西洋公約組織部隊基地 ▣▣▣
土耳其軍隊出兵區
大量居民因轟炸而逃離的地區

2016年9月邊界崗哨開放情形
部分開放 ✕　關閉 ◆

2016年9月庫德人勢力範圍
民主聯盟黨(PYD)統治地區
2015年1月 ☐　2016年1月 ☐
2016年9月 ☐

庫德人的行政組織位置圖
庫德人統治的省分 AFRYN　省區界線 ----
羅賈瓦自治區

2016年9月土、敘邊界的各方軍力分布情況
敘利亞 ☐　伊斯蘭國 ▦

敘利亞反叛軍分布情況
溫和派反叛軍「敘利亞自由軍隊」(FSA) ☐
反叛軍和聖戰士混合區域 ▤

資料來源：Rédaction de Carto, octobre 2016；Thomas van Linge, octobre 2016；Institute for the Study of War, octobre 2016；Fabrice Balanche,« Rojava's Sustainability and the PKK's Regional Strategy », The Washington Institute, 24 août 2016；OCHA, juin 2016；OTAN, juin 2016；International Institute for Strategic Studies, février 2016

牽涉到的地域範圍不限於國內，還包括土耳其邊境地區（請參考圖1）。

2012 年，土耳其和「庫德工人黨」(PKK) 為了解決自 1984 年以來的雙方衝突，著手談判和平協議，試圖找出一個中長期的解決之道，前景似乎出現曙光。

2015 年 6 月 7 日的國會選舉中，親庫德人的土耳其「人民民主黨」(HDP) 獲得 80 個席次，迫使正義發展黨接受聯合執政。但聯合執政失敗，導致下屆國會選舉 2015 年 11 月 1 日提前舉行。同年夏季，西南部又爆發庫德工人黨和土耳其維安部隊的衝突。庫德工人黨為了對抗伊斯蘭國的恐怖行動，且受到在敘利亞戰役得勝的鼓舞，在土耳其西南部各大城市如吉茲雷 (Cizre)、努賽賓 (Nusaybin)、迪亞巴克爾 (Diyabakir) 等區域策動叛亂。自此，庫德工人黨和土耳其維安部隊屢屢爆發衝突，2016 年 9 月土耳其軍隊甚至不惜出兵敘利亞，打擊庫德工人黨的分支「民主聯盟黨」(PYD)。

2015 年 8 月，由庫德工人黨訓練的青少年民兵宣稱不再受國家管轄，要求成立獨立自治區。這在擔憂國土分裂的土耳其民族主義者眼裡，是絕不容許的事。1920 年第一次大戰結束，鄂圖曼帝國與協約國簽訂《色佛爾條約》(Treaty of Sevres)，被迫割讓大片領土，從此土耳其人便受「色佛爾症候群」(Sevres Syndrome) 所苦，覺得全世界都想瓜分土耳其，四周全是對自己領土虎視眈眈的「敵人」。艾爾多安總統利用人民的這種心態，大力鼓吹民族主義，也利用土耳其人民的愛國心，剷除異己勢力。西南部各大城市的反叛軍被一一剿平、破壞殆盡，諸多人民民主黨市長被中央逮捕，由政府放心的人選遞補。

聯合敘利亞，壓制庫德族獨立運動

在前總理葉德仁 (Binali Yildirim，2016 年 5 月上任) 的領導下，正義發展黨重新審視土耳其與敘利亞的外交關係，繼續支持敘利亞總統阿塞德，並與蘇俄交好。透過此一外交手段，土耳其軍隊得以在 2016 年 8 月發動「幼發拉底之盾行動」(Operation Euphrates Shield)，繼續打壓庫德人在敘利亞推展的運動，而這項行動的目的是阻止土耳其—敘利亞邊界的柯巴尼 (Kobané) 與阿弗林 (Afryn) 合作 (這兩區皆隸屬庫德族民主聯盟黨，請參考圖2)。

文 ● N. Ressler

❶「加沙船隊衝突事件」(Mavi Marmara)：2010 年以色列海軍強行登上試圖突破以色列封鎖、運送物資到巴勒斯坦加薩走廊 (Gaza Strip) 的人道救援船隻，多數死者為土耳其人，引發以色列和土耳其間的外交危機。

簡介	
正式名稱 土耳其共和國	人口密度 100 人 / 平方公里
總統 艾爾多安 (Recep Tayyip Erdogan, 2014 年 8 月上任)	貨幣 里拉
國土面積 783,562 平方公里 (世界排行第 37)	歷史 土耳其前身隸屬鄂圖曼帝國 (1299~1923 年)，成立土耳其共和國後，取消「哈里發」、使用拉丁字母、推行政教分離。土耳其曾經歷多次政變，民主制度面臨極大挑戰。
官方語言 土耳其語	
首都 安卡拉	2017 年人均 GDP (以購買力平價計算) 26,518 美金
2017 年估計人口 8,074 萬	

■ **2015年伊朗外移人口統計圖**

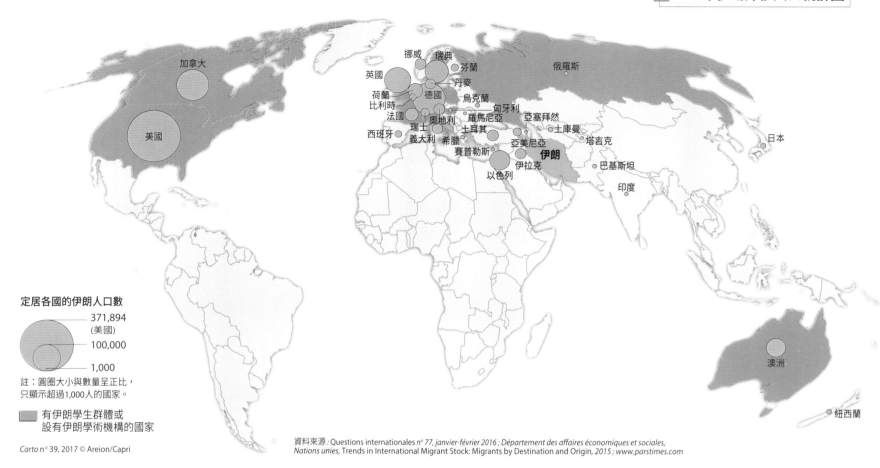

定居各國的伊朗人口數

371,894
(美國)

100,000

1,000

註：圓圈大小與數量呈正比，
只顯示超過1,000人的國家。

■ 有伊朗學生群體或
設有伊朗學術機構的國家

Carto n° 39, 2017 © Areion/Capri

資料來源：Questions internationales n° 77, janvier-février 2016 ; Département des affaires économiques et sociales, Nations unies, Trends in International Migrant Stock: Migrants by Destination and Origin, 2015 ; www.parstimes.com

伊朗：積極鼓勵移民返國，卻大肆逮捕？

伊朗在 2015 年 7 月與中、法、俄、英、美、德以及歐盟簽訂《伊朗核協議》(JCPOA) 後，國際解除對伊朗的制裁，伊朗政府開始號召外移國民回歸參與「國家開放」，主要目的是減少人才流失。然而，最高領袖❶阿里‧哈米尼 (Ali Khamenei，任期自 1989 年起) 警告總統哈桑‧羅哈尼 (Hassan Rohani，2013 年上任)，《伊朗核協議》極可能助長「國家安全及文化上的侵入滲透」，當局也曾動輒逮捕回歸伊朗的外移人口，引起國際間諸多質疑。

美國：擁有全球最大的伊朗移民社群

1979 年伊朗發生伊斯蘭革命，官僚政權引發社會分裂，導致許多次移民潮。根據統計，2015 年移居國外的伊朗人約有 110~550 萬人。革命之前，最早的外移人口是到美國頂尖大學就讀的高學歷的學生，這也是為什麼伊朗許多政府部會首長都擁有美國大學博士學位。革命期間，外移人口則多是穆罕默德‧巴勒維 (Mohammad Reza Pahlavi，1941~1979 年) 政權的擁護者，大部分也是移民美國，尤其是西岸的洛杉磯，洛杉磯甚至因此被暱稱為「德黑蘭磯」(Tehrangeles)。而移民在當地也取得了一定的經濟地位。革命結束、政權確立後，又爆發了一批以伊朗左派支持者為主的移民潮，外移到歐洲各國尋求庇護，尤其是德國、英國、法國、瑞典。

兩伊戰爭 (1980~1988 年) 結束後，前往美國的伊朗移民潮主要是由大學生組成。根據國際貨幣基金組織，每年有 15~18 萬名伊朗大學生移入美國。美國是他們第一志願，接下來依序是加拿大、澳洲、法國、英國、德國，但都被視為「退而求其次」。另外一個迫使學生外移的因素是伊朗大學嚴苛的篩選制度。從 2000 年開始，伊朗學生也前往馬來西亞和印度就讀大學，而且畢業後的就業情況也十分良好。

外移人口回流，反遭政治迫害

伊朗政府內部對於國民外移的情況多有爭論。1990 年代哈什米‧拉夫桑雅尼 (Hachemi Rafsandjani，任期 1989~1997 年) 總統執政後，伊朗第一次關注這些外移人口，希望藉他們之力加速國家經濟開放。那個時期，伊朗政府開放讓具外國公民身分的外移人口持有伊朗護照，卻不承認雙重國籍，拿外國護照的伊朗裔人士經常被「伊斯蘭革命保衛隊」(Islamic Revolutionary Guards Corp) 懷疑是外國間諜。例如 2016 年 4 月，英國籍伊朗裔的納札尼 (Nazanin Zaghar) 就因為被懷疑「涉嫌以網路柔性顛覆伊朗政權」，一抵達德黑蘭便被逮捕、關入獄中，造成伊朗和英國之間情勢極度緊張。

文 ● C. Therme

❶ 伊朗最高領袖並非國家元首，但依法卻是宗教及中央政治的最高領導人、軍隊的最高統帥，為終生職。

巴林：首都城市規劃強化階級對立

巴林王國自 2011 年 3 月爆發第一波反政府示威活動以來，政府便持續實施高壓政策。首都麥納瑪 (Manama) 即是遜尼派國王阿勒哈利法 (Al-Khalifa) 將宗教政治化的具體象徵，國王在首都的城市規劃上，只考慮遜尼派利益，造成社會動盪不安。從歷史面來看，這座城市還曾經歷一連串的商業變革 (從 19 世紀的珍珠貿易、石油生產到現今的銀行金融服務)。

自1971 年巴林王國獨立以來，國王阿勒哈利法便獨攬大權，統治這個文化分歧、大多數人口為什葉派的王國 (2015 年全國人口 137 萬，其中 55% 非巴林國籍)。什葉派人口雖然占絕大多數，但他們在國內被邊緣化，既無政策照顧，也分配不到良好的住屋，絕少能參與政治、當公務員或是進入警界和軍界。

穆哈拉格 (Muharraq) 直到 1923 年都是巴林王國的首都，位於麥綵瑪東北方，原本混居著遜尼派阿拉伯顯赫家族、波斯和印度富有商人以及低收入的什葉派漁民群落。1970 年代之後，隨著上層階級搬離、亞洲移民大量遷入，穆哈拉格漸漸變窮。而現今的首都麥納瑪在 19 世紀曾是全世界珍珠貿易的大城，也是波斯灣最主要的港口。從 1920 年開始，英國人引進現代化的城市規劃，例如 Bab Al Bahrain 商業區、市政府、郵政總局、海關、港口行政區，以及緊接在後的旅館、政府機關。後來，麥納瑪舊城區逐漸衰落，就連港口也因為填海造陸而消失，1971 年以來新造的土地使王國增加了 16% 的面積，得以建造辦公大樓、國際旅館、購物中心、遊艇碼頭、住宅區、文化活動中心 (請參考右圖)，這些都市規劃加強了城市功能，卻也加劇了社會階層分裂。

宗教對立嚴重，經濟表現遭阿聯酋、卡達超越

市中心的里法區 (Rifa) 最早是貝都因族的聚集地，後來興建了許多執政大家族的宮殿豪宅。執政黨遜尼派基於安全考量，將市中心四周規劃為大部分遜尼派人口居住的地方，形成一個「遜尼派中央堡壘」，包括哈爾比－里法小區 (Rifa al-Gharbi)、夏爾基－里法小區 (Rifa al-Charqi)、以撒城 (Isa Town)、哈瑪德城 (Hamad Town) 等區域。而另一方面，什葉派的聚落卻是在比較貧窮的邊郊，例如西北海岸從迪拉茲 (Diraz) 到塞納比斯 (Sanabis)、東岸勞工住宅區和杜布里 (Tubli)、西特拉 (Sitra)、奴衛塔特 (Nuwaidrat)、馬密爾 (Mameer) 等工業區周邊。這些地區的都市化程度和

居住環境都相當差。在西北部沿海城區，某些較早遷移過來的遜尼派居民，在棕櫚綠林中興建高級社區、加築圍牆，豪華氣派的建築和周邊什葉派居住區形成強烈的對比。周邊什葉派社區是三不管地區，政府部門任其衰敗，雙方的對比讓社會和政治情勢更加惡化。

自 2011 年以來，什葉派居住區的清真寺和禮拜堂，以及什葉派族群的聚落經常發生社會對立和宗教衝突，幾乎天天都有抗議活動，尤其是激進的年輕人和警方之間，經常發生「小規模城區戰鬥」，彼此拉鋸。因此，麥納瑪雖然和鄰近國家的大都市並無不同，但政治和宗教的歷史卻賦予這個城市不一樣的面向，且大大左右著國家的經濟，導致巴林王國的經濟榮景已被阿拉伯聯合大公國和卡達超越。

文 ● J.-P. Burdy

巴林各區的宗教分布情況

＝＝ 主要道路
── 省界
······ 市政劃分界線
☐ 首都麥納瑪範圍
NORD 省分名稱
Sanad 市政區名稱
● 重要地標

//// 1990 年以來填海造陸的土地
尚未都市化的地區
都市化不完整的地區

居民宗教分布情形
麥納瑪市中心兩派居民混居區
什葉派人口占多數的地區
遜尼派中央堡壘
遜尼派人口占多數的地區

2,5 km

Carto n° 35, 2016 © Areion/Capri
資料來源：Jean-Paul Burdy, 2015；
Ambassade des Etats-Unis à Manama, 2012

約旦河西岸：
土地分配極度不公，以、巴住宅面積差距達15倍

從 2015 年 10 月起，約旦河西岸爆發一連串巴勒斯坦人持刀攻擊以色列人的襲擊事件，2016 年初以來，以色列軍隊在此地充公和摧毀的巴勒斯坦民宅數量，也明顯比前幾年大幅增加，這些事件本質上都是關乎區域領土的爭奪戰。

光是 2016 年 3 月，以色列當局就摧毀或充公了 176 座巴勒斯坦建築，其中大多數是民宅，幾乎是 2015 年一整年摧毀的建築數量的 4 倍❶。聯合國人道事務協調廳 (OCHA) 負責巴勒斯坦國土的人道主義協調員派博 (Robert Poper) 對這個情況感到相當震驚，要求以色列立刻停止摧毀約旦河西岸地區的巴勒斯坦民宅。

約旦河西岸地區 1 月已查封、充公或摧毀的建築有 85 座，2 月更高達 235 座，光是該年的第一季總數已達 500 座。3 月摧毀的建築 83% 是在 C 區，也就是以色列管轄區，16% 在東耶路撒冷，剩下的 1% 在巴勒斯坦管轄的 A 區❷。

以色列全面抵制巴勒斯坦人的建屋計畫

這個現象在 C 區 (占約旦河西岸地區 60%) 已是家常便飯，區內 532 個住宅區裡居住著 30 萬名巴勒斯坦人。理論上來說，巴勒斯坦人可以占據這塊土地的 30%，剩下的 70% 地區由以色列當局規劃為自然保護區、軍事射擊區或是公共預定地。但事實上，根據聯合國人道事務協調廳的調查❸，由於種種司法手段和重重阻礙，巴勒斯坦人得到建築許可興建的民宅，只占當地面積的 1%。2010~2015 年間，巴勒斯坦當局向以色列當局呈交了 67 個興建住宅區的計畫，相當於 C 區面積的 0.02%，卻只有 3 個計畫通過。

這個狀況增加了 C 區發展住宅區的難度，因此很多人沒有建築允許也照樣偷蓋房子。然而，以色列當局就以這個為藉口，下令將沒有建築許可的住屋充公或摧毀。1998~2014 年間，按照命令要充公或摧毀的屋舍有 14,087 間，但直到 2015 年 1 月，仍有 11,134 間尚未執行。

地緣政治戰略：用擴建計畫換取統治力量

約旦河西岸地區巴勒斯坦人的建屋問題，與以巴衝突息息相關。在這場衝突裡，掌控和占領土地是該地區地緣政治角力的焦點。很顯然，對居住在約旦河西岸地區的 35 萬 6 千名以色列人來說，獲得建築許可很容易，時至今日，以色列人住宅建築的面積是巴勒斯坦人的 15 倍 (前者是 282,174 平方公里，後者是 18,243 平方公里)。若按照當地人口數來均分，每個以色列人的建築空間是巴勒斯坦人的 13 倍。

上述這種不平衡的現象主要肇因於以色列政府想增加約旦河西岸地區以色列人數量的政治考量，因此 2002~2015 年間，以色列政府在以色列管轄區興建了 12,639 棟住宅 (光是 2014 年就有 2,359 棟)。

以預防恐攻為由，摧毀異見人士住宅

以色列當局充公、摧毀沒有建築許可的房舍固然是依法執行，但其實也是將這個做法進一步當作壓制反抗人士的手段。在 1987 年巴勒斯坦大起義 (第一次起義) 之前，以色列當局摧毀房舍的情形極為罕見。從那次起義之後，以色列為了報復巴勒斯坦的武力反抗，全力加速摧毀房舍，導致 1987~1992 年間 500 棟民房被火速摧毀。

2002 年 10 月巴勒斯坦第二次起義，促使以色列加強摧毀自殺攻擊恐怖分子的房舍 (以及他們家人的住宅)。根據「以色列占領區人權資訊中心」(B'Tselem) 統計，以色列政府以報復的名義，在 2001 年 10 月至 2004 年底之間，摧毀了 664 座民宅。更有甚者，在這段期間，以色列政府以防範恐怖分子為由，擴大摧毀條件，自此，巴勒斯坦人的住宅若位於軍事敏感區域，軍隊便可以「預防」的名義查扣。

2015 年 10 月的暴力衝突事件 (一連串巴勒斯坦人持刀攻擊以色列人的襲擊事件) 更加速了以色列的摧毀行動。在搜尋、圍剿攻擊者的過程中，所有參加、幫助攻擊行動者的家園房舍一律遭到摧毀。根據以色列占領區人權資訊中心的公告，2015 年 10 月至 2016 年 3 月之間，有 37 所房舍因此被查封。

文 • D. Amsellem

❶ OCHA, "High level of demolitions continues across the West Bank", 2016 年 4 月 26 日。
❷ 根據奧斯陸協定，西岸地區分為 A、B 和 C 區，A 區的軍事與民事管轄權皆歸巴勒斯坦自治政府；B 區的軍事管轄權歸以色列，民事管轄權歸巴勒斯坦；C 區的軍事與民事管轄權皆歸以色列。
❸ OCHA, "Under Threat: Demolitions oders in Area C of the West Bank", 2015 年 9 月 7 日。

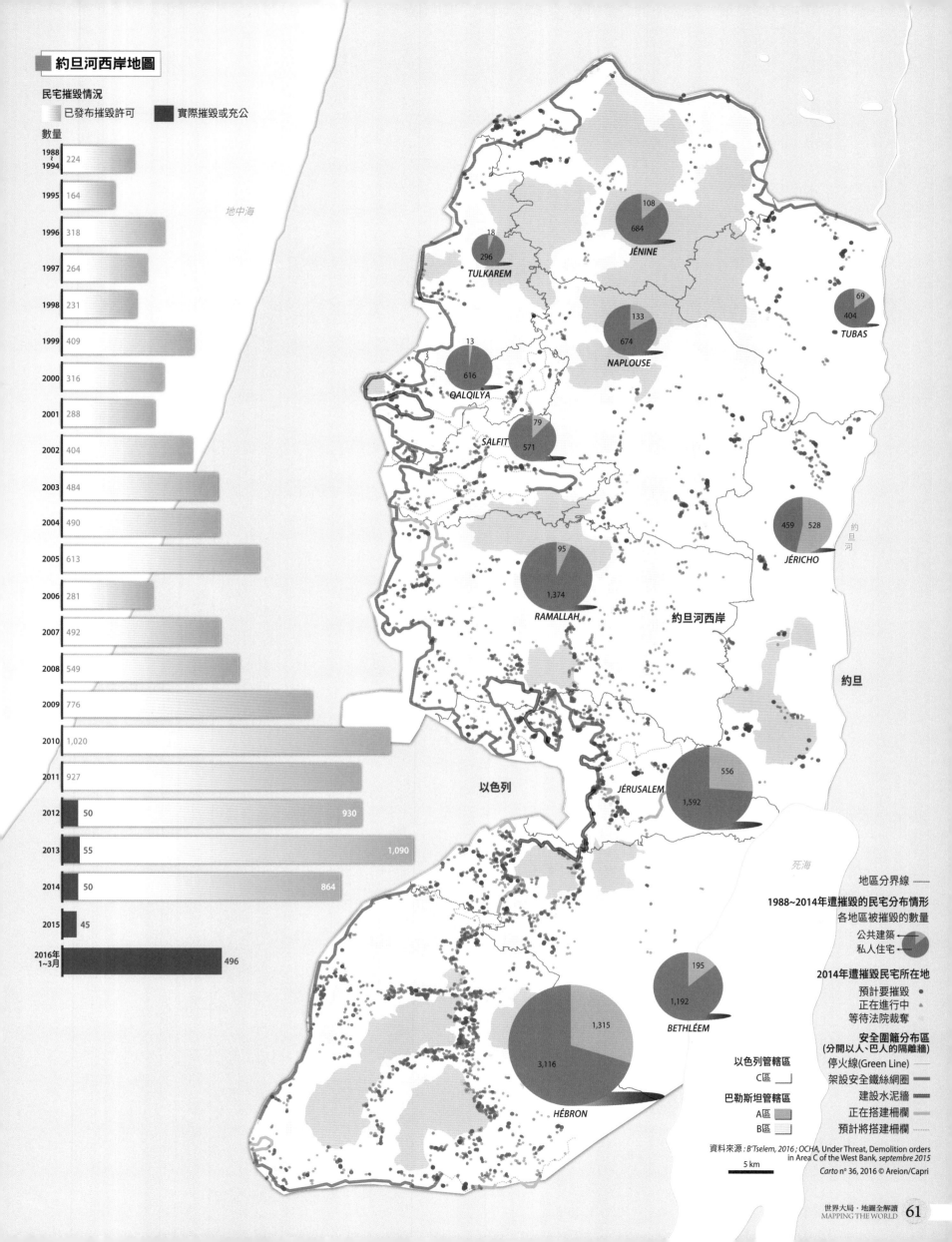

約旦河西岸地圖

民宅摧毀情況

☐ 已發布摧毀許可　■ 實際摧毀或充公

數量

年份	數量
1988 1994	224
1995	164
1996	318
1997	264
1998	231
1999	409
2000	316
2001	288
2002	404
2003	484
2004	490
2005	613
2006	281
2007	492
2008	549
2009	776
2010	1,020
2011	927
2012	50 / 930
2013	55 / 1,090
2014	50 / 864
2015	45
2016年 1~3月	496

地中海

TULKAREM　18 / 296

JÉNINE　108 / 684

TUBAS　69 / 404

NAPLOUSE　133 / 674

QALQILYA　13 / 616

SALFIT　79 / 571

JÉRICHO　459 / 528

約旦河

RAMALLAH　95 / 1,374

約旦河西岸

約旦

以色列

JÉRUSALEM　556 / 1,592

死海

BETHLÉEM　195 / 1,192

HÉBRON　1,315 / 3,116

地區分界線 ——

1988~2014年遭摧毀的民宅分布情形

各地區被摧毀的數量

公共建築

私人住宅

2014年遭摧毀民宅所在地

● 預計要摧毀

● 正在進行中

● 等待法院裁奪

安全圍籬分布區
(分開以人、巴人的隔離牆)

停火線(Green Line) ——

架設安全鐵絲網圈 ▦

建設水泥牆 ▥

正在搭建柵欄 —

預計將搭建柵欄 —

以色列管轄區

C區 ☐

巴勒斯坦管轄區

A區 ▨

B區 ☐

資料來源：B'Tselem, 2016 ; OCHA, Under Threat, Demolition orders in Area C of the West Bank, septembre 2015

Carto n° 36, 2016 © Areion/Capri

├── 5 km

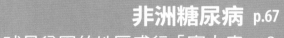

摩洛哥里夫地區 p.64
歐、非兩大洲的販毒中心

非洲糖尿病 p.67
全球最貧困的地區盛行「富人病」？

西撒哈拉 p.66
亟欲獨立，卻遭非洲聯盟犧牲的小國

查德湖 p.76
40年內爆減90%面積，注定消失？

甘比亞 p.70
失控總統拖垮全國經濟

尼日河三角洲 p.74
激進組織炸毀油管，重創國庫收入

尚比亞 p.71
國際銅價崩盤，陷入經濟危機

漠南非洲 p.78
透視全球最潛力無窮的內需市場

AFRICA
非洲篇

摩洛哥里夫地區：
歐、非兩大洲的販毒中心

2016 年 10 月 28 日，摩洛哥發生了一宗因取締非法漁獲而起的慘案，一名魚販在與警方對峙的過程中，遭到銷毀漁獲的垃圾車當場絞死。他的死掀起了一波波的示威潮，示威群眾反抗警方不公、濫用公權力。這樁慘案發生在里夫地區 (Rif) 的港都胡塞馬 (Al Hoceima)，這個地區長期以來被首都拉巴特 (Rabat) 隔絕、邊緣化。

攤開摩洛哥的地圖，會發現一個地理上很有趣的矛盾現象。里夫地區介於經濟活動活躍的丹吉爾港 (Tanger) 和阿爾及利亞邊境之間，夾在兩個西班牙境外飛地休達 (Ceuta)、梅利利亞 (Melilla) 之間，絕對是重要的戰略地 (請參考右圖)。然而，那些放眼大西洋的摩洛哥政治經濟中心：拉巴特、卡薩布蘭加 (Casablanca)、馬拉喀什 (Marrakech)，卻向來漠視里夫地區。里夫之所以被隔絕，一部分原因是因為受到里夫山脈的地形阻隔，更主要的原因是，當地領導階層和中央政權之間關係緊張。

受制於兩大帝國、里夫地區的慘痛獨立史

里夫地區以柏柏爾人為主、地處荒野，更因為被殖民的過往歷史，在摩洛哥王國中的地位向來尷尬。這一區域先後被法國、西班牙殖民，又歷經宣告獨立的里夫共和國時期。15、16 世紀時，西班牙獲得休達、梅利利亞兩處境外飛地，對摩洛哥的影響大增，里夫地區也於 1912 年被西班牙控管，而當時摩洛哥南部則由法國控制。歐洲勢力操縱摩洛哥，也控管里夫地區，然而里夫地區向來不肯屈服，1863~1898 年之間曾經鬧過獨立，當時摩洛哥國王穆萊‧哈桑 (Moulay Hassan，在位期間 1873~1894 年) 還發兵平反叛亂，1909 年里夫地區也曾抵制西班牙，引發了和西班牙軍隊持續數年的衝突。

1921 年 7 月，柏柏爾士兵在阿卜杜‧克里姆 (Abdelkrim al-Khattabi) 的領導下，於阿努埃爾 (Annual) 大敗西班牙軍隊，進而宣稱獨立，成立「里夫共和國」(Republic of Rif)。這對殖民摩洛哥的西班牙和法國而言，無疑是宣戰，1926 年，里夫共和國在西班牙、法國與摩洛哥王室的聯手打擊之下滅亡。自此之後，里夫地區受到高度監視，只要出現蛛絲馬跡的叛亂就立即剿平。1958 年，摩洛哥獨立的兩年之後，當時尚未即位的哈桑二世國王 (Hassan II，在位期間 1961~1999 年) 又鎮壓了一次里夫地區的叛亂，並在任內隔絕里夫地區，將其擺在國內政治的邊陲地帶。

全世界最大的大麻生產區

這種情況下，里夫地區的經濟何以為繼呢？解決方法顯而易見：大麻。當局為了安撫里夫地區，從 19 世紀末就默許該地在以撒關 (Issaguen) 周邊地區種植大麻。殖民時代和里夫共和國獨立時代，摩洛哥一度禁止里夫地區種植大麻，引起諸多反彈以及反抗行動，使得後來政府不得不容許當地繼續種植大麻。今日的里夫地區分為三大區：丹吉爾－德土安－胡塞馬區 (Tanger-Tetouan-Al Hoceima)、菲斯－梅克尼斯區 (Fes-Maknes)、東部區 (l'Oriental)，整體來說十分貧窮，失業率超過 10%，連最基本的生活設施也相當欠缺。

里夫地區政治、經濟情況都處於劣勢，居民只能以種植大麻謀生。大麻種植不需太多人力或技術，也不需沃土或灌溉。該地位處荒僻山區，有利於低調地進行種植。里夫地區的大麻種植滿山遍野，根據聯合國數據，摩洛哥已成為全世界最大的大麻生產國。最新數據資料顯示，2013 年摩洛哥大麻種植面積高達 47,196 公頃，且全數位在里夫地區，最主要分布在素克果拉 (Souk L'Qolla)、塔莫若 (Tamorot)、以撒關周邊。

政府推廣大麻種植，只為換取表面的政治安定

2000 年初以來，該地區大麻種植面積稍有降低 (2003 年種植面積曾高達 134,000 公頃)，但還是首要的經濟來源。對里夫地區來說，大麻產業帶來的收益占第二位，僅次於當地外移工作人口寄回國內的金額 (大約 50 億歐元，也就是全國生產總值的 10%)。

里夫地區地窮民困，1960、70 年代大量農民外移到歐洲討生活，但歐洲各國邊界逐漸封閉嚴查，取得簽證的條件愈來愈嚴苛，里夫地區的農民再也無法輕易外移，只好專心種植大麻，因此在 1990 年代該地大麻生產達到高峰。為求一家溫飽，此區種田放牧的窮民只能投入大麻種植，這減緩了該地區失業率高造成的經濟困窘情形。然而，大麻收益又快又豐，吸引許多淘金客，連黑手黨也介入，不惜摧毀周邊種植其他作物的土地，改

種大麻。今日，摩洛哥位於毒品買賣的中心，受害最嚴重的是歐洲，尤其與摩洛哥相鄰的西班牙牽涉更劇，歐洲大陸所查緝的大麻，40% 自是摩洛哥輸出。

1999 年穆罕默德六世 (Mohammed VI) 即位以來，首都拉巴特放眼的是北邊和東邊，丹吉爾港被設定為經濟中心，連帶提升里夫地區的經濟，然而在 2004 年 2 月胡塞馬大地震之後 (629

人罹難，15,230 人無家可歸)，里夫可說是一片殘敗。這裡嚴重缺乏基礎建設，無法因應旅遊發展的需求，經濟狀況一直無法改善。這也解釋了摩洛哥何以一直容許里夫地區繼續種植大麻，因為大麻至少能平穩該地區表面的安定。然而，安定的表象似乎不堪一擊，賣魚販費克里 (Mouhcine Fikri) 之死所掀起的一波波示威潮，就是強而有力的佐證。

文 ● G. Fourmont

資料來源：Rédaction de Carto, 2016；Agence nationale des ports, 2016；Le Monde, 3 octobre 2016；UNODC, World Drug Report 2016, 2016；Haut-Commissariat au plan marocain, Comptes régionaux de l'année 2014, 2014；ONUDC, Maroc - Enquête sur le cannabis 2005, 2007

西撒哈拉：亟欲獨立，卻遭非洲聯盟犧牲的小國

1976 年 2 月西班牙殖民勢力退出西撒哈拉以後，西撒哈拉 (Western Sahara) 的主權問題便讓摩洛哥和聯合國之間關係緊張。40 年後的 2016 年 3 月，摩洛哥驅逐聯合國駐西撒哈拉人員，同年西撒哈拉人民解放陣線 (Polisario Front) 的領導人穆罕默德・阿卜杜勒・阿齊茲 (Mohamed Abdelaziz) 在 5 月 31 日過世，使得這經常被世人忽略的西撒哈拉主權衝突，再度浮上檯面，即將展現地緣政治上不同層面的利害關係。

西班牙一結束對西撒哈拉的殖民 (1884~1976 年) 之後，相鄰的摩洛哥國王哈桑二世 (Hassan II，任期 1961~1999 年) 立即宣稱這塊土地為摩洛哥所有 (面積 266,000 平方公里，2015 年聯合國估計有 57 萬 3 千名人口)，並在 1975 年 11 月組織「綠色進軍」群眾遊行 (Green March)，以人海戰術大舉占據西撒哈拉。另一鄰國茅利塔尼亞出面阻止，引發了摩洛哥和茅利塔尼亞之間為時 3 年的戰爭 (1976~1979 年)，也引起西撒哈拉當地主張獨立的「薩基亞阿姆拉和李奧德奧羅人民解放陣線」(又稱西撒哈拉人民解放陣線，Polisario) 反彈對峙。1976 年 2 月 27 日，「西撒哈拉人民解放陣線」宣布成立「撒哈拉威阿拉伯民主共和國」(Sahrawi Arab Democratic Republic)。

1991 年，經過多年武裝衝突後，摩洛哥和「西撒哈拉人民解放陣線」終於同意了聯合國停火解決計畫。摩洛哥建造了一道「沙牆」，將西撒哈拉分為兩部分，一邊是摩洛哥管轄 (占 80% 面積)，一邊是「西撒哈拉人民解放陣線」管轄 (占 20% 面積，請參考右圖)。從此之後，聯合國眼中的這塊「非自治領土」，就成為摩洛哥、阿爾及利亞、「非洲聯盟」(AU)、「聯合國西撒哈拉全民投票特派團」(MINURSO) 等，各方較勁的戰場。摩洛哥大舉開發西撒哈地區的經濟效益，並移入大量人口；阿爾及利亞則支持「西撒哈拉人民解放陣線」，收容西撒哈拉的移民，並宣稱以前由西班牙保護的西撒哈拉是非洲唯一也是最後一個「殖民地」。

如今，西撒哈拉的歸屬議題再一次浮上檯面，此時北非四國甚至整個非洲的地緣政治和地緣經濟皆已改變。2016 年 3 月，前任聯合國祕書長潘基文訪問阿爾及利亞的廷杜夫難民營時 (Tindouf)，再次重申希望西撒哈拉舉辦獨立公投，但摩洛哥堅決不接受且嚴厲阻止，因為摩洛哥只接受西撒拉哈自治。此外，潘基文使用「占領」一詞也招致摩洛哥不滿，因而引發一場外交危機，摩洛哥立即驅遣了「聯合國西撒哈拉全民投票特派團」的 75 名非軍方人員 (若加上軍警人員，特派團共有 460 名人員)。除此之外，「西撒哈拉人民解放陣線」在領導人穆罕默德・阿卜杜勒・阿齊茲過世之後，勢力漸微，必須重新思考、調整組織

的未來和運動方向。2017 年 2 月，摩洛哥軍隊從緩衝區附近的蓋爾蓋拉特區 (Guerguerat) 撤出，使雙方局勢更加緊張。

摩洛哥經濟成長亮眼 (2015 年經濟成長率 4.4%)，是撒哈拉以南非洲不可或缺的經貿夥伴。1984 年摩洛哥因非洲聯盟承認「撒哈拉威阿拉伯民主共和國」憤而退出，現在聯盟 54 個成員國大部分對西撒哈拉獨立的訴求愈來愈無感，希望摩洛哥重返非洲聯盟組織。2017 年 1 月，摩洛哥國王穆罕默德六世 (1999 年即位) 宣布重新加入非洲聯盟，這實質上等於將「撒哈拉威阿拉伯民主共和國」排除在外。儘管西撒哈拉另一個鄰國阿爾及利亞支持「西撒哈拉人民解放陣線」，不想讓摩洛哥獨自坐大，但是西撒哈拉獨立運動似乎已成摩洛哥的現實政治神龕上的犧牲品。

文 • É. Janin

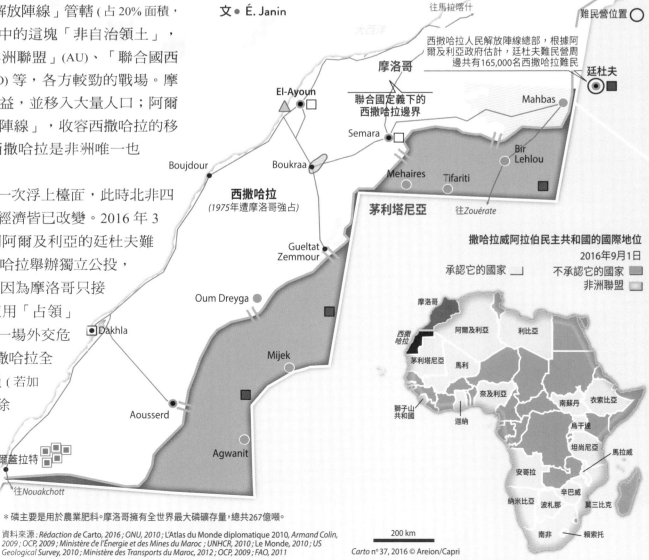

主要道路 ——
摩洛哥軍隊 □
在西撒哈拉的駐紮處
西撒哈拉人民解放陣線
武力部署 ■
控制區域 □
沙牆 ——
過境崗哨 ▯
礦產所在地
磷礦出口港 ●
磷礦開採區 * ■
珍貴金屬產區(黃金、白金、鉭) ■
人道組織駐點
聯合國西撒哈拉全民投票特派團 ◉
(MINURSO)
難民營位置 ○

往馬拉喀什

大西洋

西撒哈拉人民解放陣線總部，根據阿爾及利亞政府估計，廷杜夫難民營周邊共有165,000名西撒哈拉難民

摩洛哥

El-Ayoun

廷杜夫 ◉■

聯合國定義下的西撒哈拉邊界

Mahbas

Semara

Bir Lehlou

Boujdour

Boukraa

Mehaires   Tifariti

西撒哈拉
(1975年遭摩洛哥強占)

茅利塔尼亞

往Zouérate

撒哈拉威阿拉伯民主共和國的國際地位

2016年9月1日

承認它的國家 □   不承認它的國家 ■
非洲聯盟 □

Gueltat Zemmour

摩洛哥
西撒哈拉
阿爾及利亞   利比亞
茅利塔尼亞   馬利
獅子山共和國   迦納   奈及利亞   南蘇丹   衣索比亞
烏干達
坦尚尼亞   馬拉威
安哥拉
納米比亞   波札那
辛巴威
莫三比克
南非   賴索托

Oum Dreyga

Dakhla

Mijek

Aousserd

西撒哈拉人民解放陣線

蓋爾蓋拉特

Agwanit

往Nouakchott

* 磷主要是用於農業肥料。摩洛哥擁有全世界最大磷礦存量，總共267億噸。

200 km

資料來源：Rédaction de Carto, 2016；ONU, 2010；L'Atlas du Monde diplomatique 2010, Armand Colin, 2009；OCP, 2009；Ministère de l'Énergie et des Mines du Maroc；UNHCR, 2010；Le Monde, 2010；US Geological Survey, 2010；Ministère des Transports du Maroc, 2012；OCP, 2009；FAO, 2011

Carto n°37, 2016 © Areion/Capri

非洲各國糖尿病人口示意圖

2014年潛在糖尿病人口
18歲以上人口20%有肥胖症的國家*
18歲以上人口10%空腹血糖過高的國家**

預測2015年20~79歲的糖尿病患比率
0.1~4%
4.1~8%
8.1~10%
10.1~20%

*身體質量指數(BMI)大於30kg/m²
**8小時未進食血糖高於7.0mmo/l

資料來源：*OMS, Atlas des statistiques sanitaires de la Région africaine, 2016 ; Fédération internationale du diabète, Atlas du diabète, 2015*
Carto n° 39, 2017 © Areion/Capri

非洲糖尿病：
全球最貧困的地區盛行「富人病」？

提到非洲，你的腦海就出現刻板印象中飢餓、感染病肆虐的落後地區嗎？2016年11月14日世界糖尿病日公布非洲人廣泛罹患第二型糖尿病的情形(占所有糖尿病例的90%)，反映出非洲都市生活型態所引起的健康問題。

第二型糖尿病不是遺傳疾病，也不會傳染，主要原因是血液中的葡萄糖含量太高。罹患這個疾病的族群大多是年紀大、肥胖、不愛運動的人，若不加以治療，可能造成嚴重的後遺症，比如腿部截肢、失明，同時罹患心血管疾病的風險提高，甚至造成50歲之前早亡的情況。根據國際糖尿病聯盟(IDF)2015年的數據，全世界有500萬人死於糖尿病，而且11個成人中便有1人罹患此病。照這個數字看來，世界上因糖尿病死亡的人數，比愛滋病(150萬人)、肺結核(150萬人)、瘧疾(60萬人)三者加起來還要多。我們更應該正視的是，糖尿病不是「富人病」：世界上罹患糖尿病的人口，3/4是在開發中國家。

糖尿病的普遍現象，超越了以往感染疾病的蔓延速度，它不經由傳染，但病患在短時間內大量增加，增加的原因大多與生活方式息息相關。撒哈拉以南非洲就是一個絕佳例子。2015年，全世界20~79歲的糖尿病患總數是4億1,480萬人，歐洲是5,980萬人，撒哈拉以南非洲患者人數是1,420萬人，是各大洲中人數最少的一洲。然而，非洲糖尿病的前景堪憂，因為國際糖尿病聯盟預估，2040年非洲將會多出2千萬名糖尿病患。

世界衛生組織(WHO)估計，2014年撒哈拉以南非洲，男性中有5%、女性中有15%體重超重。這個現象絕大部分歸咎於鄉村人口大量移往城市(2016年非洲有34個城市人口超過200萬)，因為工作欠缺體力勞動、人民壽命增長、大量攝取加工食品……等都市生活型態，導致罹患糖尿病的風險增加。在非洲，農村人口占總人口的61.3%，罹患糖尿病的人口卻有58.8%是住在都市裡。

非洲衛生系統欠佳，更造成疾病處理上的困難。法國「糖尿病非政府衛生組織」(ONG Santé Diabète)指出，非洲對糖尿病治療的推廣及分布情況掌握不佳、民間缺乏支持病患的協會組織、防治篩檢不足，以至於幾乎2/3的病患未能即時檢驗出病症。在非洲，糖尿病治療費用對病患家庭是一項沉重的負擔，根據法國「糖尿病非政府衛生組織」估計，馬利共和國(Mali)醫療糖尿病的花費占家庭收入的29%，而在法國，糖尿病治療的費用幾乎不必由私人支出。

非洲各國對糖尿病醫療並不重視：僅有2%的國際委託基金支援，是真正直接針對糖尿病防治醫療。而整個非洲分撥給糖尿病醫療的經費是34億美元，占非洲醫療經費的7%，但對整個世界來說，這個金額只占全世界處理糖尿病問題支出費用的0.5%。可以說，糖尿病掀起了一個新的挑戰：即在醫療、經濟、人口移動均使得全球疆界愈來愈模糊的今天，世界應該跳脫南北半球、洲際的框架，以全球的視野來統合處理疾病問題。

文 ● T. Chabre

索馬利蘭：非洲的民主模範生

1991 年，索馬利亞獨裁者西亞德·巴爾 (Siad Barre，任期 1969~1991 年) 垮台，索馬利蘭 (Somaliland) 在混亂中趁機宣布獨立。2016 年，索馬利蘭慶祝獨立建國 25 年，該國政治相當穩定，但他們從未獲得世界上其他國家和國際組織的承認。這個地理上位於非洲之角 (Horn of Africa)、在索馬利亞陰影之下生存的國家，面臨了許多困難重重的挑戰。

索馬利蘭的政治口號「索馬利蘭將永遠存在」(Somaliland, here to stay) 展現了該國堅持獨立的決心。這個政治實體擁有一個獨立國家該具備的體制，2014 年發表的官方數據顯示：該國總人口 350 萬，面積 13 萬 7,600 平方公里。1960 年，這片領土脫離英國統治 (1888~1960 年)，與義大利屬地索馬利亞合併，成立了「索馬利亞共和國」。在西亞德·巴爾 30 年的獨裁統治期間，索馬利亞北部地區被漠視、邊緣化。1981 年，北部地區的「索馬利國民運動黨」(Somali National Movement) 發起武裝行動對抗中央政權，並在 10 年後趁著中央政權垮台的時機宣布獨立，成立「索馬利蘭共和國」，而索馬利亞南方地區則仍處在戰火之中。

特殊的政體：
揉合西方制度與氏族結構

索馬利蘭獨立後，建立了一套特殊的政治體制，引用西方現代國家的政治制度，但將氏族結構保留在制度中心的重要位置。索馬利蘭幾次民主過渡進程的成績都令人刮目相看 (最後一次是 2010 年)，政治也相對穩定，在戰火頻仍的非洲地區是個模範。除此之外，索馬利蘭致力於經營外交，在世界 13 個國家設有常駐辦公室(包括美國、英國、法國)；葉門、衣索比亞、吉布地也有在索馬利蘭首都哈爾格薩 (Hargeisa) 設立領事館。

索馬利蘭與其他非洲國家的經濟合作相當緊密，例如衣索比亞就將索馬利蘭的柏培拉港 (Berbera) 視為衣國每年出口數十億物產的重要窗口，衣國經濟雖然活躍 (根據世界銀行數據，2014 年該國經濟成長率為 10.3%)，卻苦於四面都是陸地。此外，

2012~2014 年間，哈爾格薩機場還得到科威特資金援助，大刀闊斧施工，終於改頭換面。

埃及、沙烏地阿拉伯反對獨立

索馬利蘭欣欣向榮，為何苦得不到國際的承認呢？從外交方面來看，「非洲聯盟」(Union africaine) 應該先出面協助索馬利蘭，但非洲聯盟向來無法接受任何因獨立運動增生的疆界，唯一違反這個原則的是南蘇丹共和國 (南蘇丹經歷連年內戰之後，於 2011 年獨立)。然而，索馬利蘭認為自己大有權利獨立，因為它只是脫離了當初合併時的義大利屬地索馬利亞而已。

這個想法太單純，顯然未考慮該地區各大國地緣政治上的利益。埃及和沙烏地阿拉伯擔心衣索比亞經濟影響力日漸擴大，所以希望索馬利蘭和索馬利亞統一，共敵大患。因此，這兩國對索馬利亞聯邦新政府投入大量資金：2013 年索馬利亞終於成立了中央政府，獲得國際承認，並以此質疑國土北部索馬利蘭獨立的合法性(在此之前，索馬利亞自 1991 年以來經歷了 14 次成立政府失敗、無政府狀態)。

在這種政治情勢之下，索馬利蘭更難改善不平穩的國內經濟。這裡最大宗的出口品是牛肉，也是當地最主要的經濟活動 (請參考右圖)，但出口產業因為 2015 年 3 月起愈演愈烈的葉門內戰，幾乎停頓。除此之外，索馬利蘭還要收容逃避內戰的葉門人民，但國家全年總預算卻不超過 2 億 9,500 美元 (根據 2016 年 2 月 3 日國際移民組織 [IOM] 發表的數據，索馬利亞全國境內分布了 30,753 名葉門和索馬利亞難民)。

索馬利蘭沒有正式的金融體系，90% 的貨幣經濟皆私有化，沒有獲得國際認

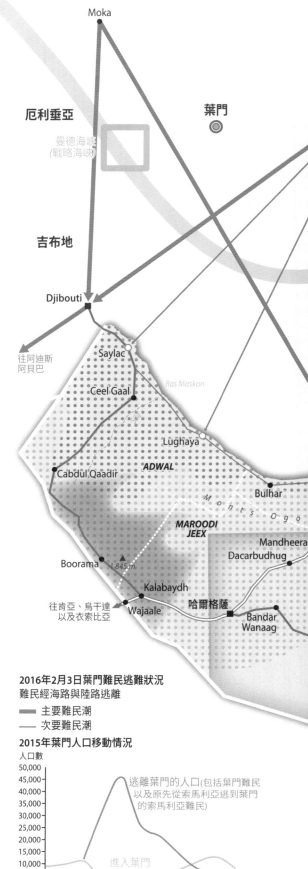

2016年2月3日葉門難民逃難狀況
難民經海路與陸路逃離
━━ 主要難民潮
── 次要難民潮

2015年葉門人口移動情況
人口數

逃離葉門的人口(包括葉門難民以及原先從索馬利亞逃到葉門的索馬利亞難民)

進入葉門的人口

可。人均 GDP 全世界倒數第 4(根據世界銀行發布數據，2012 年是
347 美元)，評估貧富差距的指標吉尼係數也高居世界排行榜。
國家身分未獲承認，因此收不到每年 1 億 7 千萬美金的國際援
助。獨立 25 年來妾身未明，失業率高居不下 (2014 年失業率高達
67%)，使得國內年輕人被迫外移，造成索馬利蘭人力大失血。
人力外流卻也帶來一些出人意料的益處：年輕人每年寄回母國
的金額是全國最大宗外匯 (2015 年全索馬亞境內收到匯款 130 億美
金)，而且部分外移人口回歸後，還協助振興了當地經濟。

民主制度潛藏危機：氏族長老強力干涉選舉事務

索馬利蘭成功的民主制度雖獲得世人注目，卻已達到發展
的極限。2015 年 12 月，「國際危機組織」智庫 (International Cri-
sis Group) 發表報告特別指出該國民主的扭曲困境：氏族結構深
深影響國家法治，造成許多事務延遲落實。例如：該國「長老院」

(Guurti，由 82 位未經民選的長老組成) 決議將全國普選延至 2017 年
3 月 (原本應在 2015 年 6 月舉行)，又依序將總統選舉延至 2017 年
11 月、立法委員選舉延至 2019 年。此外，索馬利蘭表面上看
來和平，但國土東部邊界卻常年處在紛爭之中。雖然恐怖組織
「索馬利亞青年黨」(Shebab) 的觸角自 2008 年來尚未伸入索馬
利蘭，但隨著宗教激進化的趨勢，這個隱憂日漸升高。

對 30 歲以下的索馬利蘭國民 (占全國人口 70%) 而言，和索
馬利亞同屬一國的時代已過去。然而，西亞德・巴爾額的獨裁
統治還深植在民眾腦中，索馬利族氏族之間的複雜關係也一直
難以釐清，使得索馬利蘭獨立的正當性始終備受質疑。

文 ● T. Chabre

■ 索馬利蘭的地緣政治戰略地圖

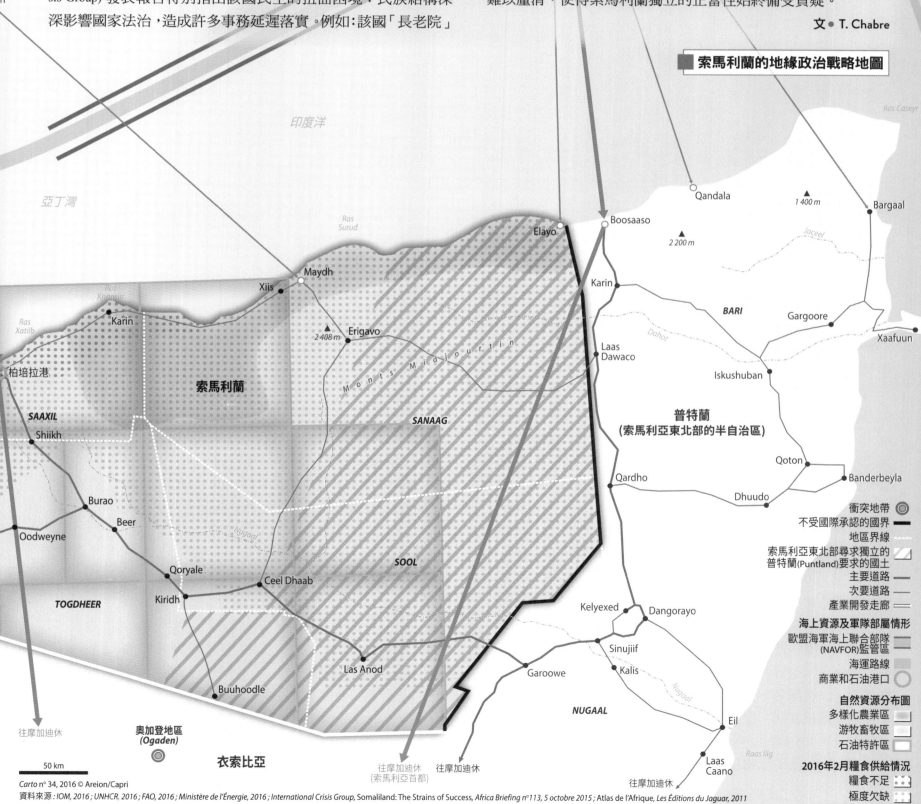

Carto n° 34, 2016 © Areion/Capri
資料來源：IOM, 2016 ; UNHCR, 2016 ; FAO, 2016 ; Ministère de l'Énergie, 2016 ; International Crisis Group, Somaliland: The Strains of Success, Africa Briefing n°113, 5 octobre 2015 ; Atlas de l'Afrique, Les Éditions du Jaguar, 2011

資料來源：Atlas de l'Afrique, Les Éditions du Jaguar, 2010；F. Bost (dir.), Atlas mondial des zones franches, La Documentation française, 2010

加工出口區 ○
主要道路 —
次要道路 —
物資運輸走廊 ▬
鐵路 ┼┼┼┼
因經濟封鎖而關閉的邊境關口 (2016年2~5月) ⊘

貨物運輸海路 ▬
港口樞紐 ■
次要港口 ■
位在邊境的貨倉 ■
紅樹林水域 ┘

Carto nº 36, 2016 © Areion/Capri

甘比亞：失控總統拖垮全國經濟

甘比亞 (Gambia) 除了西岸臨海，其他三面陸地都被塞內加爾環繞，是非洲大陸面積最小的國家（總面積 11,300 平方公里）。1994 年奪得政權的葉海亞‧賈梅 (Yahya Jammeh) 獨裁專制，2017 年 1 月在國際施壓下被迫逃亡。這個小國自 2016 年初以來，就在面對一場巨大的政治和經濟危機。

葉海亞‧賈梅是非洲最殘暴的獨裁者，1994 年 6 月他發動政變，從原來的總統、成立甘比亞共和國 (1965 年成立) 的國父達烏達‧賈瓦拉 (Dawda Kairaba Jawara，1970~1994 年) 手中奪下政權，以鐵腕控制著甘比亞。賈梅被稱為「班竹的暴君尼祿」(Banjul[班竹] 是甘比亞的首都)，原是一介軍官，1996 年當選為總統，之後連任了 4 次。他自稱擁有神祕力量，可治療愛滋病，是眾所皆知的同性戀反對者，語不驚人死不休，種種發言與作為令國際側目。

與西方國家交惡，向波灣國家靠攏

2013 年，賈梅宣布退出大英國協 (Commonwealth)；他對英文非常感冒，2014 年禁止國家以英文為官方語言；2015 年 12 月，在未經過立法院同意也未修改憲法的情況下，擅自將甘比亞改為「伊斯蘭共和國」，此項政治大轉彎證實了他決定告別一向金援甘比亞的西方國家，轉向討好波斯灣王國。

2016 年，甘比亞人民對政府的反感已達臨界點。政府的恐怖統治愈來愈嚴苛，言論自由愈來愈緊縮，記者和反對黨領袖不斷遭受追捕驅逐，保安部隊和軍隊任意逮捕人、草菅人命。不僅如此，2016 年 12 月的總統選舉，賈梅競選第 5 次連任，政府當局決定改革選舉法，極力限制其他競選人資格。此舉引爆了人民不滿，憤而走上街頭示威抗議。在一連串的遊行抗議行動中，支持人權的反對派人士桑登 (Solo Sandeng) 被捕入獄，並死在獄中，導致人民反抗活動更轉激烈。

塞內加爾實施經濟制裁，導致甘比亞經濟崩壞

除了國內政治情勢不穩定之外，甘比亞也面臨一個嚴重的經濟危機，肇因於塞內加爾運輸公會發布的經濟封鎖。為什麼塞內加爾要封鎖甘比亞呢？因為 2016 年 2 月 10 日，賈梅單方面決定，塞內加爾穿越甘比亞國土前往塞內加爾南部卡薩芒斯 (Casamance) 的運貨卡車，過路費調漲 100 倍。為此，塞內加爾當局立即回應，決定關閉雙邊邊境 (之後在 5 月重新開啟)，讓貨卡繞道不經過甘比亞。如此一來，甘比亞原本已不甚活躍的經濟，更是奄奄一息。

甘比亞是全世界最貧窮的國家之一 (根據世界銀行數據，2010 年該國 48.4% 國民生活在貧窮線之下)，再加上國內物價飛漲，只能仰賴國際金援和旅遊業支撐 (以英國旅客為主)。賈梅在總統連任競選中，敗給了新當選人巴洛 (Adama Barrow)，卻不肯認輸，捍拒下台，甚至宣布全國進入緊急狀態。2017 年 1 月 21 日，賈梅終於在國際壓力下流亡海外，留下一個殘敗失血的國家。

文‧É. Janin

尚比亞：國際銅價崩盤，陷入經濟危機

1/4 個世紀以來，尚比亞 (Zambia) 以一向平穩的政局及民主輪替備受國際讚譽，2016 年卻陷入前所未有的緊張局勢，該國不僅發生經濟危機，總統倫古 (Edgar Lungu，2015 年上任) 的連任選舉也掀起了一番風波。

2016 年尚比亞總統選舉開票花了 4 天，選舉委員會直到 8 月 15 日才宣布：「愛國陣線」(Patriotic Front) 的時任總統倫古在第一輪投票就當選連任 (50.35% 得票率)。反對黨「國家發展聯合黨」(UPND) 候選人希奇雷馬 (Hakainde Hichilema) 高度質疑這個結果。

選舉委員會成員皆為總統人馬，反對黨質疑做票

第二高票候選人希奇雷馬的得票率為 47.63%，他指控開票過程有人做票、計票舞弊，並指責選舉委員會立場不公，更引人側目的是，選舉委員會的成員是由總統任命的。選舉結果一公布，民眾便發起遊行示威，數十名示威民眾遭到逮捕，反對黨要求選舉無效的訴求也遭法院駁回。

圖例：
- 省界
- 主要道路
- 2011年貧窮人口高於72%的地區
- 農業密集耕作區
- 工業區
- 銅礦開採區
- 石油運輸管

Carto n° 38, 2016 © Areion/Capri
資料來源：Atlas de L'Afrique, Les Éditions du Jaguar, 2011；
Banque mondiale, Mapping Subnational Poverty in Zambia, 2015

倫古曾經擔任過內政部長 (2011~2015 年)、國防部長和法務部長 (2013~2015 年)，他在 2015 年 1 月舉辦的總統選舉 (因在位總統薩塔 [Michael Sata] 辭世而提前舉行) 中，以 28,000 張票險勝希奇雷馬。直到 2016 年 9 月 13 日的總統就職典禮之前，倫古一直展現新政治強人的姿態，並以身為在任內辭世的總統薩塔的「接班人」自居。

倫古當選後積極鞏固政權，堵住一切批評詆毀的聲音，並關閉獨立派報紙《The Poste》，官方說法是該報逃漏稅。

銅礦出口占全國總出口 70%

政治情勢緊張的背後，經濟情況也告急。尚比亞 (2015 年人口 1,621 萬) 是一個「食租國」(rentier state) ❶，主要仰賴銅礦維生，銅礦占該國 70% 的出口，是最大宗的原物料。尚比亞是非洲第 2、全世界第 9 的銅礦生產國，2015 年因為國際銅礦需求量下降、銅價崩盤而受創甚鉅，以至於關閉許多銅礦開採區、遣散大量礦工。尚比亞 2015 年只生產了 60 萬噸銅，相對於 2014 年的 70 萬 8 千噸，前途堪憂。雖然該國極力發展鎳礦開採，卻仍堵不住經濟大洞。

這造成的後遺症諸如：官方錢幣夸加 (Kwacha) 幣值大貶、物價走高。2015 年 3 月至 2016 年同月的通貨膨脹率更高達 22%，全國 60% 人口生活在貧窮線以下，經濟大幅崩盤 (世界銀行公布，尚比亞 2000 年以來十多年間的平均經濟成長率是 10%，2015 年卻只有 3.2%)。國家財政赤字大增、外債高築，在財務分配政策上的失利，連帶引起悲劇性的結果：石油補給降低、基礎建設工程喊停、公務員薪水凍結……等等。

除此之外，倫古總統還要面對很多其他的困難，諸如：如何提升國家經濟、調解大選糾紛、團結國家，以及確保國家民主環境的穩定等等。

文 ● É. Janin

❶「食租國」指的是政府收入主要依靠外來財源而非稅收，外來財源比如石油或天然資源的收入、外援……等。

蘇丹達佛：嚴重違反國際公約的內戰之地

蘇丹西部達佛地區 (Darfur) 的血腥衝突從 2003 年持續至今，如今稍有減緩，但政府（包括主要由阿拉伯人組成的民兵）與反叛軍（包括被指責為親反叛軍的非阿拉伯族群）之間依舊對立，這不由得讓世人想起達佛地區 2003 年的種族屠殺事件，當時國際人道組織幾乎無法進入這塊區域。

在蘇丹，打仗也看季節，進攻交戰幾乎都趁 10 月到隔年 6 月間的旱季進行。2015~2016 年旱季，政府軍大舉進攻反叛軍最後一個規模最大、人口最多的據點——邁拉山 (Djebel Marra，參見右圖)。邁拉山位處達佛中心，屬於火山地形，國家軍隊在這裡漸漸攻破「蘇丹解放軍」(Sudan Liberation Army, SLA-AW)，這是由逃亡至巴黎的政治領導人阿卜杜勒‧瓦希德‧穆罕穆德‧努爾 (Abdel Wahid Mohamed Nur) 遠距離指揮的軍隊。「蘇丹解放軍」基本上都在富爾族人 (Fur) 中徵兵，富爾族人是達佛地區最大的民族，一向捍衛著這一區海拔超過 3 千公尺的山脈。

反叛軍分裂，導致達佛地區戰火擴大

除了「蘇丹解放軍」之外，達佛地區另外兩大反叛軍是：米尼‧阿庫‧米納維 (Minni Arku Minnawi) 領導的「蘇丹解放軍」支派 (SLA-MM)，以及易卜拉欣 (Djibril Ibrahim) 領導的「正義與平等運動」(The Justice and Equality Movement)，這兩支軍隊大多在札卡瓦族人 (Zaghawa) 中徵兵。札卡瓦族人是一個放牧兼種地的半游牧民族，活動範圍在查德和蘇丹邊境。戰爭初期，札卡瓦族戰士控制了達佛地區北邊一大部分，包括和查德以及利比亞的邊境，之後又挺進達佛地區東部，但隨著戰爭延長，東部地區因為缺乏可躲避政府軍轟炸的山脈，漸漸被棄守。札卡瓦族人從戰爭開始就採取機動的游擊戰策略，他們重視的不是控制地盤，而是在達佛區域外從事驚天動地的突襲，例如 2008 年「正義與平等運動」攻擊蘇丹首都喀土穆 (Khartoum)，並在 2011 年與 2014 年之間進攻南科爾多凡省 (South Kordofan)，但 2014 年 5 月被政府軍隊打敗，之後撤退至蘇丹南部重整軍力。

達佛地區反叛軍的活動，蔓延到蘇丹中部絕非偶然。2005 年蘇丹政府和以朱巴 (Juba) 為首府的南部反政府武裝組織「蘇丹人民解放運動」(SPLM) 簽署了全面和平協議，同意在 2011 年舉行南蘇丹獨立公投。2011 年 7 月南蘇丹共和國成立，這是相當關鍵的一年。然而，達佛地區的反叛軍被摒除在 2005 年的協議之外，甚至連「蘇丹人民解放運動」在蘇丹的北部分支（包括來自於南科爾多凡省以及藍尼羅河省 [Nil Bleu] 的戰士們），都無法和南部戰友兄弟享有同樣的權利。為比，「蘇丹人民解放運動」北部分支極為不滿，自行脫離組織，另組成「蘇丹人民解放運動北翼」(SPLM-North)，並決定於 2011 年 5 月在南科爾多凡省、9

月在藍尼羅河省，繼續攻戰，並且在 11 月與達佛地區的另外 3 個反叛武裝團體聯合，共組「蘇丹革命陣線」(Sudan Revolutionary Front)，使反叛活動升級到國家層面，「正義與平等運動」也趁機在科爾多凡省發動攻擊。自此，政府軍隊對達佛地區、藍尼羅河省、科爾多凡省三方，強力圍剿。

科爾多凡省、藍尼羅河省、達佛地區，這三個地區的戰役，模式大致相同：政府軍隊與反叛軍地面交鋒、日復一日的空襲、使用國際公約禁止的爆裂殺傷武器，造成村鎮被放火掠奪，犧牲百姓承受戰火暴力甚至驅離。

燒殺擄掠，法國成為蘇丹難民首選逃難國家

達佛地區面積 493,180 平方公里，大約和法國本土面積相當，占蘇丹國土的 1/3，人口約占蘇丹全國人口的 1/4（據聯合國統計，2015 年居民為 4,023 萬人）。大約 250 萬的達佛人口因為戰爭流離失所，30 萬人逃到查德 (2016 年 5 月數據)，另外還有許多人逃難到利比亞，並試圖逃到歐洲。2015 年，蘇丹人民是法國申請難民庇護的首要國家，約有 5,000 名之多。

達佛地區的武裝衝突對該地域的衝擊相當大，人道主義援助愈來愈減緩，和平可說遙遙無期。從 2013 年起，達佛地區的居民、叛亂軍，一窩蜂投入淘金行動，除了在本國尋找擁有珍貴黃金的地區，更擴大到查德、利比亞、尼日、阿爾及利亞等地。不僅如此，達佛地區的反叛軍、民兵，為了獲得戰績和提升武力，不惜跨國界加入鄰國的武裝衝突：2005~2009 年延伸到查德，2011 年以來延伸到利比亞，2012~2013 年在中非共和國，2013 年以來捲入南蘇丹內戰。

蘇丹一整個世代的年輕人投入戰爭，無法在家園裡立足生根過正常生活，達佛地區將持續是引起更多戰爭的火藥庫。而這個悲哀的命運，是整個國際社會漠視蘇丹國內局勢所造成的結果。

文 ● J. Tubiana

Madama

尼日

Sahel

奈及利亞

喀麥隆

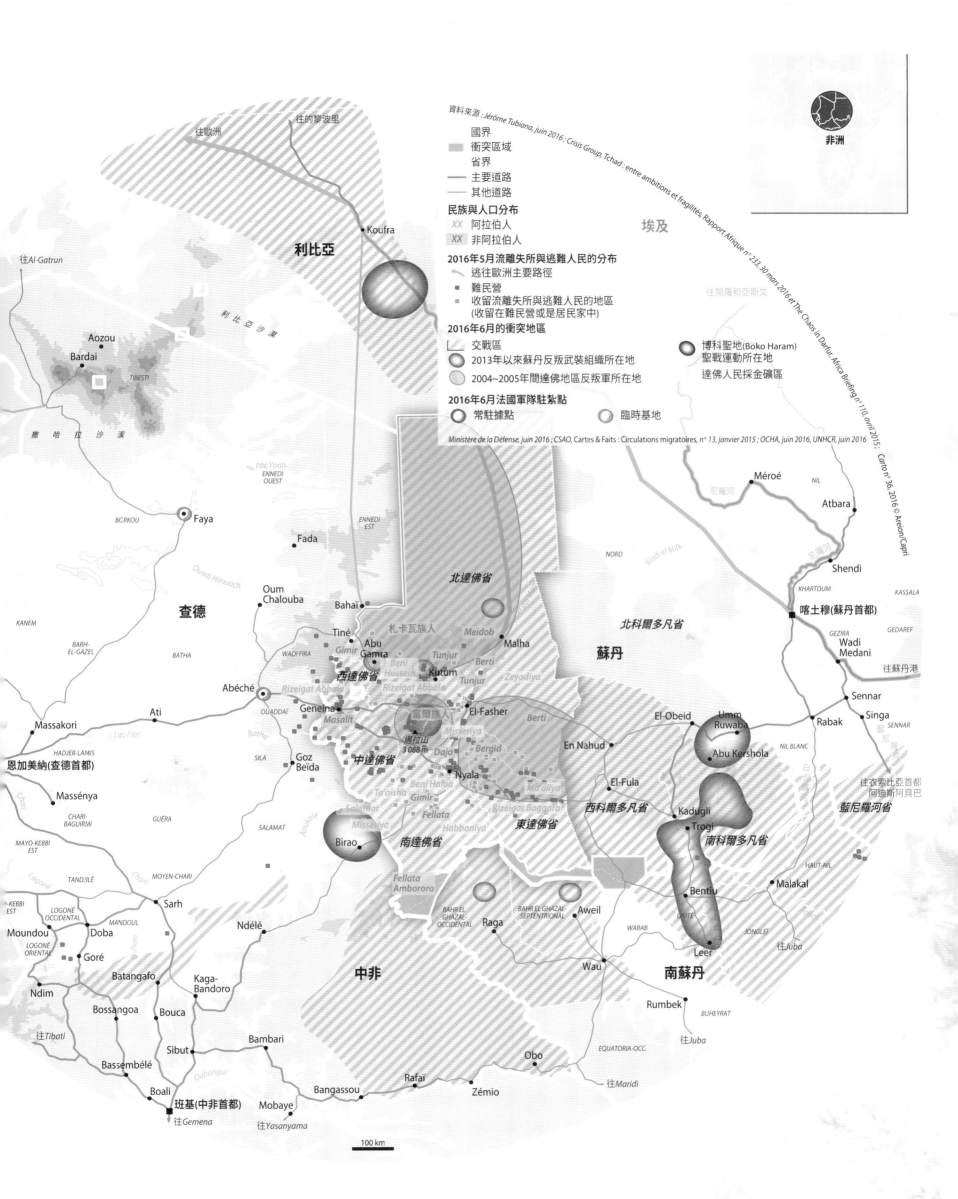

資料來源：Jérôme Tubiana, juin 2016；Crisis Group, Tchad : entre ambitions et fragilités, Rapport Afrique n° 233, 30 mars 2016 et The Chaos in Darfur, Africa Briefing n° 110, avril 2015；

非洲

國界
衝突區域
省界
—— 主要道路
—— 其他道路

民族與人口分布
XX 阿拉伯人
XX 非阿拉伯人

2016年5月流離失所與逃難人民的分布
逃往歐洲主要路徑
■ 難民營
■ 收留流離失所與逃難人民的地區
　（收留在難民營或是居民家中）

2016年6月的衝突地區
交戰區
2013年以來蘇丹反叛武裝組織所在地
2004~2005年間達佛地區反叛軍所在地

博科聖地(Boko Haram)
聖戰運動所在地
達佛人民採金礦區

2016年6月法國軍隊駐紮點
常駐據點　　　臨時基地

Ministère de la Défense, juin 2016；CSAO, Cartes & Faits : Circulations migratoires, n° 13, janvier 2015；OCHA, juin 2016, UNHCR, juin 2016；Carto n° 36, 2016 © Areion/Capri

往歐洲　　往的黎波里

往Al-Gatrun

利比亞

Koufra

Aozou
Bardai
TIBESTI

利比亞沙漠

撒哈拉沙漠

往開羅和亞斯文

埃及

尼羅河

Méroé NIL

Atbara

KANEM
Faya
BORKOU

Fada
ENNEDI OUEST
ENNEDI EST

Lac Yoan

NORD Wadi el Milk

Shendi

KHARTOUM
喀土穆(蘇丹首都)

GEZIRA GEDAREF
KASSALA

查德

Oum Chalouba
Bahaï
Tiné
Abu Gamra
Gimir
WADI FIRA
西達佛省
Beni Hussein
Rizeigat Abbala
Abéché
OUADDAÏ
Geneina
Masalit

北達佛省
札卡瓦族人
Meidob
Tunjur
Kutum
Tunjur
Berti
Zeyadiya
Malha

蘇丹
北科爾多凡省

Wadi Medani
往蘇丹港

Sennar
SENNAR
Singa

Massakori
Ati
Lac Fitri
BATHA
BARH-EL-GAZEL
HADJER-LAMIS
恩加美納(查德首都)

SILA
Goz Beïda
中達佛省
富爾族人
邁拉山
3 088 m
Masalit
Dajo
Nyala
Beni Halba
Ta'aisha
Gimir
Fellata
Habbaniya

El-Fasher
Berti
Bergid
Misseriya
Berti
Rizeigat Abbala
Rizeigat Baggara
Ma'aliya

El-Obeid
En Nahud
El-Fula
東達佛省
西科爾多凡省

Umm Ruwaba
Abu Kershola

Rabak
藍尼羅河

NIL BLANC

往衣索比亞首都
阿迪斯阿貝巴

藍尼羅河省

Massénya
CHARI-BAGUIRMI
GUÉRA
SALAMAT
Salamat
Misseriya
Birao
南達佛省
Fellata Ambororo

Kadugli
Trogi
南科爾多凡省

MAYO-KEBBI EST
Aoukolé

HAUT-NIL

Sarh
MOYEN-CHARI
Ndélé
BAHR EL GHAZAL-OCCIDENTAL
Raga
BAHR EL GHAZAL-SEPTENTRIONAL
Aweil
WARAB

Bentiu
UNITÉ
Malakal

LOGONE OCCIDENTAL
Doba
Moundou
LOGONE ORIENTAL
Goré
中非
Ndim
Batangafo
Bouca
Kaga-Bandoro
Wau
南蘇丹
Leer
JONGLEÏ
往Juba

Bossangoa
Sibut
Bambari
Obo
Rumbek
BUHEYRAT

往Tibati
Bassembélé
Boali
班基(中非首都)
往Gemena
Mobaye
往Yasanyama
Bangassou
Rafaï
Zémio
EQUATORIA-OCC.
往Maridi
往Juba

100 km

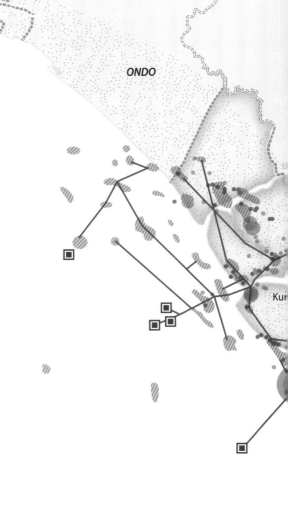

ONDO

Kur

尼日河三角洲：
激進組織炸毀油管，重創國庫收入

2016 年 2 月以來，武裝組織「尼日河三角洲復仇者」(NDA) 不停在奈及利亞東南部地區針對石油基礎工業發動攻擊，他們指責這些國際石油工業公司奪占奈及利亞的經濟命脈。奈及利亞是非洲最大原油生產國，這些持續的攻擊行動使得國庫收入大減，除此之外，原油工業也造成許多非法買賣與環境破壞的問題。

聖戰組織「博科聖地」(Boko Haram) 在奈及利亞北部的恐怖活動，搞得政府焦頭爛額，奈國南部也愈來愈動盪不安。奈及利亞南部是原油和天然氣儲藏區，掌控這一區，對聯邦政府當局、國際石油公司、當地武裝組織來說，都是首要任務。誰控制了這一區的石油工業，誰就能對中央政府施加壓力。「三角洲復仇者」武裝組織非常明白這一點，他們攻擊輸油管線，就是在對奈國總統布哈里 (Muhammadu Buhari，2015 上任) 下最後通牒。

「三角洲復仇者」叛亂動機：瓜分石油利益？

　　「三角洲復仇者」抗議外國石油公司掠奪奈及利亞石油財富，讓該區人民生活在貧困之中，明言要驅逐這些外來者。實際上，這場石油爭奪戰由來已久，「三角洲復仇者」其實最終是想和政府聯手瓜分大餅。這個國家貪汙舞弊、犯罪情況嚴重，國際政治分析專家指出，「三角洲復仇者」組成分子大多來自「尼日河三角洲解放運動」(Movement for the Emancipation of the Niger Delta, MEND)。「尼日河三角洲解放運動」叛軍活躍於 2000 年代，成員估計有 3 萬名，2009 年春季和奈及利亞國軍正面開戰，之後與政府達成協議，獲得大赦，由政府輔導進入私人保全單位就職，並可領取政府發放的生活津貼。然而，現任總統布哈里 (Muhammadu Buhari) 在 2018 年之後決定不再遵守協議，引起當年一些叛軍再度揭竿而起。

　　「三角洲復仇者」真正的政治企圖很難捉摸，他們高喊為「比亞法拉共和國」(Biafra) 獨立而戰，同時要求政府釋放 2015 年 10 月被捕的「比亞法拉原住民」獨立運動 (Indigenous People of Biafra, IPOB) 領導人卡努 (Nnamdi Kanu)。比亞法拉是奈及利亞東南方的一個區域，1967~1970 年間自行宣布獨立，引發了一場內戰。

非洲最大的石油產區，非法盜採嚴重

　　對奈及利亞乃至於整個非洲來說，尼日三角洲都是特殊的一塊地區。這裡擁有非洲大陸最大的石油儲量 (北非四國除外)，

根據英國石油公司 (British Petroleum) 估計，2015 年尼日三角洲石油儲量是 371 億桶，日產 230 萬桶。然而，石油產業受政治影響相當大，「尼日三角洲復仇者」的叛亂行動，使得奈國 2016 年 6 月的日產量降至 160 萬桶。奈及利亞的國家預算 70% 來自石油收益，低迷的原油價格讓聯邦政府一直密切注意尼日三角洲的一切風吹草動。

資料來源：oilspill.monitor.ng, juillet 2016 ; AFP, « Dans le delta du Niger, les rêves brisés nourrissent la rébellion », juin 2016 ; Christina Katsouris et Aaron Sayne, Nigeria's Criminal Crude: International Options to Combat the Export of Stolen Oil, Chatham House, septembre 2013 ; UNEP, Environmental Assessment of Ogoniland, 2011 ; The Petroleum Economist, World Energy Atlas, 2004

本圖利用OpenStreetMap製作

非洲

奈及利亞

尼日河三角洲

　　石油並未給尼日三角洲地區帶來財富與繁榮，反而帶來了災難。2015 年「世界衛生組織」估計，奈及利亞 1 億 8,220 萬人民平均壽命是 55 歲，然而尼日三角洲居民的平均壽命卻只有 40 歲。石油工業造成危害是主要的原因，受害的不僅是紅樹林、魚類等各種野生動植物，當地居民也罹患皮膚癌或鉛中毒。這不單是政府和私人企業等「官方」機構的錯，也是大量非法開採者的錯：奈及利亞的原油品質極佳，容易提煉，所以引來許多技術粗糙的非法開採者。

　　對當地經濟效益而言，開採石油的收益當然比種植作物、捕魚來得高。然而 2015 年，奈及利亞人均國民收入 (以購買力平價計算) 只有 5,991 美元，只比世界上最貧窮的國家之一宏都拉

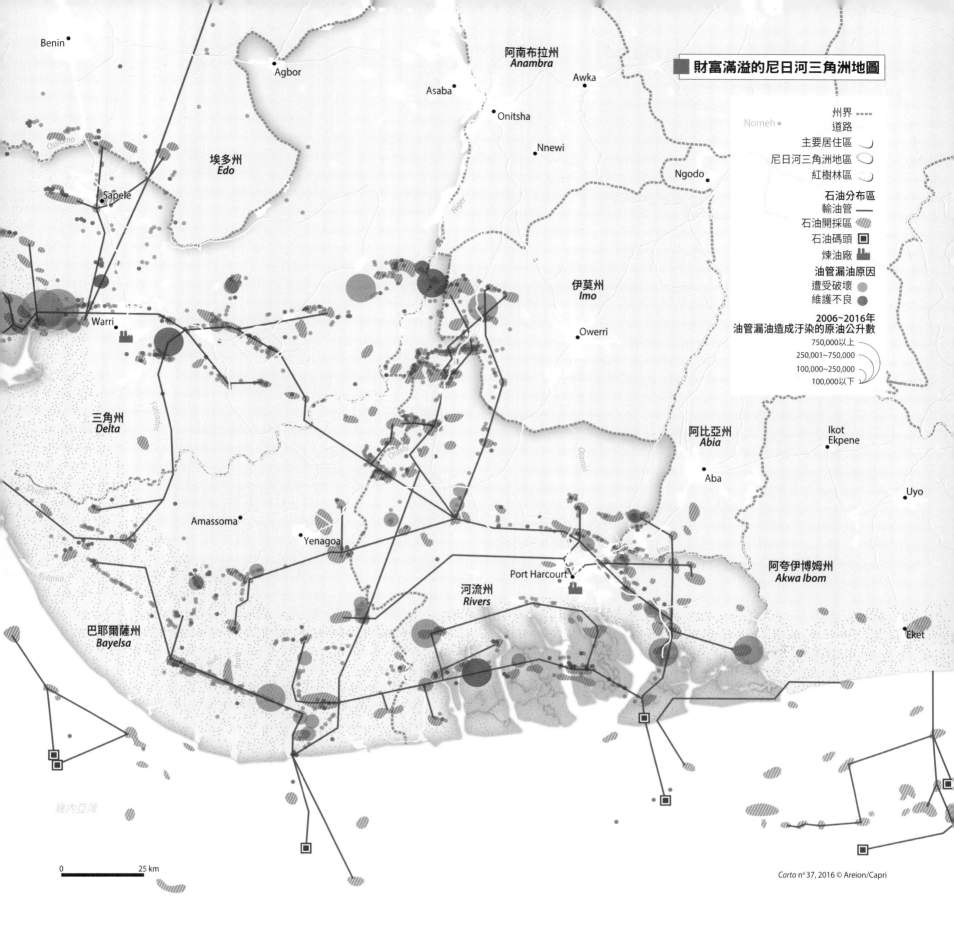

Carto n° 37, 2016 © Areion/Capri

斯 (5,084 美元) 高一點，而宏都拉斯連一滴石油儲量都沒有。

奈及利亞內憂不斷，油田整治毫無進展

　　2016 年 6 月，政府宣布斥資 10 億美元整治尼日三角洲，這對自 1950 年末期發現石油以來，環境不斷惡化的該區來說，似乎已經太遲。英國統治時期 (1890~1960 年)，尼日三角洲被視為是毫無經濟價值之地，因此缺乏開發、整治。就地理上來看，這個地區不只涵蓋今日沿海的三角州 (Delta)、巴耶爾薩州 (Bayelsa)、河流州 (Rivers)，還應加上內陸的阿夸伊博姆州 (Akwa Ibom)、埃多州 (Edo)、阿南布拉州 (Anambra)、伊莫州 (Imo) 和阿比亞州 (Abia) 等。這一未開發區範圍太過廣大，人員的交通運輸和物品運送便成了一大問題，石油營收本可以用來整治河流運輸，但很可惜沒有。

　　此外，這地區三大部族：猶魯巴族 (Yoruba)、豪沙族 (Peuls-Haoussas)、伊波族 (Igbo) 還因為政府的補助金問題而糾紛不斷。中央政府、聯邦政府以及私人企業的複雜結構、層層相疊，也造成管理運作上的困難，更遑論猖獗的貪腐陋習。尼日三角洲的鬥爭歷史由來已久，令人覬覦的石油更為此區衝突添上一筆，凡此種種，都阻礙了地區發展、導致衰退敗壞。

文 ● G. Fourmont

查德湖：
40年內爆減90%面積，注定消失？

地理教科書認定查德湖將日漸乾涸，慢慢消失。然而，現在下定論可能還太早，這片介於奈及利亞、尼日、查德與喀麥隆交界處的湖泊，對當地居民來說是經濟要地。聖戰組織「博科聖地」(Boko Haram) 造成的混亂，更加重這個地區的困難處境。

2001 年，兩位美國科學家預告了查德湖可能瀕臨消失[1]，1963~2001 年間「美國太空總署」(NASA) 拍攝到查德湖水位逐年下降的影像，更證實了這個預測。然而 18 年之後，查德湖並沒有消失，因此國際研究單位試圖釐清當年的迷思[2]，並試著規畫查德湖的未來。

湖水驟減主因：連年乾旱、人口激增用水過度

水位逐年下降的現象不容置疑：查德湖的面積從 1963 年的 25,000 平方公里，縮減到 2001 年 2,500 平方公里。這是 1970 和 1980 年代年雨量呈負距平[3]之下嚴重乾旱的結果。

查德湖主要靠起源於中非共和國山脈的查理河 (Chari river) 直接注入，這是湖水的主要來源，湖的北邊沒有水源注入，只靠降雨。1990~2000 年降雨量增加，使湖水水位略增，讓「小查德湖」得以擺脫原本「乾涸的小查德湖」的衰名。而查理河注水量年約 20 立方公里，這個水量足以應付每年農作灌溉所需的 2、3 立方公里，因此農作灌溉並不是查德湖面積縮小的罪魁禍首。

專家們一致認定急速增長的區域人口是水源不足的主要壓力。1980 年查德湖周邊居住了 70 萬人，30 年後激增至 200 萬人。根據估計，聚集在查德湖流域周邊的人口介於 3,000~4,600 萬人，2050 年預估將增加到 1.29 億。這些人口不僅需要民生用水，從事經濟活動也需要用水，尤其是兩個大都市：查德的首都恩加美納 (Ndjamena)，以及奈及利亞東北部的邁杜古里 (Maiduguri)。水源是否充足將大大影響周邊的自然環境和地區經濟。

潛藏的憂患：石油工業汙染、恐怖組織攻擊

當地居民賴以為生的漁業、農業、養殖業，都仰賴查德湖。湖水水位降低甚至有助於發展這些活動，尤其是南側湖泊水面平緩、漲潮地區較大，對農業種植大有幫助。在某些地區，例如查德的博爾市 (Bol) 周邊，開墾者成功控制湖水，開發了新的圍墾區。專家們認為，目前的農業開發對環境的影響並不大，因為這些開墾者基本上是小區域種植，幾乎不使用農藥。相反的，欣欣向榮的石油開發工業才令人憂心。查德的迪嘉馬雅 (Djarmaya) 石油精煉廠已經開始運作，位於首都恩加美納北方才 30 多公里，若發生意外，後果將不堪設想。此外，政府也必須正視因石油工業前來湖周邊找工作的外來者，可能引發和當地居民情勢緊張的問題。

查德湖還要面臨另外一個較短期的挑戰，那就是恐怖活動。事實上，「博科聖地」一直不斷攻擊查德湖上的小島居民，導致人口遷移（「博科聖地」2015 年 3 月起宣布效忠「伊斯蘭國」，正式更名為「伊斯蘭國西非省」）。查德湖區沼澤地多、植物豐盛，是恐怖組織成員躲避奈及利亞政府軍追擊的理想藏匿地，這裡雖然被標示為武裝衝突地區，但並不是「博科聖地」的主要活躍之地，然而以長期區域發展來看，這個隱憂不可不除。

解決方案：引剛果河注入，補給水源

2010 年恩加美納舉行「第 8 屆世界永續發展研討會」，會中談到「拯救查德湖」這項議題，與會專家們特別強調水源分配以及制訂節制用水規章的急迫性。

1964 年來成立的「查德湖流域委員會」(Lake Chad Basin Commission) 齊聚了查德湖周邊的各關係國，成員包括湖域周邊的四個國家，再加上中非共和國和利比亞，但每個國家都以本國利益為首，並沒有達成共識。對查德來說，查德湖位於中央位置，離首都和人口密集區很近；對奈及利亞來說，查德湖卻是在國界邊境區。「查德湖流域委員會」雖然起不了多大作用，但在 2015 年依然號召成員國遵守「赫爾辛基公約」(Helsinki Convention，主要內容為保護和使用跨界水道與國際湖泊)，以及重新考量引導剛果河 (Congo River) 經由烏班吉河 (Ubangi River) 注入查德湖的可能性。這個計畫從 1970 年代便引起廣泛探討，最主要的分歧點是計畫沒有善加考量當地居民的生產活動，而查德湖幾個世紀以來都是周邊居民賴以為生的寶庫。

文 ● G. Fourmont

[1] Michael.T and Jonathan A. Foley,《Human and natural impacts on the water resources of the Lake Chad Basin》, in Journal of Geophysical Research, vol.106, n D4, feburary 2001, p.3349-3356
[2] Gérqud Magrin , Jacques Lemoalle and Roland Pourtier(dir.), Atlas du lac Tchad, Editions/Passages, 2015.
[3] 距平是某一系列數值中的某一個數值與平均值的差，分正距平和負距平。

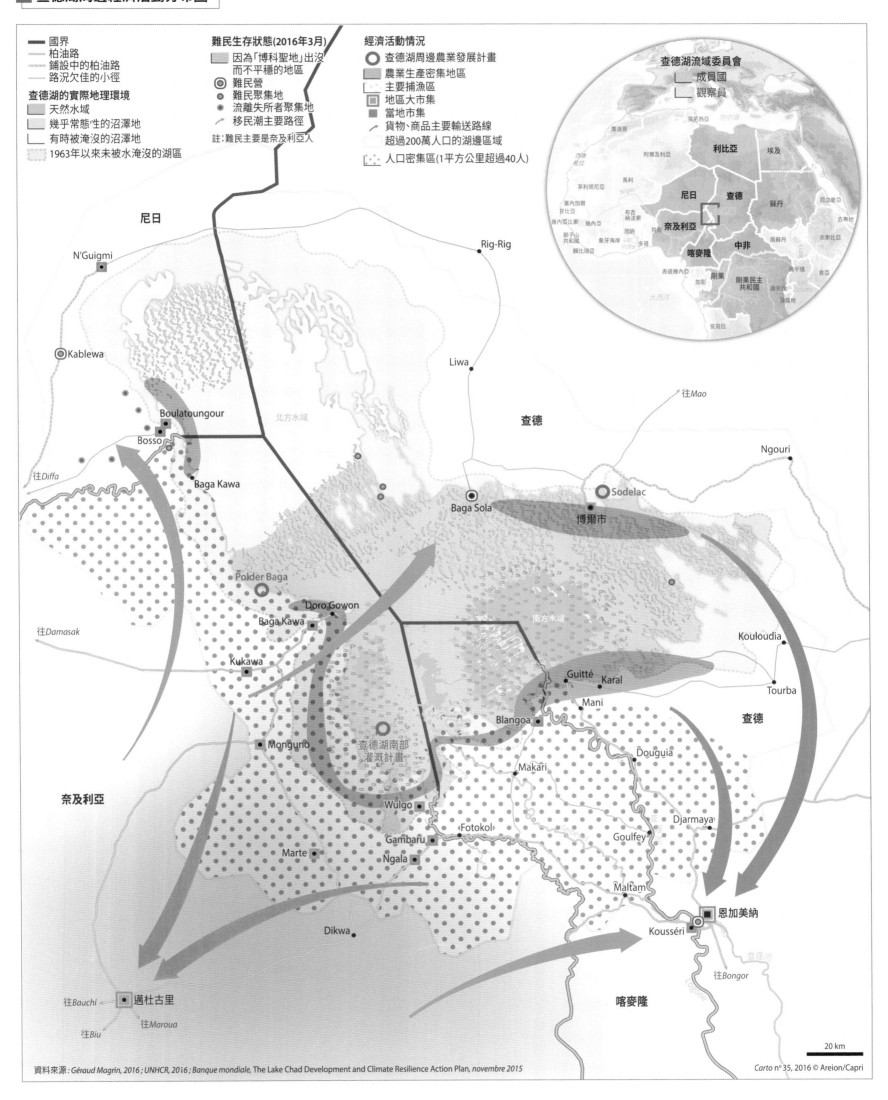

查德湖周邊經濟活動分布圖

圖例：

國界
柏油路
鋪設中的柏油路
路況欠佳的小徑

查德湖的實際地理環境
天然水域
幾乎常態性的沼澤地
有時被淹沒的沼澤地
1963年以來未被水淹沒的湖區

難民生存狀態(2016年3月)
因為「博科聖地」出沒而不平穩的地區
難民營
難民聚集地
流離失所者聚集地
移民潮主要路徑
註：難民主要是奈及利亞人

經濟活動情況
查德湖周邊農業發展計畫
農業生產密集地區
主要捕漁區
地區大市集
當地市集
貨物、商品主要輸送路線
超過200萬人口的湖邊區域
人口密集區(1平方公里超過40人)

查德湖流域委員會
成員國
觀察員

地名（地圖標註）：

尼日
N'Guigmi
Kablewa
Boulatoungour
Bosso
往Diffa
Baga Kawa
往Damasak
Polder Baga
Doro Gowon
Baga Kawa
Kukawa
Monguno
查德湖南部灌溉計畫
奈及利亞
Marte
Wulgo
Gambaru
Ngala
Dikwa
往Bauchi
邁杜古里
往Biu
往Maroua
Fotokol
Makari
Goulfey
Maltam
Kousséri
恩加美納
往Bongor
喀麥隆
查理河
Logone
Djarmaya
Dougia
Mani
Blangoa
Guitté
Karal
查德
Tourba
Kouloudia
Ngouri
往Mao
Liwa
Rig-Rig
北方水域
南方水域
Baga Sola
博爾市
Sodelac

小圖地名：
摩洛哥、阿爾及利亞、利比亞、埃及、茅利塔尼亞、馬利、尼日、查德、蘇丹、厄立垂亞、塞內加爾、甘比亞、布吉納法索、獅子山共和國、幾內亞、賴比瑞亞、象牙海岸、迦納、多哥、奈及利亞、喀麥隆、中非、南蘇丹、衣索比亞、吉布地、赤道幾內亞、加彭、剛果、剛果民主共和國、烏干達、肯亞、盧安達、蒲隆地、坦尚尼亞、安哥拉、地中海、Niger、大西洋、Lac Volta、Nil Bleu、Victoria湖

20 km

資料來源：Géraud Magrin, 2016 ; UNHCR, 2016 ; Banque mondiale, The Lake Chad Development and Climate Resilience Action Plan, novembre 2015

Carto nº 35, 2016 © Areion/Capri

漠南非洲：
透視全球最潛力無窮的內需市場

公共衛生危機、民主發展受挫、恐怖主義威脅、潛在軍事衝突，這是撒哈拉沙漠以南的非洲國家必須應付的種種挑戰，除此之外，還得面對全球原物料價格下跌的趨勢。這些現象或許會令投資者卻步，使這個在全球化經濟體系中尚未站穩腳步的區域遭遇阻礙，但是看看這片大地，是多麼富饒又潛力無窮啊！

2016 年 1 月 14 日，世界衛生組織 (WHO) 宣布，自2013 年 12 月以來，肆虐幾內亞、賴比瑞亞、獅子山等地的伊波拉病毒疫情結束，但不代表病毒從此消失。這

場流行病不但造成生命的浩劫 (28,637 人確診、11,315 人死亡)，更重創整個西非，各國的經濟弱點與瘡疤都隨著疫病的爆發而袒露於陽光下。根據世界銀行較樂觀的估算，上述三個疫區國家

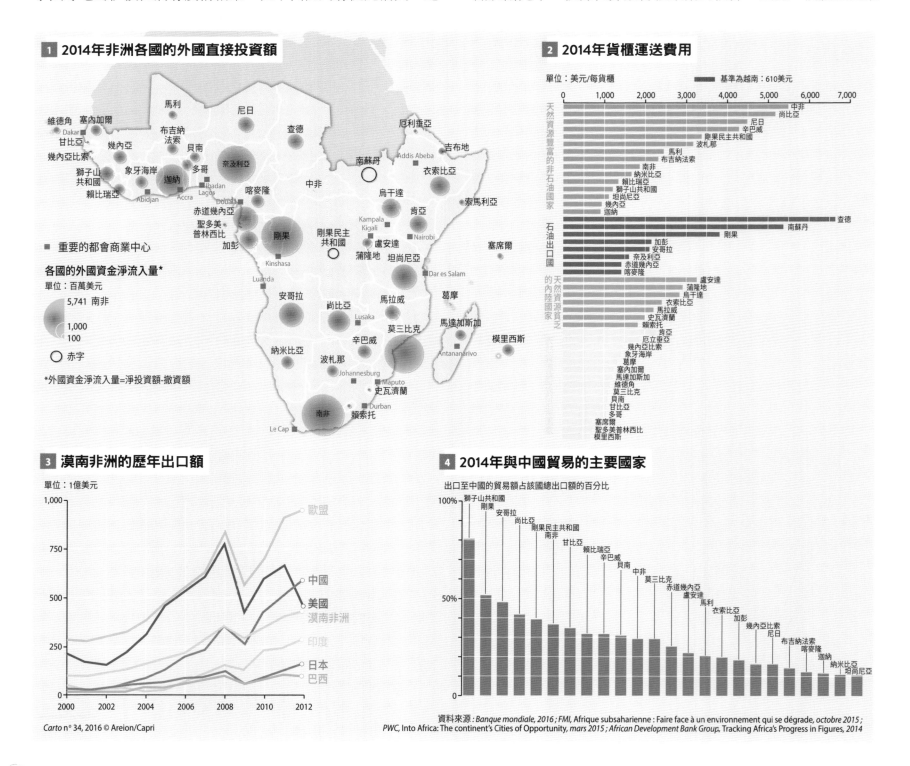

1 2014年非洲各國的外國直接投資額

■ 重要的都會商業中心

各國的外國資金淨流入量*
單位：百萬美元
5,741 南非
1,000
100
○ 赤字

*外國資金淨流入量=淨投資額-撤資額

2 2014年貨櫃運送費用

單位：美元/每貨櫃　　基準為越南：610美元
0　1,000　2,000　3,000　4,000　5,000　6,000　7,000

3 漠南非洲的歷年出口額

單位：1億美元

歐盟
中國
美國
漠南非洲
印度
日本
巴西

Carto n° 34, 2016 © Areion/Capri

4 2014年與中國貿易的主要國家

出口至中國的貿易額占該國總出口額的百分比

資料來源 : *Banque mondiale, 2016* ; FMI, *Afrique subsaharienne : Faire face à un environnement qui se dégrade, octobre 2015* ; PWC, *Into Africa: The continent's Cities of Opportunity, mars 2015* ; African Development Bank Group, *Tracking Africa's Progress in Figures, 2014*

因伊波拉病毒造成的經濟損失，於 2014 年高達 22 億美元，2015 年損失的國內生產毛額則達 16 億美元。與此同時，世衛組織於 1 月 15 日再度發布新病例出現之警訊。

伊波拉病毒、多次武裝衝突，重創投資市場

在各國努力以公衛措施控制疫情之餘，防疫的另一則隱憂是病毒可能蔓延到整個西非。礦業公司感到憂心忡忡，開始撤離疫區人員、緊縮投資。大多數西非國家也開始加強邊境的人員管制及物品流通，使得區域經濟活動更加不便。

影響投資的不確定因素並不只有伊波拉病毒 (參見圖 5)。2012 年，非洲武裝衝突的次數，創下 1945 年來的新高，剛果民主共和國有「M23」(March 23 Movement，即 3 月 23 日運動) 的叛亂、南蘇丹內戰情勢緊張，馬利也發生內戰。2013 年開始，中非共和國和奈及利亞的軍隊更再度與西非的恐怖組織「博科聖地」爆發衝突。另一方面，跨境恐怖攻擊的比例也愈來愈高，2016 年 1 月 15 日發生在布吉納法索首都瓦加杜古 (Ouagadougou) 的攻擊事件即是一例。

非洲內需市場爆發，內部貿易額翻倍

儘管如此，撒哈拉沙漠以南非洲國家 (按：以下簡稱漠南非洲) 的經濟吸引力還是很強。2000~2012 年間，非洲的年出口額從 1,480 億美元增加到 6,410 億；接近 2010 年時，更出現兩股明顯趨勢：一是新興國家 (中國、印度、古巴) 跨國企業挹注非洲的比例愈來愈高，二是非洲各大區域經濟體的投資策略漸漸轉為對內投資。

2014 年，西非的經濟成長率為 6%，東非則為 7%。同年，漠南非洲國家的外國直接投資 (FDI) 保持在 540 億美元的水準 (參見圖 1)，全球 FDI 總額則減少了 16%。由於伊波拉病毒流行、大宗物資價格下跌、治安惡化等因素，2014 年西非地區的外國直接投資額較 2013 年少了 10%(128 億美元)。非洲南部地區獲得的投資額為 108 億美元，其中半數挹注於南非。至於東非地區則增加了 11%，達到 68 億美元。然而，2015 年漠南非洲出現外國直接投資額銳減的現象 (減少 31.4%)，金額僅 380 億美元。

根據非洲發展銀行的資料，2005~2012 年非洲內部的貿易額從 620 億美元上升到 1,470 億。這些貿易額半數來自南部非洲開發共同體 (Southern African Development Community)，其中又以南非最為活躍。內部貿易額成長，代表內需市場正在成形：2014 年非洲的中產階級人口估計有 3 億 6 千萬人，預估到了 2060 年將達到 11 億人，可謂潛力無窮。不過，並非所有人都

5 漠南非洲的經濟狀況示意圖

國際貨幣基金組織認定的低收入及經濟脆弱國家/地區 (石油出口國不計入)

2014年的實質GDP成長率
- 7.4~10.3%(衣索比亞)
- 5~7.3%
- 2.5~4.9%
- 2.5%以下
- 負成長
- 無資料

◎ 2015年發生動亂或情勢高度緊張的國家
◉ 2015年爆發流行病的國家 (伊波拉病毒及霍亂)

資料來源：FMI, Afrique subsaharienne : Faire face à un environnement qui se dégrade, octobre 2015 ; Rédaction de Carto, 2016　Carto n° 34, 2016 © Areion/Capri

能享受到經濟成長的好處，因為目前產業不夠多元，初級原料的出口貿易又建立在食租型 (rentier) 的經濟模式上，使整個非洲的社會不平等狀態仍舊非常嚴重。

非洲的貧窮人口比例，已由 1990 年的 56% 降至 2012 年的 43%，但是人口數也增加了，從 1990 年的 2 億 8 千萬人上升到 2012 年的 3 億 3 千萬人，以致在人口成長與都市擴張的雙重壓力下，經濟的成長效益被日益增加的人口所稀釋。

加速規劃基礎建設，與亞洲競爭紡織、食品產業

衣索比亞等國為了讓產業更加多元，努力吸引製造業進駐，首都阿迪斯阿貝巴就立志成為紡織業重鎮，展臂歡迎中國和歐洲品牌 (如瑞典 H&M) 在當地設立工廠。2025 年之前，衣索比亞政府計畫每年投入 10 億美元，打造專屬的紡織及農業食品產業園區。這些產品固然以外銷為導向，但也會進入當地市場，幫助鞏固區域經濟體，進而強化對抗全球經濟波動的能力。

不過，若要維持吸引力，非洲在職業教育及物流、能源等基礎建設上還需要下更多工夫。畢竟與亞洲相比，非洲的競爭力提升得太慢。根據國際貨幣基金組織 (IMF) 的數據，就 2014 年而言，從漠南非洲國家送出的貨櫃，平均運送成本為每個 2,200 美元，而從越南送出的貨櫃則只要 610 美元 (參見圖 2)。

文 ● Ressler

走私象牙：
中、泰、港、台名列前4大走私國

大象的生存危機眾所皆知，但世人看到數據後才驚覺若是不採取行動，這種厚皮動物 (pachyderme) 很快就會滅絕。2016 年 9 月 1 日，世界保育大會 (Congrès mondial de la nature) 在夏威夷展開為期 10 天的研討會，對大象生態發出警報。在 2007~2014 年間，非洲大象的數量銳減 30%，情況令人憂心。

2014 年非洲大象的數量為 352,271 頭[1]，與過去紀錄的 50 萬頭左右相距甚遠，若與 1970 年代的數量 (近 150 萬頭) 及歐洲殖民勢力入侵之前的數量相比 (超過 2 千萬頭)，差距更是驚人。新的數據耗費兩年時間，以飛機和直升機低空飛行清點；由於在森林中活動的大象較難觀察 (數量約有 10 萬頭)，所以調查對象以生活在熱帶草原上的大象為主。調查的誤差範圍應該很小，執行「大象普查」(Great Elephant Census) 的科學家認為，在 18 個非洲國家中，他們清點到的大象個體已達整體數量的 90%。

大象的地理分布並不平均，波札那、坦尚尼亞、辛巴威三國就占了 3/4 的數量 (參見圖 2)，各地數量多半在減少，只有少數例外：肯亞、尚比亞和辛巴威數量相當穩定，布吉納法索甚至略有增加。

盜獵是大象日漸稀少的主因。為了珍貴的象牙，全世界的走私犯都窮追不捨。從 1970、80 年代開始，盜獵象牙的情形明顯惡化，1989 年，「瀕危野生動植物種國際貿易公約組織」(CITES) 宣布禁止一切「白色黃金」的貿易行為。然而禁令之下還有許多例外，該組織分別於 1999 年及 2008 年允許非洲象牙銷往亞洲，包括中國。這是一個錯誤的決定，因為從此中國買主和走私販子的胃口愈養愈大。此外，法國也曾允許進口象牙古董 (1947 年前)，為假古董大開方便之門。

台灣：全球第 4 大象牙走私國

經濟快速發展中的中國，向來對象牙情有獨鍾，表面上是為了宣稱象牙具有的藥性，其實對中國尤其是攀升中的中產階級而言，擁有大象獠牙做成的裝飾品是一種財富象徵。

在 1989~2011 年間，中國查獲的走私象牙共有 33,816 噸之多，創下驚人紀錄。在這串悲傷的「得獎名單」上列名的都是亞洲國家：前十名分別為泰國 (17,580 噸)、香港 (16,982 噸)、台灣 (15,116 噸)、越南 (11,048 噸)、菲律賓 (8,771 噸)、日本 (7,092 噸)、馬來西亞 (7,017 噸)、新加坡 (6,606 噸) 和印度 (5,561 噸) 等 (參見圖 1)。

黑市中，1 公斤象牙價值近 1,000 歐元，成了商人的搖錢樹。在大象棲息地，走私者與負責保護動物的管理員，打起一場真正的高科技戰爭。對許多非洲國家而言，保護大象的成本變得非常昂貴，所以有些政府樂於將大象售出，例如辛巴威便在 2015 年將大象賣給阿拉伯聯合大公國。法國原本也有意買下這些大象，但是在一些非政府組織的壓力下放棄了。

肯亞焚毀 105 噸象牙，仍無法阻止大規模走私

許多非政府組織致力於讓各界了解大象的處境，他們強調唯有承諾打擊盜獵，採取措施徹底懲罰象牙買賣的國家，才可能真正保護大象，象群的復育也才有希望。2016 年 4 月 30 日，肯亞政府邀媒體見證 105 噸象牙的焚毀，不過這手段還不夠強硬。波札那的查緝手段向來以嚴厲聞名，卻出現象群在獵捕之下逃往鄰國的狀況。在錢潮洶湧的象牙市場上，焚燒幾次象牙或偶爾短暫禁止進口，仍然無法阻止中國這個最大的買家。

亞洲象會不會是問題的解藥？這很難說。一方面是因為亞洲象的數量不多 (約 5 萬頭)，而且牠們的生存和非洲一樣受到都市化與農業活動的威脅。另一方面，人們獵捕亞洲象並非為了象牙 (只有

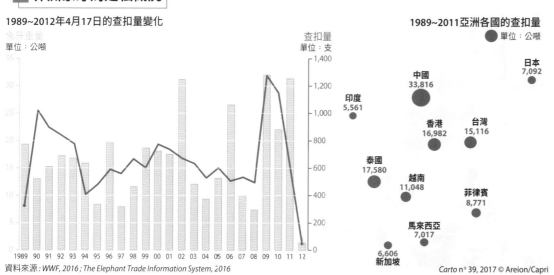

1 非洲象牙的走私概況

1989~2012年4月17日的查扣量變化

象牙重量
單位：公噸

查扣量
單位：支

1,400
1,200
1,000
800
600
400
200
0

1989 90 91 92 93 94 95 96 97 98 99 00 01 02 03 04 05 06 07 08 09 10 11 12

資料來源：WWF, 2016 ; The Elephant Trade Information System, 2016

1989~2011亞洲各國的查扣量
● 單位：公噸

日本
7,092

印度
5,561

中國
33,816

香港
16,982

台灣
15,116

泰國
17,580

越南
11,048

菲律賓
8,771

馬來西亞
7,017

6,606
新加坡

Carto n° 39, 2017 © Areion/Capri

[1] 參見大象普查 (Great Elephant Census) 網站：http://ele-phant-atlas.org/home

公象有)，而是為了役使牠們，尤其是協助伐木工作，這些伐木行為基本上是違法的。

人們畏懼大象這種龐大生物的力量，又欽佩牠的智慧，印度甚至發展出某些宗教崇拜(印度教的象神[Ganesh]便有一個象頭)。

按照目前的消失速度，非洲大象的數量每年會減少8%，在人類的唯利是圖之下，牠們恐怕無法長期存活下去。

文 ● G. Fourmont

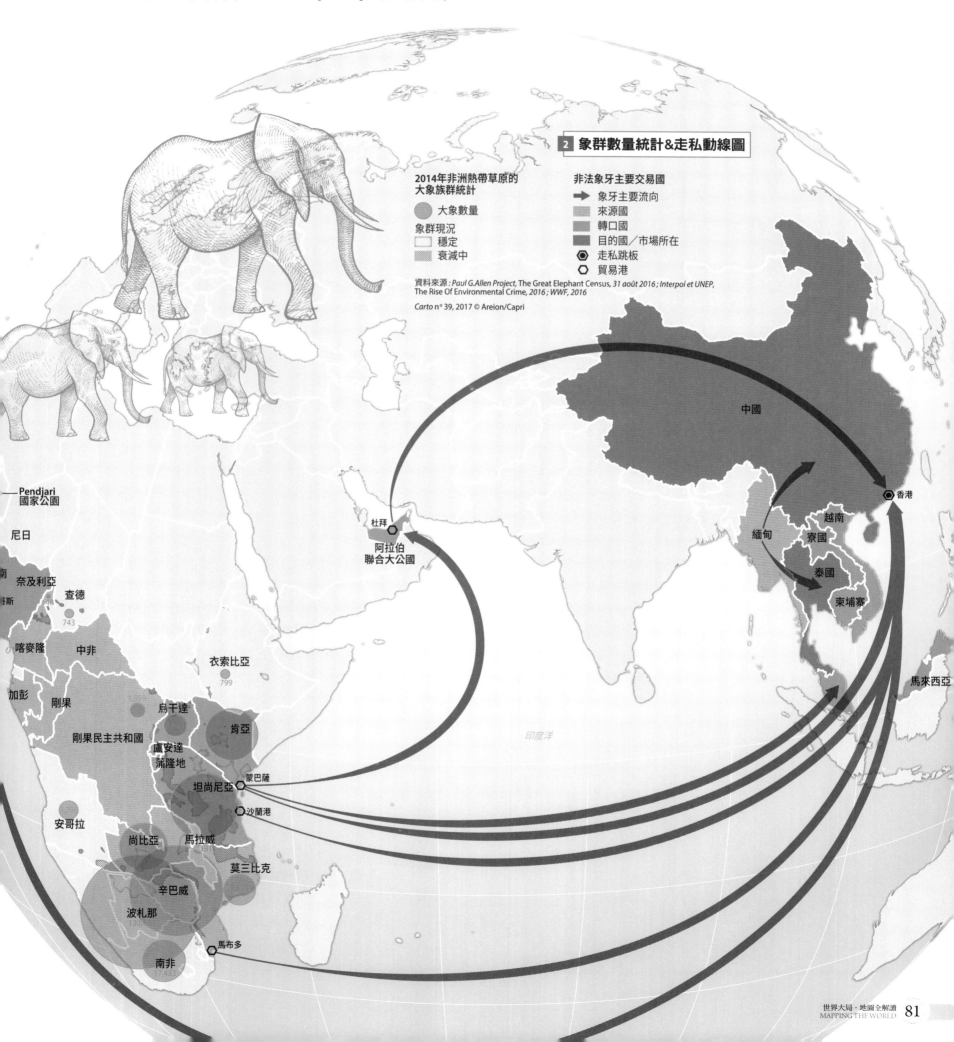

2 象群數量統計&走私動線圖

2014年非洲熱帶草原的
大象族群統計
- 大象數量
象群現況
- 穩定
- 衰減中

非法象牙主要交易國
- ➤ 象牙主要流向
- 來源國
- 轉口國
- 目的國／市場所在
- ◎ 走私跳板
- ○ 貿易港

資料來源：*Paul G.Allen Project, The Great Elephant Census, 31 août 2016 ; Interpol et UNEP, The Rise Of Environmental Crime, 2016 ; WWF, 2016*

Carto n° 39, 2017 © Areion/Capri

Pendjari 國家公園

尼日

奈及利亞

查德

743

喀麥隆

中非

衣索比亞

799

加彭

剛果

烏干達

剛果民主共和國

盧安達 蒲隆地

1359

肯亞

蒙巴薩

坦尚尼亞

沙蘭港

安哥拉

尚比亞

馬拉威

莫三比克

辛巴威

波札那

馬布多

南非

印度洋

杜拜

阿拉伯聯合大公國

中國

香港

緬甸

越南

寮國

泰國

柬埔寨

馬來西亞

中、日西進非洲：
各懷鬼胎，兩國在打什麼政治算盤？

2009 年以來，中國成為非洲最大的經濟夥伴。北京政府在非洲的投資項目不斷增加，2017 年更選擇在吉布地 (Djibouti) 建立第一個海外軍事基地（參見圖1）。非洲市場競爭激烈，各國搶著攻城掠地，中國企業須得應付當地人的敵意與新競爭對手的壓力。

2015 年 12 月 4 日，中非合作論壇在南非約翰尼斯堡召開，中國在會中宣布，2016 年起對非金援將增加兩倍，提高到 600 億美元。這項承諾將中非經貿關係帶到新高點：雙方貿易額在 2000 年僅有 100 億美元，2015 年時已達到 3,000 億美元。

中國「非洲政策」的 3 階段布局

中國的非洲政策分為三個時期，每個時期各有其策略性目標。第一個時期從 1950 年代開始，當時中國共產黨把援助非洲發展當作一種軟實力，用來和台灣競爭，以獲取外交盟友的支持，鞏固中國在聯合國安理會的地位。第二個時期則為 1990 年代的改革開放，中國共產黨當時在評估中國企業進軍的地點，選擇了非洲作為新的市場。2000 年之後屬於第三個時期，這個時期中國的原物料需求增加，以鋁土 (bauxite) 為例，2010 年中國 90% 的鋁土是由非洲所供應。

觀察中國在非洲經濟活動的地理分布可以發現，自 2000 年代初期以來，中資的影響力主要集中在中非。2014 年中國在中非的投資額，相當於區域生產毛額的 21%，在東非和南部非洲則約 13%[1]。相對的，中國對西非和北非的投資額始終很低。中國著眼的是擁有豐富自然資源的國家，非洲自然資源的輸出目的地大部分是中國，比如：木材類占比為 54%、石油占 21%、礦物和金屬占 42%。

中國投資白象工程，不顧民主、環境規範

不過，中國進軍非洲最重要的斬獲，是取得基礎建設案，尤其是鐵路及公路工程計畫。1980 年代以來，國際投資人愈來愈少參與這類標案，認為這類工程是「白象工程」(éléphant blanc)，成本高又不能為當地帶來實質的經濟和社會效益。中國企業便乘隙長驅而入，推銷自己的合作模式：非洲國家可以信用貸款的方式融資，工程由中國企業執行，相對的，非洲國家要將原料出口到中國以償還貸款。這種「一籃子」式的承包方案，讓中國成為非洲的頭號金主。此外，中國能輕而易舉拿下標案的另一個原因，是中國不會在合約中要求對方遵守民主原則或環境規範，這和西方國家與組織的做法大相逕庭。

日本前進非洲的潛在動機：成為安理會常任理事國

隨著中國的影響力愈來愈大，非洲對中國和中國人的仇恨心理也日益加深。2013 年迦納就有數千名中國淘金者被驅逐出境，他們被指控非法開採金礦，以及用大規模開採的手法，擠壓迦納人的生存空間。

中國必須處理的糾紛也愈來愈多。在此情勢下，中共當局除了設法保護國民，還得向非洲人證明中國人眼中不是只有商業利益。中國開始向幾個駐非國際部隊提供軍力，例如支援聯合國駐馬利多元穩定任務部隊 (MINUSMA)。至於中國的第一個海外軍事基地則預定於 2017 年在吉布地成立 (2017 年 8 月 1 日正

1 中國金融外交及軍事外交概況

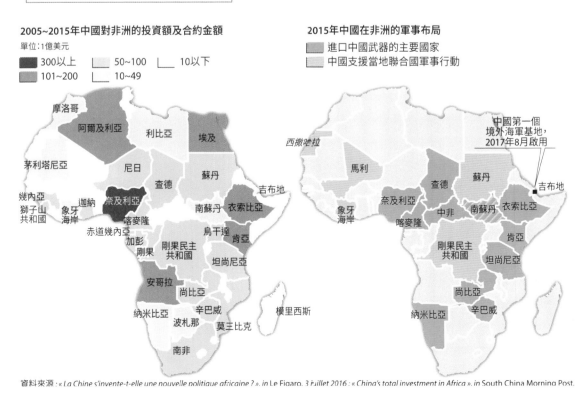

2005~2015年中國對非洲的投資額及合約金額
單位：1億美元
■ 300以上　■ 50~100　□ 10以下
■ 101~200　□ 10~49

摩洛哥、阿爾及利亞、利比亞、埃及、茅利塔尼亞、尼日、查德、蘇丹、吉布地、幾內亞、獅子山共和國、迦納、象牙海岸、赤道幾內亞、加彭、剛果、奈及利亞、喀麥隆、南蘇丹、衣索比亞、烏干達、肯亞、剛果民主共和國、坦尚尼亞、安哥拉、尚比亞、納米比亞、辛巴威、模里西斯、波札那、莫三比克、南非

2015年中國在非洲的軍事布局
■ 進口中國武器的主要國家
□ 中國支援當地聯合國軍事行動

西撒哈拉、馬利、查德、蘇丹、象牙海岸、奈及利亞、中非、南蘇丹、衣索比亞、中國第一個境外海軍基地，2017年8月啟用、喀麥隆、肯亞、剛果民主共和國、坦尚尼亞、尚比亞、納米比亞、辛巴威、吉布地

資料來源：« La Chine s'invente-t-elle une nouvelle politique africaine ? », in Le Figaro, 3 juillet 2016 ; « China's total investment in Africa », in South China Morning Post.

資料來源：french.hanban.org ; China Statistical Yearbook 2015 ; « China's total investment in Africa », in South China Morning Post, 7 décembre 2015 ; David Bénazéraf, « Soft power chinois en Afrique », Asie Visions n° 71, IFRI, septembre 2014 ; Yoon Jung Park, « Chinese Migration in Africa », Occasional Paper n° 24, janvier 2009, SAIIA

Carto n° 38, 2016 © Areion/Capri

0　　　600 km

西撒哈拉

Rabat
Casablanca
摩洛哥
Sfax
突尼西亞
阿爾及利亞
利比亞
Suez
Le Caire
埃及

茅利塔尼亞
馬利
尼日
查德
蘇丹
Khartoum
厄利垂亞
Massaoua
Asmara
Mekelle
吉布地
Djibouti

Dakar
塞內加爾
甘比亞
幾內亞比索
幾內亞
獅子山共和國
Freetown
Monrovia
賴比瑞亞
Bamako
布吉納法索
迦納
貝南
多哥
Lomé
Accra
Tema
Abidjan
Porto-Novo
Lagos
奈及利亞
Awka
Calabar
喀麥隆
象牙海岸
Kribi
赤道幾內亞
Malabo
Libreville
Yaoundé
加彭
剛果
Brazzaville
剛果民主共和國

Addis Abeba
Awassa
衣索比亞
Ogaden

Juba
烏干達
Kampala
Kasese
RWANDA
Kigali
蒲隆地
Bujumbura
坦尚尼亞
Dodoma
Eldoret
Nakuru
Kisumu
肯亞
Nairobi
Lamu
Mombasa
Zanzibar
Dar es-Salaam
索馬利亞
塞席爾

非洲各國內的中國籍人口數
2003~2008，單位千人

400
(南非)
100　50　10　1

Luanda
安哥拉
Lobito
Njombe
Mtwara
尚比亞
Lusaka
馬拉威
Lilongwe
葛摩

納米比亞
波札那
辛巴威
Harare
Beira
莫三比克
Toamasina
Antananarivo
馬達加斯加

Walvis Bay
Windhoek
Gaborone
Pretoria
Johannesburg
史瓦濟蘭
Maputo
賴索托
南非
Durban

Le Cap
Stellenbosch
Grahamstown

模里西斯

法屬留尼旺島

式啟用）。同時，中國向南蘇丹提議擔任調停的角色，為敵對雙方（南蘇丹及蘇丹）安排和談事宜，並開始與蘇丹保持距離。除了軍事上的布局，中國在文化及人道行動方面也有所規劃，包括興建學校、醫院及孔子學院等（參見圖2）。

上述策略的目的，是為了確保中資能在非洲長期發展，因為隨著新投資者的出現，非洲市場這塊大餅的爭奪戰也愈來愈激烈。例如2016年8月於肯亞首都奈洛比舉行的「東京非洲發展國際會議」(Tokyo International Conference on African Development) 上，日本承諾將提供非洲100億美元的金援，直到2018年為止[2]。此論壇為日本主辦之高峰會議。此外，日本政府還曾提議，在聯合國安理會為非洲國家增加一個席次。日本正是希望藉由非洲經濟夥伴的力量，向各國際機構施壓，以期有朝一日能成為安理會的常任理事國。中國自然極力反對此一主張。

文 ● N. Ressler

中國的文化外交地點
2014年中國媒體駐點
2016年孔子學院所在地
開設課程　●　開設學院
2015年基礎建設發展情形
已完工或　建造中的
建造中的鐵路　天然氣輸氣管
中資入股的港區

❶ Jean-Raphaël Chaponnière, 《L'empreinte chinoise en Afrique》, in Revue d'économie financière, n°116, 2015/4, p.195-211.
❷ Yun Sun, « Rising Sino-Japanese competition in Africa », Africa in Focus, Brookings, 2016.8.31.

中亞 p.108
中、俄、伊朗掀21世紀能源戰

中國 p.86
政府聯手私部門，買下歐盟重點企業

習近平的足球夢 p.88
玩的不是足球，是權術

中國糧食進口 p.94
嚴重依賴美洲，暴露戰略弱點

印度—巴基斯坦 p.96
雙邊合作關係反覆無常

印度—孟加拉 p.98
用一紙協議，結束40餘年的飛地爭奪戰

ASIA OCEANIA

亞洲及大洋洲篇

北韓 p.100
金正恩究竟在玩什麼把戲？

南韓 p.99
如何靠文化軟實力站穩世界舞台？

南海 p.90
美國重返亞洲的第一戰略地

西沙、南沙群島 p.92
中、台、越的主權爭奪戰

菲律賓 p.104
狂人執政，一個頭兩個大的新興市場

大湄公河 p.102
中、日新經濟戰場

巴布亞紐幾內亞 p.106
為何天然氣產出翻倍，卻始終貧窮？

中國：政府聯手私部門，買下歐盟重點企業

2016 年 2 月，中國化工集團以 394 億歐元買下全球農藥及種子大廠瑞士先正達公司 (Syngenta)，
創下中國企業在海外投資的新紀錄，更展現出中國前進歐洲的野心 (參見圖 1)。
細看歐盟成員國，就會發現這些國家從 2014 年起即是中華人民共和國
最大的商業夥伴。

2014 年，中國與歐洲國家的貿易額達到 4,670 億歐
元。近年來，兩地的經貿依賴程度愈來愈深：
歐盟商品貿易總額中，美國的占比從 2002 年的 24% 降至 2014
年 15%，同期中國的占比卻增加了一倍，從 7% 上升到 14%。
不過歐洲各國之間亦有明顯的差距，例如德國對中國的出口額
是將近法國的 4 倍。

中國 FDI 巨幅增長，年平均成長率達 49.9%

自從 1978 年鄧小平 (任期 1978~1989 年) 喊出「讓一部分人
先富起來」的口號，中國上下便戮力打入國際市場，尤其是家
電、紡織、玩具及電子用品業。2001 年，中國成為世界貿易組
織 (WTO) 第 143 個會員國，此後與其他國家的貿易往來便快速
成長：僅 2001 年，中國的貿易總額便躍升至 5,096 億美元之多。
而 2015 上半年，貿易總額就已達到 3 兆 2,300 億美元。中國經
濟起飛的原因之一，在於許多以歐美為出口對象的跨國企業為
了降低生產成本，在短短幾年內紛紛將生產基地移至中國，確
立其「世界工廠」的地位。

據美國智庫經濟政策研究院 (Economic Policy Institute) 估算，
美國產業界在 2001~2013 年間減少的工作機會達到 320 萬個。
其中光是製造業就減少了 240 萬個職缺。歐盟也出現類似的衰
退趨勢，但程度較輕微。歐元區幾個大國從 2001 年或 2002 年
起 (指西班牙、德國及義大利)，都出現產業界用人需求縮減的情形。
2001~2014 年間，法國產業界的雇用人數減少了 1/4(2001 年為
410 萬人，2014 年降為 310 萬人)。

金融方面，中國加入 WTO 後，立即受到外國投資人的關
注。2001~2010 年間，中國的外國直接投資 (FDI) 成長率，年平
均值為 49.9%。

歐盟維護經貿合作，對中國人權問題噤聲

歐盟內部的勢力版圖已經徹底重寫了。2000 年，中國在歐
盟國家的投資幾乎為零，至 2014 年卻高達 140 億歐元。2008
年的金融風暴是中國加速投資腳步的重要分水嶺。2012 年，中
國對歐洲的投資首次超越歐洲企業在中國的投資。在此之前，
中國企業較關注非洲、亞洲和南美市場 (自然資源導向)，但是歐
元區陷入金融危機後，許多企業資產以低價釋出，吸引大量中
國投資者的目光 (參見圖 2)。許多重大交易於焉產生，例如 2014

1 中國對歐洲的投資數據統計圖

中國在歐洲的投資金額
(2006~2015 年)*
單位：百萬美元

歐盟成員國

31,240 (英國)
15,000
10,000
5,000
1,000
250

愛爾蘭　挪威
英國　瑞典
荷蘭
比利時　德國
盧森堡　波蘭
葡萄牙
西班牙　奧地利
法國　瑞士
義大利
匈牙利
保加利亞
馬爾他
希臘

*僅計算投資項目，不含進行中合約。不含中國對巴爾幹半島國家、
賽普勒斯、克羅埃西亞、丹麥、愛沙尼亞、芬蘭、拉脫維亞、立陶
宛、羅馬尼亞、斯洛伐克及斯洛維尼亞的投資。

資料來源：The American Enterprise Institute et The Heritage Foundation, China Global Investment Tracker, 2016　Carto n°34, 2016 © Areion/Capri

年 12 月中資共生集團 (Symbiose) 買下法國土魯斯布拉尼亞克機場 (aéroport Toulouse-Blagnac) 49.9% 的股權，2015 年 2 月復星國際收購法國度假村品牌地中海俱樂部 (Club Méditerranée)，同年 3 月中國化工集團買下義大利輪胎廠倍耐力 (Pirelli)。這些只是其中一部分而已。2013 年，中國在法國的投資額為 43 億歐元。中國對歐投資項目中，法國占了 15%，中國企業 (含香港) 在法國設立子公司多達 200 間，雇用員工超過 2 萬人。

不過，投資歐洲的不僅限於私人資金。2015 年 9 月 28 日北京舉行的第五屆「中歐經貿高層對話」會議中，馬凱 (中國國務院副總理) 宣布中國將投資歐盟執委會所推動的歐洲投資計畫 (plan d'investissement pour l'Europe)。

中資如此積極掌控歐洲的基礎建設及資產，是出於國家領導人習近平 (2012 年 11 月就任) 的政策方針，目的為強化對西歐的政治影響力。國家要求企業「走出去」，亦即攻下新的市場。2008~2013 年間，中國 78% 的歐洲投資都出自國有企業，可見這種經貿策略實為北京政府展現軟實力的方式。

雖然歐洲與中國接連舉行高峰會議來加強對話，但雙方密切的經濟合作與薄弱的政治關係卻形成強烈的對比。歐盟為維護雙方合作關係，不願與中國對立，各成員國之間亦未能達成共識，因此對中國內部叢生的社會問題 (言論審查、貪汙、少數民族人權等) 選擇不予置評，這也動搖了歐盟的外交信譽。

文 ● N. Rouiaï

中國在歐洲的主要投資產業

- 能源
- 運輸
- 金融
- 不動產
- 化學
- 科技

中國

太平洋

2　中國在全球經濟市場的地位

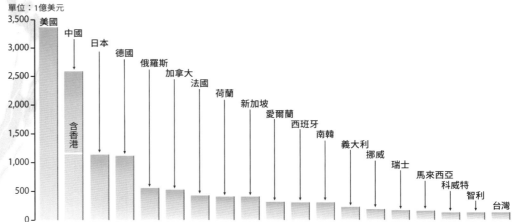

2014年全球外國直接投資主要出資國
單位：1億美元

2014年中國在歐洲的主要經濟夥伴
依經濟價值計算

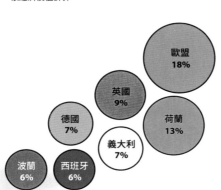

- 歐盟 18%
- 英國 9%
- 荷蘭 13%
- 德國 7%
- 義大利 7%
- 波蘭 6%
- 西班牙 6%

2002~2014年歐盟的主要經濟夥伴
各國占歐盟商品貿易總額之百分比(依經濟價值計算)

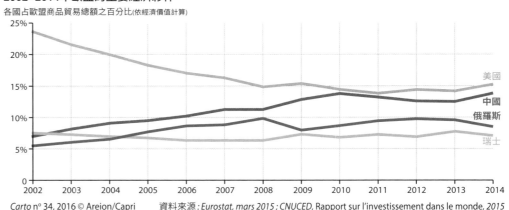

美國
中國
俄羅斯
瑞士

Carto n° 34, 2016 © Areion/Capri　資料來源：Eurostat, mars 2015 ; CNUCED, Rapport sur l'investissement dans le monde, 2015

習近平的足球夢：玩的不是足球，是權術

自 2013 年起，中國國家主席習近平大力提倡足球，中國開始針對這項深受大眾喜愛的運動研擬一套戰略計畫。政府看得很清楚：這顆球除了能創造可觀的收益，還能成為展現軟實力的武器，讓中國在全世界發光發熱。

根據尼爾森運動 (Nielsen Sports) 的調查❶，中國人對足球的好感與日俱增：2016 年，16~59 歲之間的都市人口有 31% 表示喜愛足球，在各種運動項目中排名第 5，緊接在籃球 (40%)、桌球 (37%)、羽球 (36%) 和游泳 (34%) 之後。細看這五項運動發展的趨勢，會發現相當有趣的現象：前三名熱度持平，甚至有點衰退，足球卻在 3 年內大幅躍升，註冊球員將近 400 萬人。

習近平本身也是足球迷，他嗅到了足球熱背後的商機。2014 年 10 月，北京政府提出一套大型戰略計畫，要在 2025 年之前將足球打造成一項獲利 5 兆人民幣、合約 6,800 億歐元的運動產業；足球產業在 2015 年的收益為 4 千億人民幣（合 530 億歐元）。中國足球協會表示，他們的目標是在 2050 年前將中國建設為「超級足球大國」，由此可見北京想主辦 2030 年世界盃的野心。

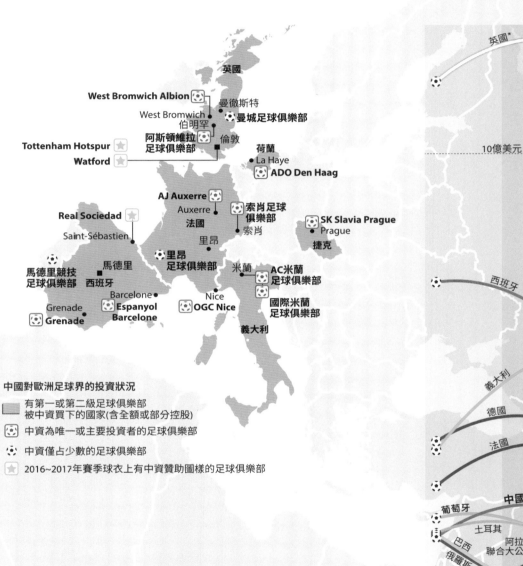

球員轉讓市場上花錢最兇的前12個國家(2014年及2015年)

自第一級足球俱樂部購買球員的累計金額，單位:百萬美元

中國對歐洲足球界的投資狀況

- 有第一或第二級足球俱樂部被中資買下的國家(含全額或部分控股)
- ⚽ 中資為唯一或主要投資者的足球俱樂部
- 中資僅占少數的足球俱樂部
- ★ 2016~2017年賽季球衣上有中資贊助圖樣的足球俱樂部

*英國不只有一個聯賽，而是每個政治實體(英格蘭、蘇格蘭、愛爾蘭、威爾士等等)各有一個聯賽。

10 大富豪出資炒熱聯賽，打造全民瘋足球熱潮

想要成為足球大國，得要有優秀的球員，才能確保地區聯賽的水準、吸引球迷的目光，並團結起來支持某個明星球員或球隊，就像歐洲足球一樣。中國足協為此在 2016 年 4 月宣布一項宏大的計畫，要在 2030 年之前於全國各地興建足球場，讓平均每 1 萬人即有一個足球場可使用，以盡快解決缺乏場地的窘境。新的訓練中心也在興建中，而國家男子隊和女子隊分別要達成一定的目標：男子隊必須在 2016 年晉升國際足球總會 (FIFA) 世界排名第 83 名，女子隊則必須晉升為第 13 名。另一方面，

政府也將足球納入學校體育課程，期望提高青少年對足球的興趣，進而投入足球界。2014 年 11 月起全國學校都已照章執行。

至於戰略計畫所需的資金，則由大型中資跨國企業奧援，如阿里巴巴、萬達集團、佳兆業集團等，畢竟過去中國政府曾為這些私人企業的投資提供了不少方便。因此，中國 10 大富豪都各自買下一個地區聯賽的俱樂部，並出資設置各種體育基礎設施。這些億萬富翁大多是為了和當權者建立良好關係，意在打造形象，而非獲利。他們深不可測的財富成為政府最有力的臂膀，幫助中國打開足球市場的大門、站上國際競爭舞台。

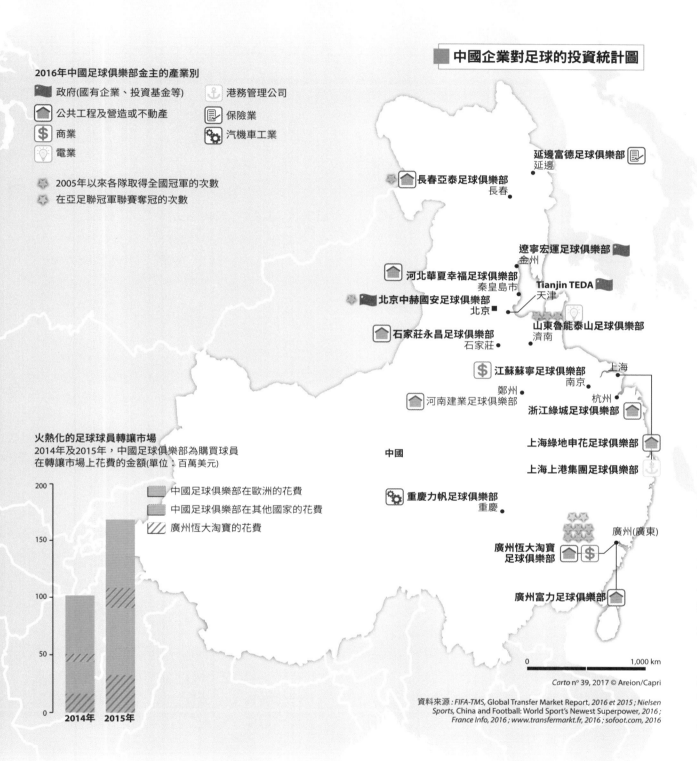

中國企業對足球的投資統計圖

2016年中國足球俱樂部金主的產業別

🇨🇳 政府(國有企業、投資基金等)　⚓ 港務管理公司
🏠 公共工程及營造或不動產　　　　📋 保險業
$ 商業　　　　　　　　　　　　　⚙ 汽機車工業
💡 電業

⭐ 2005年以來各隊取得全國冠軍的次數
⭐ 在亞足聯冠軍聯賽奪冠的次數

火熱化的足球球員轉讓市場
2014年及2015年，中國足球俱樂部為購買球員
在轉讓市場上花費的金額(單位：百萬美元)

▨ 中國足球俱樂部在歐洲的花費
▢ 中國足球俱樂部在其他國家的花費
▨ 廣州恆大淘寶的花費

200
150
100
50
0
2014年　2015年

延邊富德足球俱樂部 延邊
長春亞泰足球俱樂部 長春
遼寧宏運足球俱樂部 金州
河北華夏幸福足球俱樂部 秦皇島市
Tianjin TEDA 天津
北京中赫國安足球俱樂部 北京
石家莊永昌足球俱樂部 石家莊
山東魯能泰山足球俱樂部 濟南
江蘇蘇寧足球俱樂部 南京
河南建業足球俱樂部 鄭州
上海
浙江綠城足球俱樂部 杭州
上海綠地申花足球俱樂部
上海上港集團足球俱樂部
中國
重慶力帆足球俱樂部 重慶
廣州恆大淘寶足球俱樂部
廣州(廣東)
廣州富力足球俱樂部

0　　　　1,000 km

Carto n° 39, 2017 © Areion/Capri

資料來源：FIFA-TMS, Global Transfer Market Report, 2016 et 2015；Nielsen Sports, China and Football: World Sport's Newest Superpower, 2016；France Info, 2016；www.transfermarkt.fr, 2016；sofoot.com, 2016

樂部 (Atlético Madrid) 的傑克遜·馬丁內斯 (Jackson Martínez)，現屬廣東省的廣州恆大淘寶；羅馬足球俱樂部 (AS Roma) 的熱爾維尼奧 (Gervinho)，現屬秦皇島市的河北華夏幸福；切爾西足球俱樂部 (Chelsea) 的拉米雷斯 (Ramires)，現屬南京市的江蘇蘇寧，以及國際米蘭足球俱樂部 (Inter Milan) 的弗雷迪·瓜林 (Fredy Guarín)，現屬上海綠地申花。這些球員交易案顯示中國俱樂部既願意花大錢招募明星球員，給予的酬勞也很優渥。例如前法甲巴黎聖傑曼隊 (Paris Saint-Germain) 的左邊鋒 (ailier gauche) 埃茲奎爾·拉維齊 (Ezequiel Lavezzi)，就以年薪 1,400 萬歐元加盟河北華夏幸福俱樂部，之前法國給他的薪水遠不及此，才 650 萬歐元 (巴黎聖傑曼隊的背後金主是卡達的主權基金)。

但中國的野心不只如此。2014 年以來，中資大量投入歐洲足球市場，義大利足球俱樂部如 AC 米蘭 (Milan AC) 或國際米蘭都受中資掌控，馬德里競技則有 20% 的股權握在萬達集團手上。一些法國俱樂部如里昂 (Olympique lyonnais)、英國俱樂部如曼城 (Manchester City)、阿斯頓維拉 (Aston Villa) 都接受中國投資，有的足球俱樂部甚至 100% 由中資控股，如索肖足球俱樂部 (FC Sochaux-Montbéliard)。只有德國球隊由於法規較為嚴格而未受影響，不過，這樣的情況還能維持多久呢？

文 ● D. Amsellem

卡達甘拜下風，中資稱霸歐洲足球市場

招募在歐洲頂尖隊伍效力過的知名球員，也是讓中國足球聯賽更有看頭的方法。根據 FIFA 球員轉讓系統 (TMS) 的資料，中國足球俱樂部的支出在 2014 年至 2015 年間增加了 61.9%，從 1 億 400 萬美元提高到 1 億 6,800 萬元。2016 年初的冬季轉會期 (mercato hivernal，又稱冬轉窗口)，中國超級聯賽各俱樂部共花費 2 億 5,890 萬歐元，比英超各球隊的總花費 2 億 4,730 萬歐元還高。藉由這些交易，中超俱樂部聘請到馬德里競技足球俱

❶ Nielsen Sports, *China and Football: World Sport's Newest Superpower*, 2016.

南海：
美國重返亞洲的第一戰略地

南海自古以來即是多種文化與文明的交會地，也是全球重要的商業樞紐。南海及周邊海峽連結了東亞與歐洲、中東和美洲，其戰略意義與蘊藏的資源引來各國覬覦、滋生糾紛、動搖區域和平，而這個和平是建立在各方的商業算盤之上。

南海是世界上最重要的「海上十字路口」，東南亞國家靠著這塊海域出口貨物、取得原料供應（尤其是中東的石油與天然氣）。自 1960 年代起，東南亞各國經濟起飛，這一帶也成為首屈一指的商業熱區。身處中國與印度兩大文明匯聚之地，南海沿岸有伊斯蘭教國家，如印尼、馬來西亞；也有佛教國家，如越南、泰國、柬埔寨；以及天主教國家，如菲律賓。

上述條件使東南亞成為葡、荷、西、法、英等強權爭奪之地，除了泰國之外，所有地區都曾為列強的殖民地。雖然後殖民時期的動亂及冷戰阻礙了東南亞的發展，但這些國家都在 1970 年代以前，紛紛加入全球化的行列。為因應全球化，東南亞國協 (ASEAN) 於 1967 年成立，成員國包括緬甸、汶萊、柬埔寨、印尼、寮國、馬來西亞、菲律賓、新加坡、泰國與越南。這個組織兼具政治、經濟與文化性質，除了緬甸與寮國以外，其他成員都濱臨南海。

麻六甲海峽：全球貿易航道的心臟

亞洲四小龍（南韓、香港、新加坡、台灣）和五小虎（印尼、馬來西亞、菲律賓、泰國、越南）的經濟起飛都與南海有關。在麻六甲海峽上（參見右圖），每天有近 1,500 萬桶石油經過，每年有 6~8 萬艘貨船穿梭其間。海峽總長 800 公里，船隻從南海經由這道海峽再穿越印尼群島，即可往來太平洋及印度洋。這是世界上第二大能源運輸通道，僅次於伊朗的荷莫茲海峽 (Ormuz)，也是重要國際貿易航道的心臟，因為麻六甲海峽可銜接主要港口，例如上海就是世界貨櫃運輸大港，2014 年的吞吐量高達 3,529 萬個標準貨櫃 (TEU)。

這個區域因為往來船舶繁忙、滿載財貨，成為海盜垂涎之地。因此，2004 年大部分東南亞國家及日本、印度等國共同簽署了「亞洲反海盜及武裝搶劫船隻區域合作協定」(ReCAAP，The Regional Cooperation Agreement on Combating Piracy and Armed Robbery against ships in Asia)，海盜問題雖有改善，但無法杜絕。

中國主張南海為其「歷史水域」

南海及其航道引來全世界的覬覦，成為紛爭的淵藪。中國對麻六甲海峽的依賴讓北京政府格外關注這個區域。此外，南海還蘊藏了大量石油、天然氣、礦產及漁業資源。越戰 (1955~1975 年) 結束後，美國撤軍，蘇聯又在 1991 年解體，南海的戰略布局正好出現缺口，中國便趁此機會，不斷設法讓南海局勢朝利於自己的方向發展。北京政府從 1994 年起便屢屢阻礙越南鑽採油井。

中國認為依照歷史文獻，幾乎整個南海海域都應歸其所有，無視於周邊國家與南海緊鄰的地理關係及專屬經濟海域 (EEZ)，像是與越南爭奪西沙群島主權，與菲律賓及馬來西亞爭奪南沙群島。2010 年以來，這些散落在海上的零星小島成為危及區域和平的爭議焦點。2014 年，北京政府開始在南沙群島建造一些人工島，把珊瑚礁改造成空軍基地或軍港。

歐巴馬重返亞洲，再掀南海政治角力

同時，馬來西亞也在東南亞與通往波斯灣的入口之間部署海軍及經濟設施，以宣示其主權。美國政府不願讓中國主導這個區域的戰略布局，因此中國對馬來西亞的反擊必須顧慮華府的動向，而與中國發生主權糾紛的國家也期盼獲得美國軍事力量的庇護，這讓華府的立場更加堅定。

自 2011 年底，歐巴馬總統宣布重返亞洲後，美國勢力便步步進逼，例如推動跨太平洋夥伴協定 (TPP)，與亞太地區國家（包括越南、馬來西亞、新加坡）簽署自由貿易協定等。不過中國也沒閒著，開始串聯自己的利益網絡，提出一套野心勃勃的計畫，打算發展新的海上絲路，並於 2014 年成立亞洲基礎建設投資銀行 (Asian Infrastructure Investment Bank)，企圖成為亞太地區無可取代的金融支柱。

文 ● T. Hurel

南海資源與航道分布圖

- ⟍ 有主權爭議的海域
- ⟍ 有海盜出沒的海域
- ■ 運輸原物料及消費性商品的航道
- ◯ 樞紐港(hub)
- ■ 蘊藏石油礦脈的海域
- ■ 蘊藏天然氣礦脈的海域

- ⌐ 東協成員國

2014年各大港口貨櫃總運輸量
單位：百萬個標準貨櫃單位*
3 10 20 35.29 (上海)
◯ 其它港口
*1標準貨櫃單位(TEU)相當於一個20呎標準貨櫃。

海洋深度
單位：公尺
0
500
2,000
4,000
6,000

資料來源: Paul Tourret, L'Asie du Sud-Est : Carrefour maritime et terre d'émergence, ISEMAR, Note de synthèse n°178, mars 2016 ; « La Chine, puissance maritime », MAPPE, Ateliers Henry Dougier, 2016 ; www.icc-ccs.org, avril 2016 ; L'Atlas économique de la mer, hors-série Le Marin, 2015 ; Didier Ortolland et Jean-Pierre Pirat, Atlas géopolitique des espaces maritimes, Technip, 2010

Carto n° 35, 2016 © Areion/Capri

黃海
日本
往中國(天津)
往南韓(釜山)
往日本
東海
上海
寧波
釣魚臺列嶼
中國
台北
基隆
廈門
台灣
高雄
廣州
深圳
香港
Nanning
Zhanjiang
河內
Haiphong
Golfe du Tonkin
寮國
永珍
西沙群島
Luçon
菲律賓海
泰國
Da Nang
馬尼拉
Mindoro
東埔寨
越南
Îles Calamian
菲律賓
Samar
金邊
曼谷 Laem Chabang
胡志明市
南海
Palawan
Cebu
Surigao
Golfe de Thailande
Sihanoukville
南沙群島
Mer de Sulu
Cagayan de Oro
Zamboanga
Mindanao
Davao
往波斯灣國家及歐洲
Kota Baharu
Sabah
Sandakan
汶萊
斯里巴加灣市
麻六甲海峽
Penang
馬來西亞
Tawau
Mer de Célèbes
吉隆坡
Kuantan
巴生市
柔佛
Belawan
Tanjung Pelepas 新加坡
Mer des Natuna
Bintulu
馬來西亞
Manado
Padang
Singkawang
Bornéo
Gorontalo
Détroit de Macassar
Palu
Mer des Moluques
Sumatra
Pontianak
印尼
Samarinda
Moluques
Palembang
Banjarmasin
印度洋
Celèbes
Sula
Buru
Céram
往波斯灣國家及歐洲
Tanjungkarang
Mer de Java
Macassar
200 km
雅加達
Bandung Semarang Surabaya
Mer de Banda
Yogyakarta Malang Bali
Flores
Dili
東帝汶

西沙與南沙群島：
中、台、越的主權爭奪戰

2013 年，菲律賓將南海爭議交付國際仲裁，2016 年 7 月，海牙常設仲裁法院裁決菲律賓勝訴，
認為中國對南海主張「固有疆域」欠缺「法律依據」。然而一紙仲裁無法平定紛爭，
在南海，領土爭奪的背後交織著政治、經濟與地緣戰略利益。

1 **各國在南海的勢力劃分圖(2016年10月)**

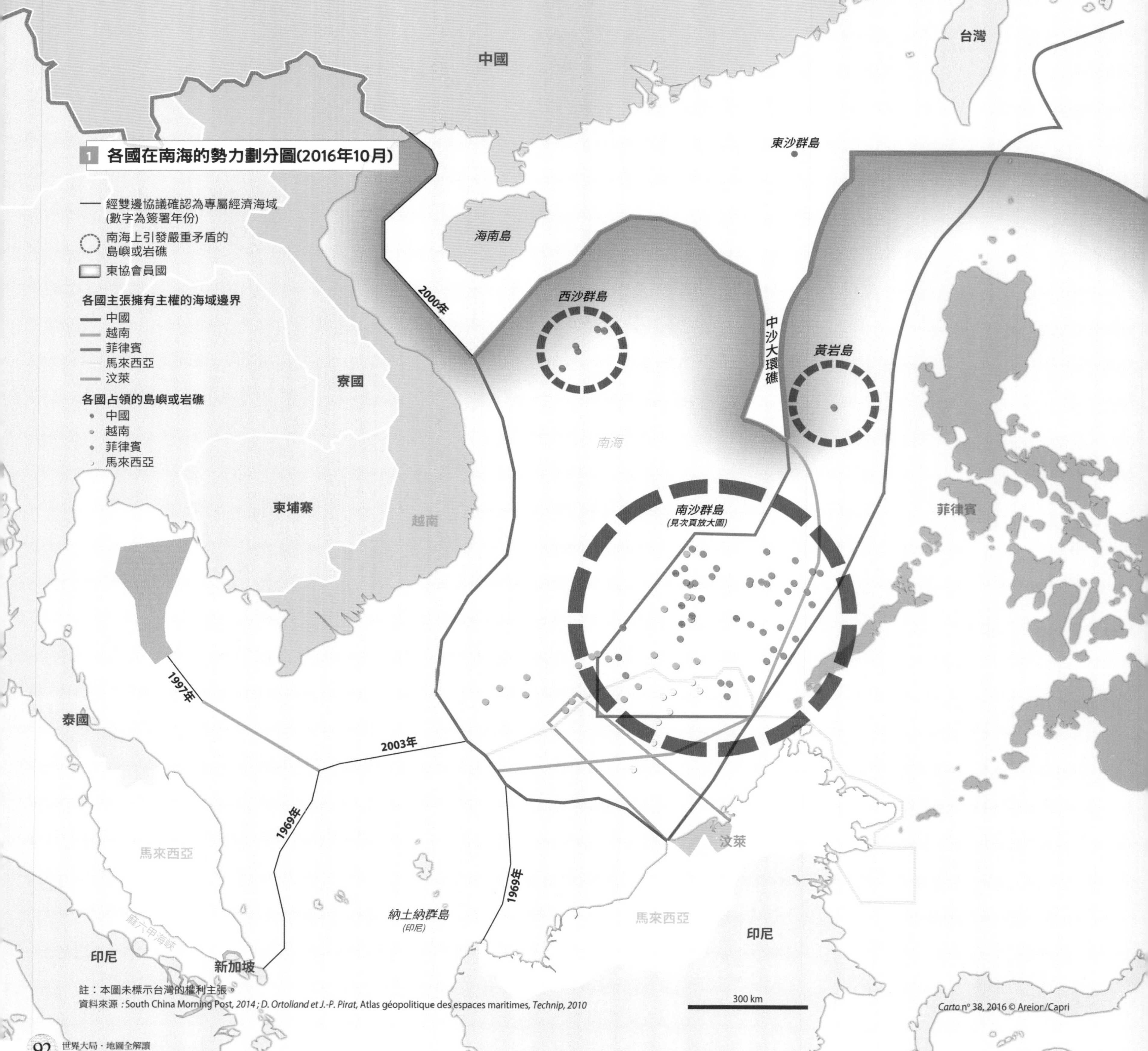

—— 經雙邊協議確認為專屬經濟海域
  (數字為簽署年份)
○ 南海上引發嚴重矛盾的
  島嶼或岩礁
□ 東協會員國

各國主張擁有主權的海域邊界
—— 中國
—— 越南
—— 菲律賓
—— 馬來西亞
—— 汶萊

各國占領的島嶼或岩礁
· 中國
· 越南
· 菲律賓
· 馬來西亞

中國

台灣

東沙群島

海南島

西沙群島

中沙大環礁

黃岩島

寮國

南海

東埔寨

越南

菲律賓

南沙群島
(見次頁放大圖)

1997年

2003年

1969年

1969年

泰國

馬來西亞

納土納群島
(印尼)

汶萊

馬來西亞

印尼

印尼

新加坡

2000年

註：本圖未標示台灣的權利主張。
資料來源：South China Morning Post, 2014 ; D. Ortolland et J.-P. Pirat, Atlas géopolitique des espaces maritimes, Technip, 2010

300 km

Carto n° 38, 2016 © Areior/Capri

南海是目前世界上最可能爆發戰爭的警戒區之一。越南、馬來西亞、汶萊、菲律賓這4個東協國家頻頻在此上演主權爭奪的戲碼，也與中國直接交鋒。爭奪的對象主要圍繞著南沙、西沙及東沙群島，還有黃岩島及中沙大環礁（參見圖1），而其中衝突最激烈的要屬西沙群島（中、台、越皆宣稱擁有主權）以及南沙群島（所有周邊沿海國家皆宣示主權），但其實這些群島只有一小部分露出海面，與陸地距離遙遠，也無人居住。

中國將南海變成「內海」，箝制台灣經濟命脈

這麼多國家涉入南海領土爭議的首要原因是政治利益。每個國家都要發聲，才能確保區域地位穩固。在國內政治上，這種強硬的發言姿態也有助於安撫衝突

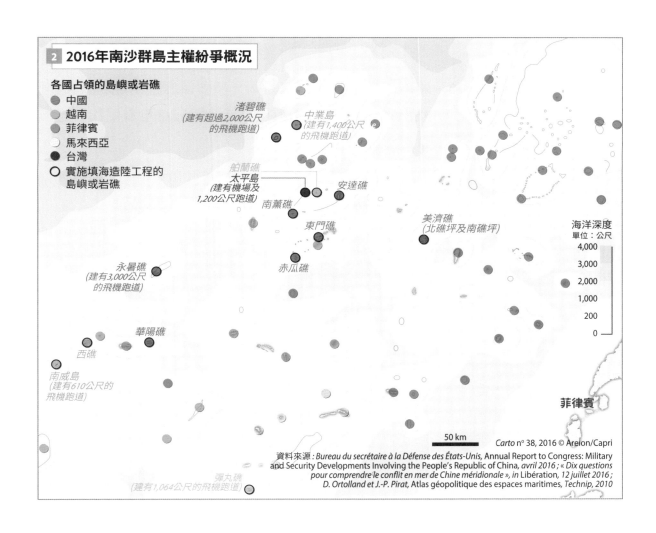

資料來源：*Bureau du secrétariat à la Défense des États-Unis*, Annual Report to Congress: Military and Security Developments Involving the People's Republic of China, *avril 2016*；« Dix questions pour comprendre le conflit en mer de Chine méridionale », in Libération, 12 juillet 2016；D. Ortolland et J.-P. Pirat, Atlas géopolitique des espaces maritimes, Technip, 2010

與對立，還可藉此共同目標讓人民團結起來，激發愛國情操。

不過更要緊的是經濟利益。只要擁有一座島，不論面積多小，都可以從露出海面的土地計算專屬經濟海域的範圍。根據1982年聯合國通過的《海洋法公約》(LOS)，專屬經濟海域是指從海岸線算起200海里內的水域，該國有權在此區域從事資源探勘及利用等主權行為，資源則包含漁業資源（捕撈或養殖）、礦物和油氣資源。而南海不僅物種豐富，大陸棚還有多處石油及天然氣礦脈。目前南海各沿岸國家的專屬經濟海域彼此重疊，中國之所以宣稱擁有上述各群島的主權，就是企圖將幾近90%的南海據為己有，成為中國的「內海」，進而控制這條深具全球戰略價值的航道。

2015年行經麻六甲海峽的船舶有80,980艘，是蘇伊士運河航運量的4倍(17,483艘)，巴拿馬運河的6倍(12,383艘)。此外，南海是確保東亞各經濟體（台、中、日、南韓）燃料供應的通道，尤其是來自波斯灣及新加坡的石油。全球50%的石油及天然氣運輸及85%從中東出發的油輪都必須經過南海。如果北京掌控此地，等於握有對鄰近國家施壓的有力籌碼。

為了永久保障主權，北京政府自2014年起投入一項大型填海工程，不僅在西沙群島的幾個小島上填海造陸，又在南沙建造數個人工島（參見圖2）。不過2016年7月12日海牙常設仲裁

法院已認定有爭議的岩礁不是島，任何一國皆不得宣示主權，因此專屬經濟海域的範圍將從這些沿海國家本土的海岸線算起。但中國不承認也不接受此一仲裁結果。

美國部署反導彈系統，更添南海火藥味

身為中國在太平洋地區的頭號對手，美國竭力避免具有戰略意義的航道落入中國手中。為了阻撓中國擴張霸權，華府不得不增加軍事籌碼。2015年5月，美國國防部派遣船艦繞行中國在南沙建造的小島，以「保障航行自由」。2016年3月，菲律賓宣布對美軍開放5個基地，同年12月又有兩架軍機進駐，以協助當地海岸巡防隊執行任務。繼新加坡、印尼和馬來西亞開放讓美國部署數艘近海戰艦後，越南在2003年也向這個前敵國開放金蘭灣軍事基地，供船艦停泊，又於2010年8月在河內展開美越國防對話。這些軍事擴張行動都是美國「亞洲再平衡」政策的一環。這套政策於2012年1月正式提出，涵蓋軍事、外交、政治及經濟等面向。

美國持續擴大「保障航行自由」行動，導致中美船艦衝突事件愈來愈頻繁，美國同時又以北韓核武威脅為由，著手太平洋地區部署反導彈系統，為這個本已壓力重重、極度緊繃的地區增添更多不確定因素。　文 ● N. Rouiaï

中國糧食進口：
嚴重依賴美洲，暴露戰略弱點

中國人口占全世界的 1/5，境內卻只有 1/10 的可耕地，糧食供給因而成為一大難題。隨著民眾飲食習慣改變，加上農地建地化及土地沙漠化，中國首要之務是設法重振農業，達成自給自足的目標。

農業是中國少數呈現負成長的產業，2014 年的虧損達到 318 億歐元。然而中國又是全球最大的小麥、稻米及馬鈴薯生產國，也是第二大玉米生產國。這些漂亮的排名掩蓋了事實真相：中國農業正面臨兩種力量的拉扯，一邊是黨的命令，一邊是整體社會的轉變，包含都市化與飲食多元化。

近 5 億農民全靠政府補助，無法與國際競爭

2015 年中國有 13.7 億人口，中國共產黨擔心糧食短缺，於 1996 年將小麥、玉米、稻米、塊莖類等幾種「穀物」定義為「戰略穀物」，並設下糧食自給率不低於 95% 的目標 (參見圖 1)。這項命令大大影響了中國的農業結構，例如稻米的栽種轉移到南方各省的山麓地帶，全國 80% 的水資源都集中於此；相反的，小麥、玉米和馬鈴薯則分布在華中東部及華北東部，包括安徽、河北、河南、江蘇和山東的廣大平原 (參見圖 2)。

中國從北到南、從東方沿海到內陸都有耕地，面積共 1 億 2,200 萬公頃。但由於中國有 2/3 的國土位於海拔 1,000 公尺以上，限制了農田面積的擴展。季風稍微彌補了這項缺陷，因為季風氣候有利作物生長，每年可有二至三穫，生產效率也更高，

以小麥的產量為例，1961~2012 年間就成長了 6 倍。

1990 年代之前，中國經濟發展以都市及工業為主，尤其集中在東部沿海地區。城鄉的貧富差距與農村的暴動事件在在反映出中央政府對農村的漠視。1990 年代的稅制改革導致地方政府必須將一部分財源拱手讓給中央，為了彌補損失，地方政府把一些產權不清楚的農地轉為建地，交給建商開發。2010 年中國農村發生的暴動事件共計有 187,000 起，其中 65% 肇因於不動產糾紛。

為平息這些亂象，更為了穩定政權，中國政府加強保障農民的土地權。在第 11 個五年計畫 (2006~2010 年) 期間，農業成為國家優先發展的項目，中國政府建立穀物保障收購價制度，以鼓勵生產。然而 10 年之後，也就是第 13 個五年計畫 (2016~2020 年)，政府打算回歸市場機制，從 2016 年起取消玉米價格下限，縮小國內市場與國際市場的價差。這項政策未來可能會擴大至小麥及稻米。

中國取消價格下限的做法對全球市場影響有限，畢竟中國原本就是玉米的淨輸入國。不過對國內而言，取消保障收購價也許會讓農民陷入困境，中國有將近 5 億農民，全部仰賴政府

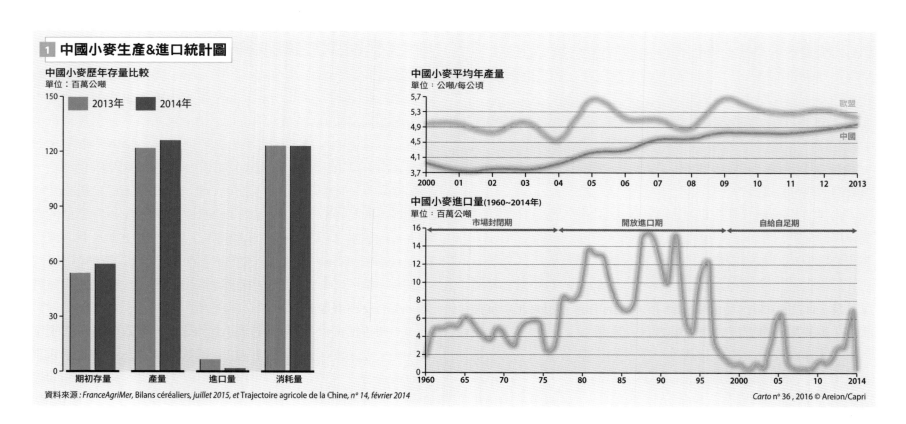

1 中國小麥生產&進口統計圖

中國小麥歷年存量比較
單位：百萬公噸

中國小麥平均年產量
單位：公噸/每公頃

中國小麥進口量 (1960~2014年)
單位：百萬公噸

資料來源：*FranceAgriMer, Bilans céréaliers, juillet 2015, et Trajectoire agricole de la Chine, n° 14, février 2014*

Carto n° 36 , 2016 © Areion/Capri

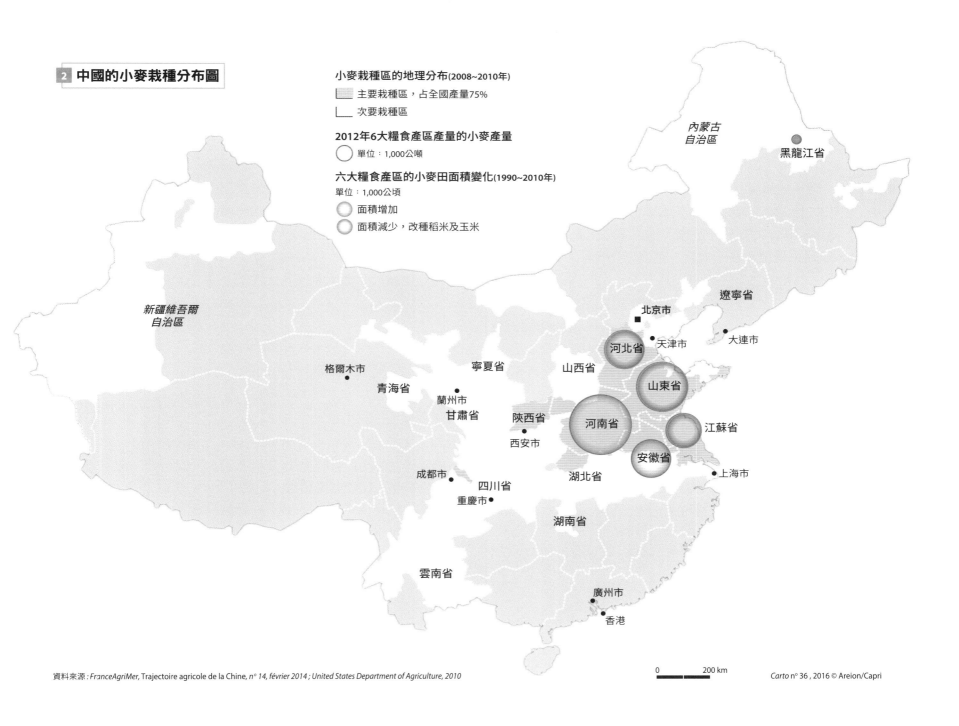

2 中國的小麥栽種分布圖

小麥栽種區的地理分布(2008~2010年)
主要栽種區，占全國產量75%
次要栽種區

2012年6大糧食產區產量的小麥產量
單位：1,000公噸

六大糧食產區的小麥田面積變化(1990~2010年)
單位：1,000公頃
面積增加
面積減少，改種稻米及玉米

內蒙古
自治區
黑龍江省

遼寧省

新疆維吾爾
自治區

北京市
天津市
大連市

河北省

山西省
山東省

格爾木市

寧夏省

青海省

蘭州市
甘肅省
陝西省
河南省
江蘇省

西安市
安徽省

湖北省
上海市

成都市

四川省
重慶市

湖南省

雲南省

廣州市

香港

0   200 km

資料來源：FranceAgriMer, Trajectoire agricole de la Chine, n° 14, février 2014 ; United States Department of Agriculture, 2010

Carto n° 36 , 2016 © Areion/Capri

補助，人均耕地面積為 0.5 公頃；這樣的農民結構幾乎無法與國際競爭。

全球第一大黃豆進口國，進口量超越各國總合

與此同時，中國對進口糧食的依賴日益加深。因為穀物的消耗量雖然趨於穩定，肉類的消耗量卻比 1980 年多了 3 倍，奶蛋類及蔬果類產品也是，農民為了達成「穀物」的生產目標，無法回應市場需求，只好仰賴進口。中國糧食消耗型態之所以產生變化，一方面出於都市人口的成長 (根據世界銀行的資料，2015 年中國都市人口占全體的 56%，十年之前則為 43%)，另一方面則是由於都市人口消費力的提升。

有鑑於此，中國開始投資外國農業，並提高國內畜牧量。為了滿足國內飼料的需求，中國成為全球第一大黃豆進口國。2012 年，中國的進口量為 5,800 萬噸，世界其他國家的總和也不過 3,700 萬噸，所以中國必須依賴好幾個生產國供給，如阿根廷、巴西、美國等數一數二的黃豆生產大國。北京政府不樂見於此，便設法和其他國家建立合作關係，以免有朝一日糧食依賴會成為難以擺脫的政治包袱。

文 ● N. Resseler

印度—巴基斯坦：
雙邊合作關係反覆無常

自 1947 年英屬印度獨立以來，印度與巴基斯坦這兩個系出同門的國家始終水火不容。2015 年 7 月，上海合作組織宣布接受印、巴兩國成為會員。同年 12 月，莫迪 (Narenda Modi) 成為 2003 年以來首次正式訪問巴基斯坦的印度總理。這些進展反映出印、巴兩國正努力達成和解，雖然彼此的緊張衝突依然存在。

1947 年 8 月 15 日印度發表獨立宣言後，印度次大陸分裂為以印度教為主的印度與信奉伊斯蘭教的巴基斯坦，這兩個國家的關係一直備受世人關注。雖然印、巴兩國自 1998 年以來皆擁有核子武器，還曾三次交戰 (1947 年 10 月至 1948 年 12 月、1965 年 8 月至 9 月、1971 年 12 月)，1999 年 5 月至 7 月及 2001 年 12 月至 2002 年 6 月間亦發生過幾次嚴重衝突，再加上喀什米爾領土爭議激化了雙方的敵對意識，但兩國依然十分努力地建立友好關係，儘管只有象徵性的作用。

具體表現包括締結姊妹校、多次舉辦板球賽，或是發生災難時雙方政府互相提供支援等。然而從支援救災一事上，可以看出新德里 (印度首都) 與伊斯蘭瑪巴德 (巴基斯坦首都) 之間依然有著巨大的隔閡：2005 年 10 月 8 日，巴基斯坦穆札法拉巴德 (Muzaffarabad) 附近發生大地震，造成 79,000 人死亡，其中大多數為巴基斯坦人；巴國政府在地震後接受了印度的援助。但 2010 年印度發生水災時，巴國卻拒絕伸出援手。此次水災造成 1,760 人死亡，1 千萬居民流離失所。

在簽證核發作業方面，印巴兩國自 2012 年 9 月以來便放寬了標準，尤其是對朝聖者、年長者及商業人士。此外，兩國在 2005 年 4 月開通了一條客運路線，讓人民能夠往來長期封鎖的邊境地帶 (可從印屬喀什米爾的斯利那加 [Srinagar] 通往巴屬喀什米爾的首都穆札法拉巴德 [Muza arabad]，參見圖 2)。同年 10 月，雙方在死傷慘重的喀什米爾大地震後，簽訂了邊界協議 (開放喀什米爾邊界，允許兩國人民步行通過邊界與另一邊的親友見面)。

經貿關係：10 年內貿易量成長超過 8 倍

也許從商業和投資的角度來看，較能感受到印、巴的友好關係 (參見圖 1)。自從 1999 年印—巴工商會成立之後，雙方的合作關係便愈來愈密切。印、巴貿易量在 2004 年到 2011 年間增加了 8 倍，相當於多了 27 億美元。巴基斯坦在 2012 年 4~12 月間對印度的出口量較 2011 年同期增加了 66%，亦創下紀錄。

第一屆「印巴商業論壇」順勢在 2013 年 6 月於伊斯蘭瑪巴德揭幕，接著又於新德里舉行第二屆。第二屆會議主要針對石油業、發電業、農業、紡織業及製藥產業。2013 年 9 月 16 日還發生了一件大事：第一家印巴合資公司「IWM Interwood Mobel Private Limited」成立了。這間家具製造公司由印度阿姆利則 (Amritsar) 的一間木材公司及巴基斯坦拉合爾 (Lahore) 的一間企業共同投資；阿姆利則位於印度西北部，屬於旁遮普邦，拉合爾則是巴國第二大城 (2015 年人口約 1,100 萬)，僅次於喀拉蚩 (Karachi，人口 2,400 萬)。值得注意的是，儘管印巴雙邊貿易關係愈來愈穩固，阿拉伯聯合大公國的杜拜卻是兩國進行交易的主要地點。由於印巴分治後長期對立，缺乏經貿基礎建設，需要易地交易也就不足為奇了。2015 年 2 月 2 日至 3 日，為了強化印巴經濟對話，兩國又於新德里舉行第三屆年會，此次會議中便指出改善主要交通機能的迫切性，尤其是鐵路及直航班次的頻率。

1 印度對巴基斯坦歷年貿易變化圖

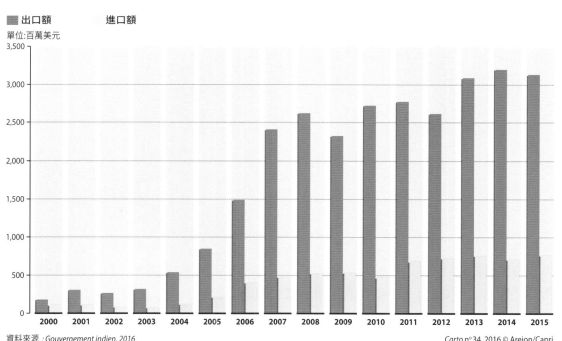

■ 出口額　　進口額
單位:百萬美元

資料來源：*Gouvernement indien, 2016*　　　　*Carto n° 34, 2016 © Areion/Capri*

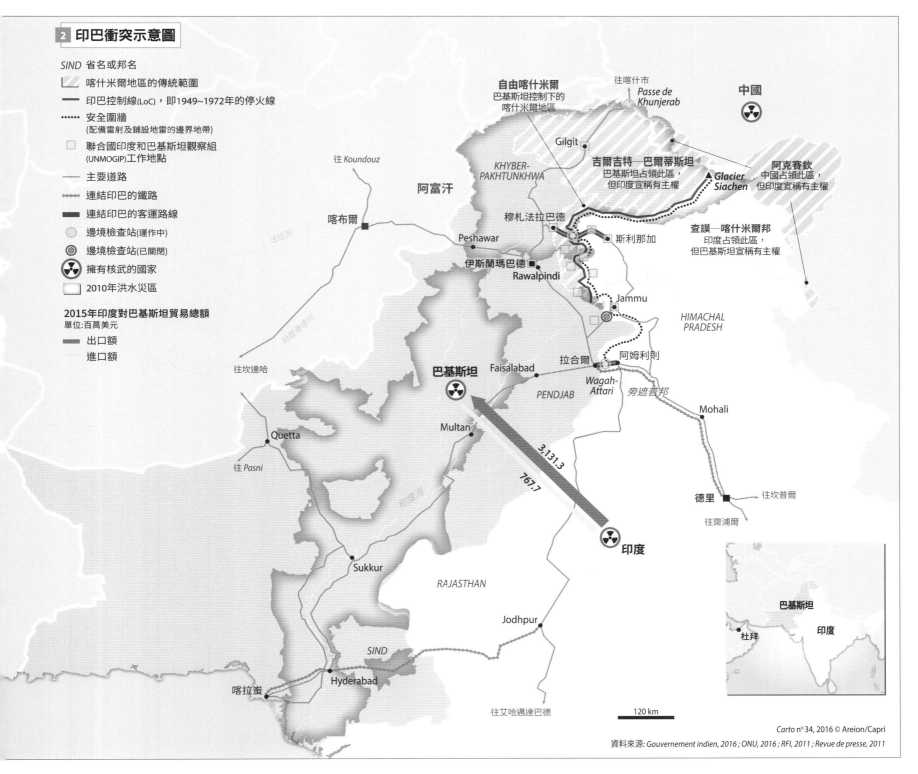

2 印巴衝突示意圖

- *SIND* 省名或邦名
- 喀什米爾地區的傳統範圍
- 印巴控制線(LoC)，即1949~1972年的停火線
- 安全圍牆
  (配備雷射及鋪設地雷的邊界地帶)
- 聯合國印度和巴基斯坦觀察組
  (UNMOGIP)工作地點
- 主要道路
- 連結印巴的鐵路
- 連結印巴的客運路線
- 邊境檢查站(運作中)
- 邊境檢查站(已關閉)
- 擁有核武的國家
- 2010年洪水災區

2015年印度對巴基斯坦貿易總額
單位:百萬美元
- 出口額
- 進口額

地圖標示：自由喀什米爾 巴基斯坦控制下的喀什米爾地區、往喀什市 *Passe de Khunjerab*、中國、Gilgit、*KHYBER-PAKHTUNKHWA*、往 *Koundouz*、阿富汗、吉爾吉特—巴爾蒂斯坦 巴基斯坦占領此區，但印度宣稱有主權、阿克賽欽 中國占領此區，但印度宣稱有主權、*Glacier Siachen*、穆札法拉巴德、斯利那加、查謨—喀什米爾邦 印度占領此區，但巴基斯坦宣稱有主權、喀布爾、法拉河、Peshawar、伊斯蘭瑪巴德、Rawalpindi、Jammu、*HIMACHAL PRADESH*、往坎達哈、拉合爾、阿姆利則、Faisalabad、巴基斯坦、*Wagah-Attari*、*PENDJAB* 旁遮普邦、Mohali、Multan、3,131.3、767.7、印度、德里、往坎普爾、往齊浦爾、Quetta、往 *Pasni*、印度河、Sukkur、*RAJASTHAN*、Jodhpur、*SIND*、喀拉蚩、Hyderabad、往艾哈邁達巴德、120 km

巴基斯坦 / 印度 / 杜拜

Carto n° 34, 2016 © Areion/Capri
資料來源: *Gouvernement indien, 2016 ; ONU, 2016 ; RFI, 2011 ; Revue de presse, 2011*

外交關係：在和解與惡化之間徘徊

　　經貿合作仍不足以彌補兩國政治關係的脆弱。2004 年，印巴為了邊界爭議進行和平談判，但並未成功。2008 年 11 月 26~28 日，孟買發生一連串恐攻事件，造成 164 人喪命，幕後主使指向以巴基斯坦為據點的伊斯蘭恐怖組織「虔誠軍」(Lashkar-e-Taiba)。印巴對話因此凍結，直到 2012 年巴國總統札爾達里 (Asif Ali Zardari，任期 2008~2013 年) 訪問印度為止。2015 年 4 月，巴國政府釋放疑為恐怖攻擊行動首腦的拉赫維 (Zaki-ur-Rehman Lakhavi)，再度讓雙方關係降到冰點。2015 年 12 月，莫迪總理剛剛結束拉合爾之行，有意重啟和談，不料 2016 年 1 月 1 日深夜，某個伊斯蘭恐怖組織又攻擊位在印度旁遮普邦巴坦科市 (Pathankot) 的空軍基地。儘管印度內政部長強調要與鄰國並肩作戰，打擊恐怖主義，但此次攻擊事件仍對本已舉步維艱的印巴關係造成傷害。

文 • N. Rouiaï

印、巴基本資料

印度共和國

元首	人口密度
柯文德 (Ram Nath Kovind，2017 年 7 月就任總統)	每平方公里 398 人
國土面積	2017 年人均 GDP（依購買力平價計算）
3,287,263 平方公里	7,059 美金
2017 年人口	2018 年人類發展指數
13.3 億人	0.640(排名第 130 位)

巴基斯坦伊斯蘭共和國

元首	人口密度
胡賽因 (Mamnoon Hussain，2013 年就任總統)	每平方公里 237 人
國土面積	2017 年人均 GDP（依購買力平價計算）
796,095 平方公里	5,527 美金
2017 年人口	2018 年人類發展指數
1 億 9,701 萬人人口	0.562(排名第 150 位)

印度—孟加拉：
用一紙協議，結束40餘年的飛地爭奪戰

2015 年 6 月，印度與孟加拉針對邊界及領土問題，簽訂了一項歷史性協議。這兩國的國界型態在地理上極為特殊：孟加拉境內有許多印度飛地（111 處，共 6,940 公頃），印度境內也有許多孟加拉飛地（51 處，共 2,880 公頃），兩國因此爭執不斷，當地居民更是辛苦，始終過著無國籍的生活。

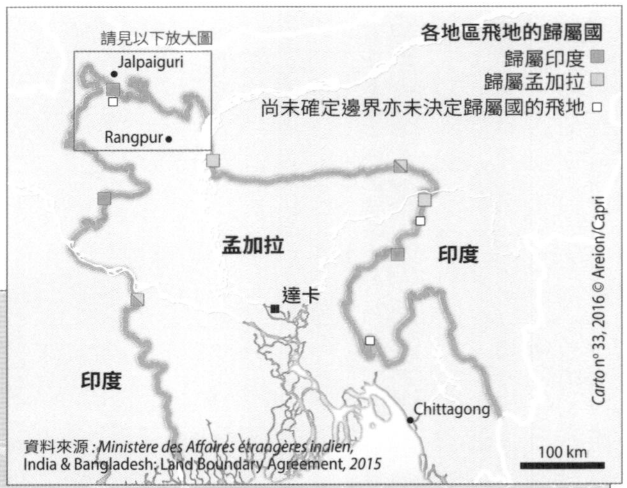
請見以下放大圖
Jalpaiguri
Rangpur
各地區飛地的歸屬國
歸屬印度
歸屬孟加拉
尚未確定邊界亦未決定歸屬國的飛地
孟加拉
印度
達卡
印度
Chittagong
100 km
Carto n° 33, 2016 © Areion/Capri
資料來源：Ministère des Affaires étrangères indien, India & Bangladesh: Land Boundary Agreement, 2015

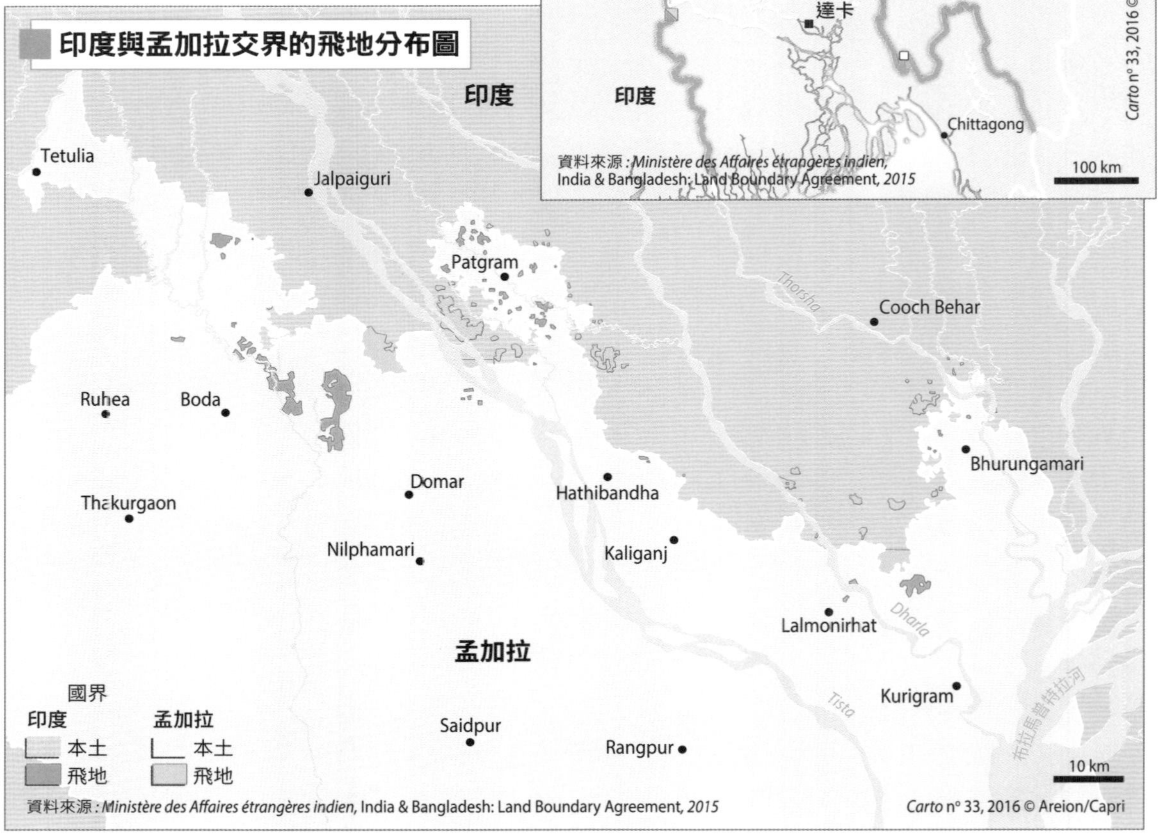
印度與孟加拉交界的飛地分布圖
印度
Tetulia
Jalpaiguri
Patgram
Thorsha
Cooch Behar
Ruhea
Boda
Bhurungamari
Domar
Hathibandha
Thakurgaon
Nilphamari
Kaliganj
Dharla
Lalmonirhat
孟加拉
Tista
Kurigram
布拉馬普特拉河
國界
印度
本土
飛地
孟加拉
本土
飛地
Saidpur
Rangpur
10 km
資料來源：Ministère des Affaires étrangères indien, India & Bangladesh: Land Boundary Agreement, 2015
Carto n° 33, 2016 © Areion/Capri

在地緣關係上，印度與孟加拉的交界❶是世界上最長的邊境，全長 4,060 公里，光是圍牆、刺鐵絲網和安全檢查哨就占了 3,286 公里。印孟交界是 1947 年印度、巴基斯坦分治時劃定的（1971 年以前，孟加拉屬於巴基斯坦），但當時並未界定一些自 17 世紀以來分屬於不同統治者的土地，印孟交界的特殊狀況就是這樣形成的，譬如有些印度飛地位在孟加拉的領土內，而這塊孟加拉領土又位在印度境內（參見右圖）。兩國自 1974 年以來屢次磋商，直到 2015 年 6 月印度放棄了 40 平方公里的土地，讓飛地居民（2010 年調查的人數為 51,549 人）自由選擇國籍，才順利取得共識。

不過，簽訂邊界協議沒有完全解決印孟的種種紛擾。最主要的問題是兩國關係原本就不對等，印度是一個新興市場，又是具有國際影響力的區域強權，孟加拉則是發展中國家，欠缺基礎建設，貪汙與貧窮無所不在。印度政府實施軍事管制，使這段邊境成為全世界最危險的地方之一。根據印度官方的數據，平均每 5 天就有 1 人因嘗試穿越邊界而喪命。印度政府在此部署了近 22 萬名邊防部隊及 7 萬名士兵，宣稱是為了防範穆斯林、降低恐怖攻擊的風險（89% 孟加拉人信仰伊斯蘭教），另一個理由則是防堵非法移工。

邊界協議的潛在戰略目的：分化巴、孟兩大穆斯林國家？

2015 年的邊界協議讓達卡（Dacca，孟加拉首都）與新德里的關係步上正軌，儘管圍牆未必能因此拆除，印度也希望與尼泊爾、不丹等國建立同樣的區域合作模式及雙邊經貿關係。然而對巴基斯坦而言，印孟兩國交好不是一件好事。巴國一方面認為這是印度分化穆斯林族群的戰略，因為自 1971 年孟加拉（當時為東巴基斯坦）獨立以後，印度次大陸上的穆斯林族群便分屬不同國家；另一方面，巴國認為印孟交好是印度遏制中巴軸心所採取的行動。2015 年 6 月印度總理莫迪（2014 年 5 月就任）訪問達卡時，還大力抨擊巴國政府鼓動並散布恐怖主義。

若要以印孟兩國為中心推動區域合作，簽訂邊界協議只是必要條件而非充分條件。印孟彼此的經貿實力並不對等，所以很難在短期內達成平衡的雙邊關係。例如 2014 年印度對孟加拉出口額為 66 億美元，進口額卻只有 4 億 6,200 萬美元。不過，印度在 2015 年 6 月宣布提供 20 億美元的信用額度支持孟加拉多項發展計畫（主要針對交通、新科技、教育及醫療），對孟國而言倒是一個善意的表示。

文 • C. Therme

❶ 交界（dyade）：法國學者米歇爾．富歇（Michel Foucher）創造的詞彙，意指兩個毗鄰國家之間的交界。也就是說，如果一個國家同時與數國相接，整條國界便可分為數段「交界」；如果一個國家被另一個國家完全包圍，則只有一條「交界」。

南韓：
如何靠文化軟實力站穩世界舞台？

法國在 2015 年 9 月到 2016 年 1 月間舉辦「韓國年」活動 (Année France-Corée)，期間共有 150 場文化活動，讓人感受到南韓這個平時只與知名品牌 (三星、LG、現代汽車) 或南北韓對立聯想在一起的國家所擁有的軟實力。

南韓在 1997 年亞洲金融風暴後重振經濟，並在全球市場上取得舉足輕重的地位，成為亞洲國家效仿的對象。韓國五旬節派教會 (L'Église Pentecôtiste) 特別愛強調南韓的經濟成就，這一派基督教徒在傳教時，往往把南韓的經濟體系描述得極為理想，此外，他們也在海外積極推銷政府或民間的發展計畫。教會的足跡走遍世界各地，除了傳播福音，也將南韓的形象散播出去。

南韓 3 大軟實力：教會、韓劇、對外經濟援助計畫

1982 年，韓國發展研究院 (Korea Development-ment Institute) 在首爾成立，目的是培養未來的決策人才，尤其關注於東南亞的事務。1987 年，南韓設立韓國發展合作基金 (EDCF)，隨後於 1991 年成立了韓國國際協力團 (KOICA)。2009 年，南韓繼日本之後，成為第二個加入經濟合作發展組織 (OECD) 發展援助委員會的亞洲國家，並決定撥出 0.09% 的 GDP 來援助其他國家的發展 (2014 年撥出 0.15%)。這些資金 40% 以上用於挹注東南亞及中亞，非洲國家也透過南韓的「非洲發展計畫」(Initiative for Africa's Development) 獲得資助 (尤其是自然資源豐富的非洲國家)。

南韓施展軟實力的途徑主要是藉由傳教與提供援助計畫，來輸出成功的經濟模式，並強化國家形象。不過，讓南韓在國際舞台上更加耀眼的是文化實力，例如從 1990 年代末開始蔓延到全亞洲與中東地區的「韓流」，尤其以兼具動作與愛情元素的韓劇最受歡迎。乘著電影的翅膀，韓流也來到了西歐。不少南韓

電影在各影展中播放，朴贊郁的《原罪犯》更在 2004 年獲得坎城影展評審團大獎。2010 年以來，新科技催化了另一波文化新浪潮，韓國流行音樂 (K-Pop) 是其中的要角。這個產業在 2011 年創造了 7 億 9,300 萬美元的出口額，反觀 1997 年，還只有 500 萬美元。2012 年，韓國歌手朴載相 (藝名 Psy) 的《江南 Style》成為歷來網路上觀看次數最高的影片 (至 2015 年底累計近 25 億人次)。

文化商品的出口熱潮 (從 2009 年的 24.4 億美元，成長到 2013 年的 49.2 億美元) 不僅幫南韓打造國際形象，也彌補了南韓在面對中、日等強大鄰國時，硬實力上的不足。　　　　文 ● N. Rouïaï

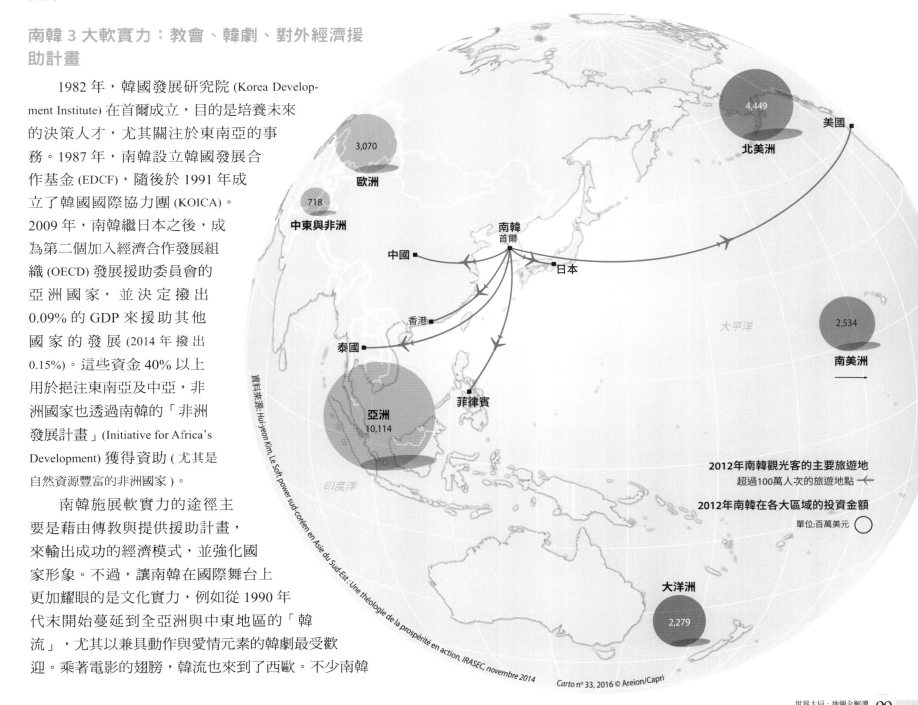

資料來源：Hui-yeon Kim, Le Soft power sud-coréen en Asie du Sud-Est: Une théologie de la prospérité en action, IRASEC, novembre 2014

2012年南韓觀光客的主要旅遊地
超過100萬人次的旅遊地點 ←

2012年南韓在各大區域的投資金額
單位:百萬美元 ◯

Carto n° 33, 2016 © Areion/Capri

北韓：
金正恩究竟在玩什麼把戲？

◎基本資料

正式國名
朝鮮民主主義
人民共和國

元首
金正恩
(2011 年 12 月就任)

面積
120,538 平方公里
(世界排名第 99 位)

官方語言
韓語

首都
平壤

2017 年人口
2,549 萬人

人口密度
每平方公里 208 人

貨幣
北韓元 (won)

歷史
二次大戰結束、日本
占領期 (1910~1945 年)
告結之後，韓半島北
部親蘇，南部則親
美。1948 年，南北各
自成立國家，其中朝
鮮民主主義人民共和
國的首都設於平壤。
1950~1953 年，兩韓
兄弟鬩牆，從未正式
宣告停戰。從此南北
韓以非軍事區 (DMZ)
相隔，北韓始終由金
氏家族領導。

2017 年人均 GDP
(依購買力平價計算)
1,800 美元

人類發展指數
無資料

2016 年 1 月 6 日，北韓平壤政府在嘗試與南韓及日本建立正常關係之際，宣布完成第四次核子試驗，讓亞洲氣氛緊繃。聯合國隨即加強對北韓的制裁，後者則在同年 3 月朝日本海發射數枚飛彈作為回應。2011 年 12 月上台的金正恩因此惹惱了北韓的長期盟友：中國。

金正恩在營造北韓與國際社會的關係時，做法和他的父親兼前任領導人金正日 (任期 1994~2011 年) 一模一樣，基本策略都是用強硬的手段造成緊張的區域情勢以及展示軍事實力。北韓曾於 2006 年、2009 年、2013 年舉行三次地下核彈試爆，地點都在東北部。2016 年 1 月之所以舉行試爆，除了領導人金正恩想在政府內部樹立個人威信之外，也是為了在 5 月勞動黨全國代表大會開幕前夕激勵民族情感，使人民團結起來支持金氏政權。此次全國代表大會是繼 1980 年以來首次召開。

有些國際政治專家認為，此次核試威力不像氫彈，造成的震動規模也偏小，平壤只是想藉此重申發展核武的決心，展現其軍事威嚇力，並大玩兩面策略：造成國際關係緊張、點燃國內民族主義。

中共為何時而譴責北韓，時而為之辯護？

對於如何管控金氏政權，北京政府的態度十分曖昧。一方面，中國必須確保北韓人民不會因為北韓政府和國際社會發生衝突而陷入困境，造成大批難民逃入中國境內，所以不斷提供北韓人道援助及經濟合作機會，北韓則以廉價的勞力作為回饋。

另一方面，為了維持負責任的國際強權形象，中國必須控制這個躁動的鄰居，避免北韓做出偏激的行為。這就是為什麼中國代表一邊在聯合國安理會譴責平壤進行核試，又一邊維護與北韓的雙邊關係，在華府面前扮演協調者的角色。從地緣政治的觀點來看，北京不能讓北韓徹底邊緣化，若是如此，中國在美國、南韓、日本的聯盟面前將失去發言權。2016 年 4 月 5 日，中國商務部宣布禁止從北韓進口黃金與稀土，也禁止向北韓出口火箭燃料。

金正恩利用川普的挑釁，鞏固自身政權

北韓當局利用與國際社會的衝突來加深人民的受困心理，宣稱國家被華府「操弄的邪惡勢力」所圍困。然而，這個策略讓國家付出了高昂的代價，例如：北韓從 2016 年 3 月開始遭到安理會制裁，制裁的嚴厲程度超過 2006 年第一次核試後受到的譴責。這些制裁措施之所以能夠通過，是因為中國同意採取強硬姿態、改變過去對韓的方針，決定嚴格執行新的制裁措施。

歐巴馬政府 (2009~2017 年) 則將北韓問題放到更宏觀的層面，也就是以穩定朝鮮半島局勢的角度來思考。同時，華府有意將終端高空防衛系統 (THAAD) 擴大部署於南韓 (日本也想設置此種反導彈系統，削弱中國軍事威嚇的力量)。美國的目的是想以外交手段解決北韓的核武問題：雙方可以進行交易，以北韓的去核化，交換美國不在南韓部署終端高空防衛系統。但這個選項金正恩毫不考慮，他一心想要展現最高領導人的權力，而這個政權正是依靠外來威脅存活至今。自從川普上台之後，美國對北韓的挑釁更加頻繁。

走鋼索式的外交政策，
導致美國、南韓關係更緊密

對中國與俄羅斯來說，北韓是他們對美外交策略的一張牌，這兩個安理會理事國一心想要實現反霸權外交政策。然而，北京與莫斯科一方面必須維持國際強權的正面形象，一方面又想挑戰美國在朝鮮半島的主導權 (至少中、俄如此解讀)，因而感到左右為難。北韓若打算與美國保持極度緊張的關係，對中國來說未必有利，平壤這種走鋼索式的外交政策，最終可能導致南韓、日本與美國的政治結盟更加緊密。

2016 年 3 月，美國與南韓舉行年度聯合軍事演習，再度透露出兩國政治結盟的可能性。對金正恩來說，北韓又一次受到威脅，又有理由進行導彈試射，甚至核子試驗了。

文 • C. Therme

南北韓軍事、核武分布圖

北韓
- 省界
- 兩韓軍事分界線
- 南北韓非軍事區(DMZ)
- 北韓主張擁有主權的海域
- 受到中國嚴密軍事監管的邊境區，意在防堵大量北韓非法移民。
  (中朝邊境走私嚴重)
- ◯ 北韓非法移民主要入口
- 北韓政府規劃的投資特區
- ✪ 北韓軍事基地
- ◯ 飛彈發射基地
- ☢ 疑似與核武研發有關的設施
- ◯ 鈾礦(探勘點與開採點)
- ◎ 核子試驗地點
- ▣ 港口

南韓
- ✪ 南韓軍事基地
- ✪ 美軍軍事設施及基地
- 南韓與美國在黃海部署的軍力
  (「乙支自由衛士」演習)
- ☢ 與核武研發有關的設施

白頭山是朝鮮歷史的發源地，也是中國與北韓衝突的來源。

開城工業區是南北韓基於共同合作計畫在2003年設立的跨境工業區。因兩韓情勢屢屢惡化，使工業區無法正常運作。

2013年3月8日，北韓宣布廢除與南韓簽訂的互不侵犯協定。

北韓的導彈威力

蘆洞飛彈：射程1,300公里
大浦洞飛彈：射程2,000公里
舞水端飛彈：射程4,000公里
大浦洞2號飛彈：射程6,700公里
KN-08洲際彈道飛彈：射程8,000~10,000公里

50 km

Carto n° 35, 2016 © Areion/Capri

資料來源：Joseph Henrotin, 2016 ; Nuclear Threat Initiative, 2016 ; BBC, février 2016 ; Revue de presse Les Échos et Le Figaro, février 2016 ; Military Balance 2014 ; César Ducruet et Stanislas Roussin, « L'archipel nord-coréen : transition économique et blocages territoriaux », M@ppemonde, 2007

大湄公河：中、日新經濟戰場

大湄公河次區域第 5 屆經濟合作高峰會 (The 5th GMS Summit) 於 2014 年 12 月 19~20 日在泰國曼谷舉行。這個投資論壇由中國主導，舉行時間緊接在同年 11 月 12 日於緬甸首都內比都 (Naypyidaw) 舉辦的第 6 屆湄公河—日本高峰會之後，此高峰會屬於湄公河—日本合作框架 (Mekong-Japan Cooperation, MJC) 的一環。由此可知，湄公河與沿岸地帶對中、日這兩個東亞強權具有重要的地緣經濟意義。

大湄公河次區域幾乎涵蓋所有的東南亞陸域，西臨印度，北接中國，以湄公河為軸心；湄公河是世界第 11 長的河流兼交通命脈，河道長達 4,909 公里，從中國的高原延伸到銜接泰國灣及南海的湄公河三角洲。毫無疑問，湄公河是連繫流域內 6 個國家的重要力量，6 國分別是：中華人民共和國（雲南省）、泰國、寮國、緬甸、越南與柬埔寨（參見圖 2）。

2012 年，這個廣達 795,000 平方公里的流域內匯集了 3 億 2,880 萬人口（參見圖 1），其中 8 千萬人的生活直接仰賴湄公河，有些人居住的地區甚至相當偏僻。雖然這 6 個國家中，有部分的人類發展指數在全球排名裡敬陪末座，但經濟發展潛力卻很高（自 2000 年代中期以來 GDP 平均成長率為 5%）。湄公河流域是一道橫跨中南半島的橋梁，連接不同的陸海交界地帶，有的朝向太平洋，有的朝向印度洋。這樣的水文、人口及地理優勢，自然引來各方的覬覦。

經濟潛能無限，中國不惜成本投資基礎建設

湄公河流域已成為中國的「私人獵場」。中國政府看中這裡的人民性格堅忍，他們剛剛走出數十年的戰亂中：越南打了好幾場戰爭，先和法國殖民者打了一場 (1946~1954 年)，接著又和美國打越戰 (1955~1975 年)，柬埔寨則遭受赤柬專制政權統治 (1975~1979 年)，可說是傷痕累累。因此早在 1992 年，中國便創立大湄公河次區域經濟合作論壇，目的是推動一套區域整合及跨國經濟發展計畫。自 2002 年以來，與會國家的高層官員每 3 年便舉行一次峰會，以確立重要計畫目標。其中以大型基礎建設最受重視，如：公路網絡現代化、改善通訊設施、興建水力發電站等，能源問題更是迫切需要解決。

湄公河和世界其他大型河流的差異在於長期以來未曾興建過水力發電設施，但是現在不同了。2009 年，位在雲南小灣鎮的第一個水庫啟用。此後，中國境內的湄公河上游河段也設立了一些水力發電站，有的仍在興建中。不過，大湄公河次區域發展計畫的最大目標，是將這個區域改造成龐大的消費市場。為了達成這個目的，中國投入數十億美元從事鐵路運輸基礎建設，連結中國和東南亞的鐵路網絡。未來幾年內，銜接中國雲南省昆明市與寮國首都永珍的鐵路可望完工。連結泰國曼谷的高鐵工程計畫也已經展開，預計 2022 年開通。中國政府的目標是將大湄公河次區域「編織」成一張網，以昆明為區域樞紐，打造出快速通往熱帶海洋（孟加拉灣及安達曼海 [Andaman Sea]）的經濟走廊。

日本看出中國野心，加快腳步投入戰場

不過，中國現在多了一個競爭對手：日本。在大湄公河次區域經濟起飛的過程中，日本的參與始終不多，因為二次大戰期間日本既是帝國主義強權又是侵略者，過去的印象讓湄公河流域國家對日本依然抱持疑慮。然而時移世易，眼見中國在此地不斷擴張權力，日本政府決定加快腳步。從 2008 年起，東京藉由成立湄公河—日本經濟合作框架以及每年組織高層論壇的機會，加強與湄公河地區的經濟與文化交

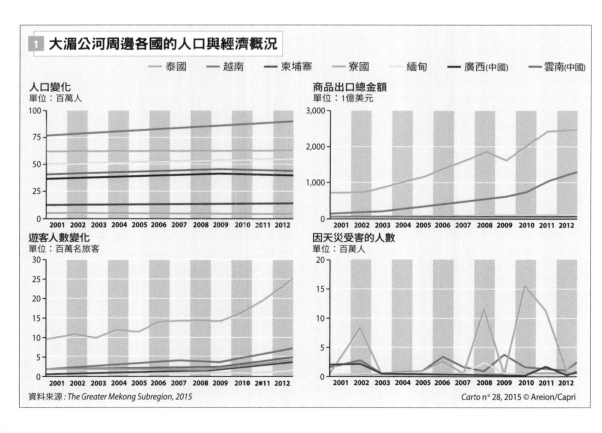

1 大湄公河周邊各國的人口與經濟概況

圖例：泰國　越南　柬埔寨　寮國　緬甸　廣西(中國)　雲南(中國)

人口變化
單位：百萬人

商品出口總金額
單位：1億美元

遊客人數變化
單位：百萬名旅客

因天災受害的人數
單位：百萬人

資料來源：*The Greater Mekong Subregion, 2015*

Carto n° 28, 2015 © Areion/Capri

2 中、日勢力分布圖

往北京
往廣州

印度

Yangtze

孟加拉

Myitkyina
Dali
雲南省
昆明市

中國

NANNING

Ruili
Muse
Baise
南寧市

Tamu

緬甸
Hekou
Lao Cai
Pingxang

Kalay
Fleuve Rouge
Lang Son
Fangchenggang

Mong
Ping
河內

Tachilek
Hai Phong

Mae Sai
Huays
Thanh Hoa

內比都
Chiang
Khong
海南島

Irrawaddy
Chiang
Mai
寮國

永珍

Saloven
Menom
湄公河
南海

Pathein
仰光
Mukdahan
Savannakhet
Dong Ha

中、日各自的區域影響力範圍

　大湄公河次區域(GMS)
　中國積極主導
Myawaddy
Phitsanulok
峴港市

　湄公河─日本合作框架(MJC)
　日本積極主導
Mae Sot
Khon Kaen

　湄公河流域
毛淡棉市
泰國
Udon
Ratchathani
日本

區域基礎建設優勢

　經濟條件互補的雙子城(ville double)

　重要國際港口
安達曼海

　重要免稅區
Dawei
曼谷
Poipet
柬埔寨
Stung
Treng
Qui Nhon

　經濟樞紐城市(hub)
Aranya
Prathet
越南

區域發展走廊示意圖

　　經貿走廊路線
Myeik
Laem
Chabang

　　規劃中的經濟走廊
金邊

鐵路建設情況
Andaman島
(印度)
胡志明市

　……… 使用中
泰國灣

　……… 建造中

　----- 規劃中
150 km
Krong Preah
Sihanouk
Vung Tau

湄公河三角洲

資料來源: The Greater Mekong Subregion, Interactive Atlas, 2015；
« La Chine continue de tisser sa toile dans les pays du bassin du Mékong »,
in Les Échos, 21 décembre 2014; F. Bost (dir.), Atlas mondial des zones
franches, La Documentation française, 2010
Carto n° 2期, 2015 © Areion/Capri
Ca Mao

Nam Can

馬來西亞
往新加坡

流。此外，這些國家與日本的外貿官員也會私下會面，討論北京對南海的野心所引發的區域安全議題。2011年起，雙方每年還會舉辦綠色湄公河論壇 (Green Mekong Forum)，研究永續發展的相關議題，當然還有1995年成立的湄公河管理委員會 (Mekong River Commission)，負責協調湄公河主支流的開發與管理。

亞洲國家是中國和日本最重要的商業夥伴。大湄公河次區域也因為擁有強大的發展潛能與消費潛力 (2011年緬甸結束軍政府統治後更是如此)，而成為新一代「奪寶大戰」的焦點。

文 ● É. Jenin

菲律賓：
狂人執政，一個頭兩個大的新興市場

2016 年 5 月 9 日，走民粹路線的菲律賓總統候選人杜特蒂 (Rodrigo Duterte) 以 39% 的得票率贏得大選，超越主要對手近 700 萬票之多。政權更替之際，來自國內及東南亞區域的種種議題與挑戰，再度考驗這個知名度不高的群島國家。

菲律賓從 16 世紀起即為西班牙的殖民地，直到 1898 年被西班牙政府轉讓給美國。1935 年，菲律賓開始籌畫獨立自治，並於 1946 年 7 月 4 日正式宣布獨立。

菲律賓共和國是一個東南亞群島國家，擁有超過 7,000 座島嶼，面積約 30 萬平方公里，南北跨越 1,800 公里，東西橫越 1,100 公里 (參見圖 2)，領土範圍廣大且型態多元。光是其中 11 座島嶼便占去 90% 的陸地面積，有人居住的島嶼則約 2,000 個左右。這些島嶼的人口分布並不平均，1 億 69 萬總人口中 (2015 年統計的數字) 有半數集中在最大的呂宋島，島上有奎松市 (Quezon City，人口 290 萬)、首都馬尼拉市 (人口 170 萬) 及民答那峨島上的達沃市 (Davao，人口 160 萬)。

貧窮、內亂、貪汙亂象頻頻，GDP 年平均成長率卻達 6%

破碎的地形使得中央政府難以全面掌控國家，導致以基督徒為主的民答那峨島上發展出數個穆斯林團體，爭取非基督徒區域的獨立自治。自 1960 年代末期以來，衝突即是此區的常態。2011 年，總統艾奎諾三世 (Benigno Aquino III，任期 2010~2016 年) 與獨立團體展開和平談判，最後於 2014 年 3 月簽訂協議，以設立自治區為條件，交換獨立運動人士放棄武裝，終於為這段造成超過 15 萬人喪命的動亂畫下句點。然而，此後又有更極端的團體發動新的攻擊，於是菲律賓眾議院在 2016 年 2 月收回和平協議，宣稱協議內容有違憲之虞。

曾任達沃市市長的杜特蒂 (任期 1988~2010 年)，正是靠著「終結游擊隊」的承諾贏得 2016 年 5 月的總統大選 (6 月 30 日就職)。杜特蒂過去也曾使用一些具爭議性的手段創下治安佳績，例如他成立過一個「行刑隊」(death squad)，專門處決罪犯和地方有力人士，死者超過 1,000 人。

自從艾奎諾上台後，菲律賓的經濟情況也改善許多，2011~2015 年間的年平均成長率為 6%，預算赤字小於國內生產毛額的 3%，負債也減少了。2013 年，菲律賓被世界貨幣基金組織封為新的「亞洲之虎」。不過以 2012 年的情況來看，1/4 的菲律賓人生活在貧窮線以下，其中超過 60% 的窮人居住在農村地區，形成嚴重的城鄉差距。貪汙也是這個群島國家的一大隱憂，對本地及外國投資都是不利的因素。

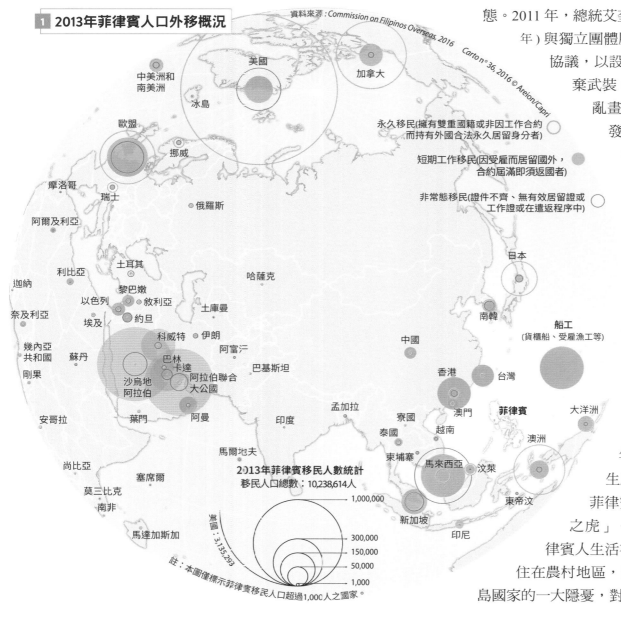

1 2013年菲律賓人口外移概況

資料來源：Commission on Filipinos Overseas 2016

Carton° 36, 2016 © Areion/Capri

美國
中美洲和南美洲
加拿大
冰島
歐盟
挪威
摩洛哥
瑞士
俄羅斯
阿爾及利亞
利比亞
土耳其
哈薩克
迦納
黎巴嫩
以色列 敘利亞 土庫曼
奈及利亞 埃及 約旦
幾內亞共和國 科威特 伊朗
蘇丹 巴林 卡達 阿富汗
巴基斯坦
剛果 沙烏地阿拉伯 阿拉伯聯合大公國
安哥拉 葉門 阿曼 印度 孟加拉
尚比亞 塞席爾
莫三比克
南非
馬達加斯加
馬爾地夫

永久移民 (擁有雙重國籍或非因工作合約而持有外國合法永久居留身分者)

短期工作移民 (因受雇而居留國外，合約屆滿即須返國者)

非常態移民 (證件不齊、無有效居留證或工作證或在遣返程序中)

日本
南韓
船工 (貨櫃船、受雇漁工等)
中國
香港 台灣
澳門 **菲律賓** 大洋洲
寮國
泰國 越南 澳洲
柬埔寨 馬來西亞 汶萊
東帝汶
新加坡 印尼

2013年菲律賓移民人數統計
移民人口總數：10,238,614人

美國：3,135,293

1,000,000
300,000
150,000
50,000
1,000

註：本圖僅標示菲律賓移民人口超過1,000人之國家。

與美緊密結盟，杜特蒂騎水上摩托車挑釁中國

菲律賓與美國的國際關係特別密切，最大的海外菲律賓人移民社群也在美國 (2013 年為 313 萬人，該年菲律賓的移民人口共計 1,023 萬，參見圖 1)。菲美的夥伴關係主要奠基在地緣戰略布局上：兩國於 1951 年簽訂《共同防禦條約》(Mutual Defense Treaty)，同意在遭遇攻擊時互相協防；1999 年之後，美國也曾為打擊伊斯蘭恐怖組織而派軍進駐菲國軍事基地。近年來美國政府的金援也大幅提高，項目包括軍事援助、促進政府良善治理計畫、強化政府效能計畫等。2015 年，菲國政府獲得華府金援共計 5,000 萬美元，2016 年則為 7,900 萬美元。

同時，菲律賓也擴展與其他亞洲國家的外交關係。1967 年東南亞國協成立，菲律賓即是創始國之一。2015 年 12 月 31 日，東協各成員國決議進一步成立東協經濟共同體 (ASEAN Economic Community)，希望將來能打造一個人口超過 6 億、國內生產毛額總計達 2 兆 4 千億美元的單一市場。

中國對於上述發展並非毫不在意，畢竟它和東協好幾個國家 (包括菲律賓) 都有邊界糾紛，尤其是南海上多個島嶼的主權歸屬，如南沙群島、西沙群島。2013 年，菲律賓不滿中國主張的南海劃界 (即九段線)，因而向海牙常設仲裁法院控告中國。此案背後的利益在於掌控廣大的專屬經濟海域，以及南海蘊藏的豐富油氣資源。

本身毫無國際事務經驗的杜特蒂總統，面對諸多挑戰，能否在中美區域影響力爭奪戰愈見白熱化的情勢下，成功守住菲律賓的地位？杜特蒂最出名的就是在選舉期間的種種作秀行徑與脫稿演出，如今這位總統宣布要騎水上摩托車到其中一個爭議島嶼，在那裡插上菲律賓國旗，即使引發外交危機也在所不惜。

文 • D. Amsellem

地圖圖例

——— 各區界線
DAVAO 各區名稱
▨ 民答那峨穆斯林自治區
▧ 伊斯蘭教武裝組織「莫洛伊斯蘭解放陣線」(Front moro islamique de libération) 要求獨立建國的區域
★ 美軍設施及基地

伊斯蘭國出沒地點
攻擊行動
○ 綁架行動
■ 對伊斯蘭國效忠的恐怖組織所在地

油氣資源分布區
主要天然氣礦脈 ♠
現有管線 ———
計畫中管線 ---

菲律賓人口
2000~2015年各省人口成長率
20%以下
20~30%
30%以上
(卡拉巴松區：54.7%)

2015年各區域人口數
以千人為單位
14,415 卡拉巴松區 (Calabarzon)
5,000
1,722 科迪勒拉區 (Cordillère)

地圖標示

ILOCOS
科迪勒拉區
VALLÉE DU CAGAYAN
呂宋島
LUZON CENTRAL
Scarborough
馬尼拉
Limay
卡拉巴松區
Batangas
南海
Mindoro
Îles Calamian
MIMAROPA
Catanduanes
菲律賓海
BICOL
Mer de Sibuyan
Masbate
VISAYAS OCCIDENTALES
Panay
Mer de Visayas
VISAYAS ORIENTALES
Samar
菲律賓
NEGROS
VISAYAS CENTRALES
Bohol
Dinagat
Negros
Palawan
Mer de Sulu
Mer de Bohol
MINDANAO-NORD
CARAGA
PÉNINSULE ZAMBOANGA
民答那峨島
DAVAO
SOCCSKSARGEN
民答那峨穆斯林自治區
民答那峨穆斯林自治區
Détroit de Balabac
Archipel de Sulu
Mer de Célèbes
馬來西亞
Bornéo
印尼

0 —— 100 km

Carto n° 36, 2016 © Areion/Capri

資料來源：Gouvernement des Philippines, 2016 ; Office national des statistiques des Philippines, 2016 ; Institute for the Study of War, ISIS-Linked Activity in Southeast Asia: March 2 to April 21, 2016 ; www.militarytimes.com, juin 2016 ; The Petroleum Economist, World Energy Atlas, 2004

◎基本資料

正式國名
巴布亞紐幾內亞獨立國

元首
英國女王伊利莎白二世 (1952 年即位)

總督
達達埃爵士 (Sir Robert Dadae，2017 年 2 月就任)

面積
462,840 平方公里
(世界排名第 55 位)

官方語言
英語、英語與原住民混合語 (tok pisin)、莫圖語 (hiri motu)

首都
摩士比港

2017 年人口
825 萬人

人口密度
每平方公里 17 人

貨幣
吉納 (Kina)

歷史
巴布亞紐幾內亞是一些稱為「巴布亞人」的族群歷代居住的地方，於 19 世紀受到德國及英國的殖民，後來又成為澳洲殖民地，直到 1975 年才獨立。雖然國家元首是英國女王，但是行政權歸屬當地選出的總理所有。總理於每 5 年舉行一次的國會選舉中產生。

2017 年人均 GDP
(依購買力平價計算)
4,200 美元

2018 年人類發展指數
0.544 (排名第 153 位)

巴布亞紐幾內亞：
為何天然氣產出翻倍，卻始終貧窮？

巴布亞紐幾內亞是一個多數人不太了解的群島國家，位處太平洋邊緣，「夾」在印尼和澳洲之間。這個發展不佳的礦業國家在全球化及氣候暖化的雙重壓力下，始終欲振乏力。2016 年 9 月，巴布亞紐幾內亞最高法院判決允許外國公司開發部落土地的合約無效。

印尼

巴布亞紐幾內亞有著風景明信片一般的景色：小島、碧海、珊瑚礁，長著紅樹林的海岸與沙灘，但對當地人而言，這裡遠非人間天堂。大自然給予他們的往往是限制：陸地被海洋阻隔、3,000 公尺以上的高山密布、濃密的熱帶叢林覆蓋了 3/4 的陸地 (共計 462,840 平方公里)、火山噴發、地震頻繁、颶風侵襲……。

美國企業開發天然氣，利益卻未分配給巴國人民

自然資源是這個群島國家的經濟命脈，讓巴布亞紐幾內亞在過去十年間快速成長 (根據官方資料，GDP 年平均成長率為 7%)，GDP 在 2015 年達到 160.9 億美元。這個島國起初靠出口木材、咖啡、茶和棕櫚油，建立起外向型經濟模式 (即以出口貿易為主)。後來巴紐轉變為礦業國家，盛產金、銀、銅、鎳、鋅等礦產，幫助巴紐成為全球化經濟的一分子，雖然原物料價格下跌使這套模式前景堪慮，但天然氣的發現與開採可能為該國帶來新一波榮景。巴紐目前已知的天然氣蘊藏量有 1 千億立方公尺 (2015 年的數據)，各大跨國企業莫不虎視眈眈。2014 年，美國埃克森美孚 (ExxonMobil) 在巴紐首都摩士比港 (Port Moresby，參見右圖) 的碼頭興建了一座液化天然氣處理站，隔年巴布亞紐幾內亞的天然氣出口量便增加了一倍。

然而，礦產和天然氣的獲利並未妥善分配給人民，巴布亞紐幾內亞是全世界發展狀況最差的國家之一。2015 年巴紐總人口為 761 萬人，貧窮率達 40%，而且成長迅速 (相較於 1980 年代中期，已增加了一倍)，都市化程度不高，僅 13%。此外，國內人口十分年輕，未滿 15 歲的國民占了 37%，每位女性平均生育 3.8 名子女 (2014 年數據)。國土發展也處處遭遇絆腳石：通訊基礎建設不足、原物料產區交通不便、自給性農業積弱不振且耕地不足，耕地僅占國土面積 2.6%，但務農人口卻占據全國勞動人口的 69%；觀光業亦不受重視。

靠著國際援助 (2014 年共 6 億 1,800 萬美元) 及鄰國澳洲的支持，巴紐人才得以生存。澳洲是巴紐最大的商業夥伴 (占對外貿易的 1/3)，也是最大的金援來源 (2015~2016 年提供 5 億 4,970 萬澳幣，約 4 億 1,990 萬美元)。不過巴紐政府愈來愈常抗議雙方關係不對等。2016 年 8 月，澳洲政府終於被迫關閉在巴紐北部馬努斯島 (île de Manus) 設立的難民收容中心。在此之前，澳洲為了不讓來自亞洲的難民踏上本土，便以 2 億 9,400 萬美元為代價，成功將難民問題「外包」出去。

清廉指數全球後段班，島上民族如一盤散沙

如同許多熱帶島國，巴布亞紐幾內亞的自然環境也面臨許多威脅。例如火耕導致林地嚴重流失，對生物多樣性造成不可逆的傷害。森林大火對人體健康也有極大危害，愈來愈多人罹患肺部疾病。在聖嬰現象的加乘影響之下，全球性的氣候變遷使巴紐國土變得更加脆弱，像是海平面漸漸升高，導致海岸侵蝕加劇；降雨型態不穩定，為農業生產增加變數；強烈颶風也愈來愈頻繁……

歷經德國、英國、澳洲的殖民，巴布亞紐幾內亞終於在 1975 年 9 月 16 日獨立，並成為大英國協的一員。儘管有社會及空間資源分配不均的問題，貪汙現象亦十分嚴重，但島上民族，巴布亞人、美拉尼西亞人和密克羅尼西亞人，仍勉強維繫著和諧的關係，構成一幅散沙般的族群文化圖像。在非政府組織「國際透明組織」(Transparency International) 的清廉指數排名中，巴布亞紐幾內亞屬於後段班，2015 年在 168 個國家中排名第 139 位。2014 年 6 月，巴紐司法單位對總理歐尼爾 (Peter O'neill，屬於全民黨 [PNC]，2011 年 8 月就任) 發出逮捕令，指控他不當挪用政府基金。事發後，歐尼爾始終堅稱不會回應法院傳喚。2016 年 5 月，學生發起示威遊行，以社會正義為訴求，並要求總理下台，但隨後遭到政府強力鎮壓，可見歐尼爾並無辭職之意。

文 • É. Janin

太平洋

Îles Ninigo

MANUS

馬努斯島　Lorengau

Archipel Bismarck

îles Mussau

NOUVELLE-IRLANDE

Kavieng　Simberi

Nouvelle-Irlande

Lihir

Mer de Bismarck

Solwara

BOUGAINVILLE

Vanimo

SEPIK OCCIDENTAL

Lumi

Maprik　Wewak

Green River　Pagwi

Sepik　Watam

Frieda　Angoram　Bogia

Timbunke

SEPIK ORIENTAL

Ok Tedi

Telefomin

MADANG

Rabaul

Mont Sinivit
2,438 m

Sinivit

Mer des Salomon

Olsobip

Mount
Kare

ENGA　Wabag　Ramu

Madang

Kiunga

Koroba

HAUTES-TERRES
OCCIDENTALES

Yandera

Kimbe

Nouvelle-Bretagne

Mont Balbi
2,715 m

Arawa

Tari　Mount Hagen

Mont Wilhelm
4,509 m

Mendi　Mont Giluwe
4,367 m

Goroka

Kainantu

Bougainville

HAUTES-TERRES
MÉRIDIONALES

SIMBU

HAUTES-TERRES
ORIENTALES

NOUVELLE-BRETAGNE ORIENTALE

Lac
Murray

MOROBE

Lae

NOUVELLE-BRETAGNE
OCCIDENTALE

Strickland

GOLFE

Wafi

Golfe de Huon

Détroit de Dampier

PROVINCE
OUEST

Fly

Kikori

建造中的
液化天然氣
工廠

Edie Creek
Hidden Valley/
Hamata

Îles Trobriand

索羅門
群島

巴布亞紐
幾內亞

Kerema

天堂鳥
(Kumul)碼頭

Woodlark

Daru

PROVINCE
CENTRALE

Tolukuma

Kokoda　Popondetta

Mont Victoria
4,035 m

PROVINCE NORD

Fergusson

Imwauna

Woodlark

BAIE MILNE

2015~2016年，澳洲提供給巴紐的援助計畫金額共計5億4,970萬澳幣

摩士比港

Laloki

Abau

Alotau

Golfe de Papouasie

Bamaga

Détroit de Torrès

澳洲

Grande Barrière de corail

Mer de Corail

Les Louisiades

200 km

Carto n°36, 2016 © Areion/Capri

資料來源 : *portal.mra.gov.pg/Map, octobre 2016 ; The Mineral Resources Authority, Mining & Exploration Bulletin 2015 ; UPNG Remote Sensing Centre, The State of the Forests of Papua New Guinea 2014, 2015 ; www.dfat.gov.au, Papua New Guinea, octobre 2016*

各省界線
主要道路
次要道路
1972~2014年間
林地流失超過半數的區域
珊瑚礁

2015年礦業開採概況
(以金、銅、鋅為主)
營運中礦場
建造中礦場
計畫中礦場
合法開採區

石油開採概況
開採中礦脈
探勘中礦脈
輸油管
裝油、卸油碼頭

天然氣資源開採概況
開採中礦脈
探勘中礦脈
天然氣管線
計畫中天然氣管線
天然氣專用碼頭

中亞：中、俄、伊朗掀21世紀能源戰

中亞是全球油氣資源(天然氣及石油)蘊藏量最豐富的地區之一。哈薩克、土庫曼及烏茲別克等亞洲生產國,以俄羅斯、中國及伊朗為主要出口對象(參見圖1~4)。蘇聯解體後,這些大國在此競逐影響力,這個主要能源產區的命運將會如何呢?

1991年蘇聯解體並未讓中亞的油氣市場立即出現變化。獨立國協成立初期,俄羅斯依然壟斷許多資源的採購權,尤其是哈薩克和土庫曼的礦藏(1998年分別購入1,030萬噸及94,660噸)。而烏茲別克的天然氣開採權一向掌握在俄羅斯手中,所以也只對俄羅斯出口(29,740噸)。況且,這些國家只有蘇聯時期留下的管線基礎建設,資源要運往俄羅斯自然十分便利。

中國挑戰俄羅斯,建設油氣管壟斷中亞市場

1990年代後半發生了幾件重大的地緣政治事件,影響了未來數年的能源交易市場,土庫曼就是一例。1995年土庫曼宣布成為永久中立國,並於1997年建造了一條從科爾佩傑(korpeje,位在裏海東岸土庫曼境內)連接到伊朗科爾德庫伊(Kordkuy)的天然氣管線。這項工程是為了替新的油氣市場鋪路。2000年後,土庫曼政府正式推動此一政策,開始增加對鄰國伊朗的天然氣出口(2002年為27,960噸,1998年僅492噸),同時與俄羅斯保持良好的貿易關係(俄羅斯自1990年代起已不再享有壟斷地位,不過2002年俄羅斯自土庫曼進口的油氣量依然高達142,712噸)。

自1998年以來,哈薩克是唯一一個同時對俄羅斯、中國及伊朗輸出油氣資源的中亞生產國。從地緣政治的觀點來看,哈薩克的表現親俄,包括1997年將首都從阿拉木圖(Almaty)遷至靠近俄羅斯邊境、但俄裔人口占少數的阿斯塔納(Astana)❶,以

及於2000年加入歐亞經濟共同體(EURASEC),即歐亞經濟聯盟(EEU,2015年1月成立)的前身。至於烏茲別克則從未出口至伊朗。然而到了2000年代初期,繼前蘇聯油氣管線之後的第一個管線建造計畫出現了,推動者是中國,這個過去大多透過莫斯科及上海合作組織與中亞地區往來的國家,在此區完成了兩項新的基礎建設:連接哈薩克與中國的中哈原油管道,以及中國─中亞天然氣管道。兩者皆於2009年完工(參見圖5)。這些大型投資讓中國在2010年以後,成為新的中亞能源進口大國。

2013年,中國在哈薩克成為伊朗最大的進口競爭對手,但中國與俄羅斯的競爭更為激烈(哈薩克該年對中售出1,160萬噸,2007年時僅640萬噸)。土庫曼與伊朗的關係在2002年至2007年間出現重大變化,兩國交易量大跌,因此2007~2013年轉由中國壟斷。雖然2002年時俄羅斯仍然牢牢掌控土庫曼出口的油氣資源,但到了2013年,中國從土庫曼進口的數量達到1,770萬噸,俄羅斯卻僅購得726.4噸。一向不愛出口燃料的烏茲別克,對中國的出口量也在2007~2013年間大幅增加,從56,800噸提高到210萬噸。

造成出口量變化的原因,一方面是烏茲別克政府想要進一步與莫斯科切割,將更多力氣放在擴大外交及經濟夥伴上,甚至在2008年主動退出了歐亞經濟共同體;另一方面是中國的能源運輸網絡日漸完備,塔什干(Toshkent,烏茲別克首都)政府也與中國展開其他類型的合作項目,例如跨境鐵路工程計畫等。

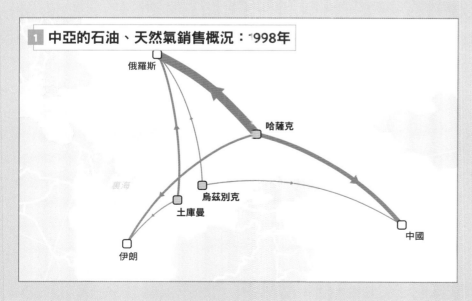

1 中亞的石油、天然氣銷售概況:1998年

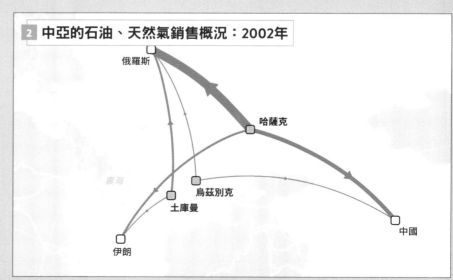

2 中亞的石油、天然氣銷售概況:2002年

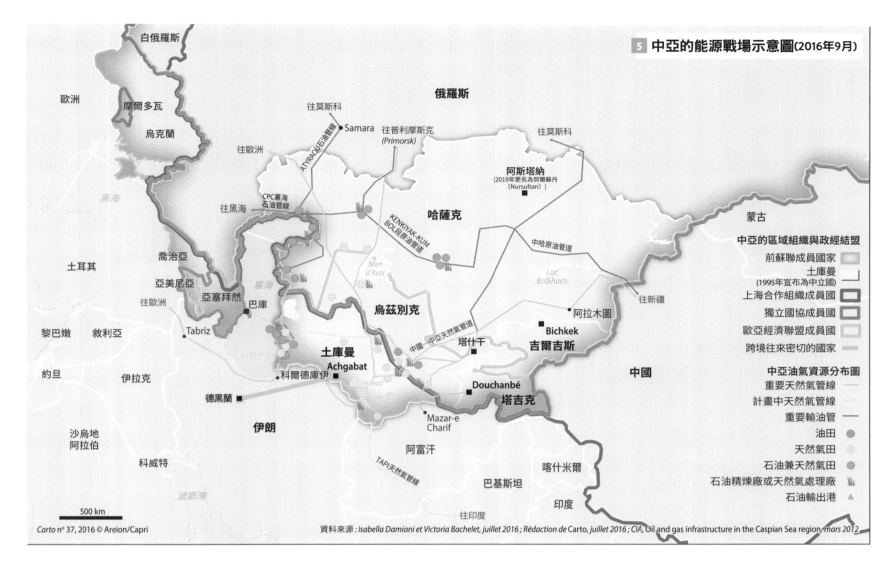

中亞的能源戰場示意圖(2016年9月)

白俄羅斯
歐洲
摩爾多瓦
烏克蘭
俄羅斯
往莫斯科
往普利摩斯克 (Primorsk)
往莫斯科
Samara
往歐洲
往黑海
阿斯塔納
(2019年更名為努爾蘇丹
[Nursultan])
蒙古

ATYRAU石油管線
CPC裏海石油管線
KENKIYAK-KUM BOL段原油管道
哈薩克
中哈原油管道
往新疆

土耳其
喬治亞
亞美尼亞
亞塞拜然
巴庫
Tabriz
黎巴嫩
敘利亞
約旦
伊拉克
科威特
沙烏地阿拉伯

Mer d'Aral
Lac Balkhach
阿拉木圖
烏茲別克
Bichkek
塔什干
吉爾吉斯
中國

土庫曼
Achgabat
科爾德庫伊
德黑蘭
伊朗
Mazar-e Charif
阿富汗
TAPI天然氣管線
往印度
Douchanbé
塔吉克
喀什米爾
巴基斯坦
印度

中國-中亞天然氣管道

500 km
波斯灣

中亞的區域組織與政經結盟
前蘇聯成員國家
土庫曼
(1995年宣布為中立國)
上海合作組織成員國
獨立國協成員國
歐亞經濟聯盟成員國
跨境往來密切的國家

中亞油氣資源分布圖
重要天然氣管線
計畫中天然氣管線
重要輸油管
油田
天然氣田
石油兼天然氣田
石油精煉廠或天然氣處理廠
石油輸出港

Carto nº 37, 2016 © Areion/Capri

資料來源：Isabella Damiani et Victoria Bachelet, juillet 2016；Rédaction de Carto, juillet 2016；CIA, Oil and gas infrastructure in the Caspian Sea region, mars 2012

莫斯科祭出「關稅聯盟」與中國對抗

不過就在 2010 年，一件重大的地緣經濟事件震撼了中亞能源市場：俄羅斯、白俄羅斯與哈薩克有意成立一個新的關稅聯盟，讓彼此的貨物能夠自由流通。亞美尼亞 (Armenia) 與吉爾吉斯 (Kyrgyz) 在 2015 年加入後，歐亞經濟聯盟成立了。俄羅斯是否能藉由新的夥伴關係再度成為中亞能源市場的最大買家，打敗伊朗，甚至打敗中國呢？烏茲別克和土庫曼拒絕加入這個新的組織，此一外交決策反映出中國壟斷這兩國能源產品的地位十分穩固。北京政府也十分看重穿越阿富汗的 TAPI 天然氣管線計畫 (Turkmenistan-Afghanistan-Pakistan-India pipeline project)。

俄羅斯雖然損失了土庫曼和烏茲別克的能源市場，但 2013 年對中出口量達 1,180 萬噸的哈薩克，已加入歐亞經濟聯盟，將為這個蘇聯垮台後的新合作計畫添薪加柴。放眼未來，在阿斯塔納和北京堅定的友誼下，發展歐亞單一市場能否讓莫斯科在哈薩克能源市場上更具優勢呢？

文 ● V. Bachelet 及 I. Damiani

❶ 2019 年更名為努爾蘇丹（Nursultan）。

3 中亞的石油、天然氣銷售概況：2007年

俄羅斯
哈薩克
烏茲別克
土庫曼
中國
伊朗
裏海

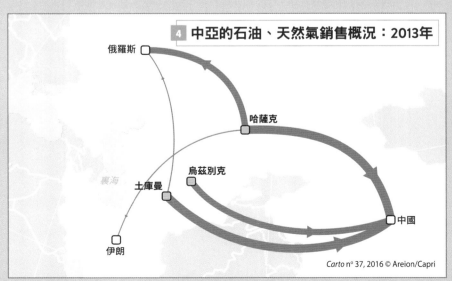

4 中亞的石油、天然氣銷售概況：2013年

俄羅斯
哈薩克
烏茲別克
土庫曼
中國
伊朗
裏海

Carto nº 37, 2016 © Areion/Capri

AMERICAS
美洲篇

哥倫比亞革命軍：
極度富有的馬克思叛亂團體

◎ **基本資料**

正式國名
哥倫比亞共和國

總統
伊萬・杜克・馬奎茲
(Iván Duque Márquez，
2018 年就任)

面積
1,138,910 平方公里 (世界排名第 26 位)

官方語言
西班牙語

首都
波哥大

2017 年人口
4,906 萬人

人口密度
每平方公里 42 人

貨幣
批索 (Peso)

歷史
哥倫比亞原本聚居著不同的美洲印第安族群，16 世紀初開始受到西班牙人的宰制，直到 1819 年西蒙・玻利瓦 (Simón Bolívar) 宣布獨立為止。在獨立之初，哥倫比亞的國土涵蓋今日的委內瑞拉、厄瓜多和巴拿馬，這些國家各自經由內戰而獨立。現行的哥倫比亞共和國憲法於 1886 年通過。

2017 年人均 GDP
(以購買力平均價計算)
14,472 美元

2018 年人類發展指數 (HDI)
0.747(排名第 90 位)

和平之鐘終於響起了嗎？2016 年 6 月 23 日，哥倫比亞政府與哥倫比亞革命軍 (FARC) 歷經三年的協商，於古巴首都哈瓦那簽下歷史性協議，宣布永久停火。不過，在某些協議事項尚待磋商之際，游擊隊所藏匿的資金已引發種種爭議，影響和談的進展。

哥倫比亞革命軍很有錢嗎？這個問題看起來有些多餘，畢竟一個秉持馬克思主義精神的運動，應該不會把錢放在第一位，但是這可能會破壞自 2012 年 12 月起展開的和平談判，就這個團結的時刻而言也十分不利。揭開這個問題的是 2016 年 4 月 16 日發行的《經濟學人》(The Econonist) ❶。根據匿名消息來源，2012 年革命軍擁有 105 億美元的財產，但是革命軍的談判代表馬奎茲 (Iván Márquez) 在 2015 年 12 月明確表示他們沒有錢，更遑論賠償內戰受害者。馬奎茲否認《經濟學人》的報導屬實，但問題依舊存在：革命軍究竟有沒有積攢大筆錢財？如果有，又藏在哪裡？

革命軍的資金來源：販毒、勒索、綁架

1964 年，哥倫比亞革命軍在激烈反抗中央政府與爭取土地權的運動中誕生，他們走上以武力奪取政權之路，在哈瓦那和平談判開始之前，所有嘗試調停的努力都失敗了。在烏力貝總統 (Álvaro Uribe) 執政期間 (2002~2010 年)，政府只有一個目標，就是以武力打倒游擊隊。2012 年，歷經多次交火，人員傷亡累累之後，桑多士總統 (Juan Manuel Santos，2010 年 8 月就任) 的新政府與革命軍共同宣布將於 10 月展開和平談判。討論的焦點包括土地改革、游擊隊員如何回歸社會、打擊販毒及受害者賠償等議題。哥倫比亞內戰是目前世界各地的戰爭中延續最久的，至今已造成 26 萬人死亡、45,000 人失蹤、700 萬人流離失所 (參見圖1)。

為了籌措軍事資金，革命軍從事綁架、勒索與販賣古柯鹼等行動。根據聯合國調查，古柯鹼是全世界製造潛力最強的毒品之一，2014 年就生產了 442 公噸，栽種面積達 69,000 公頃。只消看一眼哥倫比亞地圖，就會發現有種古柯的地方就有游擊隊 (參見圖2)。革命軍每年因販毒獲得的利益可達 3 億美元之多，其他的主要資金來源，還包括淘金、勒索及綁架 (革命軍已於 2012 年正式宣布停止綁架行為) 等。

然而我們很難得知實際金額。即便是隸屬哥倫比亞財政部的「金融分析及情報小組」(UIAF)，也坦承由於消息來源可信度不高，他們也無法掌握確實的數字。在否認《經濟學人》報導的數字之餘，金融情報小組也承認革命軍確實有一筆資金，哥國政府則宣示所有查獲的資金都將充公。2016 年 5 月 17 日，政府逮捕 13 名被指控為游擊隊帳戶洗錢的嫌犯：他們共持有 2,000 萬美元、40 棟房屋、8 輛汽車及一間公司。

美國介入，打擊南美販毒游擊隊

在這場追查資金流向的大戰中，哥國政府擁有美國的支援，其中隸屬美國財政部的「外國資產管制辦公室」(OFAC)，也沿著幾條線索追查。2008 年，外國資產管制

■馬納瓜

尼加拉瓜

聖荷西■
哥斯大黎加

巴拿馬

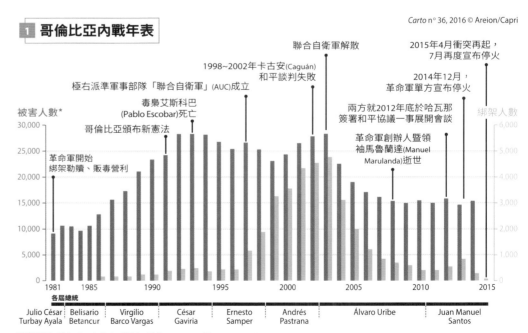

Carto n° 36, 2016 © Areion/Capri

1　哥倫比亞內戰年表

資料來源：Rédaction de Carto, 2016；« Unfunny money: The government may never get its hands on the guerrillas' ill-gotten gains », in The Economist, 16 avril 2016

*不包含平民因武裝衝突連死亡之人數

Carto n° 36, 2016 © Areion/Capri
資料來源：OCHA, « Colombia: Humanitarian
Snapshot », janvier 2016 ; www.ecopetrol.com.co,
2016 ; « The promise of peace », in The Economist,
31 octobre 2015 ; UNODC et Gouvernement colombien,
Colombia: Monitoreo de Cultivos de Coca 2014,
juillet 2015 ; Sénat, La Colombie : un nouveau départ,
octobre 2011 ; F. Bost (dir.), Atlas mondial des zones
franches, La Documentation française, 2010

2 哥倫比亞地圖與游擊隊活動區

省界

重要戰略道路
(包含已完工和建設中)

主要道路 ——

次要道路 ——

亞馬遜森林

免稅區

出口經濟特區
(政府設置)

主要石油礦脈 ●

主要輸油管 ——

2015年發生武裝衝突及
攻擊平民事件之區域

2014年種植古柯(coca)之區域

2010年後處於廢棄狀態的古柯種植區

2016年6月革命軍出沒的區域

100 km

辦公室查出有3家哥籍匯兌公司為革命軍工作；2015年8月，5名游擊隊成員因將資金匯至瑞士，而被列入柯林頓名單 (Clinton List，涉及販毒之個人或企業的調查名單)。另一條流出資金的管道則是透過購買商品，商品由中國售出，經由巴拿馬和尼加拉瓜賣到游擊隊的占領區。目前游擊隊在當地也握有幾間小公司，僱用被遣散的前游擊隊員。革命軍過去亦藉由非法開採金礦及開墾農地賺取資金。最後，革命軍在哥斯大黎加、委內瑞拉、厄瓜多和巴拿馬等國，應該都有投資，尤其針對不動產項目。

哥倫比亞政府已承諾在持續推動和平談判同時，查明革命軍的資產狀況，許多專家則呼籲游擊隊儘量開誠布公，以免影響和談，畢竟在人們眼前的景象與記憶中，超過半個世紀的爭戰所留下的痕跡依然鮮明。自從2015年7月宣布「無限期停火」後，革命軍便停止軍事活動。為了表達誠意，他們承諾遣散軍隊中所有未成年的兒童兵，並遵守2016年6月簽署的停火協議。桑多士總統非常重視此事，儘管反對派與輿論不贊成簽署對革命軍有利的協議，桑多士卻視和談為哥倫比亞大發展計畫的一環，而哥倫比亞是南美洲經濟發展最活躍的國家之一。

文 ● G. Fourmont

❶ "Unfunny money: The government may never get its hand on the guerrilas' ill-gotten gains", in The Economist, 2016.4.16.

秘魯：亞裔勢力壟斷政壇？

下一個秘魯領導人不會再姓藤森了。2016 年 6 月 5 日，庫辛斯基 (Pedro Pablo Kuczynski) 在總統大選第二輪投票，贏了藤森惠子 (Keiko，即前總統藤森謙也 [Alberto Fujimori，任期 1990~2000 年] 的女兒)。藤森謙也在秘魯的施政成果是功是過，國內評價兩極，此時庫辛斯基的勝利形同投下一顆震撼彈。這個拉丁美洲經濟發展名列前茅的國家，勢必再度走向百家爭鳴的政治局面。

秘魯是不是拉丁美洲的「新小龍」呢？當巴西、委內瑞拉等南美大國身陷嚴重的政治與經濟危機時，秘魯自成一股穩定的力量。從具體數據來看，根據世界銀行的資料，2002~2015 年間，秘魯的經濟成長率介於 3.3~5.5% 之間。這些經濟成長來自漁業及觀光業，更重要的是來自礦產開採：2015 年，秘魯是全球第 3 大產銅國，也是排名第 7 的黃金生產國。礦業由跨國企業主導，占國內生產毛額的 15% 及出口總額的 60%。

貪汙前總統家族勢力龐大，持續影響秘魯政壇

從 1980 年開始，日本移民之子藤森謙也領導通貨膨脹率曾高達 20 倍的秘魯，走上解除管制及大力推動私有化之路。繼任的賈西亞 (Alan García，任期 2006~2011 年) 和烏馬拉 (Ollanta Humala，任期 2011~2016 年) 都承襲相同的路線。烏馬拉過去曾是軍人，於 2000 年 10 月發動叛變反抗藤森政府失敗而為人所知，這場叛變稱為「種族卡薩雷主義運動」(mouvement ethnocacériste)，他當時力挺非白人族裔重掌政權，令左派團體燃起信心。然而，烏馬拉上任後很快便放棄左傾的礦業國有化計畫，轉而集中力量活絡市場經濟。根據聯合國的資料，秘魯的貧窮率在烏馬拉任內持續下降，由 2001 年的 54.8% 降到 2014 年的 22.7%。

2016 年 6 月進入最後一輪投票的兩位總統候選人，皆宣稱將延續自由主義的經濟政策，對於藤森謙也政治遺產的態度卻大相逕庭。庫辛斯基原本活躍於美國商界，他成功讓反對藤森家族的人成為選舉的後盾，屬於廣泛陣線 (Frente Amplio) 的左派議員孟多薩 (Verónika Mendoza) 也在其中。許多秘魯人聽到「藤森」，便會想到他在 1992 年與國會對抗、發動「自我政變」(autogolpe) 以清除異己一事，還有他在任期間種種貪汙行為與利用軍人勒索政敵，貪汙導致他於 2000 年放棄總統職位，並於 2009 年被判處 25 年刑期。

對藤森惠子而言，藤森謙也在任內鎮壓信奉馬克思主義的遊擊組織「光明之路」(Sentier lumineux，活動期間 1980~2000 年)，為她的形象大大加分。安地斯山區鄉村的印地安人族群，是她的死忠支持者，根據秘魯真相與和解委員會 (2001~2003 年) 的調查，在軍事衝突造成的 69,000 名受害者中，75% 屬於此一族群。她和父親一樣訴諸民粹，呼籲人民不要選擇庫辛斯基，因為他是殖民者的後代、維護殖民者利益的克雷奧菁英 (élite créole)。藤森惠子與福音派人士及保守的天主教組織主業會 (Opus Dei) 的關係也相當緊密，因此亦取得部分保守派選民的支持。

第二輪投票結果，庫辛斯基獲得 50.12% 的選票支持，以些微差距獲勝，反映出秘魯政治版圖分化的程度。同理，我們應由國會的勢力版圖來評價此次大選的結果。秘魯的一院制國會在同年 4 月剛完成選舉，而新總統所屬的秘魯改革黨 (Peruanos por el Kambio)，在 130 席中僅占有 18 席，藤森惠子所屬的廣泛陣線則擁有 73 席，取得國會多數。就在前總統藤森謙也請求特赦之際，分屬對立政黨的立法權與行政權，在緊繃的關係下展開共治。

全球原料價格下跌，嚴重威脅出口經濟

庫辛斯基未來必須處理的課題，還包括因秘魯政府支持跨國礦業公司，所衍生出的嚴重社會衝突。國內 30~45% 的原住民人口認為，自己屬於前哥倫布時期的原住民後裔。與玻利維亞及厄瓜多等鄰國原民不同的是，秘魯原住民並不是最積極參與抗爭的一群。但在烏馬拉政府時期，礦區居民聯合環保非政府組織、左派工會，反對政府徵收礦區土地，特別是 2011 至 2012 年間南美最大的康加金礦開發案 (Conga Project，位在秘魯北部卡哈馬卡區 [Cajamarca]，參見右圖)。這項開發案最終放棄執行，造成至少有 70 名抗爭人士因警察鎮壓而喪命。

眼前的穩定可能不過是曇花一現。秘魯正面臨原料價格下跌的壓力。例如從 2012 年春天到 2016 年夏天，銅的價格便下跌將近一半，嚴重威脅經濟體質。身為全球第一大古柯鹼生產國，秘魯也必須處理販毒業的問題，而這項產業創造了 1.5% 的國內生產毛額。近來，打著「光明之路」旗幟的武裝團體捲土重來，屢屢發動攻擊，使人質疑游擊隊是否一息尚在。此外，秘魯必須面對的難題還包括頑強的地下經濟體系：70% 的秘魯勞工受僱於地下經濟活動，形同公權力的化外之地。因此，將中小型礦場中充斥的「地下礦工」納入管制，顯然是庫辛斯基為達成「社會革命」之承諾，必須推動的重要工作之一。

文 • T. Chabre

秘魯的自然資源與經濟概況

區名 *ICA*
區界
主要道路 ——

自然資源
銅礦、銀礦、金礦、鋅礦的主要所在地 ◉
石油礦脈

基礎經濟建設
礦砂船碼頭 ■
輸油管 —
專屬經濟海域 ▢
樞紐港(hub) ▢

主要港口*
單位:1千公噸(2011年數據)
1,110
500
318
*進入祕魯各港口的貨物以鯷魚為大宗

環境保護區
重要保護區
因森林濫伐或石油開採而危及
物種生存的區域

原住民語言
半數以上人口使用
克丘亞語(quechua)的區域 ——

社會衝突分布區
各區衝突事件數量 ▢
(2015年9月數據)

基多
哥倫比亞
厄瓜多
LORETO 13
Iquitos
TUMBES 3
Talara
PIURA 15
Sullana
Paita
Piura
AMAZONAS 4
Yurimaguas
CAJAMARCA
Bayóvar 4
LAMBAYEQUE
Bayóvar
Chiclayo
Chachapoyas
Tarapoto
SAN MARTIN 2
巴西
卡哈馬卡 安地列斯山脈
LA LIBERTAD
Chicama
Pucallpa
Coishco
Chimbote
Huascarán 6 768 m
Huaraz
Antamina (銅與鋅)
Tingo María
HUÁNUCO
UCAYALI 2
ANCASH
Huarmey
Cerro de Pasco
Marcapunta (銅與金)
PASCO 7
MADRE DE DIOS 2
Supe
Chancay
La Oroya (銅與鋅)
JUNÍN 11
Le Callao
Huancayo
Puerto Maldonado
利馬 11
HUANCAVELICA
庫斯科 16
Cerro Lindo (鋅)
Ayacucho
Cuzco
Ausangate 6 372 m
PUNO 19
玻利維亞
Tambo de Mora
Pisco
Ica
AYACUCHO
APURIMAC
安地列斯山脈
Abancay
Ayaviri
Toquepala (銅)
ICA 12
22
Puno
的的喀喀湖
Marcona
AREQUIPA 6
Arequipa
Cuajone (銅)
MOQUEGUA
Volcan Tutupaca 5 815 m
拉巴斯
Camaná
Mollendo
Moquegua
TACNA 4
Tacna
Ilo
祕魯與智利發生
主權爭議的海域
往 Iquique
智利

太平洋

0 ————— 150 km

各區貧窮人口百分比
■ 82.1%以上   ▢ 20~39.9%
■ 60~69%   ▢ 10~19.9%
▢ 40~59.9%   ▢ 0.1~9.9%

2008年

2013年

**2014年地下經濟占各地區
就業人口的百分比**
■ 87~90%   ▢ 76~80%
■ 81~86%   ▢ 50~75%

Carto n°37, 2016 © Areion/Capri

資料來源: *Instituto Nacional de Estadística e Informática (INEI), 2016 ; Centro Nacional de Planeamiento Estratégico, Economía informal en Perú: Situación actual y perspectivas, mars 2016 ; « En el Perú hay más de 200 conflictos sociales por resolver », in El Comercio, 14 octobre 2015 ; Cyclope, Les marchés mondiaux, 2013 ; Programa de Estudios sobre Democracia y Transformación Global, 2011 ; Oxfam, People, power and pipelines, 2010 ; FAO, Status of and trends in the use of small pelagic fish species for reduction fisheries and for human consumption in Peru, 2009*

基本資料

正式國名
秘魯共和國

元首
畢斯卡拉 (Martin Vizcarra,2018年上任)

面積
1,285,216 平方公里
(世界排名第20位)

官方語言
西班牙語及克丘亞語

首都
利馬

2017年人口
3,216 萬人

人口密度
每平方公里 24 人

貨幣
新索爾 (Nuevo Sol)

歷史
秘魯是前哥倫布時期的文明中心,也是印加帝國(1438~1533)的核心,1821年以前受到西班牙的統治,歷經40年的動盪才獲得獨立。20世紀的秘魯史充斥著軍人為奪取政權的相互傾軋,直到1980年代才平息,隨著而起的則是

共產主義游擊隊「光明之路」(Sendero Luminoso)的時代。

2017年人均 GDP
(以購買力平價計算)
13,434 美元

2018年人類發展指數
(HDI)
0.750(排名第89位)

海地：國家為何一整年無總統？

2010 年 1 月 12 日，一場芮氏規模 7.0 的地震襲擊海地，奪走超過 22 萬條人命 (參見圖 4)。經過 6 年重建，該國經濟終於再度展露曙光。然而在重重的社會與環境問題下，海地政府面臨了嚴峻的政治危機：原訂於 2016 年 1 月 24 日舉行的總統大選第二輪投票因故取消，改於 11 月 20 日重新辦理，因此到 2017 年 2 月摩依士總統 (Jovenel Moïse) 正式就職為止，海地皆處於沒有國家元首的狀態。

2015 年是海地的選舉年。繼 8 月 9 日舉行第一輪國會選舉投票之後，又於 10 月 25 日舉行三合一選舉：包含市長、國會第二輪投票，以及總統選舉第一輪投票。摩依士代表海地光頭黨 (PHTK) 參選，是即將卸任的總統馬德立 (Michel Martelly，任期 2011 年 5 月 ~2016 年 2 月) 支持的對象，第一輪得票率為 32.8%。塞葉斯坦 (Jude Célestin) 獲得第二高票 (25.2%)，但是他抨擊選舉過程有舞弊行為，宣布退選，許多宗教團體及人民團體發動示威抗議，反對在只有一個候選人的情形下進行第二輪投票。首都太子港 (Port-au-Prince) 因此爆發多起暴力事件，致使政府為安全因素取消第二輪投票。新的投票日期訂於 11 月 20 日，而投票結果直至 2017 年 1 月 3 日才確定，由摩依士以 55.6% 的得票率取得勝利。

選舉期間的紛爭使政治情勢趨於複雜，在此之前，海地除了在 12 年前推翻前總統阿里斯蒂德 (Jean-Bertrand Aristide，任期 2001~2004 年) 的政變以外，政治上一直處於相對穩定的狀態。

首都太子港獲得國際援助，重現地震前光彩

規模 7.0 的地震造成 150 萬人被迫離開家園，他們主要遷移至太子港，現在全國有 1/3 人口居於該市 (2015 年人口數為 1,011 萬人)。到了 2015 年，政府重新安置了超過 140 萬人。海地各地逐漸展露復甦的跡象，地震後湧入的國際援助提供了就業機會 (參見圖 3)，太子港部分震毀的建築物得以重建。

地震發生前，太子港的市中心在戰神廣場 (Champ-de-Mars) 一帶，災後的重建工作使得這座大都會出現了新的發展熱點。首都東側的區域，由於有國際機場和工業區，又方便往來多明尼加共和國邊界 (2014 年多明尼加總進口額的 29.2% 來自海地)，在災後的發展最為蓬勃。另一方面，雖然教育品質仍待加強，兒童享有小學教育的比例在 2015 年已達 90%(參見圖 2)，可見重建工作已在循序漸進地推展，整個國家也恢復風采，再度吸引各國觀光客的目光。

從社會環境面來看，海地人民的生活僅有些微改善，在那些正進行重建工程及需要國際援助介入的區域，生活更是困難。2012 年 58.5% 的海地人口生活在貧窮線以下，可見國家挑戰之

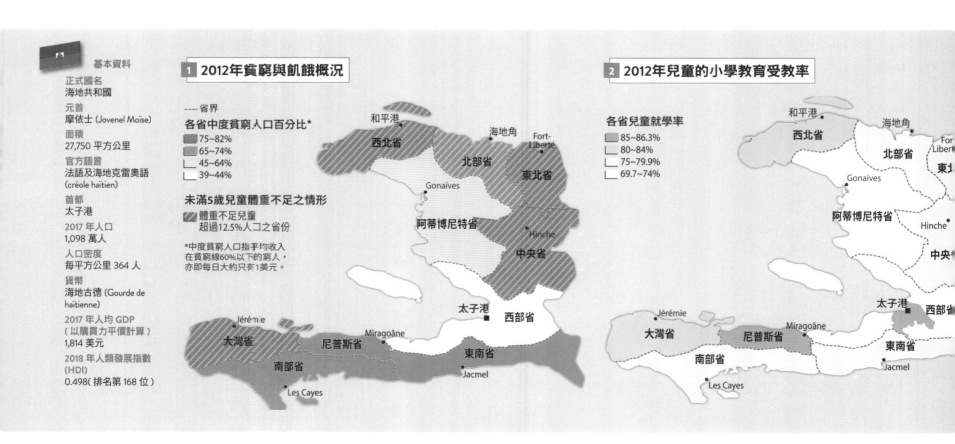

基本資料

正式國名
海地共和國

元首
摩依士 (Jovenel Moïse)

面積
27,750 平方公里

官方語言
法語及海地克雷奧語
(créole haitien)

首都
太子港

2017 年人口
1,098 萬人

人口密度
每平方公里 364 人

貨幣
海地古德 (Gourde de haïtienne)

2017 年人均 GDP
(以購買力平價計算)
1,814 美元

2018 年人類發展指數 (HDI)
0.498(排名第 168 位)

1 2012年貧窮與飢餓概況

---- 省界

各省中度貧窮人口百分比*
- 75~82%
- 65~74%
- 45~64%
- 39~44%

未滿5歲兒童體重不足之情形
- 體重不足兒童
超過12.5%人口之省份

*中度貧窮人口指平均收入在貧窮線60%以下的窮人，亦即每日大約只有1美元。

和平港　海地角　Fort-Liberté
西北省　北部省　東北省
Gonaïves
阿蒂博尼特省　Hinche
中央省
太子港　西部省
Jérémie　Miragoâne
大灣省　尼普斯省　東南省
南部省　Jacmel
Les Cayes

2 2012年兒童的小學教育受教率

各省兒童就學率
- 85~86.3%
- 80~84%
- 75~79.9%
- 69.7~74%

和平港
西北省　北部省　Fort-Liberté
Gonaïves　東北
阿蒂博尼特省　Hinche
中央省
太子港　西部省
Jérémie　Miragoâne
大灣省　尼普斯省　東南省
南部省　Jacmel
Les Cayes

艱鉅(參見圖 1)。醫療服務普及程度是最大的問題之一，海地每 1 千人只有不到兩張病床 (2012 年數據)，必須依靠人道組織協助控制傳染病，霍亂便是其中之一 (2015 年有 36,045 個新確診病例)。然而，對人民來說更緊要的是如何確保日常的糧食供給。

極端氣候造成旱災，糧食收穫砍半

海地的農業人口占總人口 38%，然而，自 2014 年 5 月以來，海地北部與南部各區屢屢發生嚴重旱災。2015 年，雨季來臨的時間較過去幾年遲了 40 天以上，各區降雨量不足的程度在 100 至 300 公釐之間。根據海地糧食安全協調部門 (CNSA) 的資料，當年春季的收穫量減少了將近一半，而該國全年的農產量 60% 都集中於春季❶，此一現象導致當年 11 月的農產食品價格漲幅達到 12%。以黑豆為例，黑豆是海地人最常

食用的豆類之一，也是窮人主要的蛋白質來源，但是與 2010~2014 年的平均價格相比，2015 年的黑豆價格貴了足足 35% 之多。

政府推動農業轉型計畫，農民有疑慮不願跟進

把時間拉長一點來看，惡劣的氣候條件並非威脅海地農業唯一的因素。該國 29.5% 的面積屬於平原及人口聚居的高原，山地是最常見的地形。為了種植糧食作物，山區的土地遭到過度開發，林地則被剷除，闢為耕地。在這種情形下，根據聯合國的資料，原本在 1956 年占有 5.5% 面積的天然林地，到了 2010 年僅存 2.6%，可見森林濫伐的現象由來已久。

過度開發使得土壤的肥沃度降低：1998~2004 年間，咖啡和豆類的產量減少了 30% 以上。對海地未來的發展而言，這是最棘手的幾個問題之一。雖然目前該國政府已積極提出一套針對 2010~2025 年的全國性農業戰略，然而由於公私部門投入的資金不足，農民也只能維持現狀，畢竟眼前沒有實質力量，支持他們為了鞏固糧食安全而從事轉型。

文 ● N. Ressler

4 2010年1月海地地震成因圖

地理條件
板塊
板塊運動方向
斷層
隱沒帶
(板塊由此隱沒到另一個板塊底下)
轉形斷層
(位於張裂型板塊邊緣的水平位移斷層)

北美洲板塊
波多黎各海溝
(9,200公尺深，是大西洋最深的海溝)

海地
2010年1月12日
震央所在地

墨西哥
開曼海溝
(7,686公尺深)
貝里斯
瓜地馬拉
宏都拉斯
薩爾瓦多
尼加拉瓜
科科斯板塊
巴拿馬
哥斯大黎加

牙買加
Enriquillo-Plantain Garden 斷層帶
Beata斷層
加勒比板塊
加勒比海

多明尼加
維京群島(英屬)
波多黎各(美屬)
安克拉及巴布達
聖克里斯多福及尼維斯
瓜地洛普島(法屬)
多米尼克
馬丁尼克島(法屬)
聖文森及格瑞那丁
聖露西亞
巴貝多
格瑞那達
Pilar斷層
千里達及托巴哥

Bassin du Venezuela

北安地斯板塊
哥倫比亞
南美洲板塊
委內瑞拉
蓋亞那

納斯卡板塊

0 300 km

資料來源：Institut de physique du globe de Paris (IPGP), janvier 2010 ; Commission de la carte géologique du monde, UNESCO, 2006

Carto n° 34, 2016 © Areion/Capri

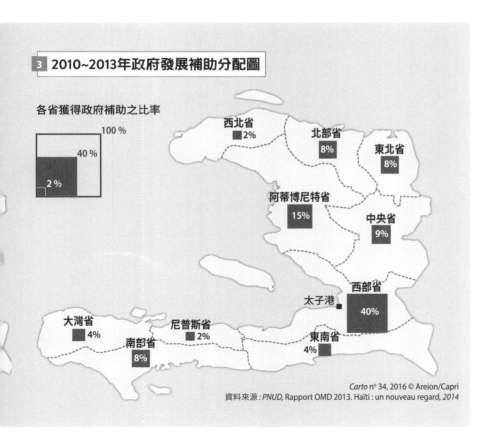

3 2010~2013年政府發展補助分配圖

各省獲得政府補助之比率
100 %
40 %
2 %

西北省 2%
北部省 8%
東北省 8%
阿蒂博尼特省 15%
中央省 9%
西部省 40%
太子港
大灣省 4%
尼普斯省 2%
南部省 8%
東南省 4%

Carto n° 34, 2016 © Areion/Capri
資料來源：PNUD, Rapport OMD 2013. Haïti : un nouveau regard, 2014

❶ CNSA, Haiti: Perspectives sur la sécurité alimentaire, Avril-Septembre 2015, 11 mai 2015.

哥斯大黎加：
綠能模範生、全世界最環保的國家

哥斯大黎加是全球最環保的國家，致力於能源轉型與經濟的永續發展，計畫在 2021 年成為第一個實現「碳中和」❶ 的國家，這個宏願讓哥斯大黎加面臨巨大的挑戰。

2015 年，靠著水力（占發電量 74.7%）、地熱 (12.9%)、風力 (10.3%) 以及貢獻較小的生質能 (0.89%) 與太陽能 (0.01%)，哥斯大黎加幾乎所有的電力 (98.8%) 都由再生能源供應。等到蓋在叢林中的雷文塔松水力發電廠 (Reventazón) 落成後，哥國可望於 2016 年達到 100% 綠能發電的目標。接下來幾年還有其他計畫等待運作，例如哥國規劃於南部興建埃爾迪奎斯壩 (El diquís dam，參見右圖)，預計 2025 年完工，屆時將成為中美洲最大的水壩，此外，還有一座新地熱發電廠預定將於 2019 年開始正式運轉。

綠能發電成效良好，代表這個小國擁有的有限資源（當局譽為「大自然的禮物」）得到了最佳利用（哥國面積 51,100 平方公里，與波士尼亞與赫塞哥維納相近），這也是政府積極作為的成果：哥國政府從 1940 年代末開始，便決定用全國性的電力事業帶動國家發展，並設定要於 2021 年達成零碳排、在該國憲法明定「擁有生態平衡的良好自然環境」為國民權利。

然而，這個發展模式遇到的瓶頸是，興建水壩勢必會淹沒廣大的土地，當地居民可能被迫遷居，因此引發原住民聚落的抗議。此外，政府於 2011 年宣布中止石油探勘活動，如今要求開放禁令的呼聲也不小，這可能會危及哥斯大黎加的生物多樣性。哥國生態十分豐富，擁有全球 5% 的物種，全國有 160 個自然保護區，相當於 25% 的國土面積，其中包括 27 個國家公園，他們最主要的收入來源是旅遊業：根據世界銀行的資料，2013 年有 240 萬外國觀光客前來一探哥斯大黎加的生態奇景，創造 28 億美元的消費額。同時，哥國人口正快速成長（根據官方統計，2015 年人口數為 480 萬人，是 1984 年的兩倍），能源需求隨之增加。交通運輸等部門耗用之資源，仍以化石燃料為主。由此看來，哥國環保模範生的地位可能不保。

再者，哥斯大黎加也未能免於中美洲國家反覆遭遇的社會問題與政治紛擾，諸如失業 (2015 年的官方數字為 10.1%)、貧窮 (2015 年生活在貧窮線以下的人口占 21.7%)、首都聖荷西市 (San José，人口 120 萬) 的空氣汙染，以及邊境移民問題，例如想要投奔美國的古巴移民湧入哥國。另外，哥國與鄰國尼加拉瓜還有領土爭議：尼加拉瓜主張聖胡安河出海口 (San Juan) 的波提優斯島 (Isla Portillos) 屬於該國。可見，世外桃源的形象只是表面而已。

文 ● É. Janin

❶ 指總排碳量為零，亦即哥國排放多少碳就會做多少抵銷措施來達到平衡。

哥斯大黎加綠色能源分布圖

地勢
單位：公尺
4,000
3,000
2,000
1,000
500
200
0

—— 主要道路
—— 次要道路
—— 有移民問題的邊境地帶
⌐ 等待前往美國的古巴人主要滯留區域
⌐ 自然保護區
// 原住民所在地
重要生態旅遊景點

發展中的發電廠計畫
○ 水力發電廠
● 風力發電廠

Siquirres 大型工程計畫

30 km

Carto n° 34, 2016 © Areion/Capri

資料來源：*www.nacion.com, 2016*；*www.sinac.go.cr, 2016*；*OCHA, décembre 2015*；« Le Costa Rica, pays de l'électricité verte », in Le Monde, 22 octobre 2015

北極海：冰層融解，西北航道首度開啟

每到夏天，航行在威尼斯潟湖水道或伊斯坦堡附近海峽上的遊輪，就會成為話題。對於本就十分脆弱的古蹟和自然環境而言，這些遊輪的存在本身就是一種威脅，接下來北極海可能得面臨同樣的問題。2016 年 8 月，一艘豪華遊輪首次穿越西北航道，北極已經準備好迎接大批觀光客了嗎？

北極海旅遊活動對沿岸某些地區相當重要，可為社會與經濟帶來活力，美國與加拿大的海洋主管機關皆高度關注此事，因為沒有人知道在這個物種脆弱、容易受人為活動及氣候變遷衝擊的區域，一艘豪華遊輪會造成何種影響。這場大型試航活動在 2016 年 8 月 16 日至 9 月 17 日間展開，「水晶尚寧號」(Crystal Serenity) 由阿拉斯加的安克拉治出發前往紐約 (參見右圖)。業者之所以認為遊輪應可順利通過整條西北航道，除了夏季氣溫升高的因素外，更主要的因素是冰層厚度減少。加拿大的港務主管機關預測船舶數量將會增加：1980~1987 年間，能夠航行在北極海上的船舶只有 4 艘，2004~2011 年間則達 1C5 艘。

北極圈旅遊已行之有年，這類旅遊主要從 20 世紀下半葉開始蓬勃發展，當時北極圈周圍的國家解除了經濟禁令。其實早在 1930 年代，挪威和芬蘭的「極北荒地」(Grand Nord) [1]，便以聖誕節元素為包裝開始吸引遊客。時至今日，獵人、登山家、冒險家，已不再是唯一會前往這偏遠之境追尋風景或野獸的人了。原本以陸上行程為主的北極圈旅遊，現在也有了海上版的選擇，在哈德遜灣 (baie d'Hudson，加拿大)、巴芬島 (île de Baffin，加拿大) 周圍、格陵蘭、冰島和斯瓦巴群島 (archipel du Svalbard，挪威) 等，都有遊輪行駛。

水晶尚寧號的出發令美、加政府感到不安，首先是基於安全考量，因為這是頭一遭有如此規模的船舶要穿越如此陌生的海域，此區大部分的海床皆無測繪資料，而我們對北極冰層的認識同樣貧乏。這艘遊輪長 249.9 公尺、寬 32.3 公尺，可容納 1,070 名乘客及 655 名工作人員。只要出一點小狀況，可能就得

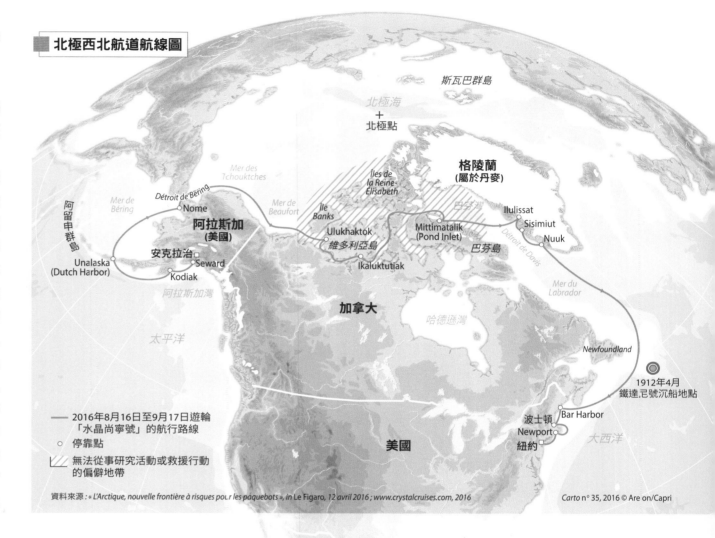

北極西北航道航線圖

斯瓦巴群島
北極海
北極點
格陵蘭（屬於丹麥）

Mer des Tchouktches
Détroit de Béring
Mer de Béring
阿留申群島
Nome
阿拉斯加（美國）
安克拉治
Seward
Unalaska (Dutch Harbor)
Kodiak
阿拉斯加灣

Iles de la Reine-Elisabeth
Mer de Beaufort
Île Banks
Ulukhaktok
維多利亞島
Ikaluktutiak
加拿大
哈德遜灣
太平洋

Mittimatalik (Pond Inlet)
巴芬島
Ilulissat
Sisimiut
Nuuk
Détroit de Davis
Mer du Labrador

Newfoundland
1912年4月
鐵達尼號沉船地點

波士頓
Newport
紐約
Bar Harbor
美國
大西洋

—— 2016年8月16日至9月17日遊輪「水晶尚寧號」的航行路線
○ 停靠點
▨ 無法從事研究活動或救援行動的偏僻地帶

資料來源：« L'Arctique, nouvelle frontière à risques pour les paquebots », in Le Figaro, 12 avril 2016 ; www.crystalcruises.com, 2016

Carto n° 35, 2016 © Are on/Capri

在這個極難抵達的地方發動前所未有的大型救援行動。我們實在很難不聯想到 1912 年 4 月鐵達尼號悲慘的事故，因此水晶尚寧號有一艘護衛船隨行。

另一群憂心的人則是科學家，他們關切大量觀光客未來將影響北極生態圈。我們很難掌握北極圈旅遊的量化數據，因為旅客人數係由沿岸各國自行統計，而各國使用的方法不同。然而根據聯合國環境規劃署 (UNEP) 的估算，1990 年代初的旅客人數約有 100 萬人，到了 2007 年已成長至 150 萬人左右。觀光業的發展主要集中在都市地區，緩和了野生動物和自然環境受到的影響，可是豪華遊輪的出現是否會改變現狀？這是一個問題。不過就目前而言，北極海遊輪和威尼斯及伊斯坦堡有一點不同：西北航道之旅只有少數尊貴人士得以享受，每位水晶尚寧號的乘客，必須支付 21,855~120,095 美元，才能在冰的世界度過夏日假期。

文 ● G. Fourmont

[1] Grand Nord 泛指北半球最北部人口極稀少的區域。

UNITED STATES
美國篇

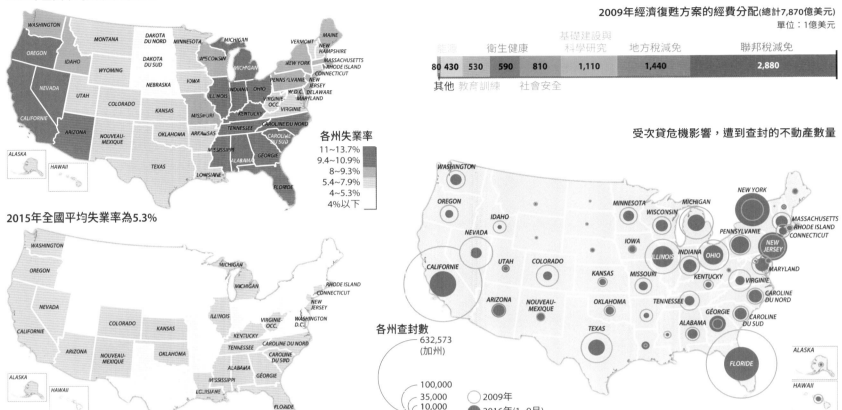

1 2009~2015年的失業率變化

2009年全國平均失業率為9.3%

各州失業率
11~13.7%
9.4~10.9%
8~9.3%
5.4~7.9%
4~5.3%
4%以下

2015年全國平均失業率為5.3%

Carto n° 38, 2016 © Areion/Capri

2 美國經濟危機與復甦概況

2009年經濟復甦方案的經費分配(總計7,870億美元)
單位：1億美元

能源	衛生健康	基礎建設與科學研究	地方稅減免	聯邦稅減免
80 430 530	590	810 1,110	1,440	2,880

其他 教育訓練　社會安全

受次貸危機影響，遭到查封的不動產數量

各州查封數
632,573
(加州)

100,000
35,000
10,000
○ 2009年
● 2016年(1~9月)

資料來源：U.S. Census Bureau of Labor Statistics, 2016 ; www.realtytrac.com, octobre 2016 ; Wikipédia, Plan de relance économique des États-Unis de 2009

評價歐巴馬：白宮在位8年的施政成績單

2017 年 1 月，美國前總統歐巴馬結束 8 年任期（分別於 2008 年及 2012 年兩次當選），離開白宮。此時正適合回顧歐巴馬執政期間的重要措施與美國的經濟、社會問題，以及對外政策的成果。雖然評論家們同意，美國的經濟體質在歐巴馬上任後確實有所改善，但外交領域的評價則較為不一。

2008 年 11 月，巴拉克・歐巴馬 (Barack Obama) 當選美國總統。身為第一位黑人總統，歐巴馬的勝選成為全球矚目的焦點。鑑於共和黨的小布希 (George W. Bush，任期 2000~2008 年) 已連任兩屆，支持者將改變的希望投注在他身上，等著歐巴馬解決的不只是社會問題與種族問題，對外關係也是一大難題（前任政府多次出兵，於 2001 年攻打阿富汗、2003 年攻打伊拉克）。不過，讓這位新總統在 2009 年 1 月一上任就忙得不可開交的，卻是經濟問題。當時美國已陷入金融與經濟危機達數月之久，如此嚴重的打擊，只有 1929 年導致成千上萬人失業的經濟大蕭條可堪比擬。

現在該是為這 8 年執政打成績的時候了。美國的經濟復甦了嗎？或者問得更全面些：美國在歐巴馬的領導下變得更強盛了嗎？總統本人是這麼相信的：歐巴馬在 2016 年 1 月發表的國情咨文中表示，美國依然是全世界最強大的國家。

經濟成績單：失業率改善、貧窮率卻高居不下

2009 年 1 月，美國經濟衰退（經濟成長率為 -2.8%），失業率則不斷攀升（當年年底達到 10%）。皮尤慈善信託基金會 (The Pew Charitable Trusts) 指出，經濟成長衰退實際上造成國內生產毛額損失 6,500 億美金，導致全國減少了 550 萬個工作機會，國民生活水準整體下滑，2008~2009 年間，每戶平均薪資所得減少了 3,250 美元❶。

歐巴馬採取的第一項強力措施，就是針對經濟大環境祭出 7,870 億的預算，實施一項大型振興計畫（最後耗費將近 8,300 億），藉由減稅及公共投資來刺激經濟成長。到了 2016 年夏天，美國經濟情勢明顯好轉，經濟成長率超過 2.4%，靠著創造數百萬個新職缺，失業率也降到 5% 的指標性門檻以下（參見圖1、2）。這是 2008 年以來前所未有的佳境，然而此一成果的到來，卻比新總統預期得晚了許多。具體而言，經濟自 2010 年便恢復成長，失業率卻等到 2011 年夏天才開始下降，直到 2012 年夏天才達

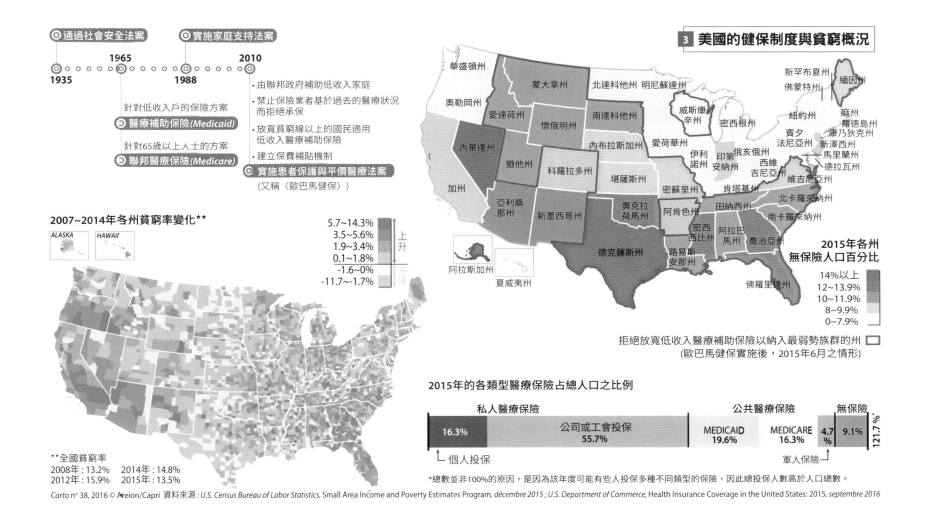

通過社會安全法案 ◎ ◎ **實施家庭支持法案**

1965 **2010**

1935 **1988**

針對低收入戶的保險方案
◎ **醫療補助保險(Medicaid)**

針對65歲以上人士的方案
◎ **聯邦醫療保險(Medicare)**

- 由聯邦政府補助低收入家庭
- 禁止保險業者基於過去的醫療狀況而拒絕承保
- 放寬貧窮線以上的國民適用低收入醫療補助保險
- 建立保費補貼機制
◎ **實施患者保護與平價醫療法案**
(又稱〈歐巴馬健保〉)

2007~2014年各州貧窮率變化**

ALASKA HAWAII

5.7~14.3%	上升
3.5~5.6%	
1.9~3.4%	
0.1~1.8%	
-1.6~0%	
-11.7~-1.7%	下降

**全國貧窮率
2008年：13.2% 2014年：14.8%
2012年：15.9% 2015年：13.5%

阿拉斯加州 夏威夷州

2015年各州無保險人口百分比

| 14%以上 |
| 12~13.9% |
| 10~11.9% |
| 8~9.9% |
| 0~7.9% |

拒絕放寬低收入醫療補助保險以納入最弱勢族群的州 □
(歐巴馬健保實施後，2015年6月之情形)

2015年的各類型醫療保險占總人口之比例

私人醫療保險　　　　　　　　公共醫療保險　　　無保險

| 16.3% | 公司或工會投保 55.7% | MEDICAID 19.6% | MEDICARE 16.3% | 4.7% | 9.1% | 121.7%* |

個人投保　　　　　　　　　　　　　　　　軍人保險

*總數並非100%的原因，是因為該年度可能有些人投保多種不同類型的保險，因此總投保人數高於人口總數。

Carto n° 38, 2016 © Areion/Capri 資料來源：*U.S. Census Bureau of Labor Statistics*, Small Area Income and Poverty Estimates Program, *décembre 2015*; *U.S. Department of Commerce*, Health Insurance Coverage in the United States: 2015, *septembre 2016*

到 8% 的目標，比預期的時程晚了兩年。

雖然歐巴馬在第二屆任期末給出這些令人振奮的數字，仍無法掩蓋美國經濟脆弱的現實，因為此時貧窮比例已經連續 3 年維持不變。根據最新的官方數據，2015 年有 14.8% 的美國人口生活在貧窮線以下(即四口之家的年收入低於 23,834 美元)；這 4,670 萬貧窮人口中，包括 1,500 萬名兒童及 500 萬退休人口。此一現象令人憂心，因此歐巴馬政府重新予以檢討，並將最低工資提高至每小時 7.25 美元。為此，歐巴馬又於 2013 年提出一項法案(最低工資公平法，Minimum Wage Fairness Act)，希望將基本時薪調整為 10.1 美元。直到 2017 年春天，受到共和黨占國會多數的影響(眾議院為 233 席對 435 席，參議院為 54 席對 100 席)，這項法案仍遭擱置。

健保成績單：說服反對黨支持全民保險失敗

人稱「歐巴馬健保」(Obamacare) 的「患者保護與平價醫療法案」(Patient Protection and Affordable Care Act)，可能是歐巴馬政府最具代表性的措施之一。這項法案於 2010 年 3 月通過，直到 2013 年 10 月才生效。推動改革的目的，是要讓數百萬美國人民獲得醫療保險，這些人過去因為無力支付保費或被認定健康風險過高，而無法與私人機構簽訂保險契約。法案通過後，兩千萬美國人民因此獲得醫療保障，使無保險人口的占比首次降到 10% 成以下 (9.1%，參見圖 3)。相比之下，2010 年時的無保險

人口比例則為 16%。

就社會面而言，歐巴馬健保雖然是一項進步的措施，卻造成保險業者的負擔。由數家業者組成的藍十字藍盾協會 (Blue Cross Blue Shield Association) 表示，符合歐巴馬健保的被保險人，他們的健康條件低於平均值，因此會比經由雇主投保的被保險人，使用更多的醫療照護與藥品，導致醫療支出增加 (從 2014 年的 19% 上升至 2015 年的 22%)。面對這種情形，有些保險業者選擇加強預防性控制的措施，甚至停止銷售這類保險。

整個 20 世紀中，建立全民醫療保險的訴求，一再激起各方討論，因此對民主黨而言，這項政策的實行是重大的勝利。直到 2010 年，美國仍是西方世界中唯一沒有全民健保的國家，因為國會中最堅持自由主義的共和黨議員認為：健康屬於個人領域，是私人事務，應該依照市場法則運作。面對這些壓力，歐巴馬政府也不得不讓步。

此外，值得關注的還有種族議題。自 2014 年夏天發生麥可‧布朗 (Michael Brown) 槍殺事件以來，美國黑人遭警方殺害的人數不斷增加 (2015 年為 306 人，2016 年上半年有 195 人)。雖然政府也做了一些努力，例如推動司法改革，減少一部分在監受刑人的刑期 (在監人口占黑人人口的 37.8% [2016 年 8 月統計]，而黑人只占總人口的 13%)；此外，歐巴馬亦提名非裔人士擔任重要職位 (如任命林奇 [Loretta Lynch] 為司法部長)，但是歐巴馬任內對種族歧視的問題著力不深。

外交成績單：
反戰立場鮮明，奉行多打交道、減少對抗

　　國際關係上，歐巴馬上任時便承諾，將終結前任總統發動的戰事，不再耗費大量時間與金錢。不過面對地緣政治的情勢變化，他還是做了一些妥協。例如，2011 年 5 月，美軍發動刺殺奧薩瑪·賓·拉登 (Oussama ben Laden) 的行動，顯示歐巴馬並未結束小布希所開啟的軍事衝突。在阿富汗，敵軍的反抗比預估的更加激烈，因此歐巴馬決定維持 8,400 名駐軍，直到 2017 年 1 月任期屆滿為止。

　　美軍已於 2011 年 12 月完全撤出伊拉克，但伊斯蘭國 (IS) 在當地的擴張卻使得美國必須派遣約 5,000 人，為伊拉克政府軍提供諮詢及訓練。在葉門、索馬利亞和巴基斯坦，歐巴馬倚重「外科手術式」的軍事行動，利用特種部隊和無人機來減少人力成本。而在利比亞和敘利亞，伊斯蘭國造成的威脅與日俱增，美國也分別在這兩地投入新的戰事，但是完全不派遣地面部隊。

　　另一方面，歐巴馬與反對陣營對話的意願，也是他對外政策的亮點之一。例如 2009 年 6 月，他在開羅的演說便令人印象深刻：歐巴馬主張與伊斯蘭世界重啟對話，卻未因此示弱，例如維持對伊朗的制裁手段，在 2015 年夏天於維也納完成伊朗核子協議簽訂，與彼此敵對的國家各自建立合作關係也是一例 (如沙烏地阿拉伯與以色列)。此外，歐巴馬 2014 年 12 月宣布與古巴關係邁向正常化，也是重要的歷史里程碑 (參見圖 4)。

亞洲策略成績單：集中軍武部署，牽制中國

　　最後，歐巴馬對美國外交策略的大方向顯然已有新的規劃，2011 年 11 月，他宣布重返亞洲，展露牽制中國力量的企圖。為此，美國強化在太平洋地區的軍事部署，預計 2020 年以前要將 60% 的空軍及海軍武力集中於此。這項策略不只是單純的展示軍力，還包括在防禦及貿易政策上強化與中國鄰近國家的雙邊關係。因此 2015 年底，美國與日本、越南、澳洲、智利、秘魯、墨西哥及加拿大等國簽訂「跨太平洋夥伴協定」(TPP)，建立大型的自由貿易協定。

　　綜觀歐巴馬 8 年來在白宮的作為，整體而言可予正面評價，國家的經濟狀況亦較 2008 年進步。然而，美國社會仍需面對諸多挑戰，例如：日益惡化的不平等現象、貧窮問題、槍枝管制、移民問題、敘利亞內戰……等等，這是橢圓形辦公室下一任主人川普必須處理的課題。

文 ● D. Amsellem

❶ Phillip Swager, The Cost of the Financial Crisis: The Impact of the September 2008 Economic Collapse, The Pew Charitable Trusts, 2010.4.28. 下載網址：www.pewtrusts.org/en/research-and-analysis/reports/2010/04/28/the -impact-of -the-september-2008-economic-collapse

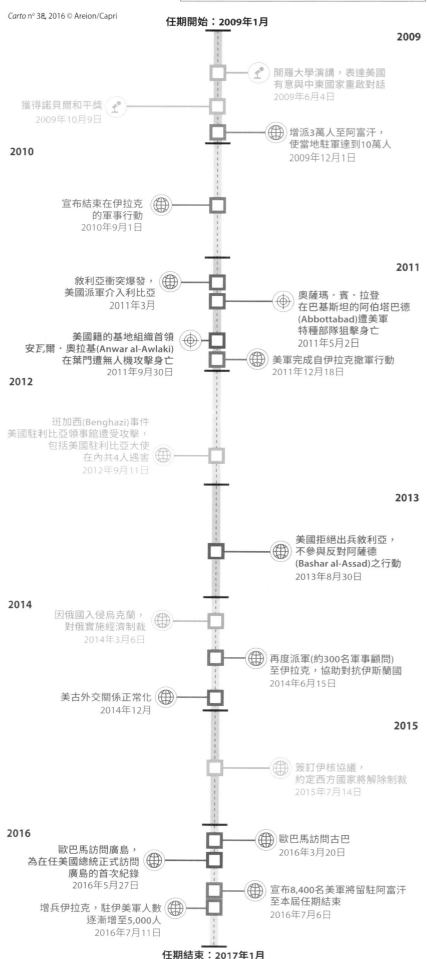

4 2009~2017年歐巴馬政府外交大事紀

Carto n° 38, 2016 © Areion/Capri

任期開始：2009年1月

2009

開羅大學演講，表達美國有意與中東國家重啟對話
2009年6月4日

獲得諾貝爾和平獎
2009年10月9日

增派3萬人至阿富汗，使當地駐軍達到10萬人
2009年12月1日

2010

宣布結束在伊拉克的軍事行動
2010年9月1日

2011

敘利亞衝突爆發，美國派兵介入利比亞
2011年3月

奧薩瑪·賓·拉登在巴基斯坦的阿伯塔巴德 (Abbottabad) 遭美軍特種部隊狙擊身亡
2011年5月2日

美國籍的基地組織首領安瓦爾·奧拉基 (Anwar al-Awlaki) 在葉門遭無人機攻擊身亡
2011年9月30日

美軍完成自伊拉克撤軍行動
2011年12月18日

2012

班加西 (Benghazi) 事件美國駐利比亞領事館遭受攻擊，包括美國駐利比亞大使在內共4人遇害
2012年9月11日

2013

美國拒絕出兵敘利亞，不參與反對阿薩德 (Bashar al-Assad) 之行動
2013年8月30日

2014

因俄國入侵烏克蘭，對俄實施經濟制裁
2014年3月6日

再度派軍 (約300名軍事顧問) 至伊拉克，協助對抗伊斯蘭國
2014年6月15日

美古外交關係正常化
2014年12月

2015

簽訂伊核協議，約定西方國家將解除制裁
2015年7月14日

2016

歐巴馬訪問古巴
2016年3月20日

歐巴馬訪問廣島，為在任美國總統正式訪問廣島的首次紀錄
2016年5月27日

宣布8,400名美軍將留駐阿富汗至本屆任期結束
2016年7月6日

增兵伊拉克，駐伊美軍人數逐漸增至5,000人
2016年7月11日

任期結束：2017年1月

資料來源：Rédaction de Carto, octobre 2016 ;《Huit ans de hauts et de bas》, in Courrier international, n° 1352, 29 septembre-5 octobre 2016

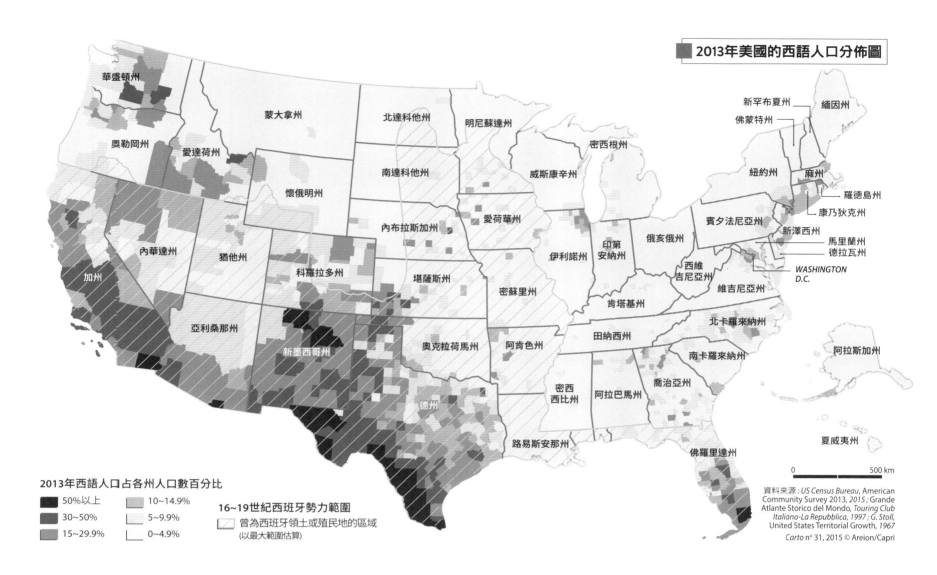

2013年西語人口占各州人口數百分比

- 50%以上
- 30~50%
- 15~29.9%
- 10~14.9%
- 5~9.9%
- 0~4.9%

16~19世紀西班牙勢力範圍
- 曾為西班牙領土或殖民地的區域（以最大範圍估算）

資料來源：*US Census Bureau*, American Community Survey 2013, *2015*；Grande Atlante Storico del Mondo, *Touring Club Italiano-La Repubblica, 1997*；G. Stoll, United States Territorial Growth, *1967*
Carto n° 31, 2015 © Areion/Capri

美國有望成為全球西語圈第一大國

全世界使用西班牙語的人口有 5 億 5,900 萬人，西班牙本國人口不多 (2013 年人口數為 4,677 萬，人口成長率為 0.81%，為全球成長率最低的國家之一)，已不是講西語的第一大國，墨西哥 (總人口 1 億 2,100 萬人) 和哥倫比亞 (4,800 萬人) 早已擁有更多的西語人口。2015 年塞萬提斯學院 (Instituto Cervantes) 發表的報告中，揭示了一項重要的事實❶：美國將是史上第一個官方語言並非西班牙文、西語人口卻超越西班牙的國家，會說西語的人口有 5,290 萬之多 (參見上圖)。

根據美國普查局 (U.S. Census Bureau)2014 年 7 月 1 日的統計數字，美國 3 億 1,880 萬的總人口中，有 4,130 萬人的母語為西班牙語，具備一定西語能力的人口則為 1,160 萬人。此外，塞萬提斯學院並未將約 970 萬的非法移民納入統計。按照目前的趨勢，美國的西語使用者預估將在 2050 年達到 1 億 3,280 萬人，使美國成為全世界西語圈的第一大國。這個推論的根據之一就是拉美裔人口的大幅增加，他們是近年來成長最快的族群。在 2000 年，拉美族群只有 3,530 萬人口，到了 2010 年已有 5,040 萬人，2014 年 7 月 1 日官方統計則有 5,530 萬人。西裔人口及西語人口最多的區域位在美國南方，尤其是加州 (1,490 萬人) 和德州 (1,040 萬人)，也就是過去受西班牙殖民統治的區域 (統治期間為 1535~1821 年)。除此之外，紐約和華盛頓等政治經濟中心也存在拉美族群。

年輕世代的西語使用率，遠高於中、老年世代

自拉丁美洲移入的人口對美國的語言文化影響甚鉅。這些拉美人口構成相當龐大的經濟市場，根據塞萬提斯學院的計算，美國西裔家庭的購買力為 1 兆 2,000 億美元，他們也觀察到，美國近年來重新掀起一股學習西班牙文的熱潮，目前學習西語的人數已是全球第一：2013 年全球學習唐吉訶德語言的 2,125 萬人中，有 782 萬是美國人。同年，哈佛大學更成立了「美國西班牙語文與文化觀察中心」(Observatory of the Spanish Language and Hispanic Cultures in the United States)。

塞萬提斯學院對西語使用人口的未來相當樂觀，他們特別強調年輕人使用西語的情形將會越來越普遍。在美國，5~17 歲的青少年人口中有 73.4% 的人具備良好西語能力，65 歲以上的人口則只有 34.8%，打破了一般人的成見。不過，其他獨立調查機構如皮尤慈善信託基金會，則強調英語在拉美家庭中的地位也日益重要：2013 年時，5 歲以上的拉美裔兒童偏好使用英語的比例為 68%，1980 年時則為 59%。至今，英語仍是各種資訊載體 (電視、書籍、廣播、網路) 的主要語言。

文 ● G. Fourmont

❶ Institut Cervantes, El español: una lengua viva. Informe 2015, 2015.

跳脫好萊塢迷思，認識美國牛仔的多元面貌

每年春天，美國都會舉辦牛仔競技 (rodéo)。牛仔競技源自西班牙殖民時代的畜牧文化，如今更像是一種運動，和籃球、棒球並駕齊驅，不過更重要的是，這種競技與美國文化根源有非常密切的關係，它豐富的型態反映出美國的多元面貌，也承載了許多文化迷思。

1 2016年美國各州的牛仔競技風靡情況

資料來源：Compilation des données par Jean-Baptiste Maudet, 2016 (PRCA ; PBR ; Bill Picket Rodeo ; INFR ; IIFR ; IGRA)　　註：每個小方塊代表一個競技場地，每個場地可能會舉辦多場比賽。　　　Carto n° 35, 2016 © Areion/Capri

牛仔競技是世界知名的表演，主角是最能代表美國風情的人物──牛仔。這種競賽承襲自南北戰爭時期牛仔表演者水牛比爾 (Buffalo Bill，1846~1917年) 開創的「美國西部秀」(Wild West Show) 戲碼，加上訓練牲口的傳統技巧，列為大型專業運動項目之一 (參見圖1)。美國幾乎每一州都有這種運動，人氣比高爾夫球和網球還旺。

為了像其他運動一樣走向專業化，牛仔競技將規則明文條列，規定以下比賽僅限男性參加：騎「野馬」或騎「蠻牛」的比賽 (牛仔騎乘畜養但未經訓練的馬、牛，例如無鞍野馬 [bareback riding]、有鞍野馬 [saddle bronc riding] 和蠻牛 [bull riding])，和計時賽 (牛仔必須在最短時間內，馴服重量、年齡可能都不同的牛隻，例如扳小牛 [steer wrestling] 或鬥牛犬賽 [bulldogging]、兩人套牛 [team roping]、單人套牛 [tie down roping] 等項目)。此外，另有一項屬於女牛仔的項目，稱為「繞桶賽」(barrel racing)，這是一種類似繞三角形的賽跑。

而最傳統的牛仔競技則是騎有鞍野馬，這種競技象徵性地重現了早期牛仔如何馴服坐騎，不過，現在最引人注目也最驚險的競技，其實是騎牛比賽，這類競技甚至有專屬的國際巡迴賽 (即「職業騎牛大賽」，Professional Bull Riders)。

跟著牛仔足跡，認識一整部美國西部發展史

從人數上來看，職業牛仔競技協會 (Professional Rodeo Cowboys Association) 與國際職業牛仔競技協會 (International Professional Rodeo Association) 是美國兩個最重要的全國性組織，每年為約 1 萬名牛仔會員舉辦將近 1,000 場比賽。各州、各區域或各大學所組成的牛仔聯盟，也會舉辦自己的錦標賽，尤以西半部最為活躍。最常舉辦牛仔競技、牛仔文化通常也最深厚的州，都位在美國廣義的「西部」：即從北美大平原、洛磯山脈的高地與山麓地帶，一直延伸到太平洋海岸。在這片廣大的土地上，兩個塑造牛仔

競技的重要歷史因素在此交會，這兩個因素都與放牧業有關。

第一，牛仔競技的地理分布與美國領土擴張有關：美國在1845年併吞德州，接著又在美墨戰爭(1846~1848年)併吞年輕的墨西哥(1821年獨立)超過1/3的土地(包含加州、內華達、亞利桑那、新墨西哥、德州)。這片乾燥地帶過去是西班牙帝國的北界，後來就像其他西班牙的美洲殖民地一樣，形成以牛仔(vaqueros，即騎馬的牧牛人)工作為中心的畜牧社會。管理牲口的重要技巧，甚至是「rodéo」這個字(來自西班牙文的rodear：圍繞、包圍)，都源自於這塊土地。

第二，牛仔競技的地理分布也和牲口遷移路徑的發展有關：19世紀末，牛群會從德州穿過大平原，走到專營牛隻交易的「牛城」(cowtown，如堪薩斯州的阿比林[Abilene]、威契托[Wichita]、道奇城[Dodge City]等)。牛仔騎馬將牛群趕到此地，然後送上火車載運到東北部、尤其是芝加哥的屠宰場。

認識墨西哥牛仔、印地安牛仔、LGBT牛仔

牛仔競技不只是一項運動，放大一點來看，這種表演令人身歷其境，就像一場頌讚美國的慶典，喚起人們對廣袤大地的懷想，感受西部拓荒的熱血，彷彿置身「荒野」，在野性的自然中思索起人類的存在。此外，表演中處處充滿愛國主義的色彩：開幕儀式上，星條旗迎風獵獵作響，觀眾隨著國歌，沉浸在莊嚴肅穆的氣氛中；人們向上帝祈禱，保佑牛仔與牲畜；來賓致詞時也經常特別向軍人表達敬意。

牛仔競技乍看只維護著某種單一的美國價值，好萊塢電影更加強了牛仔的迷思，但在這些表象背後，其實存在著多元的牛仔文化面貌，各種典型的國族想像皆是脫胎於此。美國不只有那種正式的、標準的牛仔競技，還存在許多種牛仔競技，反映著一部分的美國社群光譜：有墨西哥式的牛仔競技(如牧人秀[charro]與騎馬秀[jaripeo])——這個來自鄰國的重要族群，將比賽規則做了些許調整；有屬於非裔美國人族群的牛仔競技——在牛仔迷思下被掩蓋的黑人牛仔，因此找回不可磨滅的歷史地位；有屬於印地安人的牛仔競技——在殖民勢力入侵之前，一些部落已經開始畜牧；也有屬於LGBT族群的牛仔競技——他們的牛仔競技拆解了性別的刻板印象。

我們只需看看加州或洛杉磯(參見圖2、3)，就能知道牛仔競技活動的樣貌多元，如同百花盛放，這裡的競技活動與傳統牛仔的白人盎格魯薩克遜新教徒(WASP)形象，相去甚遠。

文 ● J.-B. Maudet

3 2016年加州牛仔競技舉辦概況

高度表
單位：公尺
3,660
2,750
1,800
900
450
200
100
0
窪地

聖羅莎　沙加緬度
奧克蘭
舊金山　　聖荷西
Salinas
Fresno
Bakersfield
洛杉磯　Riverside
聖地牙哥

■ 職業牛仔競技協會(PRCA)比賽
■ 加州職業牛仔競技協會(CCPRA)比賽
■ 職業騎牛大賽(PBR)
■ 非裔美國人牛仔競技
■ LGBT牛仔競技

資料來源：Jean-Baptiste Maudet, 2016
Carto nº 35, 2016 © Areion/Capri

2 2016年洛杉磯各類牛仔競技活動舉辦概況

25 km

資料來源：尚一巴提斯特·莫代(Jean-Baptiste Maudet)的田野調查成果，參考莫代與斐德列克·索馬德(Frédéric Saumade)製作的地圖
Carto nº 35, 2016 © Areion/Capri

Lancaster
往舊金山(450公里)
Palmdale

都市區
主要道路
西裔人口占40%以上的區域

牛仔競技賽名稱
■ 職業牛仔競技協會(PRCA)比賽
■ 職業騎牛大賽(PBR)
■ 非裔美國人牛仔競技
■ LGBT牛仔競技

墨西哥式牛仔競技
● 牧人秀競技協會
➤ 鬥牛場(舉辦墨西哥式牛仔競技的場地)
▲ 騎牛秀(騎野牛)
● Joe A.的牧場「葡萄牙人」(El Portugues)，飼養騎牛秀用的野牛

葡式鬥牛
● 阿蒂西亞市(Artesia)的競技場，位於葡萄牙人集會中心 "Divino Espirito Santo"
★ 洛杉磯葡式鬥牛迷聚會的地點

Santa Clarita
Ventura County Fair Rodeo
Oxnard
Lake View Terrace
Lurcas del valle
San Fernando
El Farallon
好萊塢
Bill Pickett Invitational Rodeo
洛杉磯市中心
El Monte
Chino
安大略
Dickies Invitational
Riverside
Pico Rivera
Joe A.的牧場 El Portugues
Artesia
Tecate Light Invitational
Norco Rodeo
Perris
Huizar
Rancho Mission Viejo Rodeo
Palm Springs Hot Rodeo
棕櫚泉(Palm Springs)
Desert Pro Rodeo

往拉斯維加斯(420公里)

牧人秀競技協會名稱(協會所在地)
1 - IV Centenario (Oxnard)
2 - Charros juveniles del Pacifico (Oxnard)
3 - Charros del Pacifico (Oxnard)
4 - El Alamo (Oxnard)
5 - Charros de Jacona (Camarillo)
6 - Los Compadres de Oxnard (Camarillo)
7 - Rancho San Jose (Santa Paula)
8 - Rancho Del Villar (Sylmar)
9 - Rancho El Bramido (Sylmar)
10 - Guadalupana de Pegueros (Sylmar)
11 - G. de Pegueros (Lake View Terrace)
12 - Hacienda 56 (Panorama City)
13 - A. del Valle de Guadalupe (Inglewood)
14 - El Centenario (Acton)
15 - La Noria Vallarta (Whittier)
16 - Canon de Juchipila (La Puente)
17 - La Noria (Whittier)
18 - Regionales del Valle (Whittier)
19 - Charros La Loma (Baldwin Park)
20 - Arrieros del Sur (El Monte)
21 - Arrieros del Valle (El Monte)
22 - Rancho Santa Cruz (La Puente)
23 - Hacienda de la Villa (La Puente)
24 - Hacienda del Maguey (La Puente)
25 - Mezquital del Oro (Ontario)
26 - Hermanos Banuelos (Ontario)
27 - Charros de la Pena (Downey)
28 - Caporales de Laguna Grande (Miraloma)
29 - Caporales de Miraloma
30 - Los Compadres Zacatecanos (Miraloma)
31 - Rancho Nuevo Juvenil (Miraloma)
32 - Rancho Amazonas (Riverside)
33 - Caporales del Vergel (Riverside)
34 - Dorados de Villa (Riverside)
35 - La Altena (Perris)
36 - Camperos de Miraloma (San Bernardino)

往提華納(200公里)

矽谷房價：
為何次貸風暴期間持續上漲？

美國 2007 年夏天的次級房貸危機導致之後 10 年全球經濟疲軟，危機的根源就在美國的不動產市場。許多城市直接受到影響，遭查封的房屋急速增加，房價狂跌，地方政府的稅收來源因此減少，風暴的中心就在加州。

1 加州不動產市場房價變化圖

2006年1月至2016年1月的房價變化

- 34.5%
- 10.27%
- 0%
- -22.5%
- -37.77%
- -47.84%
- 無資料

舊金山灣區範圍
郡界
州界

100 km

資料來源：Hugo Lefebvre, octobre, 2016；www.car.org/marketdata/data/housingdata, 2016；Bureau du recensement americain, 2016　Carto n° 38, 2016 © Areion/Capri

美國的房地產價格在 1997 年 2 月至 2007 年 5 月將近十年間持續成長，但 2007 年夏天房產卻泡沫化，掀起了席捲整個加州的風暴。成千上萬個家庭因為無力償還貸款而失去房子，有些人則眼睜睜看著房產大幅貶值，打好的算盤全被推翻。次貸風波爆發至今已有十餘年，加州房地產市場的現況如何？哪些區域挺過了風暴的侵襲，哪些區域仍然身陷難以脫身的泥淖？

舊金山灣區幾乎未受風暴影響

調查顯示，加州各郡的房地產價格，絕大多數都沒有回到 2006 年的水準 (參見圖 1)。不過，區域之間有明顯的差距。研究調查的 42 個郡之中，有 37 個郡的價格在 2006 年 1 月至 2016 年 1 月間呈現負成長 (整個州的成長率在負 15% 左右)。就各郡來說，大多數的成長率都分布在 -37.77~0% 之間，其中，沿海地區的成長率較內陸地區更接近 0%。

相反的，有些地區負成長的趨勢格外明顯。例如麥賽德郡 (Merced，次貸風暴受創最深的郡之一)，當地房地產在 2016 年 1 月的價值，比 2006 年時少了將近一半，卡拉維拉斯郡 (Calaveras) 和圖奧勒米郡 (Tuolumne) 的情形也相同。

有些地方始終沒有受到風暴影響，不像那些人人都可遷入的城市，需要處理一些因房貸危機造成的問題，但也因此對很多人而言變得更加遙不可及。例如舊金山灣區，就是 2006 年 1 月至 2016 年 1 月間加州唯一房價正成長的地區 (參見圖 2)。在灣區的 10 個郡之中，有 5 個郡的房價成長 (舊金山、聖馬特奧 [San Mateo]、聖塔克拉拉 [Santa Clara]、阿拉米達 [Alameda]、馬林 [Marin])。其他 5 個郡中，索拉諾 (Solano) 出現了超過 22% 的降幅，另外 4 個郡 (索諾馬 [Sonoma]、納帕 [Napa]、康特拉科斯塔 [Contra Costa]、聖塔克魯茲 [Santa Cruz]) 則在 -22 55~0% 之間波動。由上可知，相較於加州其他地方，這一區的房價堪稱穩定。

矽谷公眾交通系統不便，導致市中心房產需求極高

灣區的房地產價格高昂，若以郵遞區號分區作為抽樣單位，2016 年 6~8 月之間的成交價格，從每件 132,250 美元到超過 550 萬美元都有。灣區房價的高低情形十分不一，不過整體而言還是比加州其他地區貴得多；房價最高的地點形成一條北北西—東南東向的軸線，主要出現在馬林、舊金山、聖馬特奧、聖塔克拉等郡。2016 年 1 月，灣區各郡的平均房價是 75 萬美金，比加州其他地區高了 28 萬元之多。

矽谷是高科技企業的集中地，這裡吸引了許多高收入的菁英人才，房價因而水漲船高。另一個造成房價居高不下的原因，是因為已在當地置產的業主反對開放更多人口進

住，他們主張應該保留自然空間，避免環境因人口增加而遭到破壞。欠缺社會住宅則是另一個原因。

此外，矽谷市中心到郊區的通勤並不方便，行經矽谷的火車完全不足以應付目前的使用需求，鐵路沒有電氣化、不安全（與平交道數量有關），也不容易銜接灣區最主要的交通系統灣區捷運（BART），使得人們自然選擇鄰近經濟中心的區域居住，導致矽谷住房需求節節高升。中產階級無法找到負擔得起的房屋，已成為亟待解決的課題。

每月房租近 20 萬台幣，導致中產階級白人出走

2016 年 8 月，聖塔克拉拉郡帕羅奧圖市（Palo Alto）計畫與交通委員會的一位委員遞出辭呈，引起軒然大波。這位委員表示她和身為程式開發人員的丈夫，再也無法負擔每月 6,200 美元的房租，因此不得不搬到加州其他城市。這已不是新聞：從 21 世紀初開始，小型服務業（如居家照護、大型零售商）的受僱者已經無法在矽谷生活。中上所得的白人階級開始出走，代表灣區房地產的白熱化已到達極限，也許繁榮的經濟將不足以吸引人們入住。

次級房貸風暴至今已有十餘年之久，加州的不動產市場仍未恢復穩定。許多地區的房價下跌之後始終低靡不振。有些地區已恢復到和房地產泡沫化前不相上下的水準，有些地區甚至持續看漲，使中產階級與低收入民眾渴望躋身有巢一族的夢想，變得更遙不可及。

文 ● H. Lefebvre

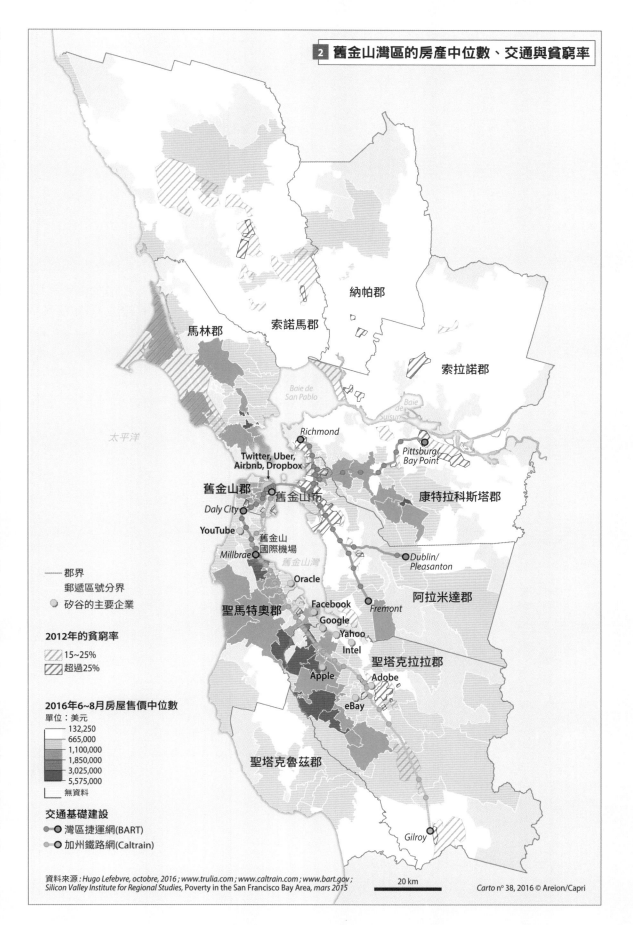

2 舊金山灣區的房產中位數、交通與貧窮率

納帕郡
索諾馬郡
馬林郡
索拉諾郡
Baie de San Pablo
Baie de Suisun
太平洋
Richmond
Pittsburg/ Bay Point
Twitter, Uber, Airbnb, Dropbox
舊金山郡
舊金山市
康特拉科斯塔郡
Daly City
YouTube
舊金山國際機場
Dublin/ Pleasanton
Millbrae
舊金山灣
Oracle
阿拉米達郡
聖馬特奧郡
Facebook
Fremont
Google
Yahoo
Intel
聖塔克拉拉郡
Apple
Adobe
eBay
聖塔克魯茲郡
Gilroy

—— 郡界
郵遞區號分界
○ 矽谷的主要企業

2012年的貧窮率
15~25%
超過25%

2016年6~8月房屋售價中位數
單位：美元
132,250
665,000
1,100,000
1,850,000
3,025,000
5,575,000
無資料

交通基礎建設
●─● 灣區捷運網(BART)
○─○ 加州鐵路網(Caltrain)

資料來源：Hugo Lefebvre, octobre, 2016 ; www.trulia.com ; www.caltrain.com ; www.bart.gov ;
Silicon Valley Institute for Regional Studies, Poverty in the San Francisco Bay Area, mars 2015

20 km

Carto n° 38, 2016 © Areion/Capri

密西根鉛水醜聞：政府強迫人民飲用有毒汙水

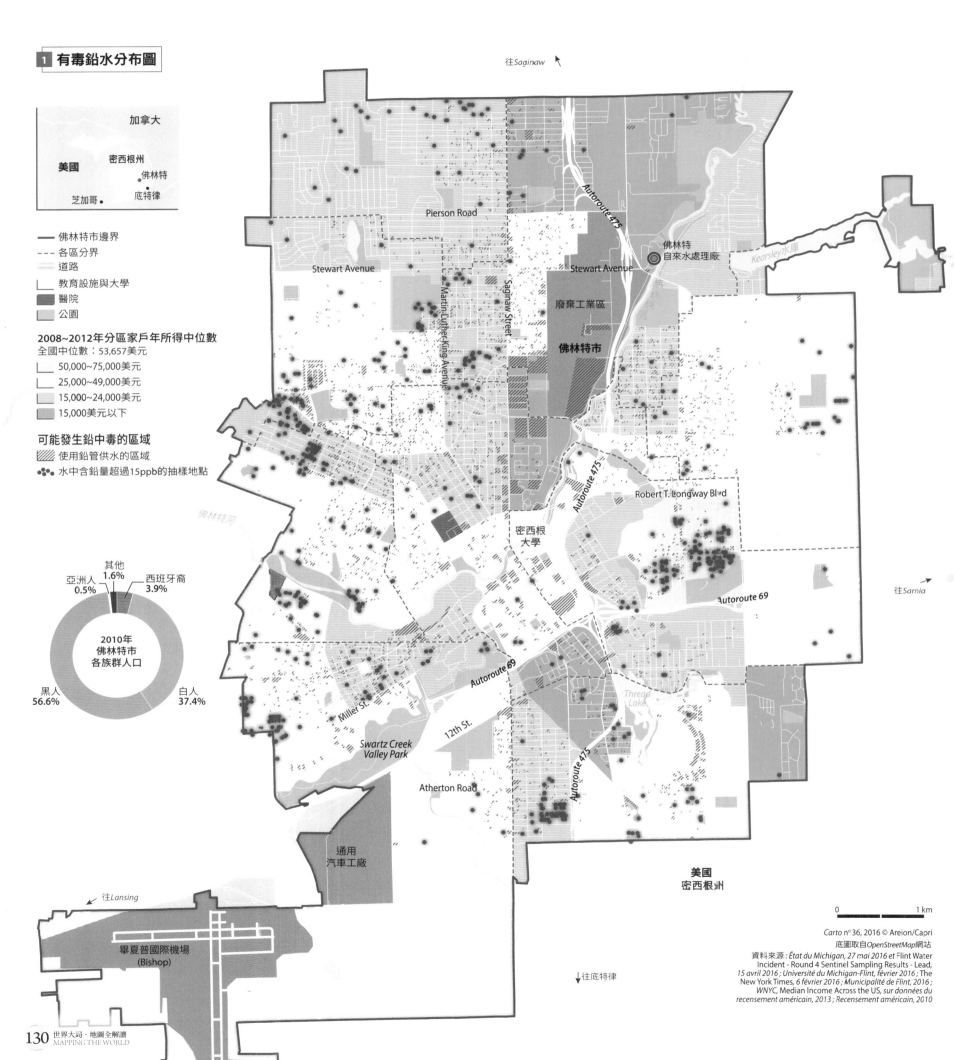

1 有毒鉛水分布圖

加拿大

美國　密西根州

　　　　佛林特

芝加哥　　底特律

―― 佛林特市邊界
---- 各區分界
―― 道路
□ 教育設施與大學
■ 醫院
□ 公園

2008~2012年分區家戶年所得中位數
全國中位數：53,657美元
□ 50,000~75,000美元
□ 25,000~49,000美元
□ 15,000~24,000美元
□ 15,000美元以下

可能發生鉛中毒的區域
▨ 使用鉛管供水的區域
●●● 水中含鉛量超過15ppb的抽樣地點

2010年 佛林特市 各族群人口
其他 1.6%
亞洲人 0.5%
西班牙裔 3.9%
黑人 56.6%
白人 37.4%

往Saginaw

Pierson Road

Stewart Avenue

Martin Luther King Avenue

Saginaw Street

Stewart Avenue

佛林特 自來水處理廠

Kearsley水庫

廢棄工業區

佛林特市

Autoroute 475

佛林特河

Robert T. Longway Blvd

密西根 大學

Autoroute 475

Autoroute 69

往Sarnia

Autoroute 69

Thread Lake

Miller St.

12th St.

Swartz Creek Valley Park

Atherton Road

Autoroute 475

美國 密西根州

通用 汽車工廠

往Lansing

畢夏普國際機場 (Bishop)

往底特律

0　　　　1 km

Carto n° 36, 2016 © Areion/Capri
底圖取自OpenStreetMap網站
資料來源：État du Michigan, 27 mai 2016 et Flint Water Incident - Round 4 Sentinel Sampling Results - Lead, 15 avril 2016 ; Université du Michigan-Flint, février 2016 ; The New York Times, 6 février 2016 ; Municipalité de Flint, 2016 ; WNYC, Median Income Across the US, sur données du recensement américain, 2013 ; Recensement américain, 2010

2016 年 5 月 5 日，2009 年上任的美國總統歐巴馬來到密西根州的佛林特市 (Flint)，在一場演說中喝了一杯水。對政治人物而言，這是一個再普通不過的動作，但對於這個位於密西根州、4 個月前宣布進入公共衛生緊急狀態的北方城市而言，卻具有重要的象徵意涵。佛林特市陷入醜聞風波，市民被迫喝下被汙染的水，健康遭受威脅。

美國導演麥可．摩爾 (Michael Moore)，因拍攝多部探討社會現象的紀錄片聞名於世。1989 年，他發表了第一部電影《羅傑與我》(Roger & Me)，以佛林特市為背景，講述去工業化的過程與貧窮的蔓延，如何摧殘這個城市。這裡不但是他出生的地方，也是美國汽車工業的搖籃，通用汽車等大型企業皆誕生於此。25 年後的 2014 年 4 月，密西根州政府為了節省經費，政府決定不再向底特律購買來自休倫湖的安全水源，改為抽取佛林特河的河水，問題是佛林特河的汙染極為嚴重，市民們發現這樣的撙節措施，直接影響到他們的日常生活。

市長縮減財政支出，犧牲市民飲用水安全

佛林特河的水中含有大量細菌，還有酸性物質，因此具有腐蝕性，會侵蝕老舊的水管，釋放出含鉛成分。世界衛生組織指出，鉛是對人體健康傷害最大的十大化學物質之一，人體對於鉛沒有所謂的最低容許值，因為鉛進入人體之後會侵入腦部、肝、腎和骨頭，終生滯留體內。在美國，聯邦規定的飲用水中含鉛量標準值為 15ppb (濃度單位為十億分之一)，在佛林特市測得的含鉛值卻超過 400ppb (參見圖1)。徵兆最早出現於 2014 年 4 月，佛林特市居民 (尤其是孩童) 開始出現嘔吐、掉髮、皮膚起疹子等症狀。起先政府並未接受這些家庭的說法，他們保證水看起來雖然有問題 (黃色、有臭味等)，品質卻符合標準。直到 2015 年 10 月，密西根州政府才下令踩煞車，並重新向底特律買水。不過早在一年以前情況就已不容辯駁，當時就連通用汽車都不願使用來自佛林特河的水，因為腐蝕性太強。

整個鉛水危機期間，醫療體系不斷發出警告，但當局仍不願取消州長理查．史耐德 (Richard Snyder) 要求採取的財政撙節措施。史耐德 2011 年上任時，這座城市瀕臨破產，必須在重整監督人的監督下重整財務結構，使得供水預算成了犧牲品。輿論者認為，這樣的決策漠視了貧窮人口的處境。在去工業化的過程中，這座城市的人口不斷流失，從 1960 年鼎盛時期的 19 萬

2 兒童遭受鉛汙染的統計圖

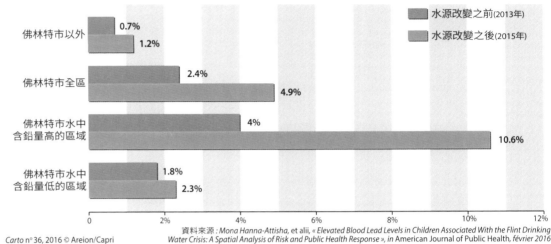

5歲以下兒童出現高血鉛值的比率
檢驗地點為佛林特，時間為水源由休倫湖改為佛林特河之前與之後

■ 水源改變之前 (2013年)
■ 水源改變之後 (2015年)

佛林特市以外 — 0.7% / 1.2%
佛林特市全區 — 2.4% / 4.9%
佛林特市水中含鉛量高的區域 — 4% / 10.6%
佛林特市水中含鉛量低的區域 — 1.8% / 2.3%

Carto n° 36, 2016 © Areion/Capri

資料來源：Mona Hanna-Attisha, et alii, « Elevated Blood Lead Levels in Children Associated With the Flint Drinking Water Crisis: A Spatial Analysis of Risk and Public Health Response », in American Journal of Public Health, février 2016

6,940 人，下降到 1990 年的 14 萬 761 人，2015 年時剩下 9 萬 8,310 人。全市一半的人口都處在失業狀態，41.6% 人口生活在貧窮線以下 (2014 年統計)。

「鉛水」爛攤如何收拾？

2015 年 12 月到 2016 年 1 月間，市政府、地方政府、聯邦政府，陸續宣布佛林特進入公共衛生緊急狀態，開始分派瓶裝水並規劃水管更新工程。2016 年 1 月 19 日，遭到各方要求辭職下台的史耐德州長到州議會發表演說，提出他的解釋，並要求撥付 2,800 萬美元援助佛林特，但是傷害已經造成，尤其是兒童族群 (參見圖2)。2014 年 4 月到 2015 年 10 月間發生的 10 起死亡病例，雖然是水中含有的退伍軍人桿菌 (légionelles) 所致，但是根據世衛組織的研究，兒童受到鉛汙染的影響程度是成人的 4~5 倍，正值發育期的兒童可能因此產生智力發展缺損，並患上鉛中毒相關疾病。2016 年 2 月發表的一份美國科學研究報告指出，在鉛水危機發生前後，血鉛值異常的佛林特當地兒童增加了一倍[1]。

2015 年的供水報告中，佛林特市政府強調，該市現在的水源來自密西根湖，同時公布各項檢測結果。然而，對市民尤其對兒童的影響必須長期觀察才能得知，實際受影響的人數亦有待確定。除了水管更新工程可能會相當耗時以外，佛林特「救援行動」耗費的成本 (包括人力與金錢) 亦十分可觀，相形之下，2014 年在買水上省下的經費顯得毫無意義。　文 ● G. Fourmont

[1] Mona Hanna-Attisha, Jenny LaChance, Richard Casey Sadler 與 Allison Champney Schnepp, "Elevated Blood Lead Levels in Children Associated With the Fling Drinking Water Crisis: A Spatial Analysis of Risk and Public Health Response", 收錄於 American Journal of Public Health, vol. 106, No. 2, 2016. 2, p. 283-290

關達那摩灣軍事監獄：
美、古解不開的心結

關閉關達那摩灣 (Guantánamo) 的軍事監獄，是 2008 年歐巴馬爭取白宮大位時提出的主要政見之一。9 年之後，他即將卸任，這座監獄卻依然存在。不過，在 2016 年 2 月，還未卸任的歐巴馬為遵守承諾，開始加速囚犯的移監工作，並提出了一項計畫……

2016 年，美國將 34 位葉門裔犯人從關達那摩灣送往不同國家，主要有阿拉伯聯合大公國 (15 人)、沙烏地阿拉伯 (9 人) 和阿曼 (10 人)。這是關達那摩灣監獄自 2002 年 1 月啟用以來，最重大的任務。關達那摩灣拘留所是全世界獨一無二的監獄，只受美國官方管轄，不適用美國法：為了排除 1949 年日內瓦公約規範的義務 (指應以人道對待沒有積極參戰的人)，美國把拘留在此的因犯稱為「敵方戰鬥人員」(enemy combatant)，亦即他們基本上都是有罪的。管理營區的是關達那摩聯合特遣部隊 (JTF-GTMO)，這是一個跨軍種的單位，他們會對媒體進行審查，而國際組織則抨擊囚犯受到身體、精神的不當對待，甚至有虐待行為，囚犯的權利也受到剝奪。

美國長期租用關達那摩灣，卻從不付租金

關達那摩灣拘留中心於 2002 年 1 月啟用，第一批收容的 20 位囚犯，有的疑似與蓋達組織有關連，有的涉及 2001 年的 911 事件。這些人被關在露天的鐵冊欄裡，穿著橘色的囚服；他們所住的「X 光營」(Camp X-Ray) 已於 2002 年 4 月關閉。總計曾有 780 名囚犯住在不同的營區裡，其中有的營區管制極嚴，有的則非常「開放」，像是允許囚犯共進午餐。囚犯多數來自阿富汗 (220 人)、沙烏地阿拉伯 (135 人) 及葉門 (115 人)，其他則主要來自伊斯蘭國家，也有少數來自歐洲，其中有 7 名是法國

人。這幾位法國人已於 2004 年 7 月至 2005 年 3 月間，轉移至法國監獄，其後獲釋。美國繼 2016 年送走 34 名囚犯，2017 年 1 月又送走 18 名之後，監獄內還剩下 41 名：其中 26 名被無限期拘留，5 名可以轉移，7 名仍在軍事法庭審理程序中，3 名已經判刑，年齡分布在 35~60 歲間。2002 年 1 月至 2017 年 4 月間，紅十字國際委員會 (ICRC) 共造訪關達那摩灣 111 次，但他們無法影響基地的管理方式，因為具有裁量權的是美國政府。

關達那摩灣監獄位在古巴境內，依據 1903 年 2 月美國與古巴簽訂的協議，美國享有關達那摩灣的土地永久租借權，因此古巴政府對此地並無任何管轄權，即便卡斯楚政權也未能加以動搖。此外，美國在古巴獨立戰爭期間 (1895~1898 年) 曾協助其對抗西班牙，直到 1902 年為止古巴都是美國實質上的保護國，在 1959 年爆發革命之前，古巴也受到美國的直接控制。

關達那摩灣衝接加勒比海，美國占用的土地分布在海灣兩側，共計 116.5 平方公里 (參見圖2)。表面上美國政府每年應支付 4,085 美元的租金才能使用這些土地，事實上這筆租金從未入帳。美國以此地為戰略據點，監控移民與毒品走私，並從事氣象觀測。這個基地用水、電力，與能源的供應都可自給自足。2002 年以後，基地的主要功能就是監禁犯人。根據關達那摩聯合特遣部隊發布的數據，2015 年，有 627 位軍人及 2,980 位平民在此地工作及居住，此外還有 1,200 名負責看守「敵方戰鬥人員」的戒護員。官方強調囚犯的生活條件受到保障，也能享

1 關達那摩灣監獄的每月囚犯人數

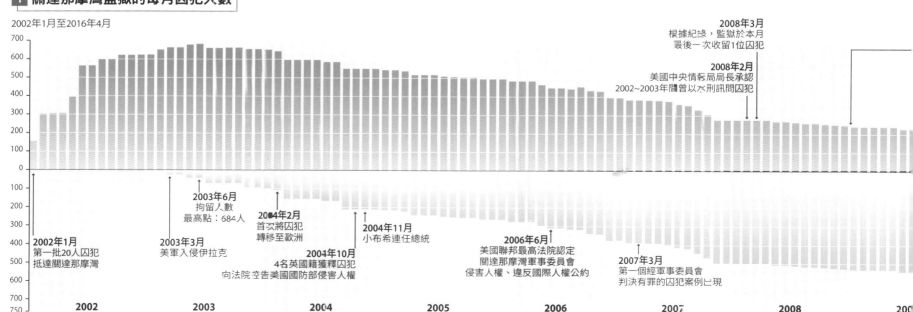

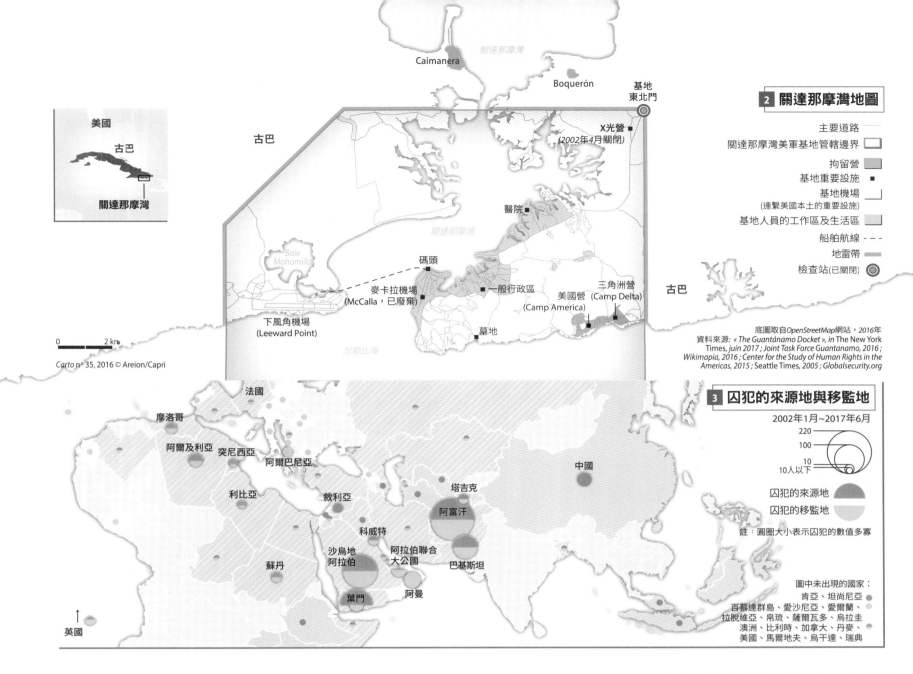

底圖取自OpenStreetMap網站，2016年
資料來源: « The Guantánamo Docket », in The New York
Times, juin 2017 ; Joint Task Force Guantanamo, 2016 ;
Wikimapia, 2016 ; Center for the Study of Human Rights in the
Americas, 2015 ; Seattle Times, 2005 ; Globalsecurity.org

2 關達那摩灣地圖

主要道路	——
關達那摩灣美軍基地管轄邊界	▢
拘留營	▨
基地重要設施	■
基地機場 (連繫美國本土的重要設施)	——
基地人員的工作區及生活區	▨
船舶航線	- - -
地雷帶	━━
檢查站 (已關閉)	◎

3 囚犯的來源地與移監地

2002年1月~2017年6月

220
100
10
10人以下

囚犯的來源地

囚犯的移監地

註：圖圈大小表示囚犯的數值多寡

圖中未出現的國家：

肯亞、坦尚尼亞

百慕達群島、愛沙尼亞、愛爾蘭、
拉脫維亞、帛琉、薩爾瓦多、烏拉圭

澳洲、比利時、加拿大、丹麥、
美國、馬爾地夫、烏干達、瑞典

受一些「社交性質」和「增進思考」的活動，例如使用營區提供的 750 種電玩、2,300 種雜誌、2,500 片 DVD 光碟和 20,500 本圖書。

川普打臉歐巴馬，竭盡所能持續監獄運作

然而，由於國際組織控訴獄方侵害人權，加上幾位囚犯獲釋後的證詞，歐巴馬決定自 2009 年 1 月起，關閉關這座拘留中心。歐巴馬認為這座拘留中心的存在違反美國價值，且預算極為龐大（每年需要將近 4 億美元）。2016 年 2 月 23 日，他提出一項計畫，預計將最後一批犯人完全轉移至美國境內的 13 個機構後，便關閉監獄。共和黨員和地方民選官員隨即群起反對。在歐巴馬卸任之前，共和黨拒絕讓關閉監獄的命令過關，繼任的川普則完全不考慮關閉。2015 年 7 月美國與古巴恢復外交關係，古巴政府曾提議收回關達那摩灣，但美國依然拒絕。總而言之，關閉之路仍迢迢。

另一方面，移出的囚犯現況如何則難以得知，因為他們多數在阿富汗（203 名）和沙烏地阿拉伯（139 名），而這兩個國家並非以法治國家聞名（參見圖3）。

文 ● G. Fourmont

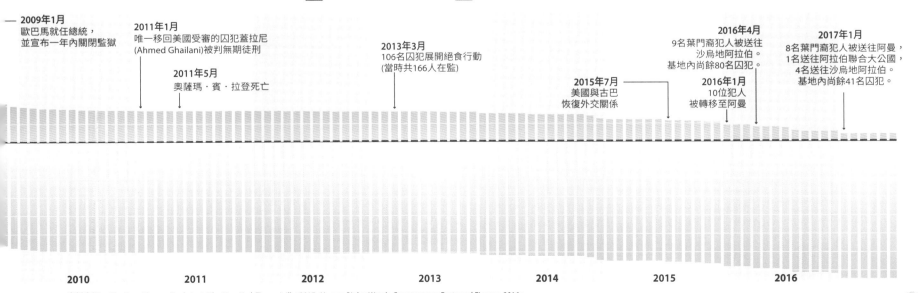

在監人數　　拘留期間死亡人數(共9人，其中6人疑似自殺)　　轉移至海外人數(2017年6月統計為730人)

2009年1月
歐巴馬就任總統，
並宣布一年內關閉監獄

2011年1月
唯一移回美國受審的囚犯蓋拉尼
(Ahmed Ghailani)被判無期徒刑

2011年5月
奧薩瑪·賓·拉登死亡

2013年3月
106名囚犯展開絕食行動
(當時共166人在監)

2015年7月
美國與古巴
恢復外交關係

2016年4月
9名葉門裔犯人被送往
沙烏地阿拉伯。
基地內尚餘80名囚犯。

2016年1月
10位犯人
被轉移至阿曼

2017年1月
8名葉門裔犯人被送往阿曼，
1名送往阿拉伯聯合大公國，
4名送往沙烏地阿拉伯。
基地內尚餘41名囚犯。

2010　　2011　　2012　　2013　　2014　　2015　　2016

資料來源：« The Guantánamo Docket », in The New York Times, juillet 2017 ; Human Rights Watch, Guantanamo: Facts and Figures, 2016 ;
The Guardian, 2016 ; Amnesty International, 2015 ; Human Rights First, 2013 ; Al Jazeera, 2009　　　Carto n° 35, 2016 © Areion/Capri

本土恐怖主義：川普揚言禁穆斯林入境

2016 年 6 月 12 日，29 歲的美國公民奧馬爾‧馬丁 (Omar Marteen)，在佛羅里達州奧蘭多一家同志夜店內開槍射擊，造成 49 人死亡、53 人受傷。犯人宣稱代表伊斯蘭國 (ISIS)。這次攻擊事件再次引發對美國本土恐怖主義現況與根源的探討，討論也進一步延伸至仇恨犯罪等議題。

自2001 年 911 事件以來，奧蘭多槍擊事件是第 10 起在美國本土發生的聖戰士攻擊行動 (若排除未造成任何傷亡或損害的行動)，也是傷亡最慘重的 (參見圖 3)：根據美國智庫「新美國基金會」(New America Foundation)❶的調查，從 2002 年 7 月洛杉磯國際機場槍擊案至 2016 年 6 月間，共有 94 位恐怖攻擊受害者，其中 49 位在奧蘭多槍擊事件中身亡。

本土恐怖分子心思隱密，FBI 難以事前預防

2013 年 4 月 15 日，佐哈 (Djokhar) 與塔米爾南‧查納耶夫 (Tamerlan Tsarnaev) 兩兄弟，犯下波士頓馬拉松爆炸案，此後這類攻擊事件層出不窮：2002~2009 年間有 4 起恐怖攻擊，而 2013~2016 年 6 月之間就有 6 件。攻擊者的身分特別令人憂心，

2016 年奧蘭多槍擊案和 2015 年 12 月 2 日造成 14 人死亡的加州聖伯納迪諾 (San Bernardino) 槍擊案中，恐怖分子都是美國公民。更令人不安的是，這些犯人並非長期從事恐怖活動，而是在犯案前幾個小時才在社群網站上向某個組織表示效忠，例如在奧蘭多槍擊案中，犯人是在發動攻擊之際才在電話中表露心跡。

2016 年 2 月，美國國家情報總監詹姆斯‧克拉珀 (James R. Clapper) 在一年一度的《美國全球威脅評估報告》(Worldwide Threat Assessment) 中指出，部分美國公民可能會成為伊斯蘭恐怖主義的同路人，對此必須格外小心❷。這份報告認為，這些民眾「很可能依然是美國 2016 年本土最大的恐怖主義威脅來源。」克拉珀並指出，歐洲或美國本土人士發動的攻擊，可能會誘發

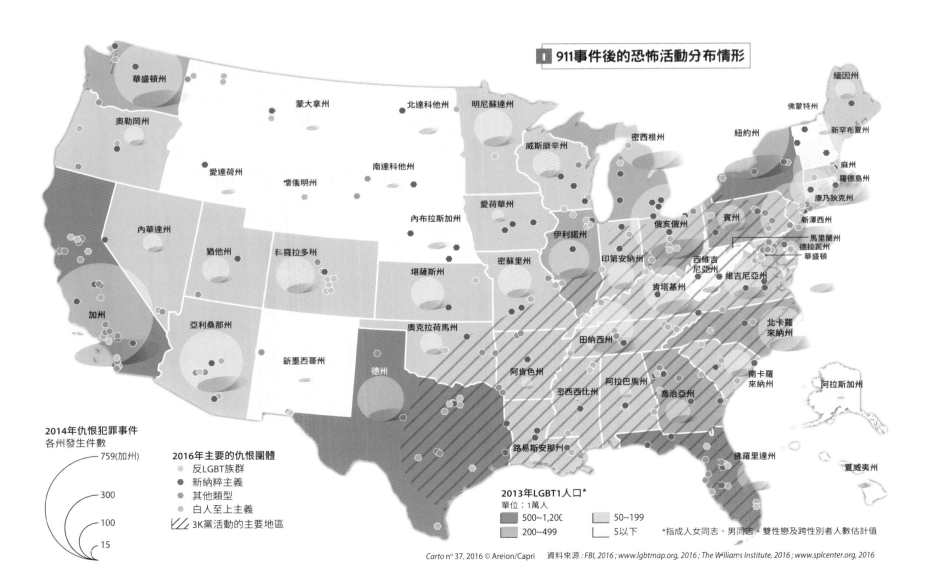

1 911事件後的恐怖活動分布情形

2014年仇恨犯罪事件
各州發生件數
- 759(加州)
- 300
- 100
- 15

2016年主要的仇恨團體
- 反LGBT族群
- 新納粹主義
- 其他類型
- 白人至上主義
- 3K黨活動的主要地區

2013年LGBT人口*
單位：1萬人
- 500~1,200
- 200~499
- 50~199
- 5以下

*指成人女同志、男同志、雙性戀及跨性別者人數估計值

Carto n° 37, 2016 © Areion/Capri　資料來源：FBI, 2016；www.lgbtmap.org, 2016；The Williams Institute, 2016；www.splcenter.org, 2016

其他人的仿傚。

和一般人的想像不同，在 911 事件之後、奧蘭多槍擊案發生之前，美國本土面臨的恐怖主義威脅，主要來自極右派人士 (2004 年 5 月至 2015 年 11 月間，共發動 18 起攻擊行動，造成 48 人死亡)，而非聖戰士。911 事件後美國瀰漫著不安的氣氛。中東危機的壓力、ISIS 恐怖行動步步進逼、受害人數增加，令美國政府如坐針氈。2014 年，美國聯邦調查局 (FBI) 阻止了十多起主動協助伊斯蘭國的行動，這個數字在 2015 年成長了將近 4 倍之多。新美國基金會 (New America Foundation) 針對美國在 2002 年 10 月到 2016 年 6 月之間發生的暴力事件，分析涉案的 546 名極端分子背景，發現 364 人與伊斯蘭國有關連，其中 248 人是美國公民 (含因出生及歸化取得國籍者)。

2016 年 11 月，當時的兩位總統候選人紛紛提出一系列措施，亟欲解決國內的恐攻威脅。民主黨的希拉蕊·柯林頓 (Hillary Clinton) 主張，找出「孤狼」並加以逮捕、加強「軟目標」(soft target，如舞廳、夜店) 的保護措施、嚴格管控槍枝購買，或是切斷極端主義組織的境外金援，以防止激進思想的形成。共和黨的唐納·川普 (Donald Trump) 則認為，必須暫停發放某些國家的移民簽證，才能達到禁止穆斯林入境的目的。

仇恨犯罪的主要攻擊目標：黑人、LGBT 族群

奧蘭多槍擊案也突顯了美國的另一種暴力現象：基於宗教、種族或性傾向之因素而施加於某一族群的「仇恨犯罪」(hate crime，參見圖 1)。南方貧困法律中心 (Southern Poverty Law Center) 是美國一個監控仇恨團體的組織，根據他們的資料，這類團體在 2015 年共有 892 個，分布在全美各地，且自 1990 年代末期以來便持續增加 (1999 年為 457 個)[3]。他們的主要活動範圍在德州 (84 個)、加州 (68 個) 和佛州 (58 個)，大多抱持仇視黑人的種族主義，並和 3K 黨 (擁有 190 個團體) 或新納粹組織 (94 個) 有密切關連。雖然各種弱勢族群都可能是這些團體的攻擊對象，但許多暴力事件都是針對 LGBT 族群而來 (參見圖 2)。根據 FBI 在 2014 年的統計，6,727 位仇恨犯罪受害者中，因為性傾向而遭受暴力對待者占了 18.7%，排名第二，排名第一的則是種族因素 (48.3%)。

這些數值很可能更高，因為有些受害者不願公開他們的性傾向，造成判定攻擊類型的困難。2014 年美國司法部的一份報告指出，大多數的仇恨犯罪並未在警局留下紀錄，即使有留下紀錄，有時也未被認定為仇恨犯罪[4]。

文● D. Amsellem

❶ 相關資訊可參考：http://securitydata.newamerica.net/extremists
❷ James R. Clapper, "Worldwide Threat Assessment of the US Intelligence Community", 2016.2.9.
❸ 相關資訊可參考：www.splcenter.org/hate-map
❹ U.S. Department of Justice, "Hate Crime Victimization, 2004-2012-Statistical Tables", 2014.2.

2 2012~2015年美國LGBT人口遭殺害案件

依個人背景及性傾向分類

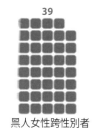

39 黑人女性跨性別者 | 11 黑人男性同性戀者 | 11 白人男性同性戀者 | 8 西裔女性跨性別者 | 19 其他

依攻擊型態區分

槍擊 | 持刀殺害 | 毆打致死 | 其他

資料來源：« L.G.B.T. People Are More Likely to Be Targets of Hate Crimes Than Any Other Minority Group », in The New York Times, 16 juin 2016   Carto n° 37, 2016 © Areion/Capri

總統川普：
個人生意與國家利益存在哪些嚴重衝突？

商人、共和黨總統候選人唐納·川普 (Donald Trump)，在 2016 年 11 月 8 日當選美國第 45 屆總統，跌破了眾人的眼鏡。川普的號召力來自他主持的電視節目、強烈的個人風格，以及超過 30 億美元的身價，就連「川普」這個姓氏都成了品牌。不過，川普究竟是怎麼登上寶座的？

川普非常有錢 (參見圖 1)，根據《富比士》(Forbes) 雜誌 2016 年 9 月的最新調查，川普的個人財產估計有 37 億美元 (約為 35 億歐元)。雜誌提及他曾在一年之間損失 8 億美元，引來川普本人的抗議。川普認為自己的財產價值達 100 億美元之多。

1 川普商業帝國大事紀(1968~2015年)

唐納·川普持有之實體與非實體資產估計值
單位：百萬美元

1,500	資產價值

包括不動產、高爾夫球場、旅館、飛機、葡萄酒莊園……等

615	所得
61	股票、避險基金及投資
265 - 450	負債額 (取近似值)

■ 每個方格代表川普擔任的一項高階行政職
(起算年：1968年)

年	數值
1968	1
1969	10
1970	10
1971	10
1972	10
1973	10
1974	10
1975	11
1976	18
1977	18
1978	18
1979	18
1980	20
1981	22
1982	22
1983	23 ——在曼哈頓建造第一座川普大廈
1984	23
1985	23
1986	25
1987	26
1988	28
1989	28
1990	29
1991	30 ——第一次破產
1992	31 （之後又發生數次）
1993	32
1994	41
1995	50
1996	67
1997	79
1998	87
1999	94
2000	101
2001	110
2002	119
2003	124
2004	138 ——主持電視實境秀《誰是接班人》
2005	151
2006	166
2007	
2008	
2009	
2010	
2011	
2012	
2013	
2014	
2015	

資料來源：The Trump Organization, 2016；U.S. Office of Government Ethics, mars 2014；Courrier international, n° 1358 du 10 au 16 novembre 2016；« Donald Trump's Financial Disclosure – What We Learned », in The Wall Street Journal, 22 juillet 2015

商業觸角廣，跨足航空、桌遊、出版業

這位野心勃勃的商人既是新任總統，也是川普集團 (Trump Organization) 的領導人，集團旗下擁有超過 500 間公司，川普若非這些公司的唯一金主，就是主要出資者。川普集團藉由在美國國內及海外 (印度、土耳其、烏拉圭等國) 承包大型建案 (如房屋、豪華酒店、旅館、賭場、高爾夫球場)，在不動產界打響了名聲 (參見圖 2)。共和黨在選戰中推薦川普的理由，是他的事業很成功，因為這證明他既擁有領導力，又能為美國創造工作機會。不過，川普帝國的創建者並非唐納·川普，他的商業計畫也不是百發百中。

1923 年，唐納的祖母伊莉莎白·克利斯特·川普 (Elizabeth Christ Trump，1880~1966 年) 創立了川普公司，藉以管理她先生佛瑞德里克 (Frederick Trump，1869~1918 年) 的不動產投資事業。後來她和小名佛瑞德 (Fred) 的兒子佛瑞德里克 (Frederick，1905~1999 年，即唐納的父親)，一起經營這間公司，當時名為「伊莉莎白·川普母子公司」(Elizabeth Trump & Son)。這家人在紐約以布魯克林區及皇后區為主，從事不動產投資。

唐納生於 1946 年，一在賓州大學拿到經濟學學位後，便進入家族企業工作，立志擴大川普公司的規模。他帶著家族的人脈與資產，在紐約市最富有的曼哈頓購入許多地產，並決定將資金投入賭場事業。這個策略為他帶來滾滾財源：據估計，川普集團的資產在 1980 年代就達到 10 億美元。「川普」這個姓開始和成功劃上等號，如同位於紐約第五大道、樓高 58 層的川普大廈 (Trump Tower) 一般。這棟摩天高樓自 1983 年起成為川普集團的新總部，由唐納·川普親自啟用。

1990 年代初，由於房市遭遇危機，川普集團第一次面臨經營困難。集團本身負債高達 90 億美元，川普個人負債也增加至

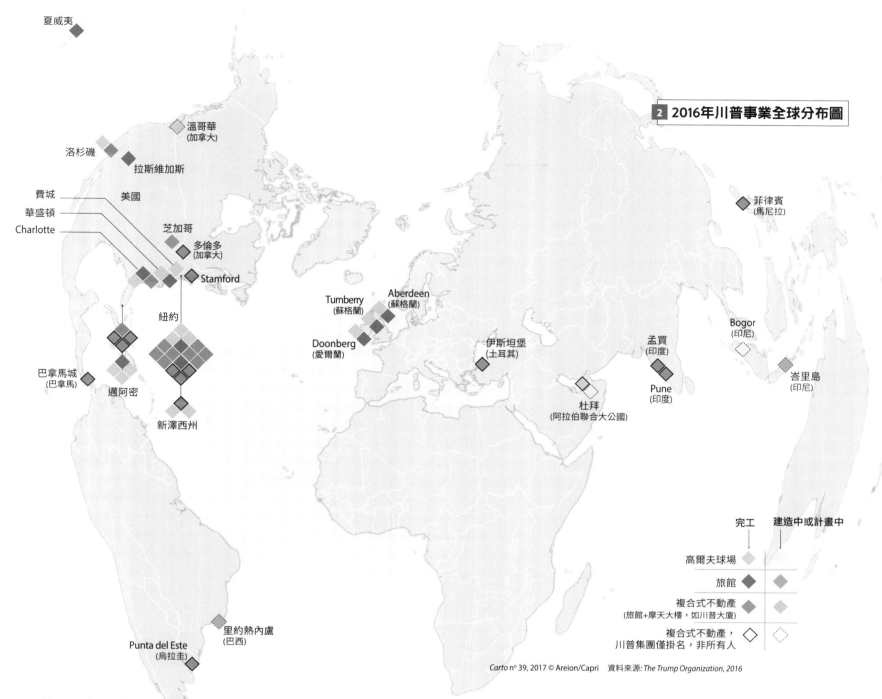

夏威夷

溫哥華
(加拿大)

洛杉磯

拉斯維加斯

菲律賓
(馬尼拉)

費城
華盛頓
Charlotte

美國

芝加哥

多倫多
(加拿大)

Stamford

紐約

Turnberry
(蘇格蘭)

Aberdeen
(蘇格蘭)

Bogor
(印尼)

Doonberg
(愛爾蘭)

伊斯坦堡
(土耳其)

孟買
(印度)

巴拿馬城
(巴拿馬)

邁阿密

Pune
(印度)

峇里島
(印尼)

杜拜
(阿拉伯聯合大公國)

新澤西州

里約熱內盧
(巴西)

Punta del Este
(烏拉圭)

	完工	建造中或計畫中
高爾夫球場		
旅館		
複合式不動產 (旅館+摩天大樓，如川普大廈)		
複合式不動產， 川普集團僅掛名，非所有人		

Carto n° 39, 2017 © Areion/Capri　資料來源：*The Trump Organization, 2016*

9.75 億。不得已之下，他只好轉讓部分財產，並重組公司債務結構。不過，長袖善舞的川普趁機將觸角伸向各種事業，讓家族姓氏化身商業品牌：在航空界有川普航空 (Trump Shuttle)、酒業有川普伏特加 (Trump Vodka)、桌遊有《川普：遊戲》、媒體業有《川普》(*Trump*) 雜誌、食品業有川普牛排 (Trump Steaks)、教育界有川普大學 (Trump University)、電視實境秀有《誰是接班人》(*The Apprentice*)，還有出版社 (有些書確實暢銷，賣出數百萬冊) 和體育活動 —— 環川普自行車賽 (Tour de Trump)。這些事業並非每一項都成功，例如《川普》雜誌發行兩年後於 2009 年停刊，川普航空經營 5 年後於 1992 年收攤……等等。不過根據《富比士》的資料，「川普」的金字招牌，每年可為這位億萬富翁帶來 1.25 億美元的收益，川普本人則認為有 30 億美元之多。

與德銀存在債務關係，川普可能妨礙司法調查

這位新任總統是否真能獻身於公共事務？部分美國媒體認為有利益衝突的可能。其實，川普在確定當選後，就將事業信託給一個獨立資產管理機構，解除對集團的所有控制權，不過他也讓兩個兒子正式掌管集團。此外，他上任後的一連串作為引發了輿論疑慮：2016 年 11 月 12 日，川普與英國獨立黨 (UKIP) 黨魁奈傑爾・法拉吉 (Nigel Farage) 會面時，鼓勵他反對蘇格蘭風力發電廠的興建計畫，因為發電廠的預定地亞伯丁 (Aberdeen) 就在川普大亨的高爾夫球場附近，川普擔心發電廠會破壞球場的視野。

另一方面，川普集團的負債，也可能令川普對某些金融機構有所顧忌。自 1998 年以來，川普為了經營事業，向德意志銀行 (Deutsche Bank) 貸款達 25 億美元。然而，美國政府懷疑這家德國銀行的操作，與 2008 年金融危機的爆發有關，可能會對其課以 150 億美元的鉅額罰款。至於川普的行政團隊，是否會對總統的債主特別寬待？這確實值得注意，但日後可能還有更多問題，因為這位商業鉅子的事業都掌握在川普集團手中，而這間控股公司的股票並未上市上櫃，投資項目又非常複雜，使得川普的資產全貌籠罩在一團迷霧之中。

文 ● D. Amsellem

2015年6月16日
宣布參加總統大選

Carto n° 39, 2017 © Areion/Capri

塞納河水災 p.146
一覽百年來的「巴黎淹水地圖」

煤礦 p.158
全球最主要的發電能源

淘金熱 p.162
追蹤巴西非法走私客的淘金地

公海 p.142
為何俄、美、日反對制定保護法規

南極羅斯海 p.145
全球最大的海洋保護區

ENVIRONMENT

環境議題篇

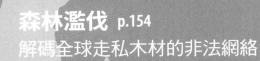

物種多樣性危機：
第六次大滅絕即將到來？

世界自然基金會 (World Wildlife Fund) 在 2016 年 10 月發表的地球生命力報告中[1]，對地球環境及生物多樣性提出警告。雖然有一些跡象顯示生態系統仍然保有韌性，但人類還是必須謹慎以對、減少製造生態足跡。

20 世紀中葉以來，人類活動影響生態系統的範圍與程度呈等比級數不斷升高。與自然帶給人類社會的負擔相比，人類為大自然帶來的壓力更勝以往。隨著周遭環境愈來愈脆弱，人類生活的空間乃至於人類的存續條件都將因此而動搖。在科學家與環境保護「吹哨者」眼中，地球已經進入所謂「人類世」(Anthropocene) 的地質年代，如果情況繼續惡化，大滅絕事件可能再次降臨地球。人類將是造成大滅絕的主因，所有生物都會遭殃。

2020 年全球物種豐富度可能減少 67%

生態環境的變化會影響地球上所有生命，包括動物與植物。世界自然基金會的評估報告以「地球生命力指數」(Living Planet Index) 作為反映生態狀況的重要指標。這項指標是以從全世界 3,706 種脊椎動物、14,152 個動物族群取得的量化數據為基礎。根據這項指標，地球的生物多樣性近來出現急遽變化：1970~2012 年間，脊椎動物族群的物種豐富度減少了 58%。隨著環境不同，陸生動物 (減少 38%)、水生動物 (減少 81%) 及海洋動物 (減少 36%) 減少的程度也各有不同。預計在 2020 年之前，物種豐富度可能減少 67% (參見圖 1、圖 2)。

物種豐富度減少的原因包括動物棲息地喪失或縮小、受到人為開發影響 (農地擴張、水壩興建、城市發展等)、過度捕撈 (如密集捕撈特定魚類)、人為汙染或災難 (如海上漏油事件)、外來侵略性物種蔓延、全球氣候變遷 (2016 年即創下氣溫新高紀錄)。

生態環境蘊藏的「自然資本」，能提供人類食物、淡水、乾淨空氣及能源等資源，我們將這些資源統稱為「生態系服務」(services écosystèmes)。若生態惡化持續超過一定的時間，人類社會將承擔無從補救的後果 (參見圖 3、圖 4)。

人類只用 8 個月，就消耗掉地球一整年的資源

評估報告的第二項觀察與警告則與生態足跡有關，亦即與人類對自然環境造成的負擔有關。世界自然基金會指出，人類在 2016 年 8 月 8 日就已經將地球 2016 年一整年能供應的資源消耗殆盡。人類 8 個月內製造出的二氧化碳，已超過所有海洋與森林 1 年所能吸收的量，而人類捕撈的魚、砍下的樹、收割的作物、消耗的水資源比地球在 8 個月內生產的量還多。換句話說，在 2016 年，人類需要 1.6 個地球的資源才足以支撐自己的需求。

人類的需索與日俱增，使得「自然資本」耗損的速度超過了再生的速度，同時也導致弱勢族群的糧食與水源供給更加不穩定，許多農業原料價格因此上漲，水資源的爭奪也更加激烈。「自然資本」日益稀薄可能導致嚴重的地緣政治問題，例如移民增加與衝突加劇、洪災或旱災等自然災害的受災戶增加、人民身心健康及福祉遭受損害等。

人類應從事比環境保護更積極的行動：生態復育

與此同時，部分科學家與專家學者認為，有一些「良性現象」顯示人類已經開始轉型，朝更加永續經營的未來前進。例如在過去兩年間，全球的二氧化碳排放量已經穩定下來，有人因此認為最高點已經過去，從此排放量將會一路下降。針對環境議題的跨政府會議也得到媒體的高度關注，反映人們對環境議題的警覺與重視，如 2015 年 12 月在巴黎舉辦的聯合國第 21 屆氣候峰會 (COP21)，簽訂了《巴黎協定》；2016 年在摩洛哥馬拉喀什舉辦的第 22 屆氣候峰會 (COP22) 亦是一例。

各國也已採取具體行動，以野生動物走私問題為例，中國與美國分別於 2015 年 9 月及 2016 年 6 月做出具有歷史意義的承諾，宣示禁絕象牙交易；美國也已經拆除西北部艾爾華河 (Elwha river) 造成負面生態影響的兩個水壩；馬達加斯加也在復育紅樹林……等等，除此之外還有許多訴求環境保護或生態復育的集會遊行，因為生態復育是恢復地球生態平衡的重要機制。

人類正面臨巨大的挑戰：我們必須深刻反省人類與自然的關係，思考如何讓自己的生存環境永續下去。面對眼前的威脅，也就是人類滅絕的可能性，相信在未來數十年間，會有更多有志之士投身研究，找出問題根源，做出正確的選擇。

文 ● Éric Janin

[1] WWF, Rapport Planète Vivante 2016 : Risque et resilience dans l'Anthropocène, 2016. 下載網址：www.wwf.fr/?10540/Rapport-Planete-Vivante-2016

1 地球生命力指數(LPI)歷年變化*

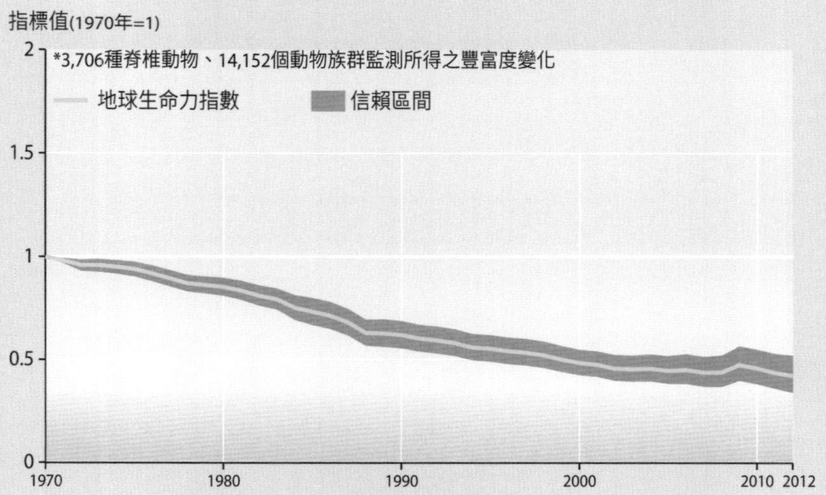

指標值(1970年=1)

*3,706種脊椎動物、14,152個動物族群監測所得之豐富度變化

地球生命力指數　　信賴區間

2 2016年陸生動物物種豐富度減少的原因(調查對象為703個動物族群)

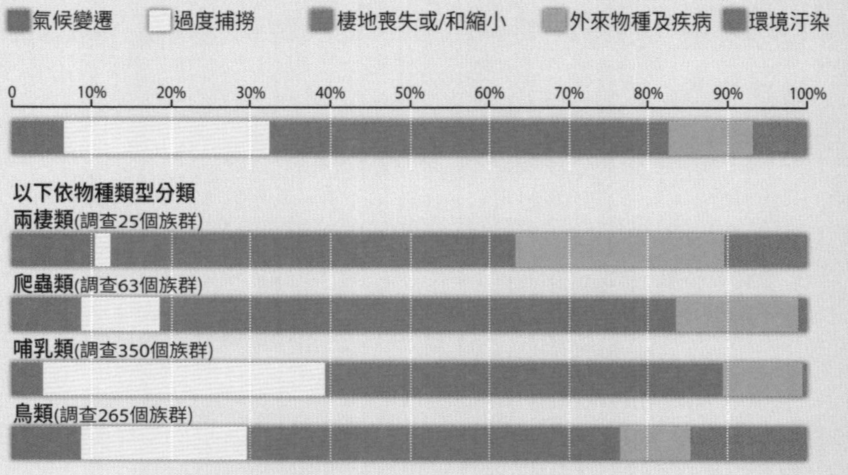

氣候變遷　過度捕撈　棲地喪失或/和縮小　外來物種及疾病　環境汙染

以下依物種類型分類

兩棲類(調查25個族群)

爬蟲類(調查63個族群)

哺乳類(調查350個族群)

鳥類(調查265個族群)

3 全球生態承載力概況**

俄羅斯

加拿大

美國

中國

印度

巴西

2012年各國總生態承載力
單位：百萬全球公頃****

10以下
10~25
26~500
500以上
無資料

**生態承載力：生態系統生產人類所需之自然資源及
吸收人類廢棄物的能力。

4 全球生態足跡概況***

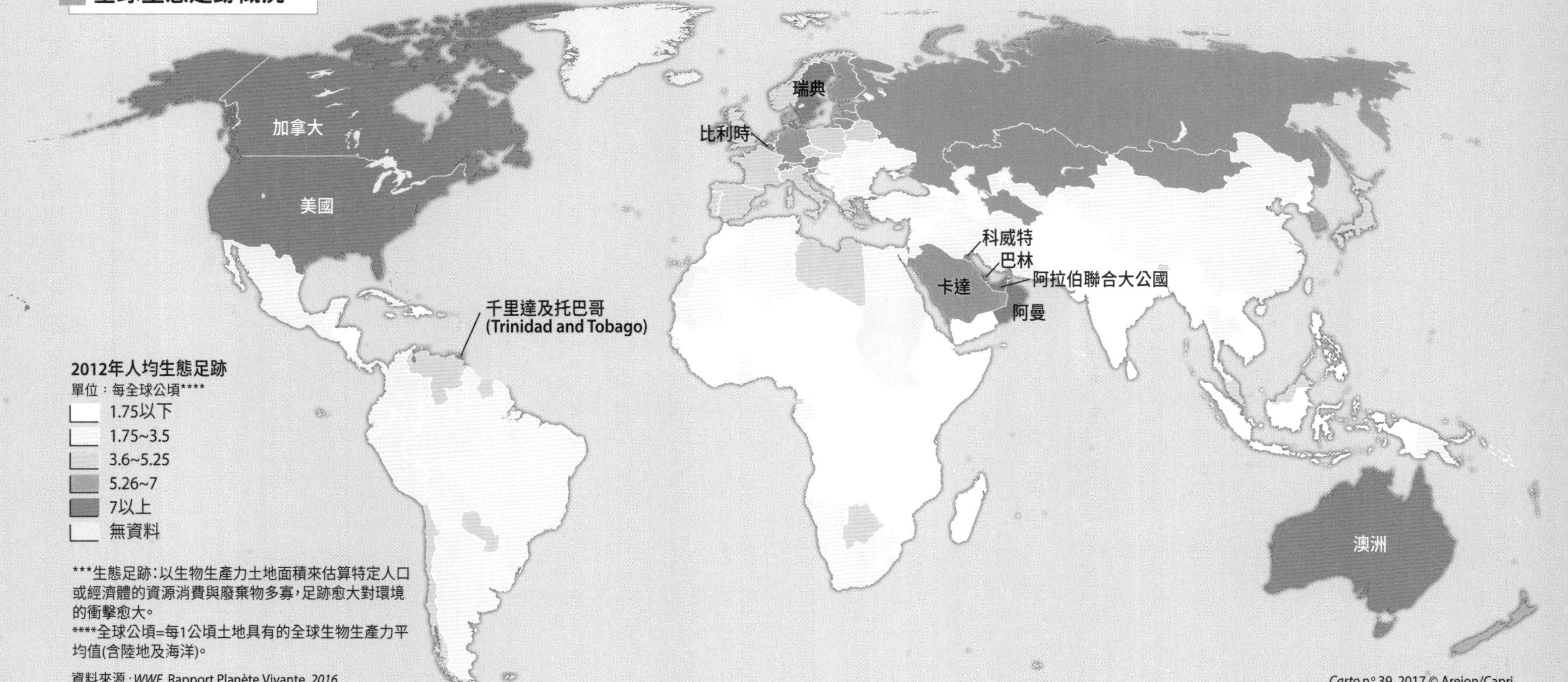

瑞典

比利時

加拿大

美國

科威特
巴林
阿拉伯聯合大公國
卡達
阿曼

千里達及托巴哥
(Trinidad and Tobago)

澳洲

2012年人均生態足跡
單位：每全球公頃****

1.75以下
1.75~3.5
3.6~5.25
5.26~7
7以上
無資料

***生態足跡：以生物生產力土地面積來估算特定人口
或經濟體的資源消費與廢棄物多寡，足跡愈大對環境
的衝擊愈大。
****全球公頃=每1公頃土地具有的全球生物生產力平
均值(含陸地及海洋)。

資料來源：*WWF, Rapport Planète Vivante, 2016*

Carto n° 39, 2017 © Areion/Capri

公海：為何俄、美、日反對制定保護法規？

1 全球經濟海域地圖

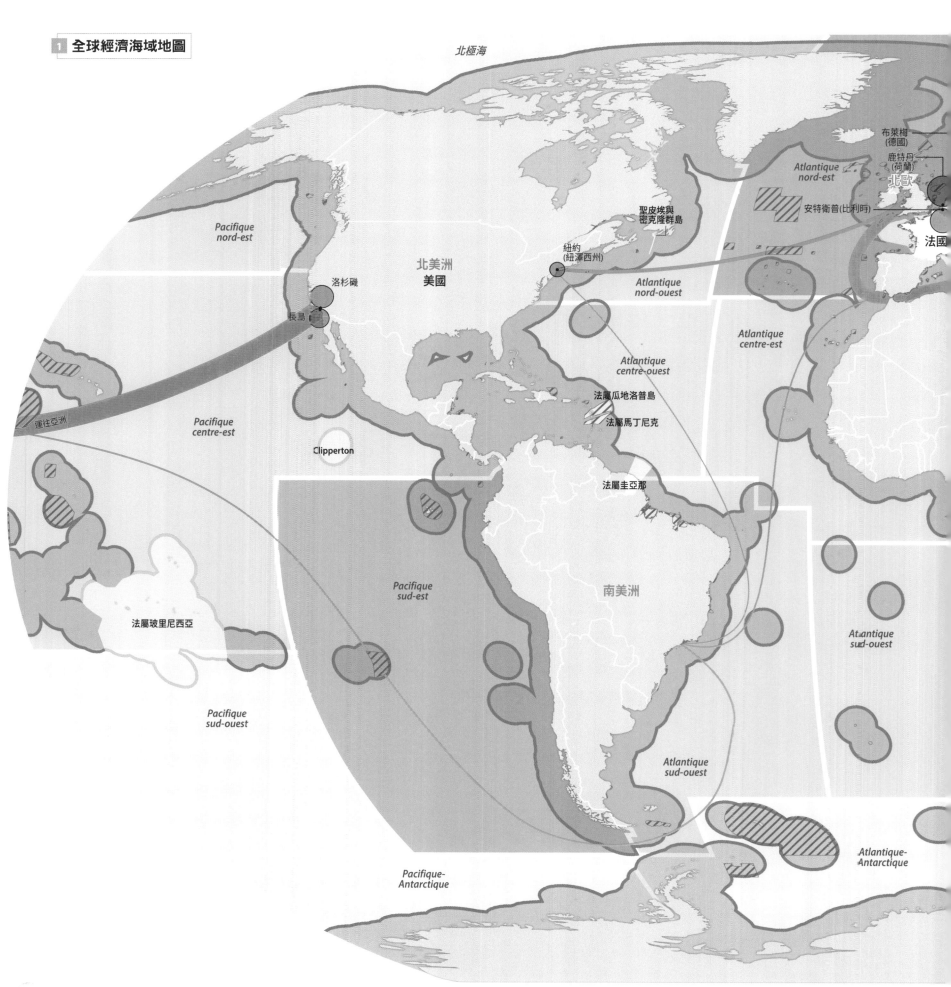

北極海

Atlantique
nord-est

布萊梅
(德國)

鹿特丹
(荷蘭)

北歐

安特衛普(比利時)

法國

Pacifique
nord-est

聖皮埃與
密克隆群島

紐約
(紐澤西州)

北美洲
美國

Atlantique
nord-ouest

洛杉磯

Atlantique
centre-est

長島

Atlantique
centre-ouest

運往亞洲

Atlantique
centre-est

Pacifique
centre-est

法屬瓜地洛普島

法屬馬丁尼克

Clipperton

法屬圭亞那

Pacifique
sud-est

南美洲

法屬玻里尼西亞

Atlantique
sud-ouest

Pacifique
sud-ouest

Atlantique
sud-ouest

Atlantique
sud-ouest

Atlantique-
Antarctique

Pacifique-
Antarctique

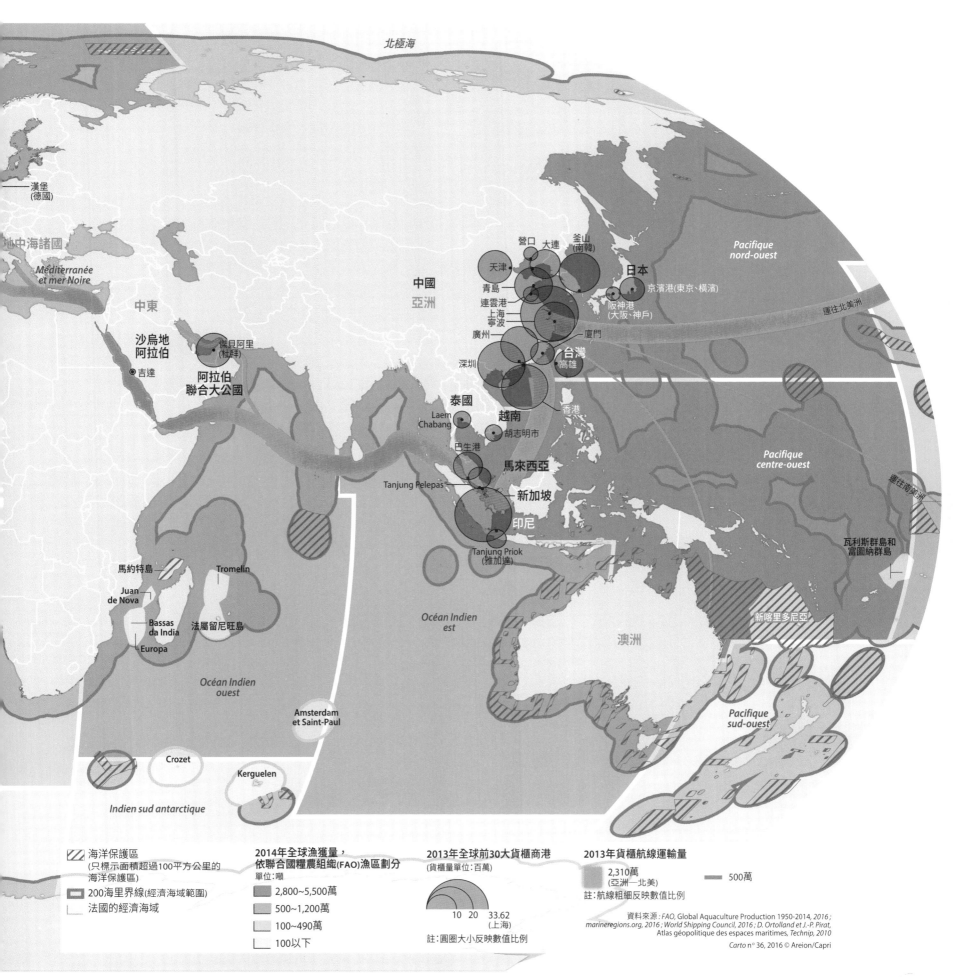

北極海

漢堡
(德國)

地中海諸國
Méditerranée
et mer Noire

中東

沙烏地
阿拉伯

吉達

傑貝阿里
(杜拜)

阿拉伯
聯合大公國

中國
亞洲

營口 大連
釜山
(南韓)

天津

日本

青島
連雲港
上海
寧波

京濱港(東京、橫濱)

阪神港
(大阪、神戶)

廣州

廈門

深圳

台灣
高雄

Pacifique
nord-ouest

運往北美洲

泰國
Laem
Chabang

越南

胡志明市

香港

巴生港

馬來西亞

Tanjung Pelepas

新加坡

印尼

Pacifique
centre-ouest

運往南美洲

瓦利斯群島和
富圖納群島

Tanjung Priok
(雅加達)

馬約特島

Tromelin

Juan
de Nova

Bassas
da India

法屬留尼旺島

Europa

Océan Indien
est

新喀里多尼亞

澳洲

Pacifique
sud-ouest

Océan Indien
ouest

Amsterdam
et Saint-Paul

Crozet

Kerguelen

Indien sud antarctique

海洋保護區
(只標示面積超過100平方公里的
海洋保護區)

200海里界線(經濟海域範圍)

法國的經濟海域

**2014年全球漁獲量，
依聯合國糧農組織(FAO)漁區劃分**

單位：噸

2,800~5,500萬

500~1,200萬

100~490萬

100以下

2013年全球前30大貨櫃商港

(貨櫃量單位：百萬)

10 20 33.62
(上海)

註：圓圈大小反映數值比例

2013年貨櫃航線運輸量

2,310萬
(亞洲—北美)

500萬

註：航線粗細反映數值比例

資料來源：FAO, Global Aquaculture Production 1950-2014, 2016；
marineregions.org, 2016；World Shipping Council, 2016；D. Ortolland et J.-P. Pirat,
Atlas géopolitique des espaces maritimes, Technip, 2010

Carto n° 36, 2016 © Areion/Capri

豐富的海洋資源應該屬於誰？單純的人會認為屬於地球；貪心的人認為先占先贏。在地球村時代，賺錢第一、消費當道，因此現代人不得不認真思考這個問題。2016 年 3 月 28 日到 4 月 8 日，聯合國各會員國代表聚集於紐約召開「聯合國海洋大會」就是為了討論此事，既然海洋在法律上不屬於任何人，是否就表示……海洋屬於所有人？

公海無法可管，專利大國眼紅深海商機

首先要釐清本文談的是公海，亦即距離陸地 200 海里（約 370 公里）以外的海域，約占據 55 ％的地表面積，可見「藍色星球」不是浪得虛名。在這條界線以外，是各國的專屬經濟海域以及歸屬各國管轄的大陸棚（指從陸地向外延伸 150 海里之地，參見 142~143 頁地圖）。由於人類對能源的需求居高不下，加上自然環境不斷遭到人類破壞（參見圖2），所以各國政府與大型企業都相當垂涎深藏於海洋的資源與人跡未至的海域。公海實際上是一塊法外之境，這裡不需要事先經過環境評估即可設置管線，只有一些產業內部對於在公海的漁勞及航行設有控管機制。

1982 年，在牙買加蒙特哥灣（Montego Bay）簽署的《聯合國海洋法公約》(UNCLOS) 規範了包括領海、經濟海域及大陸棚等區域的歸屬權，但是針對這些海域的海床及底土開採則僅設置少數幾條規定，關於公海的規範更是和 1958 年制訂的第一份《公海公約》(Convention on the High Seas) 相差無幾，導致現行最普遍的準則就是依循自由市場機制。換句話說，無法可管讓任何找得到資源的人都有權開採，反正公海的資源如此豐沛。

當初研擬《聯合國海洋法公約》時，相關的科學研究尚不發達，學者甚至還無法想像缺乏光照的深海存在著生物。不過，學界以及產業界（製藥、化妝品、食品、能源）都對已知的海洋生物充滿興趣。人類測繪過的海底地形不到 3%，對於為數眾多的浮游生物及其他物質幾乎一無所知，例如海底的錳核（又稱多金屬結核）富含鐵、銅、鈷、錳等元素；中洋脊附近的深海熱泉周圍居住著可耐受極端溫度（攝氏 0 至 100 度）的生物；探勘發現的石油又該歸誰？海洋生物的基因組成也許有助於解開醫學謎團、未來海藻說不定能成為燃料，按照目前的法律制度，在專利權競賽中，最先申請的人就能取得權利。與此同時，科學家們也大力鼓吹成立海洋保護區，認為這是保護生物多樣性的最有效方法。

俄、美、日不願放棄漁業利益及專利商機

「聯合國海洋大會」在紐約進行的一連串協商會議至關重要。自從 2013 年發表《巴黎公海連署書》(Appel de Paris pour la haute mer) 呼籲終結公海的資源掠奪與無法可管的狀態後，國際間經過多年的籌備及許多非政府組織的積極奔走下，各會員國終於要來建立共識。這可不是一件輕鬆的事，俄羅斯、冰島、日本、美國等都是漁業大國，也是專利界的大佬，他們一向反對任何妨礙自身自由及管制漁撈的措施，也不願意基於「人類遺產」的理由而犧牲自我利益，那是沒有能力開發海洋寶庫的眾多發展中國家以及非政府組織的主張。

然而，光是能夠啟動協商，就證明保護公海行動已踏出了第一步，過去一向不積極的國家（如美國）也開始就環境議題公開交換意見。所有與會代表都同意，為了改善公海管理，有必要簽訂國際性協議，協議名稱預定為《國家管轄外之海洋生物多樣性國際協議》(BBNJ)。這條路還很長，2016 年 3 月在紐約舉行的會議只是 4 輪協商中的第 1 輪，同年年底及 2017 年又分別進行了第 2~4 輪的協商。接下來還要由聯合國召開會議進行討論，以達成簽訂協議的目標。這段期間內，各國依然可以在公海自由探索。

文 • G. Fourmont

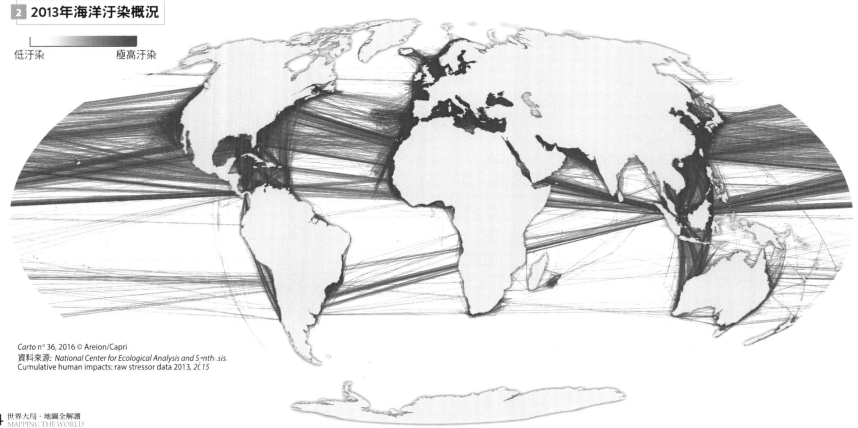

2 2013年海洋汙染概況

低汙染　　　極高汙染

Carto n° 36, 2016 © Areion/Capri
資料來源：*National Center for Ecological Analysis and Synthesis.*
Cumulative human impacts: raw stressor data 2013, 2015

南極羅斯海：全球最大的海洋保護區

世界上有一處人類從未涉足，也永遠不會涉足之地。2016 年 10 月 28 日，南極洲的羅斯海 (Ross Sea) 被劃定為海洋保護區，這是全球最大的海洋保護區，面積 157 萬平方公里。對企鵝和大自然而言，是一個極好的消息。

南極海洋生物資源保護委員會 (CCAMLR) 由歐盟和其他 24 個國家組成，經過 5 年漫長的協商，終於達成明確的共識：成立羅斯海海洋保護區，範圍涵蓋羅斯冰棚及大部分羅斯海。此區有大量磷蝦棲息，這種生長在南冰洋的小型蝦對於區域生態平衡至關重要，因為磷蝦位於食物鏈底層，許多生物都賴以維生，例如海豹、豹斑海豹、海狗和企鵝。然而，人類的捕撈和氣候暖化卻導致磷蝦面臨滅絕的危機。

嚴禁漁撈活動至少 35 年

1959 年《南極公約》(Antarctic Treaty) 凍結一切對南極的領土要求，但各國仍爭相主張領土所有權，漁撈產業尤其積極，因為南極的魚類非常豐富。多年來許多非政府組織紛紛提出警告，認為必須劃定保護區域，禁止任何人以任何方式開採或捕撈。因此，2016 年 10 月 28 日通過的協議至關重要，中國與俄羅斯曾在協商過程中表示反對，希望保有漁權，但最後仍同意禁止羅斯海保護區中的所有漁撈活動或物質提取 (包含科學用途)。不過有一個小問題，這片禁區的保護期限只有 35 年，之後必須重新協商。

成立羅斯海海洋保護區的成立對企鵝是一大福音，從此牠們不愁沒有食物，生存無虞。根據世界自然基金會的調查[1]，棲息在南極洲靠大西洋側及印度洋側海岸的企鵝，生存受到威脅，幾近滅絕；其他區域的企鵝也已列入易危物種，只有羅斯海一帶的族群是安全的 (參見右圖)。世界自然基金會認為，除了氣候變遷的因素外，亦不可忽視人類活動增加所帶來的威脅，平均每年有約 7,000 名科學家及 33,000 名遊客造訪南極洲這座冰雪大陸，而每個訪客都會製造廢棄物，並將外來威脅帶進當地的生態系統。

南極海洋生物資源保護委員會了解保護南極生物多樣性的意義。除了羅斯海，他們也預計在其他區域成立海洋保護區，包括南極大陸的東部以及西北部的威德爾海 (Weddell Sea)，總計將有 480 萬平方公里的區域 (約台灣面積的 133 倍) 不再受到人類

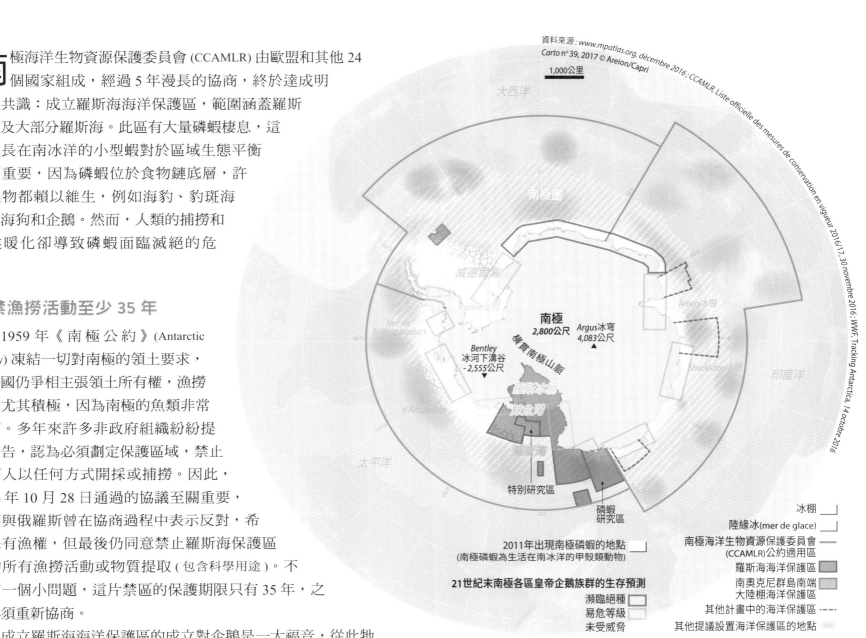

資料來源：www.mpatlas.org, décembre 2016
Carto n° 39, 2017 © Areion/Capri
1,000公里

CCAMLR Liste officielle des mesures de conservation en vigueur 2016/17, 30 novembre 2016；WWF, Tracking Antarctica, 14 octobre 2016

大西洋
南極圈
威德爾海
Amery冰棚
Mer de Bellingshausen
南極
2,800公尺
Argus冰穹
4,083公尺
Bentley
冰河下溝谷
-2,555公尺
橫貫南極山脈
Shackleton冰棚
印度洋
Mer d'Amundsen
羅斯冰棚
鯨魚灣
太平洋

特別研究區
磷蝦研究區

2011年出現南極磷蝦的地點
(南極磷蝦為生活在南冰洋的甲殼類動物)

21世紀末南極各區皇帝企鵝族群的生存預測
瀕臨絕種
易危等級
未受威脅

冰棚
陸緣冰(mer de glace)
南極海洋生物資源保護委員會
(CCAMLR)公約適用區
羅斯海洋保護區
南奧克尼群島南端
大陸棚海洋保護區
其他計畫中的海洋保護區
其他提議設置海洋保護區的地點

活動的影響。如此一來，這些地方的生物對於氣候變遷，應該能自然而然產生更強的適應力。在 2013~2014 年間，有 25,000 對企鵝生下的雛鳥因飢餓而死亡，因為那段時間氣溫過高、不斷下雨，企鵝爸媽必須比往常游得更遠才能找到食物。若能減少人類對企鵝棲息地的干擾破壞，或許能提高企鵝存活的機率。

文 ● G. Fourmont

[1] WWF, Tracking Antarctique : An update on the state of Antartica and the Southern Ocean, 2016.10.14.

塞納河水災：
一覽百年來的「巴黎淹水地圖」

對巴黎而言，2016 年 6 月是一個難忘的月份。從 5 月底開始，巴黎一帶連續多日降下豪雨（這個現象通常出現在 1 月，鮮少發生在春末），導致塞納河汛濫，巴黎因此面臨洪水威脅，城市機能可能癱瘓。由此可見，塞納河水資源管理對大巴黎地區的居民極為重要，對整個法國而言，塞納河還有其他重要的經濟機能。

2016 年 6 月 3 日半夜，塞納河漲到最高點，奧斯特利茨橋 (pont d'Austerlitz) 下的量尺顯示水位已高達 6.1 公尺。主管機關依據此一量尺判斷水位，並採取相應的措施。法國人應該都還記得塞納河曾在 1982 年漲到 6.18 公尺，但更難忘的是 1910 年的水災，當時水位高達 8.62 公尺。流經巴黎市區的塞納河「正常水位」應在 1~2 公尺間，各河段略有不同，一旦奧斯特利茨橋的水位達到 2.5 公尺，主管機關就必須發布警報。河況變化隨時受到監控，因為巴黎人口聚居地帶發生水災的機率很高，尤其是第一、四、五、六、七、八、十二、十五區。主管機關在網路上發布了一張巴黎市水災預報地圖，並隨時更新消息。

巴黎大區的貨櫃運輸命脈

塞納河全長 776.6 公里，流域面積達 79,000 平方公里，從水源—塞納 (Source-Seine，位於科多爾省) 到勒阿弗爾 (Le Havre，位於塞納—濱海省) 的出海口，一共穿越 4 大區 (région)、14 個省 (département) 和 333 個市鎮 (commune，參見圖 2)；主要支流包括揚河 (Yonne)、馬恩河 (Marne)、瓦茲河 (Oise)、奧布河 (Aube) 和歐赫河 (Eure)。塞納河不僅是巴黎地理與歷史的中心，也是最重要的貿易航線 (參見圖 1)。巴黎是全歐洲第二大河港，僅次於德國的杜伊斯堡 (Duisburg)，同時也是法國的第一大河港，超越史特拉斯堡 (Strasbourg) 及里昂。

具體來看，塞納河每年大約有 2,000 萬噸的貨物經過 (2015 年，巴黎和勒阿弗爾市間的運輸量為 1,940 萬噸)，是巴黎大區和北海之間的主要航線。盧昂市 (Rouen) 的重要性和巴黎不相上下，勒阿弗爾雖不及盧昂，但也是世界主要的商港之一。2015 年，「大巴黎港」(Ports de Paris) 機構一共管理 70 個港口及 1,000 公頃的港區面積，提供 600 間公司使用，創造 2 萬個直接工作機會及 6 萬個間接工作機會。主要的港口設施位於上塞納省的珍維利耶 (Gennevilliers)，這是運送不易腐敗的貨物、沉重的建築材料 (水泥、砂石等) 及化學物質等的重要港口。整個巴黎大區所需的物資有 13% 由「大巴黎港」供應。

珍維利耶就位在河川汛濫區內，由此可知為何塞納河一暴漲，主管機關就

1 塞納河的運輸概況

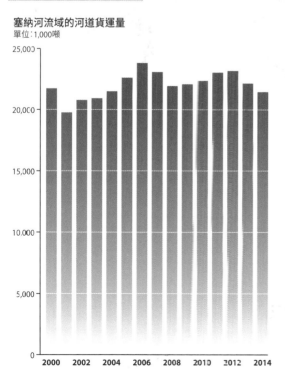

塞納河流域的河道貨運量
單位：1,000 噸

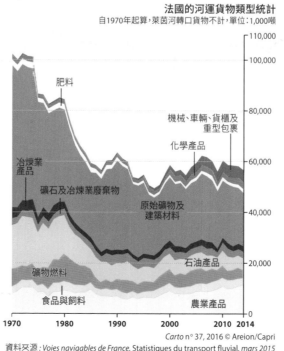

法國的河運貨物類型統計
自1970年起算，萊茵河轉口貨物不計，單位：1,000 噸

Carto n° 37, 2016 © Areion/Capri
資料來源：*Voies navigables de France, Statistiques du transport fluvial, mars 2015*

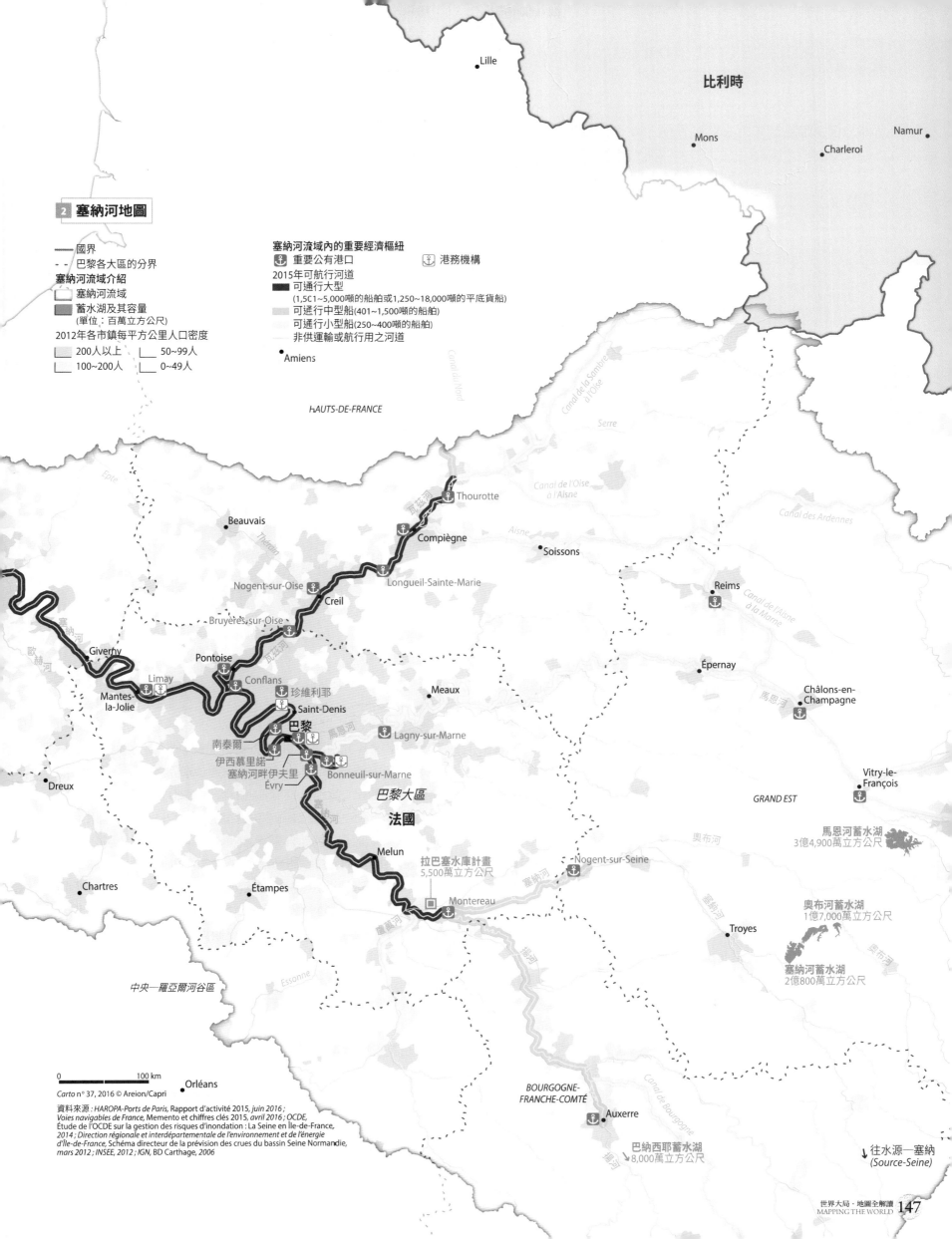

2 塞納河地圖

图例

—— 國界
- - - 巴黎各大區的分界
塞納河流域介紹
☐ 塞納河流域
■ 蓄水湖及其容量
　（單位：百萬立方公尺）
2012年各市鎮每平方公里人口密度
☐ 200人以上　☐ 50~99人
☐ 100~200人　☐ 0~49人

塞納河流域內的重要經濟樞紐
⚓ 重要公有港口　　⛴ 港務機構
2015年可航行河道
■ 可通行大型
　（1,5C1~5,000噸的船舶或1,250~18,000噸的平底貨船）
■ 可通行中型船（401~1,500噸的船舶）
☐ 可通行小型船（250~400噸的船舶）
—— 非供運輸或航行用之河道

比利時

Lille

Mons
Charleroi
Namur

Amiens

hAUTS-DE-FRANCE

Canal de la Sambre
à l'Oise

Serre

Canal du Nord

Canal de l'Oise
à l'Aisne

Canal des Ardennes

Thourotte
Compiègne
Longueil-Sainte-Marie
Soissons
Aisne

Reims
Canal de l'Aisne
à la Marne

Épernay

Châlons-en-
Champagne

Beauvais

Thérain

Nogent-sur-Oise
Creil
Bruyères-sur-Oise

Epte

Giverny

Pontoise
Conflans
珍維利耶
Saint-Denis
巴黎
南泰爾
伊西慕里諾
塞納河畔伊夫里
Évry
Bonneuil-sur-Marne

Limay
Mantes-
la-Jolie

歐赫河
塞納河

Meaux

Lagny-sur-Marne

巴黎大區
法國

馬恩河

Vitry-le-
François

GRAND EST

馬恩河

馬恩河蓄水湖
3億4,900萬立方公尺

Dreux

Chartres

Étampes

Essonne

Melun

拉巴塞水庫計畫
5,500萬立方公尺

Montereau

Nogent-sur-Seine

奧布河

塞納河

奧布河蓄水湖
1億7,000萬立方公尺

Troyes

塞納河蓄水湖
2億800萬立方公尺

奧布河

中央—羅亞爾河谷區

BOURGOGNE-
FRANCHE-COMTÉ

Canal de Bourgogne

Auxerre

巴納西耶蓄水湖
8,000萬立方公尺

↓往水源—塞納
(Source-Seine)

0　　　　100 km

Carto n° 37, 2016 © Areion/Capri

Orléans

資料來源：*HAROPA-Ports de Paris*, Rapport d'activité 2015, juin 2016 ;
Voies navigables de France, Memento et chiffres clés 2015, avril 2016 ; *OCDE*,
Étude de l'OCDE sur la gestion des risques d'inondation : La Seine en Île-de-France,
2014 ; Direction régionale et interdépartementale de l'environnement et de l'énergie
d'Île-de-France, Schéma directeur de la prévision des crues du bassin Seine Normandie,
mars 2012 ; INSEE, 2012 ; IGN, BD Carthage, 2006

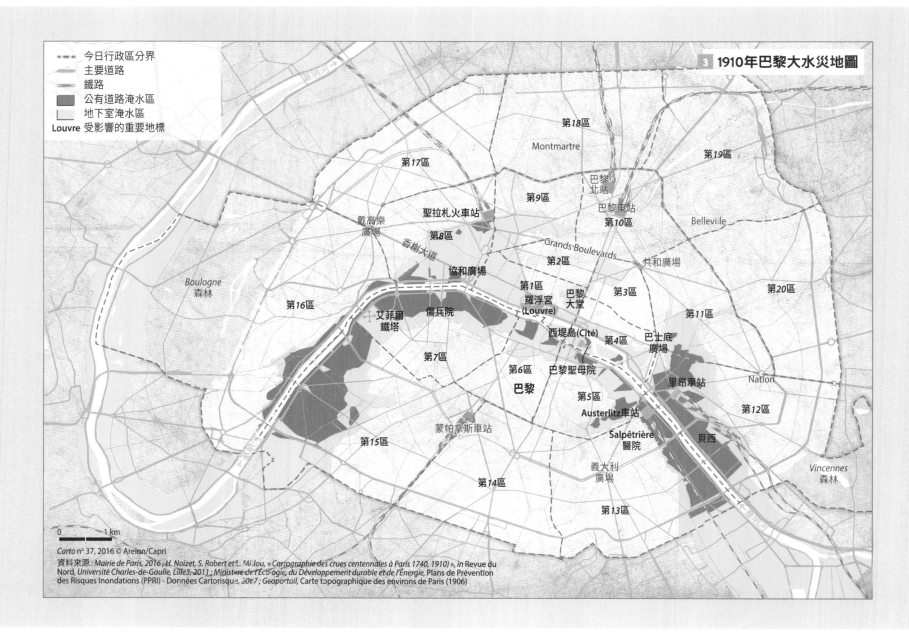

3 1910年巴黎大水災地圖

今日行政區界
主要道路
鐵路
公有道路淹水區
地下室淹水區
Louvre 受影響的重要地標

0   1 km

Carto nº 37, 2016 © Areion/Capri

資料來源：*Mairie de Paris, 2016 ; H. Noizet, S. Robert et L. Mi Jou, « Cartographie des crues centennales à Paris 1740, 1910) », in Revue du Nord, Université Charles-de-Gaulle, Lille3, 2011 ; Ministère de l'Écologie, du Développement durable et de l'Énergie, Plans de Prévention des Risques Inondations (PPRI) - Données Cartorisque, 2017 ; Géoportail, Carte topographique des environs de Paris (1906)*

如此緊張。其他重要市鎮如南泰爾 (Nanterre)、伊西慕里諾 (Issy-les-Moulineaux)、塞納河畔伊夫里 (Ivry-sur-Seine)、阿爾福維爾 (Alfortville) 也一樣。要是 1910 年的大水災再次發生，阿爾福維爾可能 97% 都會被水淹沒。當然，現在的巴黎市容和 20 世紀初已大不相同，安全措施也增加不少。但專家仍然警告，同樣的災害可能會再度降臨，就算聚集全世界的技術也無法保障巴黎毫髮無傷。

政府建造 4 大蓄水湖防止塞納河氾濫

1910 年 1 月，雪季加上大雨導致塞納河水氾濫。巴黎盆地的土壤水分已經飽和，所以塞納河水開始滲入巴黎市內的地窖 (參見圖 3)。市區許多地方都淹水，居民改乘小船移動。在當時留下的許多照片中，可以看到聖拉札火車站 (Gare Saint-Lazare) 前的廣場，或貝西鎮 (Bercy) 一帶都是汪洋一片。這場世紀大水災令許多人終生難忘。大水直到一個多月後才完全退去，災難結束後，政府開始思考如何保護這座城市。

多年來政府做了不少措施，例如抬高橋梁、增高堤岸、挖深河床、建造防波堤等等，但最關鍵的是開闢蓄水湖來調節塞納河與支流的流量。目前運作中的蓄水湖有 4 個，最重要的是

馬恩河的蓄水湖。這座湖橫跨馬恩省與上馬恩省 (1974 年啟用)，蓄水量可達 3 億 4,900 萬立方公尺 (參見圖 2)。塞納河的蓄水湖位在香檳區 (1966 年啟用)，可容納 2 億 800 萬立方公尺水量；奧布河的蓄水湖 (1990 年啟用) 容量則有 1 億 7,000 萬立方公尺；位在涅夫勒省 (Nièvre) 的巴納西耶湖 (lac de Pannecière，1949 年啟用) 則有 8,000 萬立方公尺的容量。截至 2016 年 8 月 16 日為止，這些蓄水湖的水量都已達到 65% 至 71% 的容量。這些蓄水設施會在冬季和春季將塞納河水儲存在湖中，防範汛期發生水災；到了夏季和秋季則釋放儲水，可防止河川流量過少。

針對大規模水災，設置「海王星計畫」應變

2016 年 6 月因為河水高漲，巴黎大眾運輸公司 (RATP) 不得不在郊區快鐵 (RER) 的每個通風口都加上防護設施。其中最緊要的是沿著塞納河岸行駛的快鐵 C 線。這條線行經巴黎許多重要地標，包括國家圖書館、聖母院、艾菲爾鐵塔、法國廣播電台，每天大約有 50 萬人次搭乘。C 線一旦停駛，勢必會造成公共運輸大亂，而且其他地鐵站可能也會暫時關閉，若損害嚴重甚至會停駛數月之久。如果 1910 年的水災真的重演，水位漲到 8 公尺以上，A86 和 A4 高速公路也會受到影響。此外，巴黎是

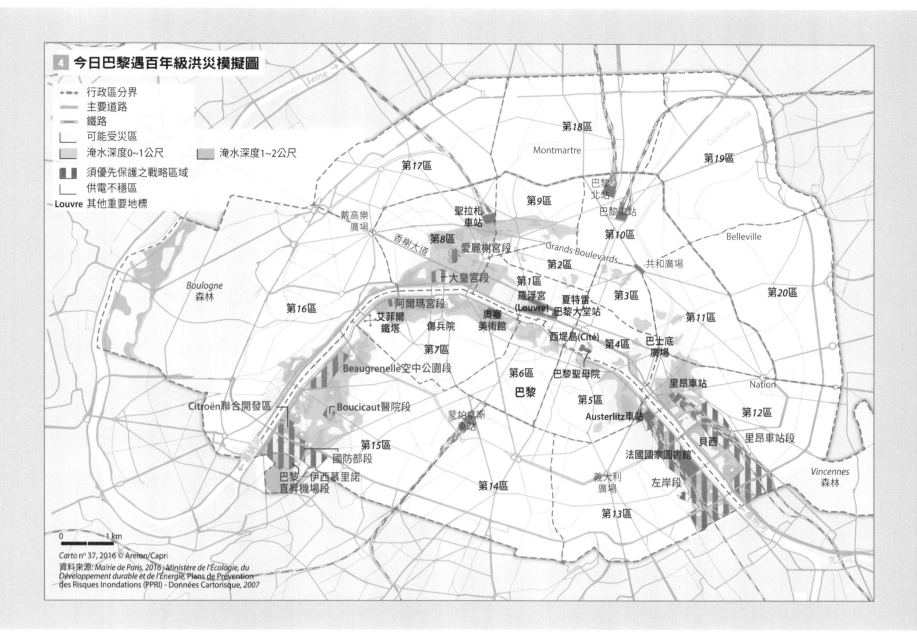

4　今日巴黎遇百年級洪災模擬圖

圖例：
- ----- 行政區分界
- —— 主要道路
- === 鐵路
- └┘ 可能受災區
- ▨ 淹水深度 0~1 公尺
- ▨ 淹水深度 1~2 公尺
- ▨ 須優先保護之戰略區域
- └┘ 供電不穩區
- **Louvre** 其他重要地標

Carto n° 37, 2016 © Arelon/Capri

資料來源: *Mairie de Paris, 2016 ; Ministère de l'Écologie, du Développement durable et de l'Énergie, Plans de Prévention des Risques Inondations (PPRI) - Données Cartorisque, 2007*

一個古老的沉積盆地，地質原本就特別脆弱。一旦水位超過 6.5 公尺，電力供應就會中斷。2016 年 6 月，巴黎大區和中央—羅亞爾河谷 (Centre-Val de Loire) 兩大區共計有 2 萬戶停電，2 萬人被迫疏散。

法國政府對洪水的威脅不敢掉以輕心。相關單位經常舉行演習，「歐盟塞納河女神演習」(EU Sequana) 即是其一。這項演習於 2016 年 3 月由巴黎警察局主辦，模擬類似 1910 年規模的水災發生在巴黎大區應該如何應變 (參見圖 4)。其中一項要務是保護戰略據點，例如貝西車站、里昂車站、愛麗榭宮、國防部等。原則上，只要水位超過 5.5 公尺就必須啟動「海王星計畫」(Plan Neptune)，1 萬名軍人將前往上述地點負責戒備。2016 年 6 月水位很快下降，並未釀成災情，而且除了盧萬河 (Loing) 之外，塞納河的主要支流也未嚴重氾濫，所以「海王星計畫」沒有啟動。一旦發生大規模水災，財產損失預估會高達 50 億歐元。根據河川船東委員會 (comité des armateurs fluviaux) 的通報，2016 年 6 月塞納河暴漲 (水位達 6.1 公尺) 不過數日，河上觀光運輸業者損失的營業總額就高達 1,000 萬歐元。而全國各地農業受到的影響也

> 「專家警告，1910 年的大水災可能再度降臨，就算聚集全世界的技術也無法保障巴黎毫髮無傷。」

十分驚人，尤其在大量降雨之後，第一個損失的就是穀物收成。初步估算，法國 2015~2016 年間的小麥產量最多不超過 2,860 萬噸，遠不及 2014~2015 年間的 4,100 萬噸。

巴黎的城市建築歷史悠久，但市區及近郊新開發區的建築還有調整的空間，例如位在氾濫區的住宅或建築物不要設計地下室，一樓不要當作起居空間……等等。有些位在萊茵河或其支流河畔的德國城市，已經採取這類的建築方式。不僅如此，政府也在規劃建設第 5 座水庫，預計將建於塞納—馬恩省的拉巴塞鎮 (La Bassée)。這項計畫進展得十分緩慢。2012 年，當局決定設立一個示範區以評估水庫對當地環境的影響，但是預計最快要到 2023 年才會完工。不過，2016 年 6 月發生淹水危機後，參議院已建議盡快完成這項建設。新水庫的建造經費估計需要 5 億歐元，但部分專家擔心一旦發生大洪水，這些人工湖仍不足以調節塞納河的水量。回顧 1910 年，當時塞納河的水量多達 30 億至 60 億立方公尺……看來面對大自然的挑戰，「預測」與「準備」才是不二法門。

文● G. Fourmont

布拉馬普特拉河：
中國、印度的水力戰爭，由孟加拉埋單

每年到了雨季 (6～10月)，南亞地區總會因降雨過多發生水災或河川汜濫，布拉馬普特拉河沿岸尤其嚴重。印度與中國企圖掌控此河的水力發電利益，雙方劍拔弩張，數百萬孟加拉人的生活仰賴這條河，但同時也身受其害，特別是窮人。

「**布**拉馬普特拉」是這條河的通稱，它的名字其實會隨著流經的國度而變換。例如河流的發源地中國西藏自治區稱之為雅魯藏布江，而印度的阿魯納查邦 (Arunachal Pradesh) 則稱之為桑朗江 (Siang)，到了阿薩姆邦 (Assam) 又稱之為布拉馬普特拉河。它從源頭「傑瑪央宗冰川」向東奔流 1,625 公里後轉向南方，接著穿過印度，流經 918 公里長的河道之後，再經由水壩「注入」孟加拉，並改稱賈木納河 (Jamuna)，然後向前 337 公里與恆河交會，形成帕德瑪河 (Padma)，最後流入孟加拉灣 (參見右圖)。

布拉馬普特拉河的流域面積為 573,400 平方公里，其中 293,000 平方公里位於中國境內。這些地理特徵不可等閒視之，因為有了這些關鍵資訊，才能分析沿岸各個國家的情勢。

中國不願揭露上游水力計畫，印度懷疑圖謀不軌

中國掌握這條河的上流、掌握著水源，因此占有優勢。北京當局對布拉馬普特拉河有兩大計畫：一是建造水力發電站，以滿足國內能源需求，二是將河水引至氣候較乾燥、人口更密集的北部省分，與黃河匯流。2014 年 11 月藏木水電站啟用，反映出中國的野心。由於中國政府對相關計畫始終諱莫如深，導致中印關係長期緊繃，而印度政府也計畫在境內的支流建造 150 個水力發電站。這場「水力戰爭」嚴重影響當地居民的生活，因為布拉馬普特拉河流量減少與變化將對農業造成危害。像孟加拉這樣 7 成人口從事農業的國家，一旦發生土壤侵蝕或鹽化加劇，就會導致嚴重的經濟危機。

事實上，孟加拉最擔心的問題是河水與海水水位升高，以及自然災害增加 (部分原因來自氣候變遷)。孟加拉地勢低平，全國 148,460 平方公里的土地有 2/3 在海拔 5 公尺以下。布拉馬普特拉河流經的區域只有 47,000 平方公里，卻相當於全國面積的 31.6%，因此這條河對孟加拉人的生存與發展，具有舉足輕重的地位。然而，它也可能成為毀滅的力量。千百年來孟加拉人不斷嘗試征服這條大河，但當地沒有任何一座具有發電功能的水壩 (均為灌溉用)，而且在過去幾年中，自然災害愈來愈頻繁。

近來颶風侵襲孟加拉的頻率平均為每 2 年一次。季風帶來的降雨主要集中於北部，包括戈伊班達 (Gaibandha)、加馬甫 (Jamalpur)、波格拉 (Bogra)、西拉治干治 (Sirajganj)、古里格拉姆 (Kurigram)，人民因此被迫遷徙。根據境內流離失所監測中心 (IDMC) 的調查，2014 年有 54 萬 2 千名孟加拉人因為氣候因素不得不離開家園。印度也有同樣的情形，例如 2014 年 9 月阿薩姆邦和梅加拉雅邦 (Meghalaya) 發生洪災，造成 36 萬人被迫遷徙。

孟加拉洪水難民出走印度，屢受排擠

年復一年，孟加拉人配合著賈木納河的喜怒無常，有些人還住在河中的沙洲，即一些不固定的小島上。在這個全球人口密度最高的國家裡 (1,083 人 / 平方公里)，每

圖例：
- 國界
- 有爭議之邊界
- 中央行政區界 (印度的邦界，孟加拉的縣界)
- *DELHI* 中央行政區名
- 布拉馬普特拉河流域
- 恆河及梅克納河(Meghna)流域

水壩與基礎設施
- 現有重要水壩
- 建造或計畫中之重要水壩
- 中國輸水管道(2013年)
- 2013年各仿水河川輸水量 (單位：1億立方公里)

河川汜濫與貧窮現象
- 雨季受布拉馬特拉河汜濫及洪災影響之區域
- 2010年孟加拉超過40% 縣民生活在貧窮線以下的縣

UTTARAKHAND
Moradabad
DELHI 新德里
Bareilly
Faridabad
UTTAR PRADESH
Shahjahanpur
HARYANA
Aligarh
Mathura
Firozabad
Bharatpur
Agra
Lucknow
Etawah
RAJASTHAN
Kanpur
Gwalior
MADHYA PRADESH
Jhansi

地勢
單位：公尺
- 超過6,000公尺
- 5,000
- 4,000
- 3,000
- 2,000
- 1,000
- 500
- 200
- 0

MADHYA PRADESH

0   100 km

Carto n° 34, 2016 © Areion/Capri

資料來源：*Emergency Response Coordination Centre, novembre 2015 ; T. Hennig, Energy, Hydropower, and Geopolitics – Northeast India and its Neighbors: A Critical Review of the Establishment of India's Largest Hydropower Base, in ASIEN n° 134, janvier 2015 ; xir huanet, novembre 2014 ; Ministère des Ressources hydriques chinois, février 2013 ; FAO Aquastat, 2011 ; M. M. Rahaman, Integrated Water Resources Management: Constraints and opportunities with a focus on the Ganges and the Brahmaputra River Basins, Université d'Helsinki, 2009*

一寸土地都得拿來住人，也得拿來開發。但是這些沙洲在孟加拉法律上的定位尚不明確，只能交由當地人依靠傳統制度管理。沙洲居民缺乏基本生活保障，沒有醫療設施也無法接受教育，這是中央政府失職之處，也是非政府組織著力之處。例如孟加拉的非政府組織「Friendship」一共照顧 317 個沙洲，他們有 3 個船上醫院，每年醫治 16 萬 5 千名病患，還有約 300 間臨時診所，每年照料超過 40 萬名病患。

而且，這樣的情況恐怕難以改善。世界銀行在 2013 年發出警告，名列全球貧窮國家之一的孟加拉，將面臨颱風與水患增加、海平面上升與暖化的問題。聯合國預測到了 2050 年，該國人口數將達到 2 億 220 萬人 (2015 年為 1 億 6,090 萬人)。而在 2050 年之前，因氣候因素遷徙的人口預計是 1,300~4,000 萬人之間。由於居住地和耕地被水淹沒，愈來愈多人被迫前往大城市尋求機會，例如首都達卡 (Dacca)、吉大港 (Chittagong) 或庫爾納 (Khulna)。有些人則選擇到布拉馬普特拉上游的印度工作和生活，但印度政府並不樂意，自 1947 年英屬印度分割以來，印度與孟加拉的邊境便成為全世界看守最嚴密也最危險的地帶之一。

文 ● G. Fourmont

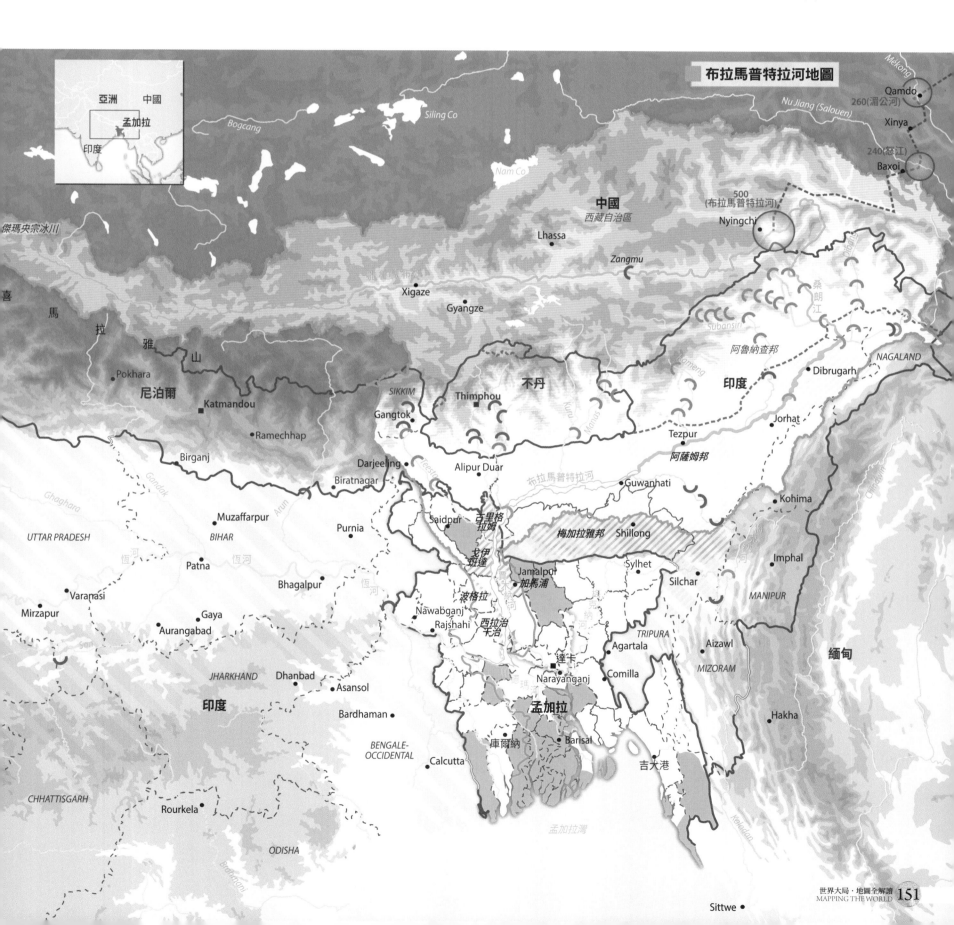

葉門缺水危機：
親伊朗派掌權，
沙國立撤海水淡化金援

國界
---- 大區區界
...... 省界

2011 年起，葉門大規模示威衝突不斷，2015 年 1 月胡塞反抗軍 (houthis) 占領總統府，政府垮台，為葉門政治掀開新的一頁。除了長年政治動盪、暴力肆虐之外，這個被形容為「已破產」的國家還面臨無法滿足人民基本生活所需的窘境，其中需求最迫切的資源就是：水。

2015 年 1 月胡塞反抗軍之所以發動政變奪權，是因為政府打算在 2014 年 7 月大幅提高汽、柴油價格並減少燃油補貼。

在葉門開採石油的成本愈來愈難以負荷，水資源的開採成本也一樣。葉門一年的用水量平均為 35 億立方公尺，比境內的可再生水資源多出 14 億立方公尺，因此他們必須抽取深層的化石水 (古地下水)，但是每人每年可用的水量只有 85 立方公尺，低於世界銀行定義的缺水指標，即人均 1,000 立方公尺。世界銀行預測，到了 2040 年，葉門的地下水資源藏量將會耗盡。

從 1970 年開始，葉門政府就鼓勵農民抽取地下水。原本是為了促進糧食生產，不過依據世界糧食計畫署 (WFP) 的調查，該國在 2014 年仍然有 41% 人口處於糧食不安全的狀態，人民缺乏充足的管道取得安全、足夠及營養的食物。這項政策失敗了，利潤更高但耗水量大的阿拉伯茶 (qat) 占據了葉門將近 40% 的耕地，並持續擴大 (參見圖 1、2)。根據世界銀行的資料，葉門人口從 1980 年的 790 萬人攀升至 2014 年的 2,490 萬人，人口快速成長使得水資源管理變得更加困難。

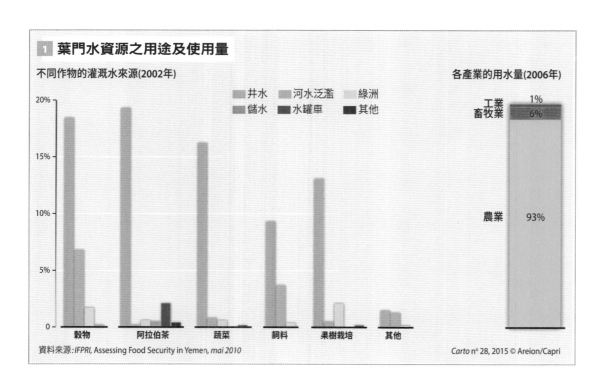

1 葉門水資源之用途及使用量

不同作物的灌溉水來源(2002年)

井水　河水泛濫　綠洲
儲水　水罐車　其他

各產業的用水量(2006年)

工業　1%
畜牧業　6%
農業　93%

穀物　阿拉伯茶　蔬菜　飼料　果樹栽培　其他

資料來源：IFPRI, Assessing Food Security in Yemen, mai 2010

Carto n° 28, 2015 © Areion/Capri

恐怖組織協助居民，提供淡水資源

世界銀行統計，葉門只有 47% 的鄉村人口有乾淨的水可用。為了擺脫惡劣的處境，人們搬到城市居住，但都市的情形同樣堪慮。首都沙那 (Sanaa) 聚集了 220 萬人口 (2012 年統計)，但政府平均每 9 天才能將各住宅區的蓄水池注滿一次；沙那可能成為全世界第一個無水可用的首都。西南方的塔伊茲 (Taez) 也許就是前車之鑑。荅伊茲的人口從 1996 年的 32 萬人成長到 2013 年的 84 萬人，都市化導致有自來水供應的家庭從 72% 減少到 46%，且平均開通一條管線需要 45 天。而基礎設施老舊與政府效率低落更是大量水資源遭到浪費的肇因。

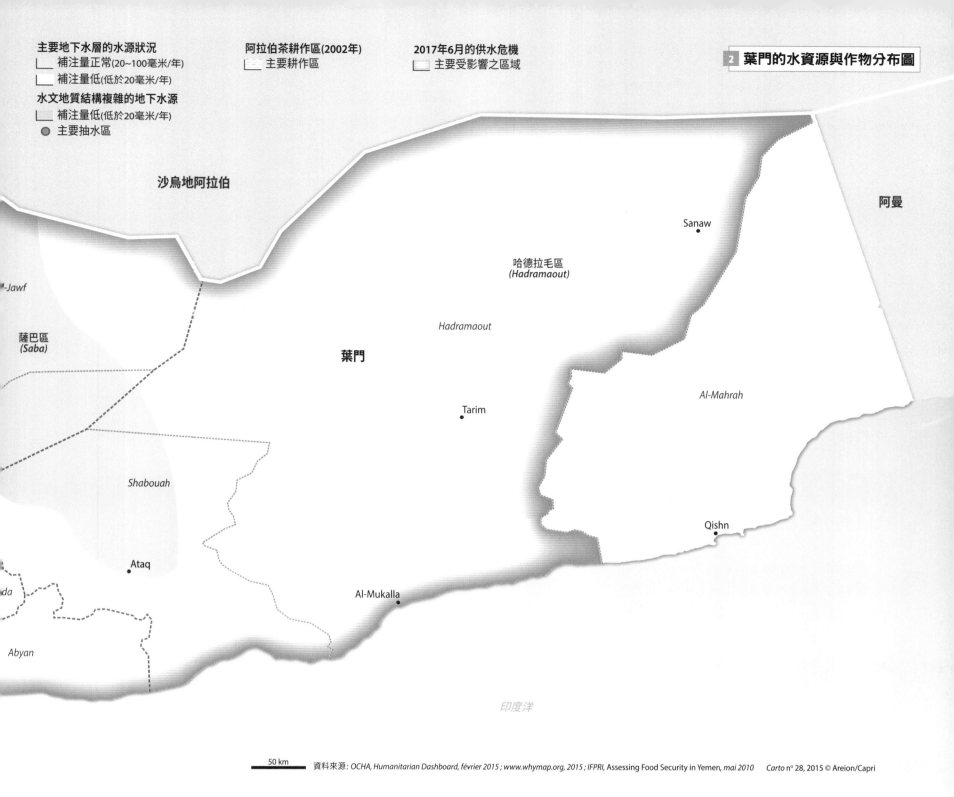

主要地下水層的水源狀況
補注量正常(20~100毫米/年)
補注量低(低於20毫米/年)
水文地質結構複雜的地下水源
補注量低(低於20毫米/年)
主要抽水區

阿拉伯茶耕作區(2002年)
主要耕作區

2017年6月的供水危機
主要受影響之區域

沙烏地阿拉伯

阿曼

Sanaw

哈德拉毛區
(Hadramaout)

Hadramaout

葉門

-Jawf

薩巴區
(Saba)

Al-Mahrah

Tarim

Shabouah

Qishn

Ataq

Al-Mukalla

Abyan

da

印度洋

50 km　資料來源: OCHA, Humanitarian Dashboard, février 2015 ; www.whymap.org, 2015 ; IFPRI, Assessing Food Security in Yemen, mai 2010　Carto n° 28, 2015 © Areion/Capri

雖然人們一想到葉門，總是會聯想到恐怖分子跨國串連或暴力衝突蔓延並感到恐懼，但這些恐怖組織並非只會危害國家安全。舉例來說，蓋達組織阿拉伯半島分支(AQAP)就將一部分資源，用來為統治區的居民提供淡水，尤其是東部地區。

沙烏地阿拉伯顧慮伊朗勢力，終止資助葉門海水淡化廠

缺水事態已刻不容緩，但政治亂象與行政障礙卻使得一切改革只能牛步前進。2002年通過的水資源法首次點明地下水耗竭的現象，並試圖管制超抽地下水，例如在地方成立水資源管理委員會。這些委員會運作良好，除了反映鄉村社會的組織能力，也可作為國家邁向參與式政治的基礎。不過，地方勢力往往也是擴大經濟與社會不平等的始作俑者，而政府對他們無能為力，因為這些傳統的地方領袖手中握有大片土地與水源。

在民間，販賣水的產業漸漸蓬勃起來。水價也隨之高漲，

民營單位的價格達到每立方公尺(1000公升)23美元(1996年為7美元)，公營單位的價格則是4.5美元(1996年為3美元)。無力購買乾淨飲用水的人只能使用未經處理的水，致使疾病叢生。

2008年，葉門政府計畫在距離塔伊茲約90公里的海濱城市摩卡(Moka)建造一座海水淡化廠，可望紓解塔伊茲的缺水問題，更重要的是，可以長期供應農業城伊卜(Ibb)淡水。不過建造成本預估超過3億美元，所以這項工程至今尚未動工。融資協商的主要對象是沙烏地阿拉伯的建設基金，該基金也因政治動盪而一再受到干擾。胡塞反抗軍政變一事更讓融資協商無以為繼，因為沙烏地阿拉伯無意資助一個受到伊朗政府半公開支持的組織。

地方性政策的成功雖然點燃希望，但政府如果沒有採取快速且全國性的大規模改革，仍不足以挽救頹勢。在葉門的水資源管理上，政治動盪、中央怠惰、民生匱乏的惡性循環，令人更難保持樂觀。

文● C. Ronsin

森林濫伐：
解碼全球走私木材的非法網絡

2015 年 12 月 12 日，各國於聯合國第 21 屆氣候峰會 (COP21) 簽下歷史性的《巴黎協議》。人類為破壞環境所付出的代價愈來愈沉重，例如：濫砍濫伐以及缺乏管制或非法的木材交易不僅造成地球暖化，更導致森林住民的人權受到侵害。

地表面積80%是森林，而世界上有16億人口仰賴森林維生，其中原住民占了7千萬。森林還支撐著一項獲利豐厚但缺乏管制的經濟活動：木材交易 (2015 年木材交易的產值超過 2,500 億美元)。

木材市場的變化是極有意義的指標，從中可以觀察到跨國管制的影響。砍伐森林的目的包括商業開採，以及為了改變土地用途而剷除林地。此一現象在熱帶地區最為常見，包括亞馬遜河流域、赤道非洲及東南亞 (參見圖1)，這對當地居民及環境帶來嚴重的災害，根據聯合國氣候變遷政府間專家委員會 (IPCC) 的研究，17% 的溫室氣體排放歸因於此。

人們漸漸察覺到砍伐林木對環境的影響，因此在 2000~2010 年間，林地消失的面積 (520 萬公頃) 明顯較過去 10 年來得少 (830 萬公頃)。然而這個改變還不夠彌補砍伐林木帶來的惡果。

歐盟制訂「FLEGT」計畫，確保進口木材皆來自合法砍伐

1998 年，八大工業國集團 (G8) 提出一項森林保護行動計畫，內容包括打擊非法砍伐，並由世界銀行籌辦一系列區域性會議。2008 年開始，聯合國針對發展中國家制定了「REDD+」計畫，目的是減少濫伐及森林退化造成的溫室氣體排放，希望藉此改善林業管理，並建立正式的國際協商制度。如今各木材進口國漸次採納相關規範，顯示這些努力有成效。

2003 年，歐盟制定了「森林法執行、治理與貿易協定」(FLEGT) 來管制木材交易，接著又在 2013 年通過一項強制性更高的法規，禁止販賣使用非法砍伐原料的木製品。美國在 2008 年通過的《雷斯法案》(Lacey Act) 以及澳洲在 2012 年通過的法案皆具有相同的效力。這些木材進口國制定的新規範大大改變了木材市場，促使製造商改變生產模式，並促成木材進口與出口國簽下雙邊貿易協定，例如歐盟與木材出口國建立起一套自願合作夥伴機制：歐盟負責協助簽約國改善林業管理制度，而簽約國則保證輸出至歐洲的木材皆為合法砍伐。2015 年有 6 個國家加入夥伴機制：迦納、剛果、喀麥隆、印尼、中非共和國和賴比瑞亞。

聯合國於 2015 年 9 月通過「永續發展目標」(SDGs)，內容除了延續「千禧年發展目標」(MDGs，實施期間 2000~2015 年)，還更完整地納入環境議題。這項決議代表保護地球環境成為國際社會的核心目標。聯合國也計畫從事森林及森林生態保育、造林與林地復育，以及建立永續林業管理體系，第 21 屆氣候峰會通過的《巴黎協議》也包含相同的理念，其中特別強調要遏止濫砍、濫伐，希望在 2050 年能成功將地球增溫的幅度控制在攝氏 2 度以內。此外，2014 年 9 月已有 150 個國家簽署《紐約森林宣言》(New York Declaration on Forests)，這項宣言雖無強制性，但提出了比較具體的行動指導，特別強調各國政府應該阻止企業濫伐、投入自然資源復育。然而，縱使有上述努力，非法木材交易的市場仍迅速成長。

3 大非法木材進口國：中國、印度、越南

根據英國智庫皇家國際事務研究所 (Chatham House)2015 年 7 月的報告，非法走私行為開始轉變，加上全球木材需求量增加，

美國

大西洋

墨西哥

宏都拉斯

委內瑞拉

哥倫比亞

巴西

秘魯

玻利維亞

巴拉圭

阿根廷

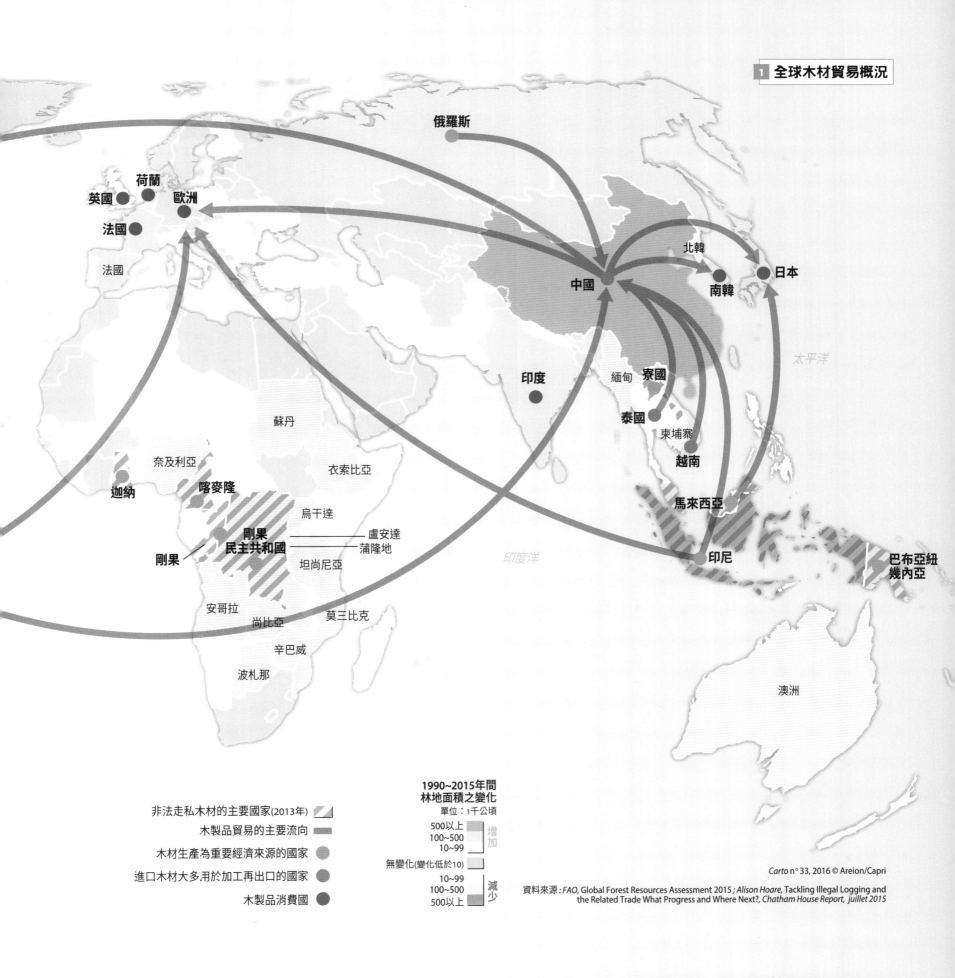

俄羅斯

荷蘭
英國　歐洲
法國

法國

太平洋

蘇丹

北韓
南韓　日本

中國

印度

緬甸　寮國
泰國
柬埔寨
越南

奈及利亞

衣索比亞

迦納
喀麥隆

烏干達
盧安達
蒲隆地
坦尚尼亞

馬來西亞

印度洋

印尼

巴布亞紐
幾內亞

剛果
民主共和國

剛果

安哥拉
尚比亞　莫三比克
辛巴威
波札那

澳洲

**1990~2015年間
林地面積之變化**
單位：1千公頃

500以上
100~500
10~99
　　　　　增加

無變化(變化低於10)

10~99
100~500
500以上
　　　　　減少

非法走私木材的主要國家(2013年)
木製品貿易的主要流向
木材生產為重要經濟來源的國家
進口木材大多用於加工再出口的國家
木製品消費國

Carto n° 33, 2016 © Areion/Capri

資料來源：*FAO*, Global Forest Resources Assessment 2015；*Alison Hoare*, Tackling Illegal Logging and
the Related Trade What Progress and Where Next?, *Chatham House Report, juillet 2015*

新的市場相繼產生，俾得許多國家投注於管制的大量心力付諸流水，非法開採的木杉量並沒有減少❶。

　　舉例來說，雖然歐盟和美國實施的管制措施已獲得部分成效，但中國的進口量卻從 2008 年的 4,500 萬立方公尺增加到 2013 年的 9,400 萬立方公尺；這些進口木材主要是供應中國國內市場所需；另一部分則是黑市交易。2000~2013 年間，多數國家的非法木材交易量都下降了，但中國、印度和越南的交易量卻成長一倍以上。中國已是世界最大進口國，近半數的需求量是靠國內生產的木材供應。北京政府確實承諾過要改善林業管理，例如在 2016 年年底前，禁絕國有地的商業開採，但若沒有配合更嚴格的查緝措施，反倒可能會推了非法進口一把。

為什麼剛果民主共和國要管制木炭交易？
木材的非法交易大大影響著剛果民主共和國的經濟與環境，木炭對該國人民而言也是至關重要的資源，不只能帶來收入，也是主要的燃料，在東部地區尤其如此，木炭交易更讓武裝團體有錢充實軍備，因此剛果當局試圖採取各種措施（例如推動永續林業），以管制木炭交易。

3 CNDP* 在剛果民主共和國東部戰亂區的徵稅項目

*CNDP：政治武裝民兵組織「全國保衛人民大會」(Congrès National pour la Défense du Peuple) 之縮寫。

2008年資料，單位：美元

	0	10	20	30	40	50	60	70	80	90	100

出售一袋水泥(50公斤)
在當地市場販賣一袋木炭(30公斤)
出口一袋銅鉭鐵礦(50公斤)
土屋或茅屋(年繳)
有鐵皮浪板屋頂的房子(年繳)
汽車通行費
小企業業主(年繳)
小卡車通行費
大卡車通行費

資料來源：Conseil de sécurité des Nations Unies, S/2008/773

Carto, 2017 © Areion/Capri

2 剛果民主共和國木材走私地圖

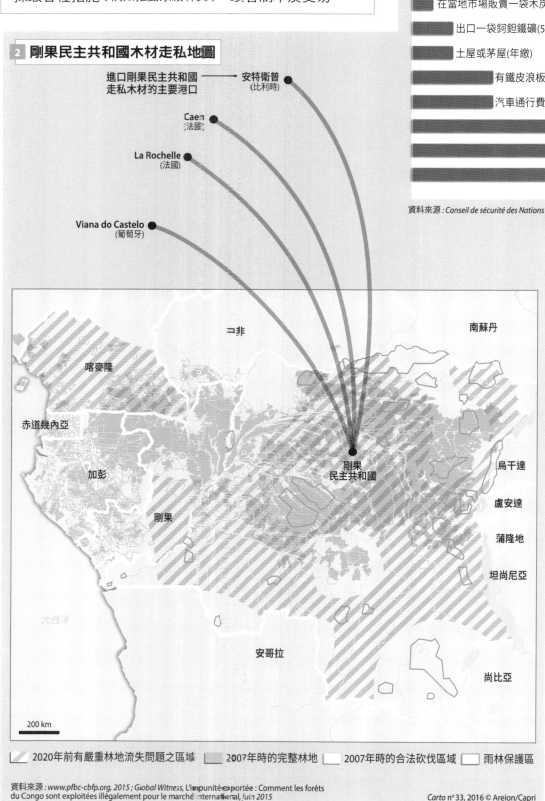

進口剛果民主共和國走私木材的主要港口 → 安特衛普(比利時)
Caen (法國)
La Rochelle (法國)
Viana do Castelo (葡萄牙)

乍非
南蘇丹
喀麥隆
赤道幾內亞
加彭
剛果
剛果民主共和國
烏干達
盧安達
蒲隆地
坦尚尼亞
安哥拉
尚比亞
大西洋
200 km

▨ 2020年前有嚴重林地流失問題之區域　■ 2007年時的完整林地　□ 2007年時的合法砍伐區域　□ 雨林保護區

資料來源：www.pfbc-cbfp.org, 2015；Global Witness, L'impunité exportée : Comment les forêts du Congo sont exploitées illégalement pour le marché international, Juin 2015

Carto n° 33, 2016 © Areion/Capri

剛果民主共和國：木材砍伐幾乎全是非法

有些林業管理制度不健全的木材生產國，由於不受進口國管制規範約束，非法生產的行為仍然猖獗。例如剛果民主共和國自 2009 年起即是聯合國 REDD+ 計畫的一員，但國內的木材生產（包括人工砍伐和工業砍伐）幾乎都是非法的。

全球第二大熱帶雨林有一半的面積位在該國境內（參見圖2），2015 年該國的林業產值達到 8,710 萬歐元，反映出國家的腐敗與欠缺法治。這個國家有近 4 千萬人仰賴林業維生，無論國內或國際開採林木的企業都未遵守對當地社會的承諾，亦遭外界指控嚴重侵犯人權。木材生產業是當地長期貪腐的根源，也造成人民和企業的對立與衝突，但這些業者不認為自己是加害者，反而尋求警察與軍隊的保護。

聯合國環保監督組織「全球見證」(Global Witness) 在 2015 年 6 月公布了一項報告❷，揭露名列世界最窮國家的剛果民主共和國正系統性地從事資源掠奪，並呼籲歐盟等國，尤其是中國應加強取締剛果民主共和國；該國木材有 21% 銷往歐盟，

中國更吸收了 65% 的出口量，而且未對木材走私制定任何禁令。「全球見證」的宗旨是遏阻自然資源的掠奪行為，他們還列出了一份詳細的木材購買國名單；其中法國排在中國之後，名列第二，自 2013 年 1 月 1 日至 2015 年 10 月 7 日共採購了 56,218 噸木材❸。濫砍最嚴重的樹種是金鍊樹 (faux ébénier) 和非洲崖豆木 (wengé)。

另一方面，中國和越南也是重要的木材加工國，其中一部分產品會再銷往第三國，因此更難追蹤原始產地。

林地變更農地：非法業者濫伐的真正原因

現在的木材市場管制更加困難，不法濫伐行為幾乎無法杜絕，主要原因有二：一方面是因為小型非法業者更容易逍遙法外，如剛果民主共和國高達 90% 的砍伐量都來自小型非法業者，迦納則占 70%，喀麥隆占 50%。迦納及喀麥隆當地政府為了防範小型非法業者，都有制定相關法規，但成效不彰。

另一方面是因為雨林地轉作他用的現象愈來愈多。濫伐多半是為了將天然林地改造為其他用途，如擴大農地、建設基礎設施和開採礦物。國際貿易市場上的熱帶木材有半數是林地改造的副產品，而其中 2/3 是非法改造。2000~2012 年間，印尼改造的林地有 80% 是非法的，而巴西則在 68~90% 之間。2013 年，全球非法生產的木材有半數來自印尼，巴西則占了 25%。不過，巴西過去 10 年來致力於改革，嚴加執法，讓亞馬遜雨林的砍伐量在 2004~2011 年間減少了 70%。

巴西、印尼：改善木材生產鏈，積極推廣人工林

有些木材出口國的政府已採取新的林業管理措施，如巴西和印尼。在這兩個國家中，合法的生產業者逐漸轉向砍伐原有樹木後再重新造林，而非開採自然林。在印尼，2001~2013 年間來自人工林的木材量增加了 4 倍。在巴西，源自人工林的木材在 1990 年代只占了總產量的 25%，到了 2012 年已經反轉，如今 75% 的產量來自人工栽植 (參見圖 4)。然而，林地改造的問題仍然無法避免。

加強查緝木材走私對於減少森林濫伐與非法交易確實有所

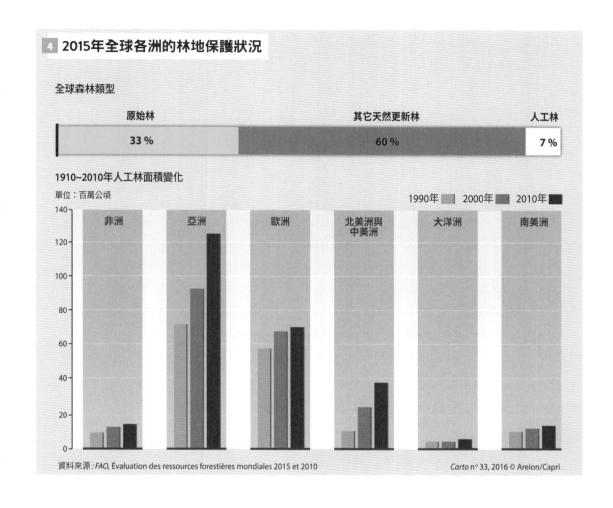

4 2015年全球各洲的林地保護狀況

全球森林類型

原始林	其它天然更新林	人工林
33 %	60 %	7 %

1910~2010年人工林面積變化

單位：百萬公頃

1990年　2000年　2010年

非洲　亞洲　歐洲　北美洲與中美洲　大洋洲　南美洲

資料來源：FAO, Évaluation des ressources forestières mondiales 2015 et 2010

Carto n° 33, 2016 © Areion/Capri

助益，不過需要努力的地方還很多。各進口國應該持續嚴格執行木材法規、鼓勵合法的生產方式。除此之外，還有許多產業有待建立管制系統，例如棕櫚油產業；這種產業正是將林地改造為農地的主要推力之一。如今德國、法國、荷蘭、英國都已推行相關政策，希望到了 2020 年，只有符合永續生產標準的棕櫚油品能在市場上販售。

文 ● C. Ronsin

❶ Alison Hoare, Tackling Illegal Logging and the Related Trade : What Progress and Where Next ?, Chatham House, juillet 2015.
❷ Global Witness, L 'impunité exportée : Comment les forêts du Congo sont exploitées illégalement pour le marché international, juin 2015. '
❸ 「全球見證」互動地圖的下載網址：drctimbertracker.globalwitness.org，可查詢自剛果輸出的木材流向。

地圖上標示：北美地區、加拿大、美國、運往亞洲、5,200萬噸、5,520萬噸、哥倫比亞、拉丁美洲地區

煤礦：
全球最主要的發電能源

煤炭在工業革命中扮演著重要角色，因此給人古早時期燃料的印象。其實，21 世紀初的煤炭用量反而是人類歷史上最高的。燃燒煤炭會汙染環境，但在大多數國家，煤炭依然是重要的能源選項。德國之類的國家嘗試開發對環境更友善的能源，然而在中國等國家，黑煙依舊布滿未來的天空。

煤炭只是一個統稱，其中還包含好幾種成分及熱值各異的固體燃料。碳的含量愈高，代表品質愈高，例如無煙煤 (碳含量超過 90%) 和煙煤 (80～90%) 屬於含碳量較高的煤炭，褐煤 (65～74%) 和泥炭 (約 50%) 則較低。含碳量高的煤炭可產生較多熱能，效率較佳。

煤礦開採壽命為石油、天然氣 2 倍

煤炭是 18 世紀工業革命的支柱，但是自 20 世紀初以來，人類開發了許多碳氫化合物燃料，例如用途更多元的石油或是汙染程度較低的天然氣，使得煤炭在全球能源結構中的地位逐漸下降。即使如此，煤炭仍舊難以取代。從 1965 年到 2014 年，全球煤炭使用量幾乎翻了 3 倍 (根據英國石油公司的資料，1965 年的煤炭使用量為 13 億公噸油當量[1]，2014 年則為 38 億公噸油當量)，煤炭成為全球用量第二大的初級能源 (占 30%)，僅次於原油 (占 33%)，第三是天然氣 (24%)。

工業化開採煤礦已有 300 年之久，但目前確知的煤炭藏量仍相當龐大。2014 年底的數據顯示，地球尚有 8,915 億噸的煤礦，其中接近半數 (45.2%) 的品質相當優良，屬於無煙煤或煙煤。

如果年產量維持不變 (39 億公噸油當量)，還要超過 100 年才會耗盡現有礦藏。也就是說，煤礦的壽命是天然氣和石油的 2 倍以上，而這兩種能源的開採還不到一個世紀。

美、俄、中：全球前 3 大礦藏國

從全球煤礦地理分布圖可明顯看出礦藏分布於三大區域，而且相當平均，即北美洲 (27.5%)、歐亞大陸 (34.8%) 及亞太地區 (32.3%)，其他區域 (中東、非洲及南美) 幾乎沒有煤礦 (參見圖 1)。不過在這三大區域中，只有少數幾個國家擁有礦藏。例如北美洲的煤礦幾乎全部集中在美國境內，這也是全球最大的礦藏 (占藏量 26.6%)，俄羅斯的藏量為世界第二 (17.6%)，歐亞大陸的礦脈半數都在其境內。至於亞太地區的主要礦場，都集中在排名第三的中國 (12.8%)。由此可知，光是這三個國家就占據全球藏量

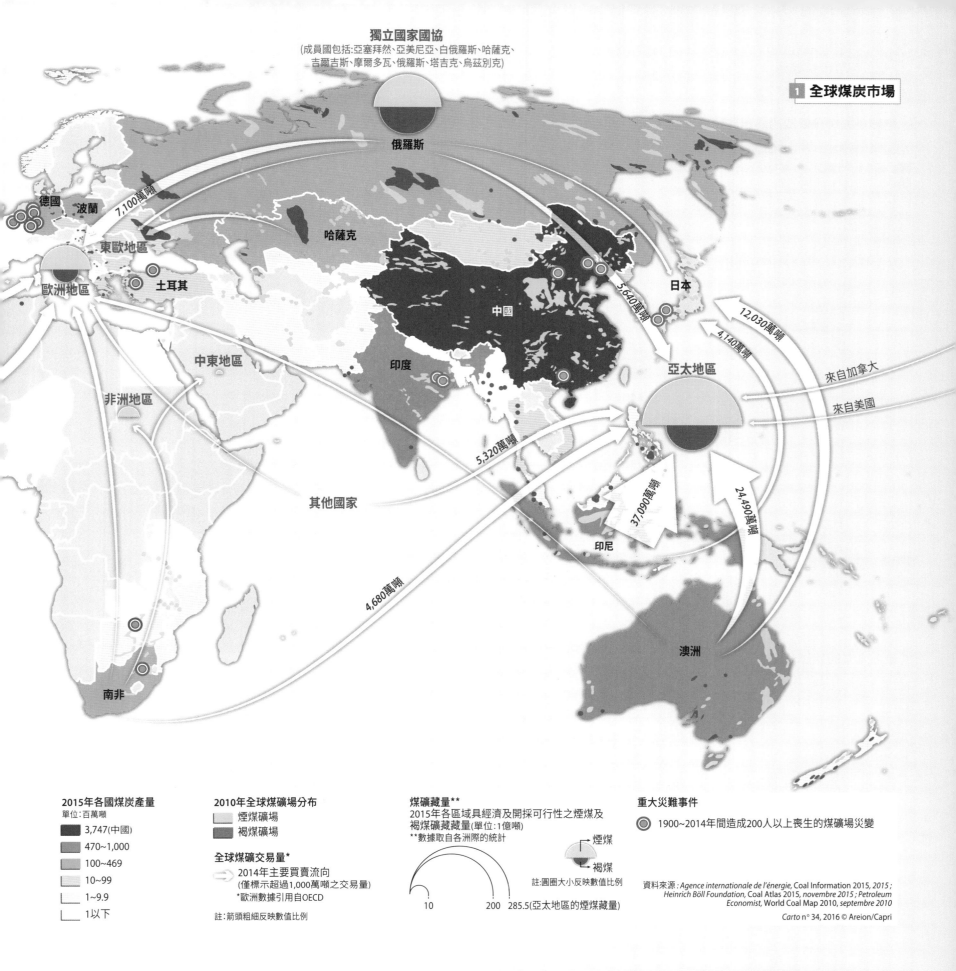

獨立國家國協
(成員國包括:亞塞拜然、亞美尼亞、白俄羅斯、哈薩克、
吉爾吉斯、摩爾多瓦、俄羅斯、塔吉克、烏茲別克)

俄羅斯

德國 波蘭

7,100萬噸

東歐地區

哈薩克

土耳其

歐洲地區

中國

日本

5,640萬噸

12,030萬噸

4,140萬噸

來自加拿大

中東地區

印度

亞太地區

來自美國

非洲地區

5,320萬噸

其他國家

37,090萬噸

24,490萬噸

印尼

4,680萬噸

澳洲

南非

2015年各國煤炭產量
單位:百萬噸

■	3,747(中國)
■	470~1,000
■	100~469
□	10~99
□	1~9.9
□	1以下

2010年全球煤礦場分布
□ 煙煤礦場
■ 褐煤礦場

全球煤礦交易量*
➡ 2014年主要買賣流向
(僅標示超過1,000萬噸之交易量)
*歐洲數據引用自OECD

註:箭頭粗細反映數值比例

煤礦藏量**
2015年各區域具經濟及開採可行性之煙煤及
褐煤礦藏量(單位:1億噸)
**數據取自各洲際的統計

┌ 煙煤
└ 褐煤

10 200 285.5(亞太地區的煙煤藏量)

註:圓圈大小反映數值比例

重大災難事件
◎ 1900~2014年間造成200人以上喪生的煤礦場災變

資料來源:*Agence internationale de l'énergie*, Coal Information 2015, *2015*;
Heinrich Böll Foundation, Coal Atlas 2015, *novembre 2015*; *Petroleum
Economist*, World Coal Map 2010, *septembre 2010*

Carto n° 34, 2016 © Areion/Capri

的一半以上 (57%)。

美國:礦藏龍頭,擁有最多高品質煤炭

就礦藏的品質來看,美國在煤炭市場上的地位比一般想像
得更重要,因為美國的煤礦接近半數都是含碳量極高的無煙煤
和煙煤 (2014 年計有 1,085 億噸,總藏量則為 2,372 億噸),與中國相
比 (總藏量 1,145 億噸,無煙煤和煙煤占了 622 億噸) 也明顯具有優勢。
南非則相反,境內藏量雖不足以稱道,總計 301 億噸,僅占全
球藏量 3.4%,但因為礦藏全都是品質極佳的無煙煤和煙煤,所

以也占據相當重要的地位。對照德國境內礦藏 405 億噸,占全
球藏量 4.5%,但都是品質較差的褐煤和泥炭。

亞太地區:煤炭消耗量占全球 2/3

過去數十年來,全球煤炭用量不斷成長,尤其 2000 年以後,
亞洲經濟躍進使得煤炭用量激增。僅亞太地區就消耗了全球產
量的 2/3 以上 (71.5%),不過,這個區域也是最大的產區 (占
69.2%),同時也是煤炭市場的中心,主要出口國如印尼 (出口量
為 4 億 1,090 萬噸) 及澳洲 (3 億 7,500 萬噸) 皆位於此。兩國的出口
量占了全球出口量的 40%,比排名在後的俄羅斯超出一大截 (1

2 歐洲各國燃煤造成的溫室氣體排放量

在總溫室氣體排放量中，燃煤排放的溫室氣體量占比

- 32~41%
- 16~30%
- 10~15%
- 10%以下
- 無資料

2015年9月各國的燃煤電廠分布
- ● 運轉30年以上
- ● 運轉未及30年以上

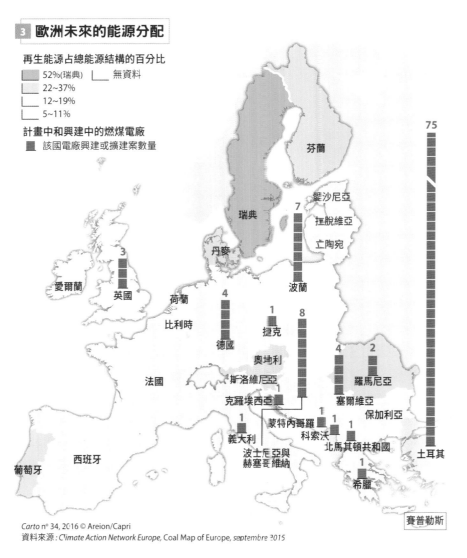

3 歐洲未來的能源分配

再生能源占總能源結構的百分比
- 52%(瑞典)
- 22~37%
- 12~19%
- 5~11%
- 無資料

計畫中和興建中的燃煤電廠
- ■ 該國電廠興建或擴建案數量

Carto nº 34, 2016 © Areion/Capri
資料來源：*Climate Action Network Europe, Coal Map of Europe, septembre 2015*

億 5,550 萬噸)。

亞太地區的煤炭進口量也最大，因為本地產量有時無法滿足需求，例如中國的產量雖然極為可觀，卻一直是世界最大的煤礦進口國 (進口量 2 億 9,160 萬噸)，緊跟在後的是印度 (2 億 3,940 萬噸)、日本 (1 億 8,770 萬噸) 及南韓 (1 億 3,090 萬噸)。從以上數據可見亞太地區在煤礦業擁有無與倫比的地位，中國的影響尤其巨大 (參見圖 4)。

「燃煤」是全球最主要的發電來源，非核電

在所有產業當中，最仰賴煤炭的是發電業，由全球發電結構即可見一斑 (2013 年 41.3% 的電量來自燃煤發電)。煤炭的重要性遠勝於天然氣 (21.7%)、核能 (10.6%) 和石油 (4.4%)。在其些國家，煤炭幾乎只用於發電一途 (如阿根廷、柬埔寨、摩洛哥、葡萄牙、丹麥、美國)，而在使用煤炭的國家中，幾乎所有國家都將一半以上的煤炭用於發電。

煤炭的優點是藏量豐富，而且與石油相比，分布的區域政治較為穩定，因此價格便比較不易受到偶發的地緣政治事件影響。不過煤炭在生態和環境方面卻有著難以忽視的缺點。事實上，煤炭是汙染性最高的化石能源 (參見圖 5)，因為燃燒過程中會釋放大量的二氧化碳，加劇造成地球暖化的溫室效應。煤炭同時也包含其他有毒氣體與粒子及汙染物，如：二氧化硫、二氧化氮、細懸浮微粒或汞，會增加吸入者罹患疾病與提早死亡的風險。

在 21 世紀，仍有非常多家庭使用煤炭作為燃料 (取暖或烹飪)，使得 30 億人暴露在有害的煙霧中。根據世界衛生組織調查，2012 年全球有 370 萬人因空氣汙染而提早死亡。其中 88% 的受害者居住在中低收入國家，尤其是仍大量倚靠煤炭作為能源的亞太地區。

為此，各國定期舉行高峰會議，鼓勵與會國家採取汙染程度較低的能源型態。歐盟自 2008 年起便率先投入一項相當具有企圖心的二氧化碳減排計畫 (2030 年前要減少 40% 溫室氣體排放量)，並開始積極推廣再生能源。

在中國，由於民眾對嚴重空汙一分不滿 (2015 年北京市有 179 日處於重度空汙)，促使中央政府調整煤炭的使用量，導致煤炭的內需自 21 世紀以來首次下降。此一現象引起全球各國關注，同樣的，全球煤炭使用量在 2014 年也減少了 0.9%，是 1990 年以來第一次。

德國是歐洲最大的燃煤汙染源

這些改變雖有益於氣候與空氣品質，但仍不乏爭議之處。中國經濟趨緩也是煤炭需求減少的原因之一，此外，依照國際能源署的預測，全球煤炭使用量到 2020 年以前仍會持續增加 (每年增加 0.8%)。大多數歐盟國家仍使用煤炭發電 (參見圖 2)，17% 的溫室氣體排放量即源自於此。其中又以德國、波蘭與英國是最大汙染來源，這三國 2014 年的碳排放量分別為 2 億 5,500 萬噸、1 億 2,900 萬噸和 8,700 萬噸。而未來幾年內，歐洲 (主要是

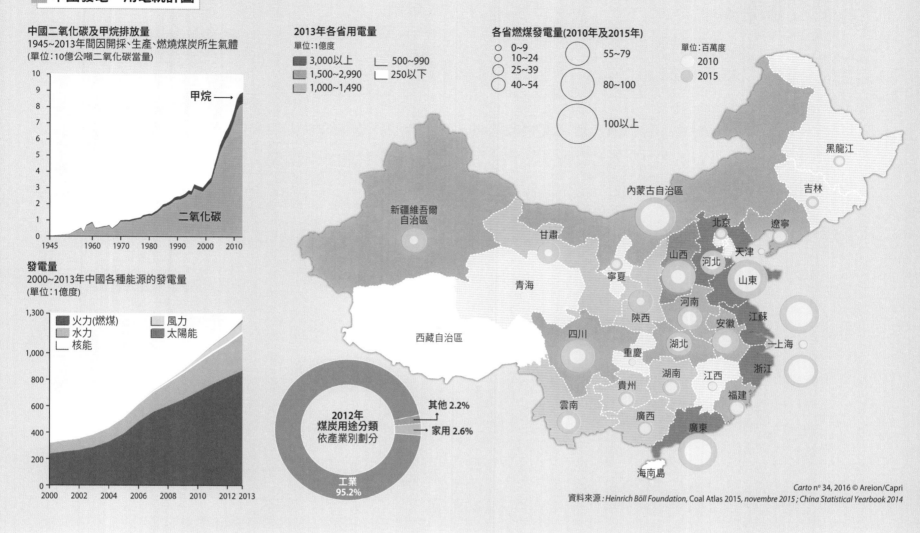

4 中國發電、用電統計圖

中國二氧化碳及甲烷排放量
1945~2013年間因開採、生產、燃燒煤炭所生氣體
(單位:10億公噸二氧化碳當量)

甲烷
二氧化碳

發電量
2000~2013年中國各種能源的發電量
(單位:1億度)

火力(燃煤)　風力
水力　　　　太陽能
核能

2013年各省用電量
單位:1億度

3,000以上　　500~990
1,500~2,990　250以下
1,000~1,490

各省燃煤發電量(2010年及2015年)

0~9　　　55~79
10~24
25~39　　80~100
40~54

100以上

單位:百萬度
2010
2015

黑龍江
吉林
內蒙古自治區
新疆維吾爾自治區
北京
遼寧
甘肅
天津
山西　河北
寧夏
山東
青海
河南
陝西　安徽　江蘇
四川
湖北　　上海
重慶
浙江
湖南　江西
貴州
福建
雲南
廣西
廣東
海南島
西藏自治區

2012年煤炭用途分類依產業別劃分
其他 2.2%
家用 2.6%
工業 95.2%

Carto n° 34, 2016 © Areion/Capri
資料來源: *Heinrich Böll Foundation, Coal Atlas 2015, novembre 2015; China Statistical Yearbook 2014*

---

5 全球燃煤汙染統計圖

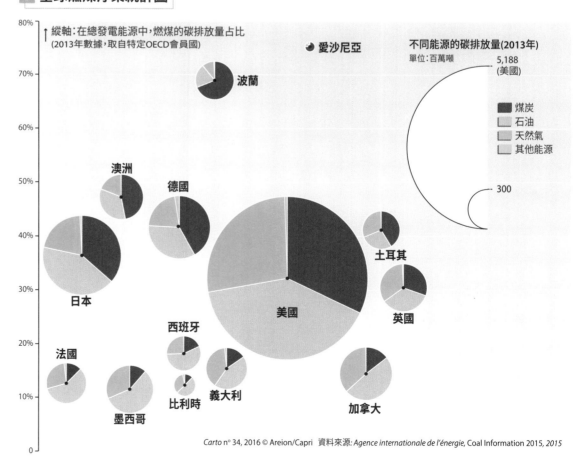

縱軸:在總發電能源中,燃煤的碳排放量占比
(2013年數據,取自特定OECD會員國)

愛沙尼亞
波蘭
澳洲
德國
日本
西班牙
美國
土耳其
英國
法國
義大利
比利時
墨西哥
加拿大

不同能源的碳排放量(2013年)
單位:百萬噸

5,188 (美國)
300

煤炭
石油
天然氣
其他能源

Carto n° 34, 2016 © Areion/Capri 資料來源: *Agence internationale de l'énergie, Coal Information 2015, 2015*

東歐及土耳其)還會再興建 10 餘座燃煤電廠(參見圖 3)。

　　由此可知,煤炭不會明天就消失,畢竟各國政府就是煤礦業發展的支柱,有的是提供補助,有的甚至是大型開採業者的背後出資者。例如德國政府在 1999~2011 年間給予煤礦業者的補助高達 300 億歐元,而許多地方政府都是全國第二大電力公司萊茵集團 (RWE) 的股東。不過,柏林已承諾要在 2020 年之前減少 40% 溫室氣體排放量,為此勢必要關閉市內汙染程度最高的幾間發電廠。

文 ● D. Amsellem

❶ 油當量:各種能源的計算單位均有差異,為方便統計及量化,遂以石油每單位的熱質可揮發能量為計算基準,將各項能源的使用質量統一以油品為基準單位換算,是為油當量。

淘金熱：
追蹤巴西非法走私客的淘金地

法屬圭亞那是法國的海外省，與巴西及蘇利南共和國 (Suriname) 為鄰。當地非法開採金礦的問題挑戰了該國的經濟、治安與環境保護。遏阻方法之一是建立金礦來源追蹤系統，法國地質調查所 (BRGM) 及世界自然基金會 (WWF) 正致力於此項計畫。

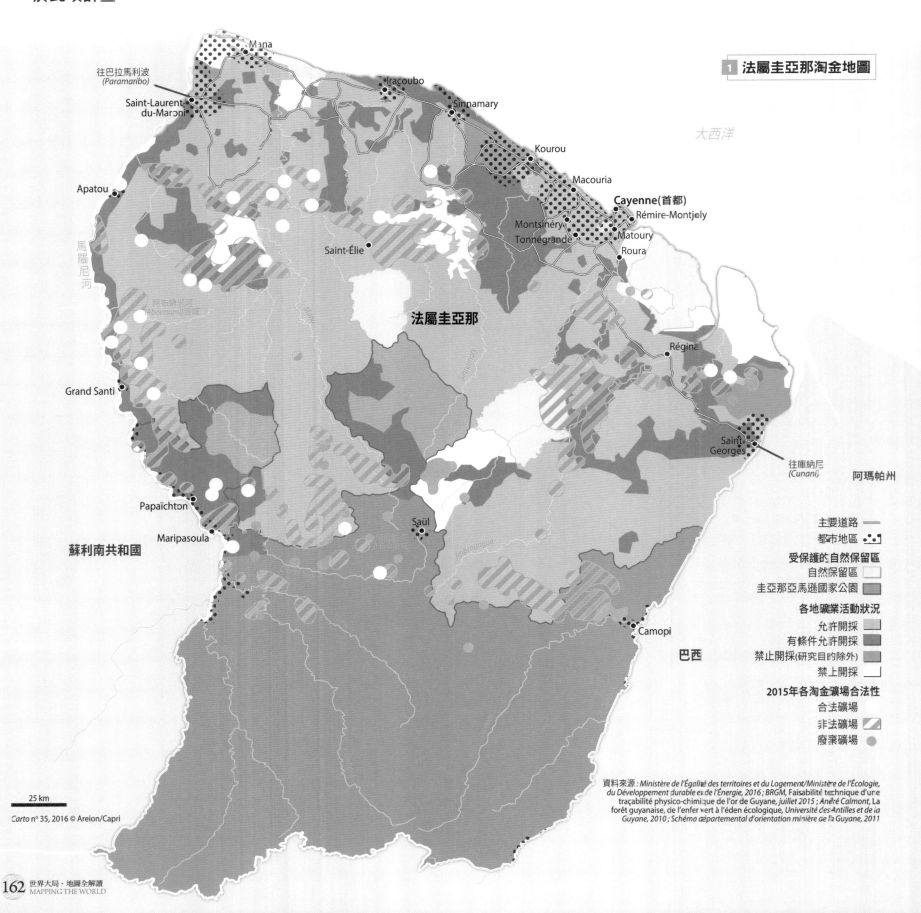

1 法屬圭亞那淘金地圖

圖例說明：

主要道路
都市地區

受保護的自然保留區
自然保留區
圭亞那亞馬遜國家公園

各地礦業活動狀況
允許開採
有條件允許開採
禁止開採(研究目的除外)
禁上開採

2015年各淘金礦場合法性
合法礦場
非法礦場
廢棄礦場

資料來源：Ministère de l'Égalité des territoires et du Logement/Ministère de l'Écologie, du Développement durable et de l'Énergie, 2016 ; BRGM, Faisabilité technique d'une traçabilité physico-chimique de l'or de Guyane, juillet 2015 ; André Calmont, La forêt guyanaise, de l'enfer vert à l'éden écologique, Université des Antilles et de la Guyane, 2010 ; Schéma œpartemental d'orientation minière de la Guyane, 2011

Carto n° 35, 2016 © Areion/Capri

25 km

經過 3 年研究，法國地質調查所順利完成了「金礦來源分析追蹤計畫」（簡稱 TAO 計畫）的第一階段[1]。調查所希望能根據不同探勘地的特殊礦物形態，建立一份淘金地圖。淘金採到的金砂並不是純金，裡面還含有各種礦物，例如金子可能包著氧化鐵或硫化物；金砂的形態也十分多樣，有扁平的、圓球狀、還有「花椰菜形」（經過汞處理）。金砂的許多細部特徵都有助於辨別採集的地點，如此就可以確認是否為合法開採所得。然而，一旦經過提煉或是製成金錠，這些特徵就會消失，所以 TAO 計畫必須在金礦業的據點上游進行。

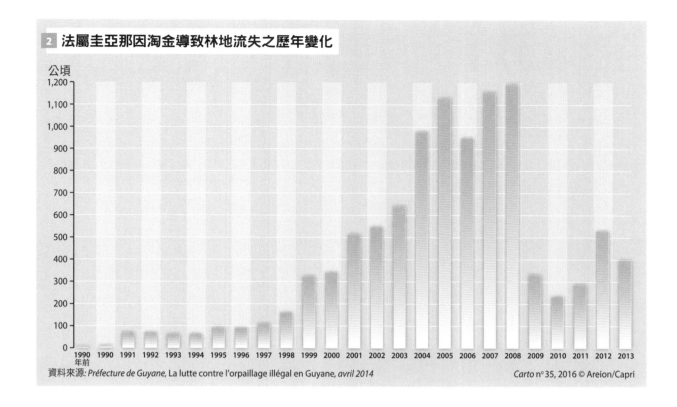

2 法屬圭亞那因淘金導致林地流失之歷年變化

公頃

資料來源：*Préfecture de Guyane, La lutte contre l'orpaillage illégal en Guyane, avril 2014*

Carto n°35, 2016 © Areion/Capri

這項研究計畫有三大目標：第一，強化打擊金礦走私的司法調查；第二，為珠寶商提供認證程序，提高合法採礦的價值；第三，協助政府推動黃金開採商建立負責任且透明的金礦開採事業。在法屬圭亞那開採金礦的多數都是非法淘金客，亟需正式監管（參見圖 1）。

盜採嚴重，非法金礦產量超過合法產量 5 倍

自 2008 年以來，法屬圭亞那每年的合法金礦產量為 1.2~2 噸，相關雇員約在 900 人上下。然而，非法開採的產量每年估計有 10 噸，將近是 15,000 名巴西金礦工的開採量。

在圭亞那這個面積 83,846 平方公里的國家建立採礦制度及執行管控如此困難的原因是，當地人口（2013 年統計為 244,118 人）大多居住在沿海地帶，內陸則是濃密的森林，走私者與淘金客可以輕易由此穿越國界、運送金礦。

此地的金礦最早發現於 19 世紀中。第一批「淘金熱」持續到 1930 年代，之後因國際價格低靡，加上地形的障礙，金礦業萎縮。直到 1970 年代中期，因金價上揚，又吸引許多巴西人來到這片高原。這些人主要來自巴西北部的貧窮地區，如阿瑪帕州（Amapá）與帕拉州（Pará），圭亞那 90% 的合法或非法礦場粗工都由他們擔任。隨著採礦技術進步、引入能夠逆流而上的動力小艇、更可靠的地圖資訊出爐（法國地質調查所於 1990 年出版了第一份法屬圭亞那礦藏清查報告），想要淘金的人因此獲得更佳的探勘條件。

法國介入，建立跨國合作機制保護河水、森林

金礦的探勘地點主要沿著河道展開，因為沙金是母岩風化崩解後被水流帶走的碎屑，所以河流既是交通渠道，也是探勘沙金的據點。

圭亞那大部分非法探勘都是衝著沙金而來，主要集中於西部的馬羅尼河（Maroni）沿岸。2013 年，法國國家森林管理局調查了 774 個非法礦場，其中 650 個屬於沙金礦場。這些不受法律管轄的開採行為對環境造成嚴重影響，除了使用水銀去除礦石雜質而造成河流汞汙染之外，2004~2008 年間每年有超過 1,000 公頃的森林被非法淘金客砍伐殆盡（參見圖 2）。有鑑於此，法國政府自 2008 年起展開「哈耳庇厄任務」（Harpie），以剷除非法礦場為目標。

同一時間，巴西金礦工的動向也出現變化：他們不再停留於河流沿岸或邊境地帶，因為從 2008 年起，憲警及軍方出資要這群工人前往一些「原始礦區」，採勘儲藏在礦脈中的黃金。截至 2010 年，有 50 餘個黃金礦場遭到廢棄。

TAO 計畫身為打擊非法淘金客的生力軍，就像哈耳庇厄任務的接班人，但是手段較為溫和，並將金礦的經濟面向與區域治理面向納入考量。然而，要打贏這場戰爭，還需要與鄰國建立跨國合作的關係，尤其是巴西因為法屬圭亞那就像巴西的社會安全調節閥，是巴西底層人口尋求工作機會的地方。

文● N. Ressler

[1] BRGM, *Faisabilité technique d'une traçabilité physico-chimique de l'or de Guyane*, 2015.7. 下載網址：http://infoterre.brgm.fr/rapports/RP-64880-FR.pdf

全球冰河消融報告：
急速消失中的淡水資源

根據衛星影像，科學家確定了白朗峰一帶的冰河正在逐漸消退。2003~2012 年間，冰河厚度每年平均減少 10 公尺左右❶。全球冰河幾乎無一倖免。

1 白朗峰的冰層流失衛星圖

國界
高速公路
主要道路
白朗峰之冰河分布區

冰河融化現象
白朗峰山地測得之高度變化
(2003年8月至2012年8月，單位：公尺)

- 0   - 3.5   - 1.5   0   + 1.5   + 3.5   + 5

0   5 km

Carto n°32, 2015 ©Areion/Capri
Fond de carte : Digitalglobe, Google Earth
資料來源：E. Berthier, C. Vincent, E. Magnússon, A. F. Gunnlaugsson,
P. Pitte, E. Le Meur, M. Masiokas, L. Ruiz, F. Pálsson, J. M. C. Belart et P.
Wagnon, « Glacier topography and elevation change derived from
Pléiade sub-meter stereo images », in The Cryosphere, 2014

近年來，衛星影像已成為觀察氣候暖化現象的有力工具。衛星影像拍攝的內容愈來愈精細，從兩極冰帽融化到海平面上升，呈現出全球暖化的效應與警訊。不僅如此，冰河學家也利用衛星影像評估山區冰河的變化，發現這些冰河亦在急速融化中 (參見圖 1)。

白朗峰：冰河消退速度打破歷史紀錄

2002 年 SPOT-5 號衛星發射升空，為科學家帶來立體影像，是衛星影像的重大革新。之後又發射了兩顆 Pléiade 高解析度衛星，立體影像的細節更加完美。這兩顆衛星是法國與義大利合作開發的，於 2011 年放上軌道，空間解析度可達 70 公分。

法國的國家太空研究中心 (CNES) 將衛星所攝得之影像提供給冰河學家。有了這些技術，科學家便能製作白朗峰山區的 3D 立體影像，並取得極其精細的測高資料。透過長期的影像比對，及觀察影像中的地形特徵，法國格勒諾勃市 (Grenoble) 及土魯斯市 (Toulouse) 的冰河研究團隊發現白朗峰 (4,808 公尺，西歐最高峰) 的冰河厚度正在急速減少。2003~2012 年間，每年平均減少 10 公尺 (參見圖 1)；有些地方消退的速度甚至打破歷史紀錄。例如位於義大利境內白朗峰山坡上的布亨瓦冰河 (Brenva) 下游，平均每年減少 12 公尺；而同一時期「萬年冰河」(Mer de Glace) 的前緣則每年消減 4~5 公尺 (參見圖 2)。

「萬年冰河」是法國最大的冰河 (面積 30 平方公里)，也是夏慕尼 (Chamonix) 一帶最知名的觀光景點。其中的「冰洞」(grotte de glace) 是觀光客的必遊重點，而現在必須走得更深入才能抵達，也是氣候暖化的明證。

根據學者研究，白朗峰山區的融冰現象從 1980 年代初開始日趨明顯，但是近年比過去 (1979 年~ 2003 年) 又更加快速。原因是 1970 年以來，夏季均溫增加了攝氏 1.5 度。冬季積雪量並未明顯改變，但夏季融冰加速，因此導致冰河面積減少。

喜馬拉雅山：積冰量將在 100 年內減少 70~99%

冰河是由積雪形成，經過數十年的堆積，雪中的空氣漸漸被擠壓出來且愈來愈密，最後轉變為冰的型態。地球 75% 的淡水都蘊藏在冰河中。由於高海拔地區的積雪不會融化，所以能形成冰河。受到重力的影響，這些積冰就像一條流動極緩慢的河，漸漸向下移動，並夾帶從地表刮起的碎石 (即冰磧石 [moraine])。進入海拔較低的區域後，融化的冰河通常會形成一些淡水河流。

冰河記錄著氣候的變化，在降雪量多、氣候較寒冷的時期，冰河前緣可延伸至較低海拔的區域，如果氣候較熱，冰河就會退縮。在數十億年的歲月中，冰河的形成、移動與融化，一點一滴雕塑著世界各地的山區地貌。

隨著地球暖化，冰河多年來呈現負成長，出現積冰厚度減少的現象，比面積縮小的現象更為明顯。全世界的冰河都可觀察到此一現象。科學家認為喜馬拉雅山的積冰量在 2100 年以前可能會減少 70% 至 99% 之多。2003~2012 年間，科學家也觀察到安地斯山脈的黑水冰河 (Agua Negra)、冰島的湯納菲爾斯冰河 (Tungnafellsjökull) 以及南極洲的星盤島 (Astrolabe)，皆有冰層變薄的情形。

冰河融化對地理環境與人類的影響，不只是必須多走幾步路才能抵達「萬年冰河」而已。山區居民的生活相當仰賴每年冰河自然融化產生的淡水水源，若是融冰現象不斷加快，雖然乍看之下可用的水量增加了，但天災出現的頻率可能會因此增加，導致環境短時間內出現巨大變化。冰河融化甚至會造成海平面升高，對沿海地區的居民帶來顯著的影響。到最後，冰河儲存的淡水，這些可再生的水資源，也將隨之消失。

文 • C. Ronsin

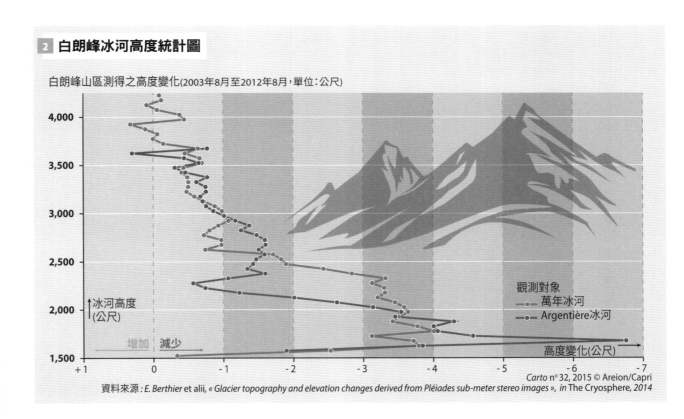

2 白朗峰冰河高度統計圖

白朗峰山區測得之高度變化(2003年8月至2012年8月，單位：公尺)

冰河高度 (公尺)

增加　減少

高度變化(公尺)

觀測對象
—— 萬年冰河
—— Argentière冰河

+ 1　　0　　- 1　　- 2　　- 3　　- 4　　- 5　　- 6　　- 7

Carto n° 32, 2015 © Areion/Capri

資料來源：E. Berthier et alii, «*Glacier topography and elevation changes derived from Pléiades sub-meter stereo images*», *in* The Cryosphere, 2014

❶ E. Berthier et alii, 《Glacier topography and elevation changes derived from Pléiades sub-meter stereo images》, in *The Cryosphere*, 8(6), p. 2275-2291, 2014

INTERNATIONAL ISSUES

國際議題篇

北大西洋公約組織：
抗衡中、俄，30國聯手推冷戰後最大軍演

北大西洋公約組織 (NATO) 成立於 1949 年，目的是聯合西方軍事力量對抗蘇聯。1991 年蘇聯解體，北約差一點隨之解散。然而，冷戰結束迄今已有 25 年，北約的成員數量卻達到高峰 (2019 年為 29 國)。對許多成員國來說，有一些內部矛盾可能不利於各國未來的發展，但面對來自俄羅斯與中東的威脅，北約仍是一道堅固的防線。

俄羅斯極度不滿東歐各國投靠北約

蘇聯解體之後，北約組織原本要功成身退，但是東歐集團垮台卻賦予它新的目標。自從脫離了舊有的框架，北約已採取多次軍事行動，像是 1990~1991 年波斯灣戰爭 (伊拉克入侵科威特)，1992~2004 年前南斯拉夫內戰，2001 年阿富汗戰爭，2011 年利比亞內戰 (阿拉伯之春的一部分) 等等，行動形式包括美軍介入、國際合作，此外還有多次人道救援及監視行動。

在「超級強國」美國的羽翼下，北約的軍事實力毋庸置疑。自從 2000 年普丁掌權後，俄羅斯又重燃野心，鄰近國家莫不人人自危，北約很快成為前東歐國家投靠的對象。在這個情勢之下，北約的重心也從過去明顯集中在大西洋國家 (土耳其、義大利和希臘也是成員之一)，漸漸移向東歐，保加利亞、愛沙尼亞、拉脫維亞、立陶宛、羅馬尼亞、斯洛伐克和斯洛維尼亞都在 2004 年加入北約。其實早在 1999 年，匈牙利、波蘭和捷克就已經加入北約，為接下來其它前華沙公約成員國 (Warsaw Pact，1955~1991 年) 加入北約的風潮揭開序幕。2009 年 7 月，阿爾巴尼亞和克羅埃西亞也成為其中一員。

東歐國家紛紛投入北約陣營，自然引起俄羅斯不滿，因為這會削弱俄羅斯的勢力並造成國防威脅。2016 年 5 月，美國計畫在波蘭擴建飛彈防禦系統的基礎設施，使得北約與俄羅斯之間的衝突浮上檯面。此一計畫先前已遭俄羅斯批評，北約組織也決議暫緩進行，美國則執意要在 2018 年完成並啟用，然而防禦系統的建設工程延誤，導致實際啟用時間將延至 2020 年。

川普抨擊軍費負擔不公，揚言撤出北約

對許多國家而言，北約代表了「終身安全保障」，美國也藉由北約在歐洲獲得廣大信任與影響力，可是一旦美國轉變立場，也可能反過來危及北約。2016 年 11 月美國總統大選期間，當時的共和黨候選人、如今是美國總統的川普聲稱北約是一個「過時的」組織，他的態度也反映了美國內部干預主義與孤立

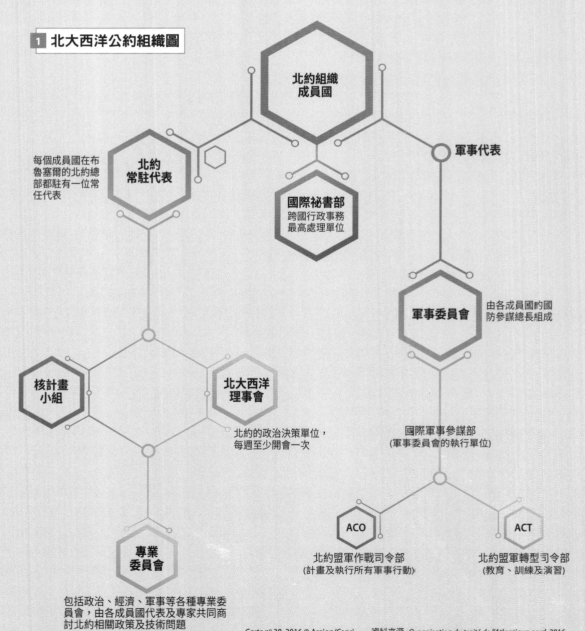

1 北大西洋公約組織圖

北約組織成員國

北約常駐代表
每個成員國在布魯塞爾的北約總部都駐有一位常任代表

軍事代表

國際祕書部
跨國行政事務最高處理單位

軍事委員會
由各成員國的國防參謀總長組成

核計畫小組

北大西洋理事會
北約的政治決策單位，每週至少開會一次

國際軍事參謀部
(軍事委員會的執行單位)

ACO
北約盟軍作戰司令部
(計畫及執行所有軍事行動)

ACT
北約盟軍轉型司令部
(教育、訓練及演習)

專業委員會
包括政治、經濟、軍事等各種專業委員會，由各成員國代表及專家共同商討北約相關政策及技術問題

Carto nº 38, 2016 © Areion/Capri 　資料來源：*Organisation du traité de l'Atlantique nord, 2016*

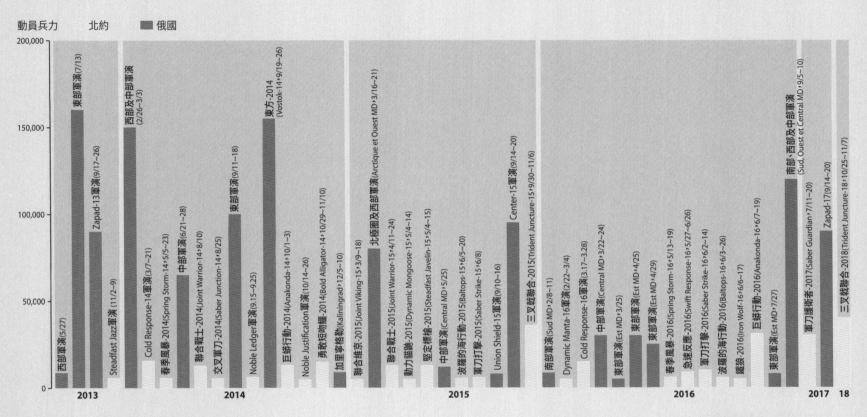

動員兵力　北約　■ 俄國

Carto n° 38, 2016 © Areion/Capri

資料來源：*www.atlanticcouncil.org, 2016*

主義間的矛盾，更暗示北約將面臨現實的資金危機。這位保守派的億萬富翁一再強調，他不認為美國應該扛起北約軍事支出的重擔，經費應由各國共同分攤。

事實上，北約規定所有成員國至少必須繳交 2% 的 GDP 作為防禦經費。不過就 2016 年而言，只有 5 個國家遵守這項要求：美國、希臘、英國、愛沙尼亞、波蘭。法國則交出 1.78%。因此，美國負擔的軍事支出(約 3.61% 的 GDP)和其他成員國差距相當大：2016 年，預估北約 9,183 億美元的總支出中，有 6,640.5 億美元由美國提供❶。

除了財務問題之外，2016 年中北約又出現策略上的分歧。2016 年 7 月 15 日土耳其爆發政變失敗，政府隨即展開一場大清洗，美國國務卿凱瑞 (John Kerry) 籲請土耳其政府注意，加入北約即負有遵守民主制度的義務。同年 8 月 9 日，土耳其總統艾爾多安 (Recep Tayyip Erdogan) 在聖彼得堡與俄羅斯總統普丁會面，宣布兩國恢復往來，打破自 2015 年 11 月 24 日土耳其 F-16 戰機在敘利亞擊落俄羅斯 Su-24 轟炸機事件後冰凍的外交關係。土耳其態度搖擺不定，因此外界一度傳言美國將把存放在小亞細亞南部印吉利克 (Incirlik) 空軍基地的 50 多個核彈頭，轉移到反俄立場較堅定的羅馬尼亞，後來證實並無此事。

中、俄軍事支出翻倍，嚴重威脅北約各國安全

儘管北約內部有這些分歧，面對全球軍事支出增加 (2015 年增幅為 2.6%) 的態勢，尤其是中國 (2006~2015 年增加 136%) 及俄羅斯 (2006~2015 年增加 91%)，北約的正當性似乎更加無庸置疑，堪稱冷戰結束以來的高點。美國一向清楚自己在北約組織中握有主導權，更在 2016 年宣布將加強核子武器的威嚇力，並投入一筆 714 億美元的經費來研發新式精密武器，例如新一代 B-21 隱形轟炸機或維吉尼亞級核能攻擊潛艦。事實上，大多數北約成員國並沒有國防資源，對任何程度的外來攻擊均無抵抗之力。

北約軍力的具體展現具有重大意義，對波蘭及波羅的海國家而言更是如此，北約聯軍的戰鬥機與裝甲旅皆長駐當地。2016 年 6 月，北約在波蘭發動了自共產勢力垮台以來最大的軍事演習，稱為「巨蟒行動」(Anakonda，參見圖 2)，這正是與俄羅斯比鄰的北約成員國家缺乏防禦信心的徵兆。

此外，中國對鄰國施壓的行為，尤其是在南海的舉措，以及持有核武的北韓製造的威脅，將使得美國無法再像過去一樣，投入如此豐厚的軍事資源來保護北約成員。

文 • T. Hurel

❶ OTAN, *Les dépenses de défense des pays de l'OTAN (2009-2016)*, 4 juillet 2016.

美國

美國南部
支援卡崔娜颶風過境後的人道救援，
(2005年9月)

「鷹援」(Eagle Assist)行動
(2001年10月中至2002年5月中)

加拿大

太平洋

北極海

大西洋

冰島

愛爾蘭

挪威

英國
比利時 荷蘭
葡萄牙
盧森堡
德國
西班牙
法國
瑞士
奧地利
斯洛維尼亞

瑞典
芬蘭
愛沙尼亞
拉脫維亞
立陶宛
波蘭
白俄羅斯

俄羅斯

蒙古

哈薩克

波士尼亞與赫塞哥維納
(1992~2004年)

塞爾維亞EADRCC
提供難民人道救援

烏克蘭

科索沃
(KFOR)

羅馬尼亞

北馬其頓
(2001~2003)

吉爾吉斯
烏茲別克
塔吉克

巴基斯坦
2005年10月8日大地震後
提供人道救援
(2005/10/11~2006/2/1)

「聯合保護」(Unified Protector)行動
(2011年3月至10月)

茅利塔尼亞

阿爾及利亞

摩洛哥

突尼西亞

義大利

阿爾巴尼亞
希臘

利比亞

第二次波灣戰爭時期的
「Display Deterrence」行動
(2003/2/26~4/30)

提供土耳其空中支援
防禦飛彈威脅

土庫曼

阿富汗

阿富汗「堅定支援」任務
(Resolute Support)
2015年1月開始

國際安全援助部隊(ISAF)
(2001~2014年)

「積極」(Active Endeavour)行動
監視地中海海域，
與歐洲國際邊界管理署(Frontex)
共同在愛琴海部署軍力

以色列
約旦

提供軍事訓練
(2004~2011年)
伊拉克

科威特
巴林
卡達
阿拉伯
聯合大公國

巴基斯坦

印度洋

埃及

達佛
協助非洲聯盟在蘇丹的維和任務
(2005年6月~2007年12月)

支援非洲聯盟

「海洋盾牌」(Ocean Shield)行動
打擊亞丁灣及非洲之角沿岸的海盜

*EADRCC：歐洲—大西洋災害應變協調中心，是北約負責協調援助國資源與受災國需求的單位。
**KFOR：北約科索沃維和部隊

資料來源：Organisation du traité de l'Atlantique nord, 2016 : Rédaction de Carto, octobre 2016．Carto nº 38, 2016 © Areion/Capri

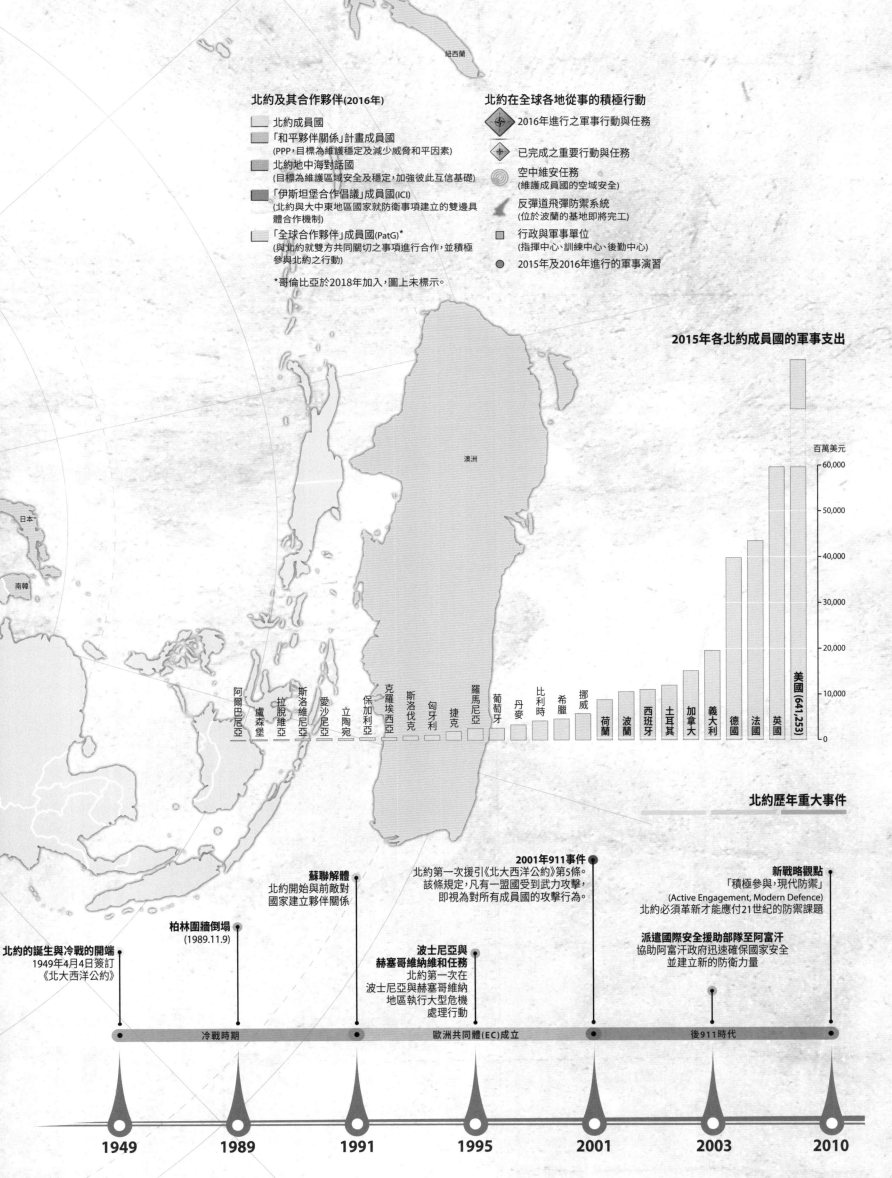

北約及其合作夥伴(2016年)

■ 北約成員國

■ 「和平夥伴關係」計畫成員國
(PPP,目標為維護穩定及減少威脅和平因素)

■ 北約地中海對話國
(目標為維護區域安全及穩定,加強彼此互信基礎)

■ 「伊斯坦堡合作倡議」成員國(ICI)
(北約與大中東地區國家就防衛事項建立的雙邊具
體合作機制)

■ 「全球合作夥伴」成員國(PatG)*
(與北約就雙方共同關切之事項進行合作,並積極
參與北約之行動)

*哥倫比亞於2018年加入,圖上未標示。

北約在全球各地從事的積極行動

◆ 2016年進行之軍事行動與任務

◆ 已完成之重要行動與任務

空中維安任務
(維護成員國的空域安全)

反彈道飛彈防禦系統
(位於波蘭的基地即將完工)

□ 行政與軍事單位
(指揮中心、訓練中心、後勤中心)

● 2015年及2016年進行的軍事演習

2015年各北約成員國的軍事支出

百萬美元

60,000

50,000

40,000

30,000

20,000

10,000

0

阿爾巴尼亞
盧森堡
拉脫維亞
斯洛維尼亞
愛沙尼亞
立陶宛
保加利亞
克羅埃西亞
斯洛伐克
匈牙利
捷克
羅馬尼亞
葡萄牙
丹麥
比利時
希臘
挪威
荷蘭
波蘭
西班牙
土耳其
加拿大
義大利
德國
法國
英國
美國(641,253)

北約歷年重大事件

北約的誕生與冷戰的開端
1949年4月4日簽訂
《北大西洋公約》

柏林圍牆倒塌
(1989.11.9)

蘇聯解體
北約開始與前敵對
國家建立夥伴關係

**波士尼亞與
赫塞哥維納維和任務**
北約第一次在
波士尼亞與赫塞哥維納
地區執行大型危機
處理行動

2001年911事件
北約第一次援引《北大西洋公約》第5條。
該條規定,凡有一盟國受到武力攻擊,
即視為對所有成員國的攻擊行為。

派遣國際安全援助部隊至阿富汗
協助阿富汗政府迅速確保國家安全
並建立新的防衛力量

新戰略觀點
「積極參與,現代防禦」
(Active Engagement, Modern Defence)
北約必須革新才能應付21世紀的防禦課題

冷戰時期 ｜ 歐洲共同體(EC)成立 ｜ 後911時代

1949 **1989** **1991** **1995** **2001** **2003** **2010**

核電：
歐洲設立退場機制，中、印為何堅決發展核能？

核能是一種零排碳的電力來源，長期以來，人們相信這種能源會帶來美好的未來，但 2011 年 3 月 11 日福島核災戳破了這場美夢。有些國家已決定廢核，但全世界的新核能電廠仍如雨後春筍，而新一代核子反應爐的研發也暗示著核能很可能再現榮景。

法國：全球核電巨頭，核能支撐 76.9% 用電

2014 年，全世界 32 個國家的核電廠發電量占全球總發電量的 10.8%，某些國家的核電占比甚至超過 50%，法國名列第一，電力 76.9% 來自核電 (參見 p.175 圖 4)。

第二次世界大戰結束時，核能僅限於軍事用途，1954 年以後，蘇聯開始將核能用於民生用途，接著是美國 (參見圖 1)。2018 年美國擁有的核子反應爐最多 (99 個)，勝過法國 (58 個)、日本 (48 個) 及俄羅斯 (34 個)。隨著核分裂發電廠林立，核能因此慢慢普及，1970 年代的石油危機更令許多國家決定投入核能發電。至 2014 年，核能已提供比利時 (47.5%)、烏克蘭 (49.4%)、匈牙利 (53.6%) 和斯洛伐克 (56.8%) 等國半數以上的發電量。到了 1990 年代，氣候暖化的議題日漸受到關注，核能被視為一種可製造大量電力又不會排放溫室氣體的解決之道。但福島核災後，這個期望在許多人心中已經幻滅。

德國：投資 5 千億歐元，發展再生能源

福島核災 (參見圖 2) 導致核電設施的安全性受到質疑，也動搖人們對於「乾淨能源」的信心。1979 年 3 月 28 日美國的三哩島事故、1986 年 4 月 26 日的烏克蘭車諾比事件，以及日本的核子事故，證明即便是首屈一指的先進國家也無法防範核災。

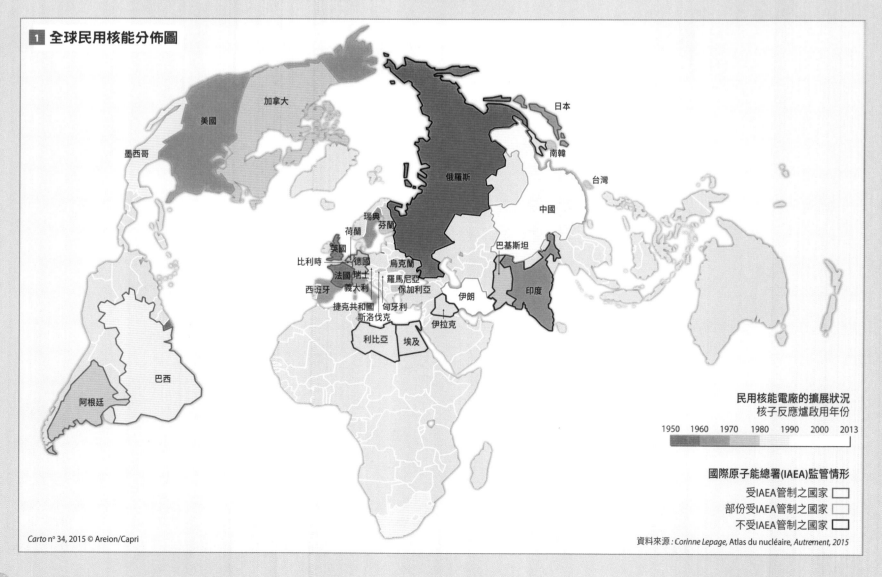

1 全球民用核能分佈圖

美國　加拿大　日本　墨西哥　南韓　台灣　俄羅斯　中國　瑞典　芬蘭　荷蘭　英國　巴基斯坦　比利時　德國　烏克蘭　法國 瑞士　羅馬尼亞　義大利　保加利亞　西班牙　伊朗　印度　捷克共和國　匈牙利　斯洛伐克　伊拉克　利比亞　埃及　巴西　阿根廷

民用核能電廠的擴展狀況
核子反應爐啟用年份

1950　1960　1970　1980　1990　2000　2013

國際原子能總署 (IAEA) 監管情形

受IAEA管制之國家 ☐
部份受IAEA管制之國家 ☐
不受IAEA管制之國家 ☐

Carto n° 34, 2015 © Areion/Capri

資料來源：*Corinne Lepage, Atlas du nucléaire, Autrement, 2015*

好幾個歐洲國家接連決定廢核或停止核電發展，例如瑞士承諾最晚在 2034 年前，關閉 5 座核子反應爐 (2014 年核電提供 37.9% 的用電)，義大利則在 2011 年 6 月 13 日公投通過，反對再興建任何核電廠。特別值得一提的是德國 (2014 年擁有 9 座反應爐，供給 15.8% 電力)，政府宣稱要在 2022 年完成廢核，且未來將投資超過 5 千億歐元發展再生能源。

福島核災後，核電廠的安全標準變得更嚴格，部分核電廠可能無法再獲利，例如芬蘭及法國的歐洲壓水式反應爐 (EPR) 必須重新設計，以符合福島事件後的標準，使得原本已在損平邊緣的成本再度提高。輻射對民眾的影響也不容忽視：2011 年福島核災除了汙染水和空氣、影響人類健康，還造成將近 13 萬人被迫疏散。由於輻射汙染的緣故，這些人幾乎不可能再重回家園。2013 年，日本政府決定全面停止核電廠運作，直到 2015 年 8 月又在群眾的抗議聲中重啟核電。

中國：目標在 2020 年達成核能發電翻倍

儘管人們對核電有上述種種疑慮，但至 2016 年 1 月為止，全世界仍有 65 個反應爐正在興建中。根據國際能源署 (AIE) 的預測，2040 年使用核電的國家將有 36 個，其中新增的核電國家為土耳其、阿拉伯聯合大公國或沙烏地阿拉伯。中國則在 2016 年 1 月重申將依照五年計畫 (2016~2020 年)，達成增加一倍發電量的目標：中國在 2014 年擁有 23 座反應爐，生產 19,007 百萬瓦 (MW) 電能，到了 2020 年前應該會再增加 26 座新機組，再生產 25,756 百萬瓦電能。

中國和印度 (至 2014 年有 21 座反應爐) 發展核電的原因很多。雖然這兩個國家也有投資再生能源，但這種能源既不穩定又難預測，需要審慎考量。推廣核能反倒能讓這兩國未來有機會減少一部分因燃煤發電產生的空氣汙染，同時有助於兌現新的減碳目標。

中國對核電充滿信心的另一個原因，是核電產業的龍頭法國陷入財務困境，給了中國獲利的機會。法國電力公司 (EDF) 由於現金流不足，不得不和中國廣核集團 (CGN) 及中國核工業集團 (CNNC) 等兩個中國集團合作，以確保在英國建造中的兩座歐洲壓水式反應爐資金無虞。阿海琺集團 (Areva) 過去是全球核能工業的第一把交椅，現在卻瀕臨破產邊緣，迫使法國政府 (也是集團的大股東) 不得不接納中國核工業集團入股。

2 重返福島核災現場 (2015年12月情形)

城鎮界線
☢ 核能發電廠
2011年3月11日侵襲日本的海嘯
2011年3月11日因地震受創最重的城鎮

除汙工作的執行狀況
居民難以重返的區域
位在「重度汙染區」內的城鎮
解除「重度汙染區」身份的城鎮
已有除汙計畫的城鎮
除汙工作已結束的城鎮

日本
東京

日本

鶴岡市
石卷市
山形市
仙台市
女川核電廠
(3座反應爐已停機)
新潟市
福島市
太平洋
柏崎刈羽核電廠
(7座反應爐停機)
郡山市
福島第一核電廠
(4座反應爐損毀，2座停機)
福島第二核電廠
(4座反應爐停機)
磐城市
東海核電廠
(2座反應爐停機)

25 km

資料來源：*Ministère de l'Environnement, Progress on Off-site Cleanup and Interim Storage in Japan, janvier 2016 ; Rémi Scoccimarro, japgeo.free.fr, 2015 ; Corinne Lepage, Atlas du nucléaire, Autrement, 2015*
Carto n° 34, 2016 © Areion/Capri

新一代核能反應爐將可回收核廢料發電

核能發電並非沒有缺點，例如一旦爐心熔毀，放射性元素可能會釋放到大氣中。從事核能發電需要具備頂尖的科技水準，而許多國家並不具備這項條件。更重要的是，發電只會消耗一部分核燃料棒，剩餘的燃料棒就成了核廢料，需要小心處理及監控，因為輻射會持續數千、數萬年之久。

不過，法國已提出一些處理方案，例如耗資 250 億歐元在莫茲省 (Meuse) 的布雷鎮 (Bure) 設置「高階核廢料地底貯存中心」(Cigéo)，作為安全且永久儲存廢燃料棒的場所。目前核電的缺點也許很快就能解決，有好幾種更進步、新一代的反應爐已接近商業生產的階段，大多只待主管機關放行；這些反應爐可用核廢料作為燃料，縮短輻射物質的半衰期，此外，安全性也提高了。而核融合技術與核分裂技術不同，較難實際應用，不過核融合技術研究在 2015 年取得不少進展，可望開闢一條通往永續能源的道路。

文 ● T. Hurel

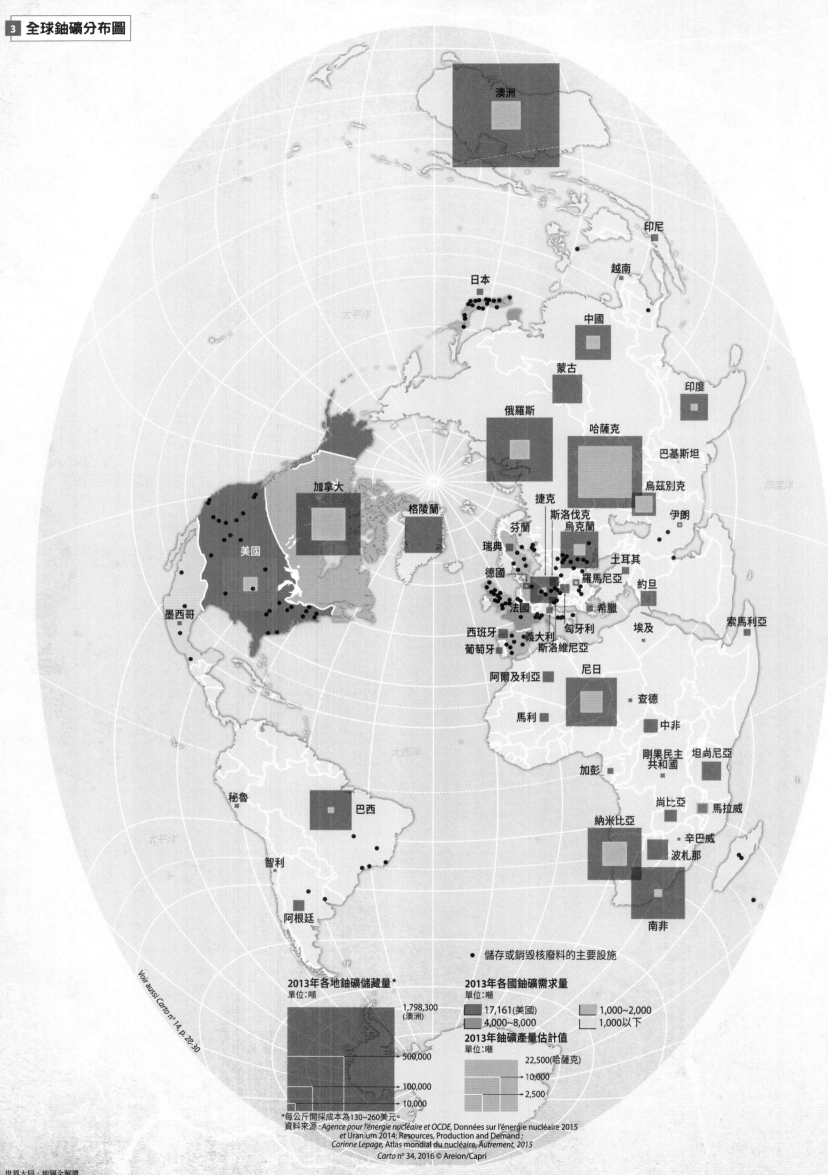

澳洲

印尼

越南

日本

中國

蒙古

印度

巴基斯坦

俄羅斯

哈薩克

烏茲別克

太平洋

加拿大

格陵蘭

伊朗

捷克

斯洛伐克

烏克蘭

芬蘭

土耳其

美國

瑞典

德國

羅馬尼亞

約旦

墨西哥

法國

希臘

索馬利亞

西班牙

義大利

匈牙利

埃及

葡萄牙

斯洛維尼亞

阿爾及利亞

尼日

查德

馬利

中非

剛果民主
共和國

坦尚尼亞

加彭

秘魯

巴西

尚比亞

馬拉威

納米比亞

智利

辛巴威

波札那

印度洋

大西洋

太平洋

阿根廷

南非

Voir aussi Carto nº 14, p. 28-30

● 儲存或銷毀核廢料的主要設施

2013年各地鈾礦儲藏量*
單位：噸

1,798,300
(澳洲)

500,000

100,000

10,000

2013年各國鈾礦需求量
單位：噸

17,161(美國)	1,000~2,000
4,000~8,000	1,000以下

2013年鈾礦產量估計值
單位：噸

22,500(哈薩克)

10,000

2,500

*每公斤開採成本為130~260美元。

資料來源：*Agence pour l'énergie nucléaire et OCDE, Données sur l'énergie nucléaire 2015
et Uranium 2014: Resources, Production and Demand ；
Corinne Lepage, Atlas mondial du nucléaire, Autrement, 2015*

Carto nº 34, 2016 © Areion/Capri

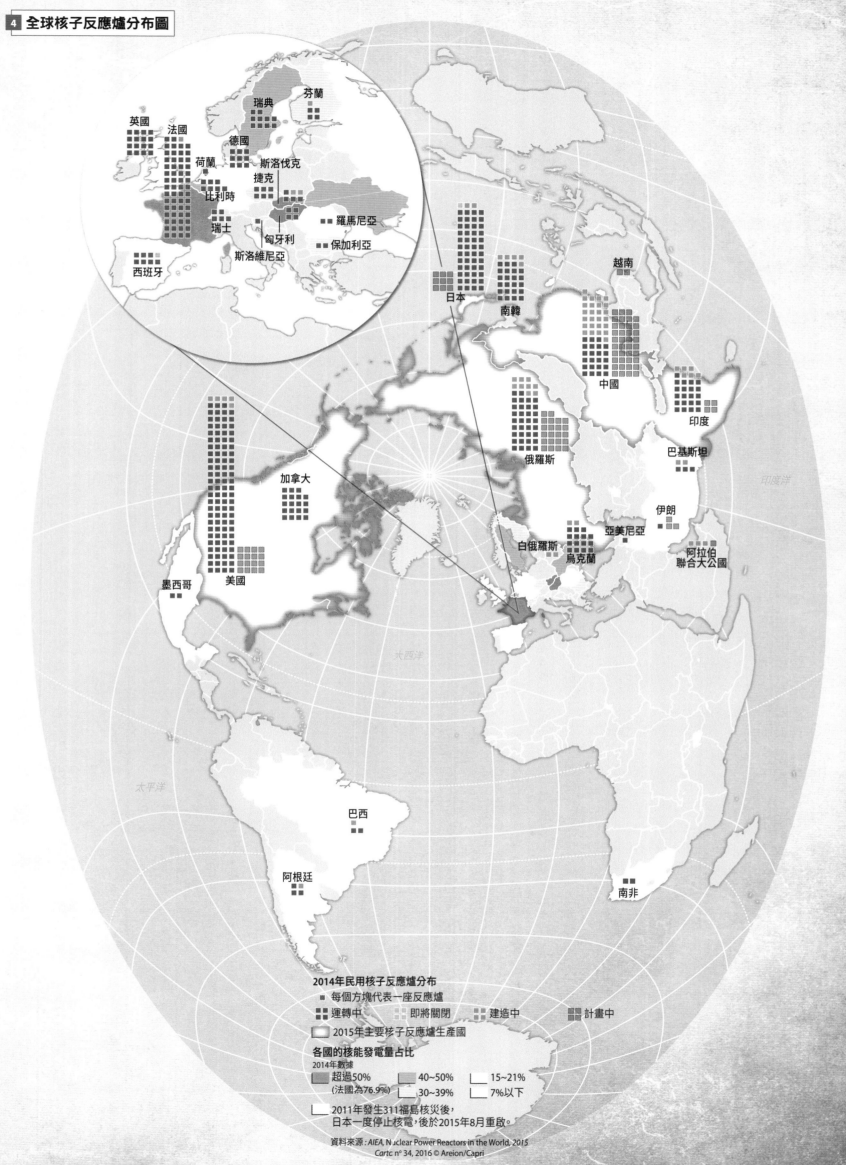

英國
法國
荷蘭
比利時
瑞士
西班牙
瑞典
芬蘭
德國
斯洛伐克
捷克
匈牙利
斯洛維尼亞
羅馬尼亞
保加利亞

日本
南韓
越南
中國
印度
巴基斯坦
伊朗
亞美尼亞
阿拉伯
聯合大公國
俄羅斯
白俄羅斯
烏克蘭

加拿大
美國
墨西哥
巴西
阿根廷
南非

印度洋
大西洋
太平洋

2014年民用核子反應爐分布
■ 每個方塊代表一座反應爐
■ 運轉中　　■ 即將關閉　　■ 建造中　　■ 計畫中
▢ 2015年主要核子反應爐生產國

各國的核能發電量占比
2014年數據
■ 超過50%　　■ 40~50%　　▢ 15~21%
　（法國為76.9%）　▢ 30~39%　　▢ 7%以下

▢ 2011年發生311福島核災後，
　日本一度停止核電，後於2015年8月重啟。

資料來源：AIEA, Nuclear Power Reactors in the World, 2015
Cartc nº 34, 2016 © Areion/Capri

電玩遊戲：
新興的政治宣傳途徑，小心被洗腦！

電玩遊戲以迅雷不及掩耳的速度席捲全球，至今熱度不減。過去 20 年來，隨著科技日新月異，電玩產業的面貌徹底改變。電玩遊戲長期高居全球最賺錢的娛樂產業，但早在市場萌芽初期，這種產品就已招致批評。

電玩遊戲 2016 年前兩季的營業額為 996 億美元 (參見圖 1)，成為娛樂產業的龍頭，電影產業次之 (883 億)。這塊大餅由幾家大企業瓜分，包括中國的騰訊 (全球第一大遊戲公司)、美國的「動視暴雪」(Activision Blizzard) 與「藝電」(Electronic Arts)、還有法國的「Ubisoft」，以及專攻手機遊戲的生力軍，如「Supercell」和「King」。除了純粹的遊戲開發商，製造發行商也是電玩產業的一環，如微軟 (Microsoft)、索尼 (Sony)、任天堂 (Nintendo) 和維爾福 (Valve Corporation)。

手遊產業也為許多高科技企業提供市場，但是所得未必會計入電玩產業的營業額中。以法國來說，這塊餅相當大：相關企業近 750 間，雇用人數超過 25,000 人。

長期以來，電玩市場僅限於已開發國家，尤其是日本、美國和西歐國家，但自 1990 年代起，拜任天堂 N64(Nintendo 64) 和 PS 1(PlayStation 1) 等遊戲機問世之賜，家用電玩遊戲日漸普及 (參見圖 2)，電玩產業擴張，取得新的市場與更廣大的用戶 (參見 p.178~179 圖 3、圖 4)。從此以後，每一代新遊戲機上市都讓該產業營業額增加一倍，目前市面上的 Xbox One 及 PlayStaion 4 已是第八代。這項成就也與電腦的普及關係密切。2000 年以後，人人有網路的趨勢促成線上遊戲興起，帶領玩家和遊戲發行商踏入全新的領域。遊戲開始提供 24 小時的伺服器服務，成千上萬人聚集在這個千變萬化的空間裡。有些遊戲因此形成特殊的小宇宙：有城市、首都、人口、派系、公會、專屬的制度……等等。其中最知名的是「動視暴雪」的《魔獸世界》(World of Warcraft)，這家公司發行過許多名作，如《星海爭霸》(Starcraft)、《魔獸爭霸》(Warcraft)、《暗黑破壞神》(Diablo) 和《鬥陣特攻》(Overwatch)。《魔獸世界》於 2004 年推出，吸引高達 1,200 萬名用戶，且迄今不墜，最新的《魔獸世界：決戰艾澤拉斯》(World of Warcraft：Battle for Azeroth) 已於 2018 年 8 月上線。

YouTuber「PewDiePie」靠直播遊戲實況，賺 1 億美元

智慧型手機在 2000 年代末問世後，手遊成為男女老少全民共通的活動。2015 年在法國，中度玩家的平均年齡為 35 歲，44% 的玩家為女性；2000 年時還只有 20% 受訪者表示自己會玩電玩，但到了 2015 年已成長為 53%。有些遊戲無人不知、無人不曉，例如 2009 年推出的《憤怒鳥》(Angry Birds)。

Web 2.0 推出後，網路變得更容易使用、互動程度更高，這改造了電玩的型態與操作方式，使其成為全球性的娛樂活動。影音串流服務 (streaming vidéo) 可即時播放影音畫面，則帶動了新的產業，2011 年成立的 Twitch 直番平台即是一例。2010 年起以直播遊戲實況走紅的瑞典籍 YouTuber「PewDiePie」憑著 YouTube 頻道上的 5 千萬名訂戶，賺入超過 1 億 3 千萬美元的廣告權利金及贊助款。電競 (e-sport) 也是直播串流服務 (livestream)

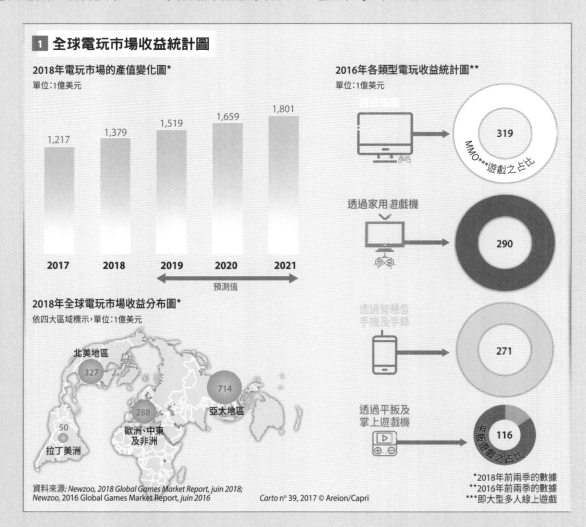

1 全球電玩市場收益統計圖

2018年電玩市場的產值變化圖*
單位:1億美元

1,217 (2017)　1,379 (2018)　1,519 (2019)　1,659 (2020)　1,801 (2021)

預測值

2016年各類型電玩收益統計圖**
單位:1億美元

319　MMO***遊戲之占比

透過家用遊戲機　290

透過智慧型手機及手錶　271

透過平板及掌上遊戲機　116

2018年全球電玩市場收益分布圖*
依四大區域標示，單位:1億美元

北美地區　327
拉丁美洲　50
歐洲、中東及非洲　288
亞太地區　714

資料來源: Newzoo, 2018 Global Games Market Report, juin 2018;
Newzoo, 2016 Global Games Market Report, juin 2016

Carto n° 39, 2017 © Areion/Capri

*2018年前兩季的數據
**2016年前兩季的數據
***即大型多人線上遊戲

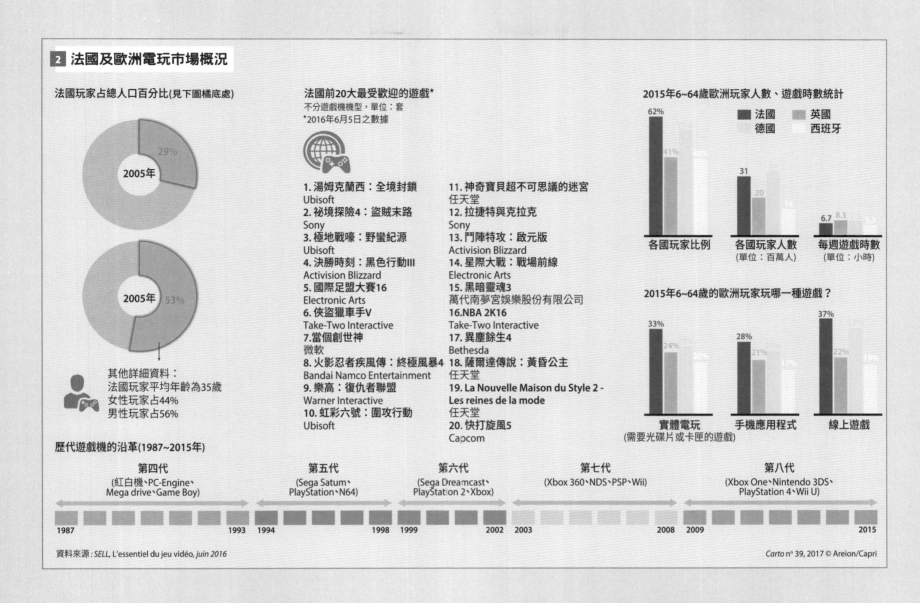

2 法國及歐洲電玩市場概況

法國玩家占總人口百分比(見下圖橘底處)

2005年 29%

2005年 53%

其他詳細資料：
法國玩家平均年齡為35歲
女性玩家占44%
男性玩家占56%

法國前20大最受歡迎的遊戲*
不分遊戲機機型，單位：套
*2016年6月5日之數據

1. 湯姆克蘭西：全境封鎖
Ubisoft
2. 祕境探險4：盜賊末路
Sony
3. 極地戰嚎：野蠻紀源
Ubisoft
4. 決勝時刻：黑色行動III
Activision Blizzard
5. 國際足盟大賽16
Electronic Arts
6. 俠盜獵車手V
Take-Two Interactive
7. 當個創世神
微軟
8. 火影忍者疾風傳：終極風暴4
Bandai Namco Entertainment
9. 樂高：復仇者聯盟
Warner Interactive
10. 虹彩六號：圍攻行動
Ubisoft

11. 神奇寶貝超不可思議的迷宮
任天堂
12. 拉捷特與克拉克
Sony
13. 鬥陣特攻：啟元版
Activision Blizzard
14. 星際大戰：戰場前線
Electronic Arts
15. 黑暗靈魂3
萬代南夢宮娛樂股份有限公司
16. NBA 2K16
Take-Two Interactive
17. 異塵餘生4
Bethesda
18. 薩爾達傳說：黃昏公主
任天堂
19. La Nouvelle Maison du Style 2 - Les reines de la mode
任天堂
20. 快打旋風5
Capcom

2015年6~64歲歐洲玩家人數、遊戲時數統計

法國　英國
德國　西班牙

各國玩家比例
62% 41% 40%

各國玩家人數
(單位：百萬人)
31 20 14

每週遊戲時數
(單位：小時)
6.7 8.3 5.7

2015年6~64歲的歐洲玩家玩哪一種遊戲？

實體電玩
(需要光碟片或卡匣的遊戲)
33% 24% 20%

手機應用程式
28% 21% 17%

線上遊戲
37% 22% 19%

歷代遊戲機的沿革(1987~2015年)

第四代	第五代	第六代	第七代	第八代
(紅白機、PC-Engine、Mega drive、Game Boy)	(Sega Satum、PlayStation、N64)	(Sega Dreamcast、PlayStation 2、Xbox)	(Xbox 360、NDS、PSP、Wii)	(Xbox One、Nintendo 3DS、PlayStation 4、Wii U)
1987　　1993	1994　　1998	1999　　2002	2003　　2008	2009　　2015

資料來源：SELL, L'essentiel du jeu vidéo, juin 2016

Carto n° 39, 2017 © Areion/Capri

日益茁壯的原因。因為《英雄聯盟》(League of Legends) 等競賽性遊戲問世，玩家開始組成實體隊伍，有自己的教練、設備和贊助商。有些賽事的獎金甚至超過百萬美元，而參賽者的地位也和體育明星一樣，例如人稱「Kayane」的法國電競玩家瑪麗—蘿爾·諾蘭德 (Marie-Laure Norindr)，她在 2010 年贏得《快打旋風4》(Super Street Fighter IV) 的世界冠軍。

黎巴嫩真主黨利用電玩遊戲，傳遞極端思想

電玩遊戲非常熱門，但也許就是太熱門了，使電玩成為媒體的抨擊焦點，不是因為內容暴力，就是被指控為某些青少年殺人事件的肇因，因為遊戲激發人類最原始的衝動，例如支配或摧毀的欲望。舉例來說，《俠盜獵車手》(Grand Theft Auto) 第五代於 2013 年上市時，前三天累計銷售便高達 10 億美元，這款遊戲讓玩家在虛擬世界中擁有完全的自由，再惡劣也無所謂。2000 年代，沉迷電玩的不良現象也日益嚴重，像《魔獸世界》這類遊戲就很容易沉迷，一方面因為它會誘使玩家不要任由遊戲自己發展，另一方面是因為腦中已經形成回饋機制，因此對遊戲上癮。即便如此，仍有神經科學家認為玩電動和暴力行為之間沒有直接關連，還有不少好處，包括提升專注力。

「遊戲化」(gamification) 的概念也隨著電玩的發展而成形。透過遊戲化的思考，可以將遊戲的邏輯延伸到其他領域，例如教育、科學研究或傳播。電玩也可以運用在地緣政治或是政治宣傳上，發揮「軟實力」。例如黎巴嫩真主黨 (Hezbollah) 為了讓更多民眾支持攻打以色列，便設計一款遊戲，讓玩家的敵人穿著以色列國防軍的制服；中國也曾推出一款《反日戰爭Online》(Anti-Japan War Online)，玩家必須抵禦日本侵占某個島嶼；美軍則希望藉由《美國陸軍》(America's Army) 這套遊戲來募兵。有些遊戲表面上看起來中立，其實也隱含類似的目的，例如 2009 年的《決勝時刻：現代戰爭 2》(Call of Duty: Modern Warfare 2) 便以俄羅斯侵略美國為故事背景。

不過，遊戲化思考也可應用於比較崇高的用途，譬如教育。《當個創世神》(Minecraft) 是一款可以自由創造事物的遊戲，經常用於輔助兒童學習。遊戲化的應用未來也許會更加廣泛，因為等到人手一副 VR 虛擬實境眼鏡，我們將更容易穿梭在真實與虛擬之間。

文●T. Hurel

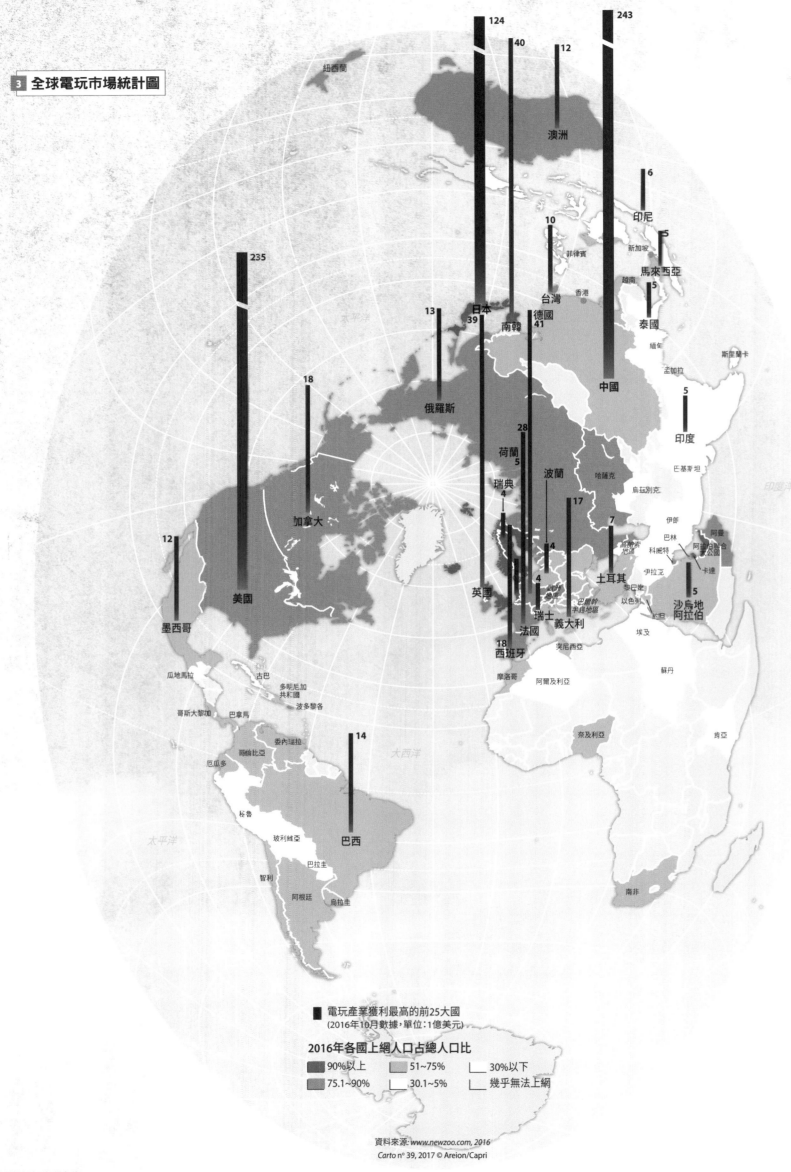

紐西蘭

124

40

12

243

澳洲

6

印尼

新加坡

5

馬來西亞

10

菲律賓

越南

5

泰國

日本

39

南韓

德國

41

緬甸

斯里蘭卡

台灣

香港

孟加拉

5

印度

巴基斯坦

印度洋

太平洋

俄羅斯

哈薩克

烏茲別克

235

28

荷蘭

5

瑞典

4

波蘭

伊朗

13

18

巴林

阿曼

阿拉伯聯合
大公國

科威特

卡達

17

4

土庫曼
斯坦

加拿大

7

尹拉克

義大利

土耳其

以色列

黎巴嫩

埃及

紅海

5

沙烏地
阿拉伯

4

英國

瑞士

法國

巴爾幹
半島地區

12

美國

18

西班牙

墨西哥

突尼西亞

摩洛哥

阿爾及利亞

蘇丹

瓜地馬拉

古巴

多明尼加
共和國

波多黎各

哥斯大黎加

巴拿馬

厄瓜尼

委內瑞拉

奈及利亞

肯亞

哥倫比亞

厄瓜多

14

太平洋

大西洋

秘魯

玻利維亞

巴西

巴拉圭

智利

南非

阿根廷

烏拉圭

■ 電玩產業獲利最高的前25大國
（2016年10月數據，單位：1億美元）

2016年各國上網人口占總人口比

90%以上 ⬛ 51~75% ⬜ 30%以下

75.1~90% ⬛ 30.1~5% ⬜ 幾乎無法上網

資料來源：*www.newzoo.com, 2016*
Carto n° 39, 2017 © Areion/Capri

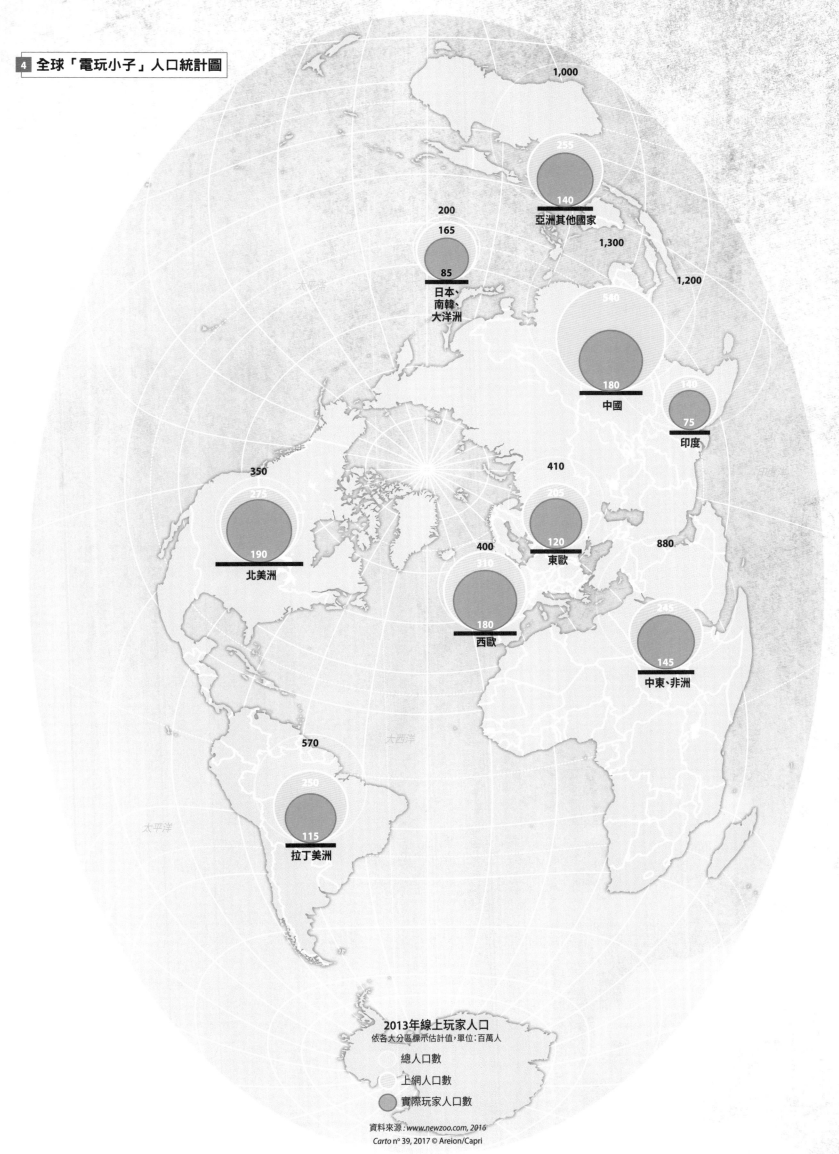

4 全球「電玩小子」人口統計圖

1,000

255
140
亞洲其他國家

200
165
85
日本、
南韓、
大洋洲

1,300

1,200

540
180
中國

148
75
印度

350
275
190
北美洲

410
205
120
東歐

400
310
180
西歐

880

245
145
中東、非洲

570
250
115
拉丁美洲

太平洋

大西洋

太平洋

2013年線上玩家人口
依各大分區標示估計值，單位：百萬人

總人口數

上網人口數

實際玩家人口數

資料來源：*www.newzoo.com, 2016*
Carto n° 39, 2017 © Areion/Capri

比特幣：幣值為何暴漲？又為何暴跌？

資訊科技的進步與數位經濟的發展，促成虛擬貨幣的興起，比特幣 (bitcoin) 就是其中一種。比特幣具有許多優點，但該貨幣的發行及流通缺乏法令管制，讓大多數國家有所疑慮，擔心虛擬貨幣成為詐欺、洗錢或恐怖組織獲取資金的管道。

2008 年，中本聰 (Satoshi Nakamoto，可能是一位或一群工程師的假名) 發明了比特幣 (bitcoin 的 bit 意指位元，即二進位電腦系統的單位，coin 則是錢幣)。這是一種儲存在電子載具上的虛擬貨幣，使用者可以用來在網路社群中買賣商品或服務，不需要使用法定貨幣。

缺乏主管機構調節通貨膨脹問題

比特幣具備傳統貨幣的功能，可以衡量商品或服務的價值，方便商業交易，也可以儲蓄供未來使用。然而，比特幣和歐元或美元等實體貨幣的地位不同，它不是法定貨幣，所以商人沒有義務接受這種貨幣，端看個人意願。此外，比特幣沒有明確的制度規範，因此沒有任何權責單位 (如中央銀行) 會負責介入並調節通貨膨脹的問題，完全依供需狀況而定，導致比特幣的幣值十分不穩定 (參見圖1)。2013 年 3 月，1 比特幣可換 47 美元，同年 11 月可換 978 美元，到了 2014 年夏天卻剩下不到 1/2 的價值，2016 年 4 月的價值則為 380 美元。

虛擬貨幣的競爭優勢：交易成本接近零

比特幣有幾項優於傳統貨幣之處，尤其是交易成本極低，因為虛擬貨幣的流通不需透過銀行之類的中介機構。此外，比特幣採用加密交易，由多台電腦進行分散式驗證，而不是透過較為脆弱的集中式系統來交易 (參見圖4)，所以安全性也很高。比特幣採用所謂「區塊鏈」(blockchain) 的運算系統，這是一套統一加密帳本，用來驗證和記錄全球每一筆交易，賦予這種貨幣高度的安全性；2014 年法國的一份參議院報告中特別強調了此項優勢。

除了貨幣體系，區塊鏈還可用於建立、認證、儲存與公告各種類型之交易，因此這套撐起比特幣的運算系統，已漸漸成為大型金融機構投資策略中不可或缺的一環。西班牙國際銀行 (Santander) 預測，到 2022 年以前，區塊鏈技術每年可望為銀行業省下高達 150~200 億美元，減少跨國支付及股票及貨幣交易所需的基礎設備支出。

然而，即使交易驗證的通訊協定受到嚴密保護，比特幣的儲存卻未必同樣安全。事實上，大部分使用者都將比特幣儲存在線上交易平台的帳戶裡，但是這些平台沒有防止駭客的措施。2014 年 2 月，全球最大的比特幣交易所 Mt.Gox 遭駭客入侵，最後破產，導致大約 127,000 名使用者血本無歸。

---

1 比特幣自2010年首次公開交易以來的幣值波動圖

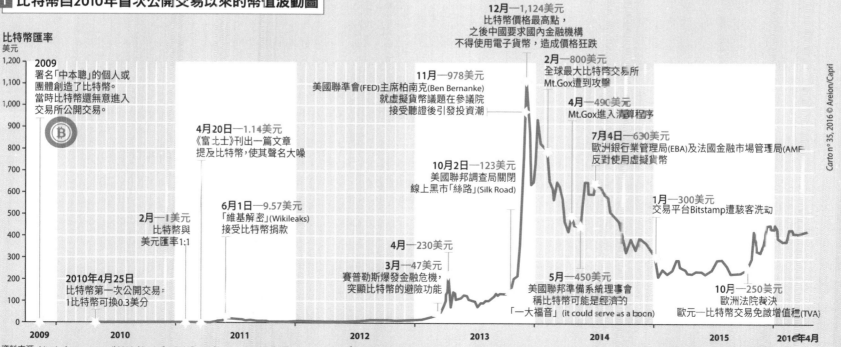

比特幣匯率
美元

2009 署名「中本聰」的個人或團體創造了比特幣。當時比特幣還無意進入交易所公開交易。

2010年4月25日 比特幣第一次公開交易：1比特幣可換0.3美分

2月—1美元 比特幣與美元匯率1:1

4月20日—1.14美元 《富士士》刊出一篇文章提及比特幣，使其聲名大噪

6月1日—9.57美元 「維基解密」(Wikileaks) 接受比特幣捐款

3月—47美元 賽普勒斯爆發金融危機，突顯比特幣的避險功能

4月—230美元

10月2日—123美元 美國聯邦調查局關閉線上黑市「絲路」(Silk Road)

11月—978美元 美國聯準會(FED)主席柏南克(Ben Bernanke) 就虛擬貨幣議題在參議院接受聽證後引發投資潮

12月—1,124美元 比特幣價格最高點，之後中國要求國內金融機構不得使用電子貨幣，造成價格狂跌

5月—450美元 美國聯邦準備系統理事會稱比特幣可能是經濟的「一大福音」(it could serve as a boon)

2月—800美元 全球最大比特幣交易所Mt.Gox遭到攻擊

4月—490美元 Mt.Gox進入清算程序

7月4日—630美元 歐洲銀行業管理局(EBA)及法國金融市場管理局(AMF)反對使用虛擬貨幣

1月—300美元 交易平台Bitstamp遭駭客洗劫

10月—250美元 歐洲法院裁決歐元—比特幣交易免徵增值稅(TVA)

Carton n° 35, 2016 © Areion/Capri

資料來源：bitcoincharts.com, avril 2016；bitcoin.fr, 2016；Revue de presse：Le Monde, The Economist, Les Échos, 2016；Banque de France, « Les dangers liés au développement des monnaies virtuelles : l'exemple du bitcoin », in Focus n° 10, 5 décembre 2013

2 各類型數位貨幣簡介

主要數位貨幣及其美元價值
（2016年3月）

發行貨幣量(單位:百萬) XX
最大可發行貨幣量(單位:百萬) XX
該數位貨幣美元價值(單位:百萬美元) XX

	比特幣	以太幣(ETH)	瑞波幣(XRP)	萊特幣(LTC)	MaidSafeCoin	達世幣(DASH)
發行貨幣量	15.3	78.2	100,000	45	450	6.3
最大可發行貨幣量	21	?	100,000	84	4,300	22
美元價值	3,480	730	274.8	164.5	41	40

3 2015年比特幣在各國的法律地位

☐ 合法
☐ 有爭議
☐ 禁止
☐ 無資料

墨西哥 美國 加拿大 厄瓜多 委內瑞拉 玻利維亞 阿根廷 巴西 冰島 挪威 歐盟 英國 瑞士 白俄羅斯 烏克蘭 哈薩克 俄羅斯 黎巴嫩(合法) 以色列(合法) 土耳其 伊朗 約旦 印度 中國 越南 泰國 馬來西亞 印尼 新加坡 日本 南韓 台灣 香港 菲律賓 南非 澳洲 紐西蘭

交易及挖礦所在地*
○ 比特幣的主要交易商所在地
● 比特幣的主要礦場所在地
（礦場的作用是集合多人力量
以提高探勘比特幣之效率）

*挖礦是一種分散式的共識系統，用於確認交易並把交易加入區塊鏈之中。

資料來源: www.coindesk.com, avril 2016 ; en.bitcoin.it, avril 2016 ; Comité sénatorial permanent des banques et du commerce du Canada, Les crypto-monnaies : pile ou face ?, juin 2015

4 如何交易比特幣？

使用者A 可以在 kraken.com、bitcoin.de、
bitstamp.net等交易平台上買賣比特幣

使用者A 獲得一個數位地址，
即存有比特幣的電子錢包

使用者A 可以將比特幣轉帳給**使用者B**。
轉帳手續需要對應**使用者A**電子錢包的私鑰
以及用來驗證帳戶轉出的公鑰

轉帳須經過區塊鏈，
所有交易皆以區塊的形式由比特幣礦工社群**
驗證(每秒進行100億筆計算)，
並公開記錄於區塊鏈上

區塊鏈

比特幣礦工**

驗證

通過驗證

礦工可獲得25個比特幣，
2016年7月調整為12.5個，
作為解出區塊運算題的代價。
每個區塊包含多個等待確認的交易。
平均每十分鐘就有一個
含有交易資訊的新區塊進入區塊鏈。

使用者B 取得
使用者A 轉出的比特幣

**礦工是提供電腦設備，協助比特幣網絡進行數學運算的人。

Carto n° 35, 2016 © Areion/Capri

中、日、俄全面禁止金融機構使用比特幣

區塊鏈系統的特性實現了安全、匿名、分散式的交易，但它的優點同時也是缺點，因為比特幣交易較傳統的跨銀行交易更難追蹤，使得區塊鏈成為網路犯罪與洗錢的新天地。2014年，法國經濟部的反洗錢部門「打擊非法資金流動情報分析與行動小組」(Tracfin) 發表一份報告，對虛擬貨幣的非法使用提出警告，主張應加強規範。相關建議措施包括限制匿名制、設定支付上限、釐清稅制定位等，不過直到 2016 年，比特幣在法國仍然缺乏管制，世界上多數國家也是如此。

事實上，各國內部及國際之間對虛擬貨幣的法律定位尚無共識（參見圖3），例如德國和加拿大無意讓虛擬貨幣法制化，因為不希望鼓勵大眾使用；中國和日本則全面禁止金融機構使用比特幣；俄羅斯更嚴格，將使用虛擬貨幣視為涉嫌非法活動，例如洗錢或資助恐怖組織。

恐怖組織使用比特幣的現象是近來令人對虛擬貨幣抱持疑慮的另一項原因。2016 年 2 月，歐盟執委會提出一項打擊恐怖主義資金來源的行動方案，打算為歐元—比特幣交易平台建立規範。這些平台將成為「洗錢防制指令」(Anti-Money Laundering Directive) 的適用對象，依據這項指令，民眾必須經過許可或登記才能在歐洲進行虛擬貨幣交易，使實體貨幣與虛擬貨幣之間的買賣再也無法匿名。

文 • D. Amsellem

更多相關資訊：
- 比特幣法文介紹網站：　　　中文介紹網站：
- 〈瘋狂的網路世界〉（le world Wild Web），Martin Untersinger與Thibaut Soulcié著，收錄於《La Revue dessinée N° 9 》，2015年秋季號，詳請請見：https://www.larevuedessinee.fr/produit/9-2015-automne/

全球瘋遊輪：探訪五大洲最火熱的旅遊停靠點

近十幾年來，遊輪旅行大受歡迎，似乎不受全球經濟景氣起伏及恐怖攻擊的陰影所影響。2016 年 5 月，即美國與古巴斷交超過半世紀後，終於有美籍大型遊輪再度停靠在古巴的哈瓦那港；同月，法國聖納澤爾 (Saint-Nazaire) 的造船廠交出了史上最大的遊輪：海洋和悅號 (Harmony of the Seas，長 362 公尺)。全民搭遊輪的時代似乎已經來臨。

遊輪旅行是指乘客至少在船上度過兩個晚上 (在海上或河上)，船上提供食宿及休閒活動，行程可能是單向的航程，或以接駁船的形式沿途停靠可照料船舶及接待旅客的港口，最後回到出發點。大約從 2005 年起，全球遊輪市場一飛沖天 (包含海上及河上行程)。根據國際郵輪協會 (CLIA) 統計，2015 年全球遊輪旅客共 2,300 萬人 (96% 為海上行程)，之後連年攀升，2017 年達到 2,670 萬人，2018 年達到 2,820 萬人，2019 年預計會達到 3,000 萬人。反觀 2000 年僅 700 萬人，2010 年則成長至 1,910 萬人 (參見圖 1)。

此外，遊輪數量也增加了，截至 2015 年全世界有 471 艘遊輪，其中 301 艘是海上遊輪，而 2016 年有 27 艘新船交貨 (其中 9 艘為海上遊輪)，預計 2017~2026 年，將再增加 97 艘新船 (其中海上遊輪有 80 艘)。

載客總量同樣提升了，1980 年代初期，床位數還不及 5 萬張，到了 2015 年增加為 47 萬 2 千張，2019 年預計可達 51 萬 8 千張。在產業上游，法國聖納澤爾、芬蘭土庫 (Turku)、德國帕彭堡 (Papenburg) 和義大利蒙法爾科內 (Monfalcone) 的造船廠經歷了一段低潮期後，開始加速運轉，每年都交出好幾艘新的海上巨輪。遊輪公司未來幾年的大型遊輪訂單金額也預計攀升到 256.5 億美元，這項產業明顯由四大跨國企業領頭，包括：總部位於邁阿密的嘉年華遊輪集團 (CCL，2018 年市占率 39.4%，擁有歌詩達郵輪公司 [Costa Croisières])、皇家加勒比郵輪公司 (RCI，市占率 20.2%)、挪威郵輪公司 (NCL，市占率 12.6%)、地中海遊輪公司 (MSC，市占率 6.8%)。

加勒比海域吸引超過 1/3 全球遊輪遊客

遊輪旅遊市場主要集中於四大海域，涵蓋將近 1,000 個港口。為首的是加勒比—百慕達海域，2014 年選擇此地的遊客占了 37.3% (2018 年為 34.4%)。邁阿密是這一區最重要的港口，訪客數為 447 萬人次，緊追在後的是羅德岱堡—埃弗格雷斯港 (Port

Everglades-Fort Lauderdale，394 萬人次) 與卡納維拉爾港 (Port Canaveral，386 萬人次)，這三個港口都位於美國佛羅里達州 (參見 p.185)。第二大區在地中海 (參見圖 2)，2014 年占全球市場 19.9% (2018 年為 17.3%)。其中西班牙巴塞隆納是最熱門的停靠點，2014 年訪客數達 236 萬人次 (世界第 7)，法國馬賽港接待的遊客人數則為 131 萬人次 (世界第 14)。第三大區在歐洲 (不包含地中海)，2014 年占 11.1% (2018 年為 11.1%)，亞洲第四，占 4.6% (2018 年為 9.2%)，中國旅客的需求不斷攀升，帶動了東亞遊輪業的發展。在這些主要市場邊緣還有幾個次要區域，如紐澳/大洋洲占 5.2% (2018 年為 4.8%)、阿拉斯加占 4.5% (2018 年為 4.7%) 與南美洲占 3.3% (2018 年為 2.3%) 等等。整體來看，2014 年以美國遊客 1,121 萬人為最大宗 (參見 p.184 圖 3，2018 年為 1190 萬人)，遠遠超過德國遊客 177 萬人 (219 萬人) 及英國遊客 161 萬人 (193 萬人)。而中國遊客正在成長中 (2018 年 240 萬人)，前景非常樂觀 (預估 2020 年可達 250 萬人)，法國遊客僅排名第九 (2018 年為 50 萬人)。

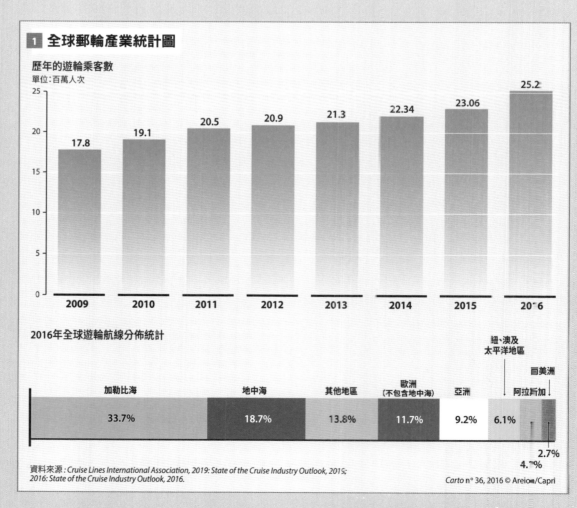

1 全球郵輪產業統計圖

歷年的遊輪乘客數
單位：百萬人次

2009	2010	2011	2012	2013	2014	2015	2016
17.8	19.1	20.5	20.9	21.3	22.34	23.06	25.2

2016年全球遊輪航線分佈統計

加勒比海	地中海	其他地區	歐洲 (不包含地中海)	亞洲	阿拉斯加	紐、澳及 太平洋地區	南美洲
33.7%	18.7%	13.8%	11.7%	9.2%	6.1%	2.7%	4.?%

資料來源 : Cruise Lines International Association, 2019: State of the Cruise Industry Outlook, 2015; 2016: State of the Cruise Industry Outlook, 2016.

Carto n° 36, 2016 © Areion/Capri

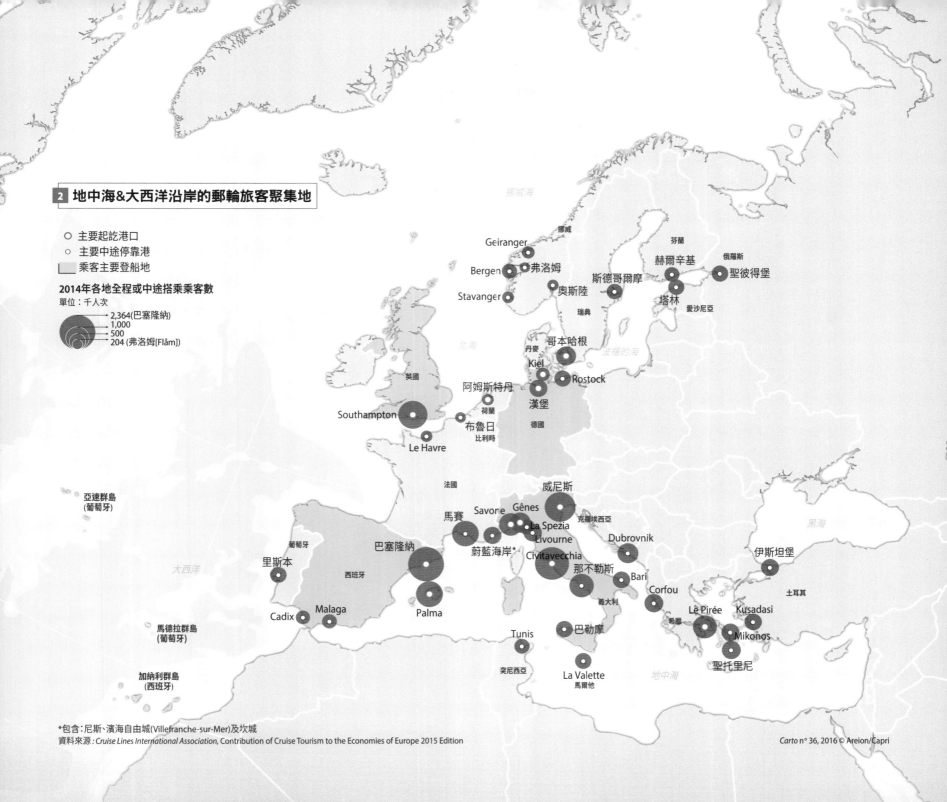

2 地中海&大西洋沿岸的郵輪旅客聚集地

○ 主要起訖港口
○ 主要中途停靠港
▭ 乘客主要登船地

2014年各地全程或中途搭乘乘客數
單位：千人次
- 2,364(巴塞隆納)
- 1,000
- 500
- 204 (弗洛姆[Flåm])

地圖標示地點：Geiranger、Bergen、弗洛姆、奧斯陸、斯德哥爾摩、赫爾辛基、聖彼得堡、塔林、Stavanger、哥本哈根、Kiel、Rostock、阿姆斯特丹、漢堡、Southampton、布魯日、Le Havre、威尼斯、馬賽、Savore、Gênes、La Spezia、Livourne、克羅埃西亞、Dubrovnik、伊斯坦堡、里斯本、巴塞隆納、蔚藍海岸、Civitavecchia、那不勒斯、Bari、Corfou、Cadix、Malaga、Palma、Tunis、巴勒摩、Le Pirée、Kusadasi、Mikonos、La Valette、聖托里尼

亞速群島(葡萄牙)、馬德拉群島(葡萄牙)、加納利群島(西班牙)

*包含：尼斯、濱海自由城(Villefranche-sur-Mer)及坎城

資料來源：*Cruise Lines International Association, Contribution of Cruise Tourism to the Economies of Europe 2015 Edition*

Carto n° 36, 2016 © Areion/Capri

遊輪不再是旅行工具，而是旅遊目的地

用大型客輪連接大西洋兩岸，追求時尚與奢華的時代已經過去，1960~1970年代風行的「銀髮專用」定點停靠行程也過時了。如今遊輪產業面臨的是百家爭鳴、大打價格戰的時代，遊輪成為一種普遍的旅行方式，豪華遊輪也成為旅人最感興趣的對象。豪華遊輪本身就是「目的地」，它的特殊之處在於頓位龐大，而且船上娛樂豐富。它是真正的海上樂園，有游泳池、賭場、購物中心、劇場、運動設施……等等。大型遊輪變成充滿異國風情、不折不扣的「遊樂船」(fun ship)，遊客彷彿自成一個孤立族群，而那些定點停靠的文化景點不過是噱頭，因為遊客往往懶得下船，只想充分享受在這座移動小島上的每一刻。遊輪公司愈來愈多，可去的地點增加了，也有更多不同的行程可選擇。各種類型的消費者都是遊輪公司的目標客群；有些公司推出環遊全球的行程，可在海上旅行超過100天，2016年8月還推出從阿拉斯加的安克拉治(Anchorage)經由北極圈的西北航道抵達紐約的行程。

巨型的豪華遊輪能承載超過6,000名旅客及2,000名工作人員，但龐大的體積並非沒有風險，2012年1月13日「歌詩達協和號」(Costa Concordia)在義大利吉廖島(Giglio)外海沉沒的事件，便造成32人遇難。當前遊輪的安全課題除了火災或船身進水時的疏散程序，還有遭遇恐怖攻擊時該如何確保乘客安全(尤其在地中海區域)。此外，工作人員的勞動條件也是一大問題，例如來自南亞或東南亞(如菲律賓)的黑工十分常見。

遊輪產業對環境造成的影響也不少。有些港口或城市因大型遊輪接二連三造訪而遭到破壞，義大利的威尼斯就是一例。雖然新一代船隻已加強回收機能，但船上排出的汙水及沉入海中的廢棄物仍對環境有極大的危害。衛生問題自然也不在話下，多起在大型遊輪上爆發的腸胃炎感染事件，證明了數千人生活於封閉的船上空間會帶來公衛風險。

縱然有以上種種問題，遊輪業毫無疑問將會繼續茁壯，預估到2025年，遊客總數將達到3,600萬人次。

文 • É. Janin

2012年各大郵輪停靠港口的遊客人次統計

超過100萬

500,001~100萬

250,001~50萬

100,001~25萬

1~10萬

2014年遊輪乘客來源國統計

單位:千人

阿拉斯加
(美國)

800
加拿大

11,210

美國

1,610
英國

590
法國

450
西班牙

太平洋

加勒比海

見放大圖

大西洋

2,840

其他國家

Carto n° 36, 2016 © Areion/Capri

資料來源 : *Cruise Lines International Association, 2016: State of the Cruise Industry Outlook, 2016 ; Cruise Market Watch, 2016*

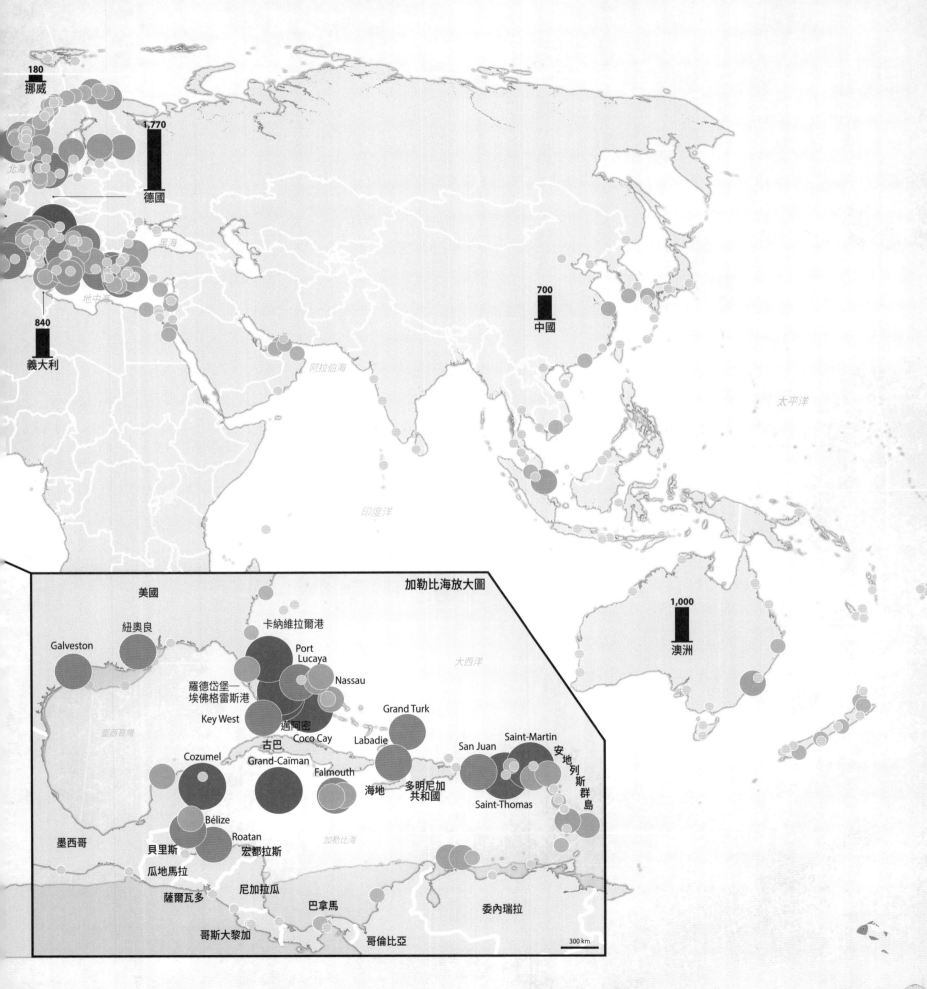

180
挪威

1,770
德國

840
義大利

700
中國

1,000
澳洲

北海

黑海

地中海

阿拉伯海

印度洋

太平洋

加勒比海放大圖

美國

紐奧良

Galveston

卡納維拉爾港

Port Lucaya

Nassau

羅德岱堡——
埃佛格雷斯港

Grand Turk

Key West

邁阿密

Coco Cay

古巴

Labadie

San Juan

Saint-Martin

Cozumel

Grand-Caïman

安地列斯群島

Falmouth

海地

多明尼加
共和國

Saint-Thomas

Bélize

Roatan

宏都拉斯

墨西哥灣

加勒比海

墨西哥

貝里斯

瓜地馬拉

尼加拉瓜

薩爾瓦多

巴拿馬

委內瑞拉

哥斯大黎加

哥倫比亞

大西洋

300 km

牛乳危機：
歐盟首次取消生產限制，全球奶價大跌

歐洲乳品業正處於風暴期❶。 整個歐洲市場缺乏管制又生產過剩，國際競爭也愈來愈激烈，導致牛乳的價格降至最低點。虧本生產的酪農業者屢屢集結於各地警署門口，宣洩不滿的情緒。以法國為例，唯有改造整個農業體系的生產模式，才能從這場危機中全身而退。

明信片上的法國鄉間總少不了佇立的牛隻與翠綠的草原，然而，這幅景色會不會很快成為泛黃的記憶呢？乳品業曾是讓法國成為農產品出口大國的重要支柱，怎能任其蕭條衰敗？這是酪農業者與乳品業者在 2016 年 2 月 27 日至 3 月 6 日的法國農產展上試圖傳達的心聲。2004 年時法國尚有 10 萬 3 千家乳品業者，到了 2013 年，儘管平均飼養量提升，但只剩下不到 6 萬 7 千家，至今業者數量仍以每年 3~4% 的速率持續下滑。乳品業在 2015 年仍能提供 25 萬個工作機會，營業額達到 277 億歐元，但這些經濟指標可能會因現在及未來將面臨的困境而惡化。

解除生產管制，導致供給過剩

2015 年發生了一連串令人不愉快的事件。首先是歐盟取消 1984 年建立的牛乳配額限制。這個制度限制了各會員國的牛乳產量，只給予各國一定的生產配額，以解決歐洲牛乳長期生產過剩、儲藏成本高昂、不利產業經營的問題。這讓歐洲的牛乳生產不受市場法則左右，但歐盟仍然成功躋身全球最大牛乳生產地 (參見 p.188~189 圖 3、圖 4)。根據 2014 年統計，歐盟各國牛乳產量為 1,510 億公升 (占全球產量的 19.5%，美國則占 14.1%，印度 9.8%)，其中 246 億公升來自法國，而法國也對國內各省實施配額，使每個地區儘管地理條件不同，皆可讓一定數量的酪農業者得以生存。

依據共同農業政策 (PAC) 的方針，歐盟在 2000 年代初就決定於 2015 年 4 月 1 日取消配額制，好讓歐洲各國的牛乳產量擁有更多成長空間。2015 年 4~12 月，歐盟整體產量增加了 4.3%，其中荷蘭 (2015 年較 2014 年增加 10%) 及愛爾蘭 (增加 16%) 的成長尤其明顯。隨著歐洲市場解除管制，產量大增，牛乳售價也直線下跌。2014 年，每噸牛乳售價達到 365 歐元，2015 年跌到 309 歐元，2016 年 3 月再跌到 296 歐元。

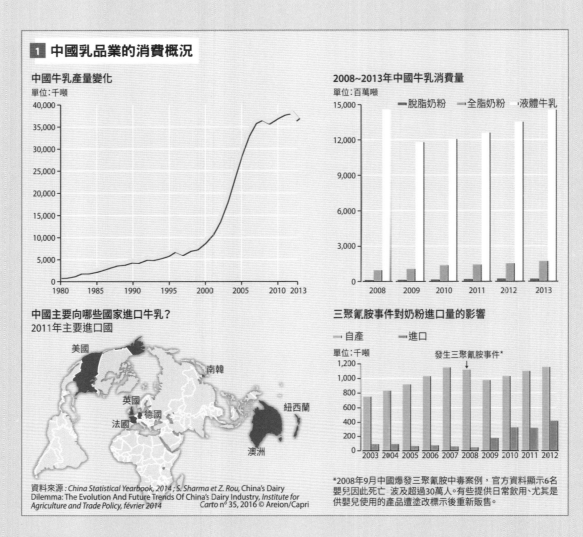

1 中國乳品業的消費概況

中國牛乳產量變化
單位：千噸

2008~2013年中國牛乳消費量
單位：百萬噸
■ 脫脂奶粉 ■ 全脂奶粉 ■ 液體牛乳

中國主要向哪些國家進口牛乳？
2011年主要進口國

美國
南韓
英國
德國
法國
紐西蘭
澳洲

三聚氰胺事件對奶粉進口量的影響
─ 自產 ─ 進口
單位：千噸
發生三聚氰胺事件*
2003 2004 2005 2006 2007 2008 2009 2010 2011 2012

資料來源：*China Statistical Yearbook, 2014*；*S. Sharma et Z. Rou, China's Dairy Dilemma: The Evolution And Future Trends Of China's Dairy Industry, Institute for Agriculture and Trade Policy, février 2014*

*2008年9月中國爆發三聚氰胺中毒案例，官方資料顯示6名嬰兒因此死亡，波及超過30萬人。有些提供日常飲用、尤其是供嬰兒使用的產品遭塗改標示後重新販售。

Carto n° 35, 2016 © Areion/Capri

壓垮酪農的稻草：中國奶粉內需劇減、俄羅斯食品禁運

不過，取消配額制並非此次危機的唯一肇因。同一時期，全球牛乳的需求量也急速降低。2014 年底，曾於 2012 年躍升全球乳品第一大進口國的中國，因經濟疲軟、內需減少，加上在數年間屯積巨量奶粉導致進口減少，使歐洲牛乳出口商失去部分市場 (見圖 1)。這個亞洲大國的牛乳產量只占全球 5.5%。除了中國因素外，歐盟還在烏克蘭危機爆發後，於 2014 年 8 月宣布對俄羅斯實施禁運 (經濟制裁)，此舉也擠壓了歐洲、特別是法國牛乳的外銷空間 (法國所產牛乳 40% 皆銷往國外)。

這雖然不是法國乳品業或歐洲乳品業第一次遇上危機，但這次事件卻是重大的轉折點。從此以後，相關業者必須隨全球

市場的需求變化而起伏，無法再依靠牛乳配額制這樣的價格保障機制。還好，法國乳品業有能力抵抗這場危機，法國是僅次於德國的歐洲第二大牛乳生產國，擁有數家乳品大廠，如拉克塔利斯集團 (Lactalis，全球第一大乳品及乳酪製造商，參見圖2)、達能集團 (Danone，新鮮乳製品第一品牌) 及貝爾公司 (Bel，生產笑牛牌乳酪 [La vache qui rit®])。此外，法國在酪農戶高度集中的地區 (例如牛乳生產者占全國 19.4% 的布列塔尼 [Bretagne]) 還有許多由生產者組成的合作社。而中國的聖元國際集團 (Synutra，中國第三大嬰兒營養食品品牌) 為了在布列塔尼的卡艾 (Carhaix) 及諾曼第的梅奧蒂 (Méautis) 生產奶粉，也不斷投入資金建造乾燥塔。

法國：酪農生產效率極低，牛隻飼養數少於德國 20 餘倍

面對飼養模式的轉型與生產力的競爭，某些條件極差的地區很可能面臨酪農業完全消失的危機。法國索姆省 (Somme) 德

呂卡鎮 (Drucat) 的「千牛牧場」(ferme des mille vaches) 便是一個活生生的例子，象徵傳統「法國式」家族經營的酪農業已走到盡頭。法國酪農戶平均乳牛飼養數量表現不佳，1990 年為 25 頭，2015 年才 55 頭 (反觀德國酪農戶動輒擁有 1,500 頭乳牛)，顯示出未來的乳品業需要集中化經營、引入現代化的生產設備、提高投資報酬率 (荷蘭乳牛的產乳量平均比法國多 20%)、提高生產力，並著重發展優質產品 (有機牛奶只占總收乳量的 2.1%)。面對全球乳品業地緣政治版圖重組，法國乳品業亦需掌握發展中的潛在消費市場。不過，法國擁有 150 頭乳牛以上的酪農戶，已從 2011 年的 370 戶成長為 2014 年的 829 戶，可見法國乳品業已經走上轉型之路。

文 ● É. Janin

❶本文僅限於牛乳市場分析，牛乳占 2014 年法國總收乳量的 97.2%，山羊奶占 1.8%，綿羊奶占 1%。

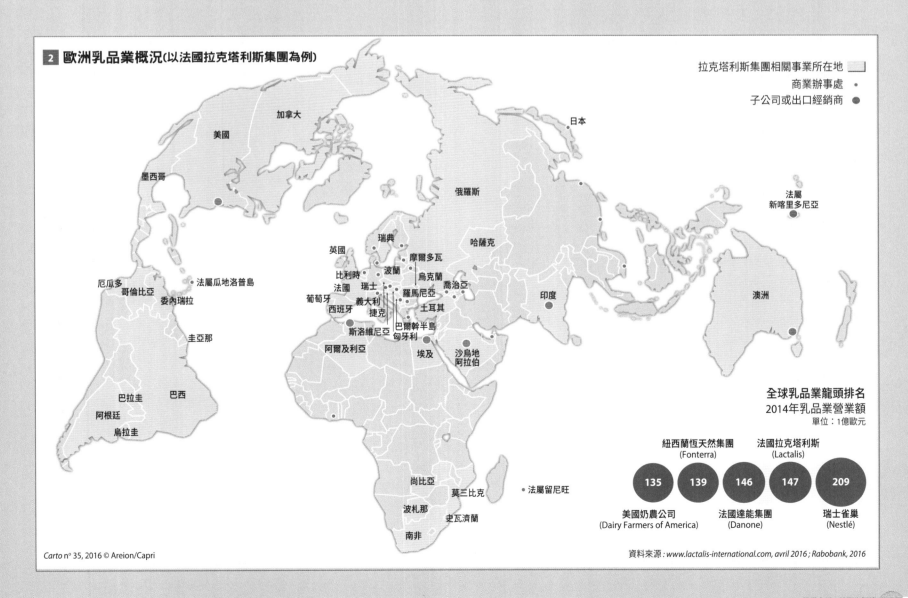

2 歐洲乳品業概況(以法國拉克塔利斯集團為例)

拉克塔利斯集團相關事業所在地 ▨
商業辦事處 ●
子公司或出口經銷商 ●

加拿大　美國　墨西哥　日本　法屬新喀里多尼亞　俄羅斯　哈薩克　瑞典　英國　比利時　波蘭　摩爾多瓦　烏克蘭　喬治亞　印度　澳洲　厄瓜多　哥倫比亞　法屬瓜地洛普島　委內瑞拉　葡萄牙　法國　瑞士　義大利　羅馬尼亞　土耳其　西班牙　捷克　斯洛維尼亞　巴爾幹半島　匈牙利　埃及　沙烏地阿拉伯　阿爾及利亞　圭亞那　巴拉圭　巴西　阿根廷　烏拉圭　尚比亞　莫三比克　法屬留尼旺　波札那　史瓦濟蘭　南非

全球乳品業龍頭排名
2014年乳品業營業額
單位：1億歐元

紐西蘭恆天然集團 (Fonterra)　法國拉克塔利斯 (Lactalis)

135　139　146　147　209

美國奶農公司 (Dairy Farmers of America)　法國達能集團 (Danone)　瑞士雀巢 (Nestlé)

Carto n° 35, 2016 © Areion/Capri

資料來源：www.lactalis-international.com, avril 2016；Rabobank, 2016

紐西蘭

中國

印度

俄羅斯

巴基斯坦

美國

歐盟

土耳其

巴西

資料來源: *FAOSTAT, avril 2016*

太平洋

大西洋

太平洋

印度洋

2013年各國牛乳產量
單位：千噸

135,600(印度)

40,000

20,000

10,000

5,000

100 (馬拉威)

註：僅標示產量超過10萬噸之國家。

資料來源: *FAOSTAT, avril 2016*
Carto nº 35, 2016 © Areion/Capri

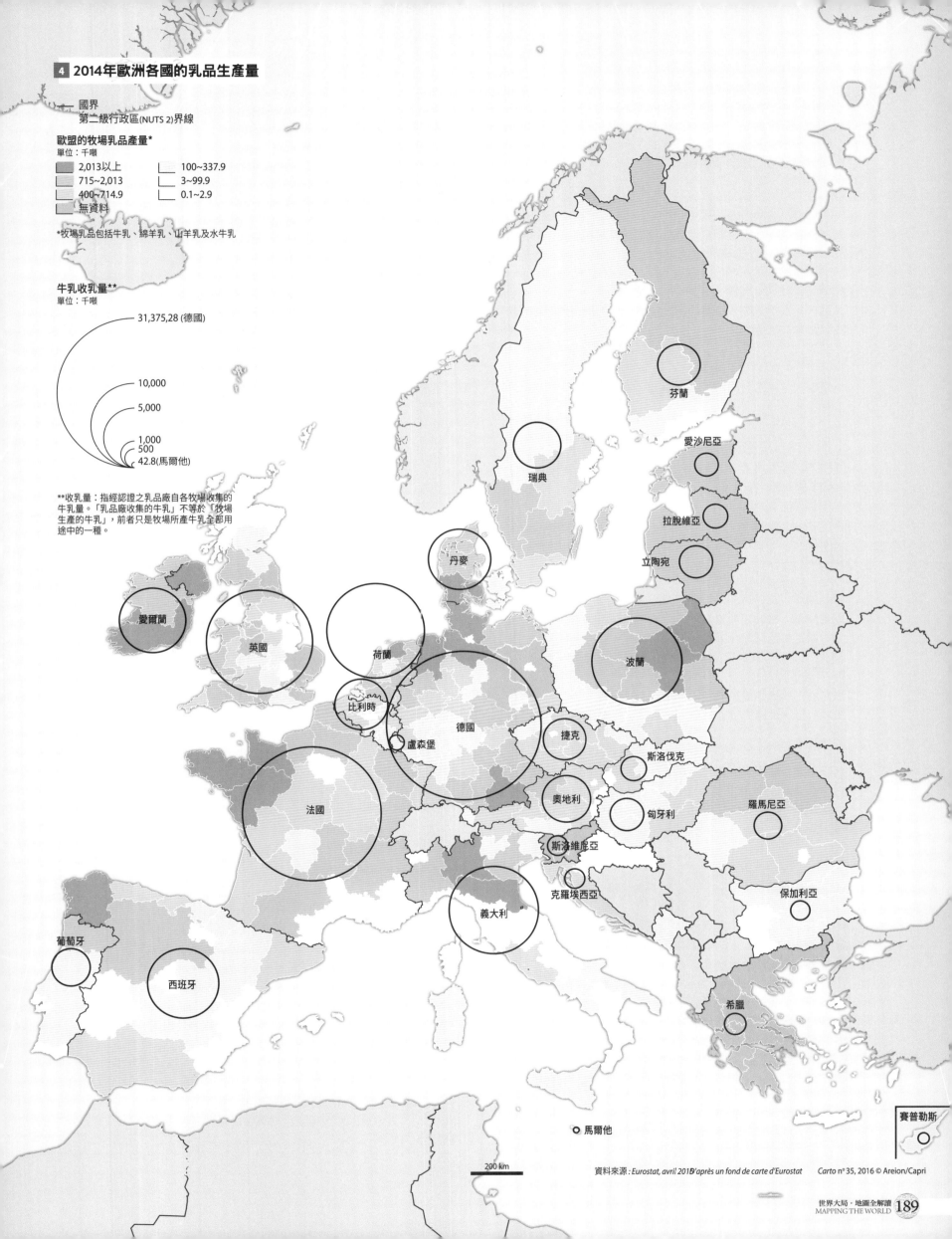

4 2014年歐洲各國的乳品生產量

國界
第二級行政區(NUTS 2)界線

歐盟的牧場乳品產量*
單位：千噸

■ 2,013以上
■ 715~2,013
■ 400~714.9
□ 無資料

□ 100~337.9
□ 3~99.9
□ 0.1~2.9

*牧場乳品包括牛乳、綿羊乳、山羊乳及水牛乳

牛乳收乳量**
單位：千噸

31,375,28 (德國)

10,000

5,000

1,000
500
42.8(馬爾他)

**收乳量：指經認證之乳品廠自各牧場收集的
牛乳量。「乳品廠收集的牛乳」不等於「牧場
生產的牛乳」，前者只是牧場所產牛乳全部用
途中的一種。

芬蘭
瑞典
愛沙尼亞
拉脫維亞
立陶宛
丹麥
愛爾蘭
英國
荷蘭
波蘭
比利時
德國
盧森堡
捷克
斯洛伐克
奧地利
匈牙利
羅馬尼亞
法國
斯洛維尼亞
克羅埃西亞
保加利亞
義大利
葡萄牙
西班牙
希臘
馬爾他
賽普勒斯

200 km

資料來源：Eurostat, avril 2015 d'après un fond de carte d'Eurostat   Carto n° 35, 2016 © Areion/Capri

大衛・安瑟朗（David Amsellem）

地緣政治學博士、能源及近東政治議題專家和卡西尼顧問公司（Cassini Conseil）國家風險顧問。

維多莉亞・巴舍雷（Victoria Bachelet）

法國巴黎第七大學「遙測技術及空間資訊之環境應用學」碩士第二階段研究生。

法布里斯・巴朗奇（Fabrice Balanche）

地理學家、法國里昂第二大學講師，華盛頓近東政策研究所訪問學者。

蜜莉安・本哈德（Myriam Benraad）

愛爾蘭利默里克大學（University of L merick）政治學講師，阿拉伯與穆斯林世界學術研究中心（IREMAM）副研究員。著有《伊拉克，歷史的反撲：從遭到外國占領到伊斯蘭國》（暫譯，Irak, la revanche de l'histoire : De l'occupation étrangère à l'État islamique）與《伊拉克：從巴比倫到伊斯蘭國》（暫譯，Irak : de Babylone à l'État islamique）。

讓—保羅・布爾第（Jean-Paul Burdy）

歷史學家、格勒諾勃政治學院（Sciences Po Grenoble）「地中海及中東之整合與變化」碩士學程副教授。

泰奧廷・夏柏（Théotime Chabre）

畢業於巴黎國際事務學院（PSIA），現為記者及學者，研究主題為移民及難民遷徙現象、中東強迫失蹤案例。

伊莎貝拉・達米亞尼（Isabella Damiani）

凡爾賽大學地理學講師，「全球化、衝突、地域及其弱點研究中心」（CESICE）研究員。著有《中亞地緣政治：在歐洲與中國之間，歐亞大陸的中心》（暫譯，Géopolitique de l'Asie centrale. Entre Europe et Chine : le cœur de l'Eurasie）。

吉雍・傅蒙（Guillaume Fourmont）

《Carto》雜誌及《Moyen-Orient》雜誌主編。

提斯坦・于黑（Tristan Hurel）

曾於《Diplomatie》雜誌及《Green Innovation》雜誌擔任記者。畢業於格勒諾勃政治學院，研究領域為能源議題。

達里歐・英古斯托（Dario Ingiusto）

曾於義大利及法國接受製圖訓練，2010年起成為獨立製圖師，合作對象主要有《世界報》（Le Monde）、製圖仲介所Légendes Cartographie、當代地緣政治變化研究中心Cartographier le présent以及《Carto》雜誌與《Moyen-Orient》雜誌。

艾瑞克・賈南（Éric Janin）

通過地理科最高教師資格國家會試，現任蘇鎮（Sceaux）拉卡納爾高中（lycée Lakanal）高等學院預備班資深教席。《法國

十八大區》（暫譯，Les 18 régions françaises）作者及編者，曾為納坦出版社（Natan）編纂多本學校教材。

切馬丹・拉博德（Xemartin Laborde）

《世界報》製圖師，亦為《Hérodote》雜誌製圖。畢業於巴黎第八大學法國地緣政治研究所（IFGeopolitique）及國立地理科學學院（ENSG）。

雨果・列斐伏爾（Hugo Lefebvre）

地理學及地緣政治學博士，專長為美國都市及不動產問題。現為GFI企業轉型顧問公司（GFI Business Transformation）顧問。

尚—巴提斯特・莫代（Jean-Baptiste Maudet）

波城大學（JPPA）地理系講師，法國國家科學研究中心（CNRS）「Passages UMR 5319」研究室成員。著有《牛之國》（暫譯，Terres de taureaux），與菲德烈・索馬德（Fédéric Saumade）合著有《牛仔、小丑與鬥牛士：美洲的轉身》（暫譯，Cowboys, clowns et toreros : L'Amérique réversible）。

尼可拉・赫司樂（Nicolas Ressler）

法國巴黎第八大學法國地緣政治研究所博士生，研究主題為土耳其的都市地緣政治。

卡洛琳・洪善（Caroline Ronsin）

國際移民組織（IOM）研究員兼顧問。

娜希迪・胡依艾（Nashidil Rouiaï）

文化政治地理學博士，專攻中國及香港議題。研究主題與空間表徵（représentation spatiale）有關，尤其是電影中的空間表徵及其對地緣政治的影響。

克萊蒙・譚姆（Clément Therme）

倫敦國際戰略研究所（IISS）中東研究計畫研究員。著有《1979年後的俄羅斯與伊朗關係》（暫譯，Les relations entre Téhéran et Moscou depuis 1979）。

傑宏・居比安納（Jérôme Tubiana）

學者，專長為蘇丹、南蘇丹及查德議題，主要研究這三個國家的武裝組織及衝突，合作對象有日內瓦的武器研究小組Small Arms Survey、國際危機組織（International Crisis Group）、多個人道救援組織（反飢餓行動[Action contre la faim]、無國界醫生[Médecins sans frontières]）、美國和平研究所（JSIP），並參與非洲聯盟及聯合國對達佛地區的衝突調停工作，以及任職聯合國安理會的蘇丹問題專家小組。

帝坎・葉甘米昂（Tigrane Yégavian）

記者。畢業於巴黎高等政治學院及法國東方語言文化學院（INALCO），為中東問題及葡語世界專家。著有《聖山下的亞美尼亞》（暫譯，Arménie : Au pied de la montagne sacrée）。

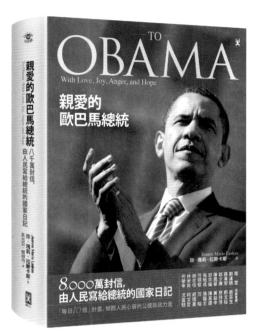

作者／珍‧瑪莉‧拉斯卡斯（Jeanne Marie Laskas）

親愛的歐巴馬總統
8,000萬封信，由人民寫給總統的國家日記
To Obama: With Love, Joy, Anger, and Hope

歐巴馬執政8年，白宮每天都會收到上萬封民眾來信；
每天晚上，歐巴馬都會閱讀其中10封國民來信，
這些信件構成了一幅龐大的美國群像，
從中我們可以看見美國人民對同性婚姻、全民健保、槍枝暴力、濫殺黑人、
沉重房貸、失業問題……等等重大議題的真實心聲，
也能看見「美國夢」之下實際生活的殘酷與理想、希望與失望，
而歐巴馬充滿同理心的回信，
則帶我們看見他對「民主」以及「與人民保持互動」抱持的堅定信念。

本書收錄了150封最令人印象深刻的國民信件，
是一本最全面綜覽美國社會的感人執政日記。

▲ 從超過8,000萬封信中整理出的文字雲。

每天讀信讓我記得，
擔任總統時重要的不是我自己，
不是華府的政治算計，更不是政治分數。
最重要的應該是外面正努力生活的人民，
他們有的正在尋求幫助，
有的則很生氣我把事情搞砸了。
——歐巴馬

▼ 亞利桑那州的艾蜜莉寫信告訴歐巴馬，自己的兒子在槍擊事件中身亡，請求總統禁止攻擊性武器。

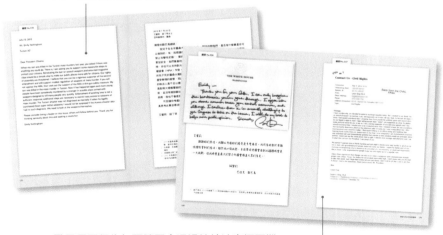

▲ 歐巴馬回信告知要讓國會通過控槍法案極困難，但他已經先簽署23項控槍行政命令。

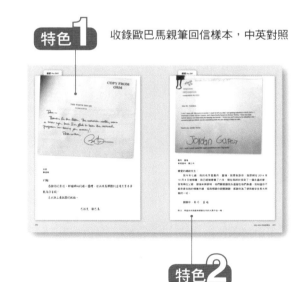

特色1 收錄歐巴馬親筆回信樣本，中英對照

特色2 收錄國民來信原始樣本，中英對照

特色3 信件內容廣泛，包括軍中自殺問題、藥物濫用危害、小學生作業檢討……等等。

各界感動推薦
何榮幸｜沈雲驄｜林昶佐｜柯文哲｜胡忠信｜
胡培菱｜范琪斐｜范疇｜張旭成｜張鐵志｜
郭崇倫｜陳其邁｜陳鳳馨｜黃益中｜趙少康｜
蔡詩萍｜蔣萬安 立法委員｜鄭文燦｜鄭運鵬｜
嚴震生｜蘭萱

作者：法蘭克‧川特曼
（Frank Trentmann）

作者：徐志斌

爆買帝國

從需要到渴望，消費主義席捲全球600年文明史

★博客來選書、金石堂強力選書
★一本價值500萬英鎊的拜金、拜物史詩

第一本完整談論「消費」的社會觀察巨作
從一根金線到一塊貂皮，從借貸賒帳到信用貸款，從譴責奢侈到擁抱拜物，
我們如何將全世界都變成我們的超級市場？
‧用一根銀湯匙看15世紀義大利工匠的消費水準；
‧用一塊棉布看大英帝國對印度的愛恨情仇；
‧從一台洗衣機看婦女解放；
‧從一本主婦家計簿看日本的經濟國策……

本書作者歷時12年、耗資500萬英鎊主持「消費文化計畫」，跨界結合60多
位專家研究，縱覽15～21世紀消費文明史，橫跨地緣政治、社會階級、當代
科技等多元面向，從「物質」看消費對文明進程的改變與影響！

小群效應

席捲海量用戶的隱形力量

★中國互聯網三巨頭「騰訊、百度、豆瓣」的社群操作聖經！
★超過20億用戶一手核心數據，首度公開！
★深度解讀「社群行銷」的最強工具書！

中國社群經營高手徐志斌，匯集了王者榮耀、滴滴出行、狼人殺……等，超
過60個國民社群、APP產品的營運祕訣，深度解析他們如何靠10幾人的小
群，創造出爆發式的成長，成為現在的互聯網獨角獸！

本書將教你：
‧利用小型社群獲得海量用戶
‧持續黏住客戶，提高粉絲留存率
‧把虛的「瀏覽率」，轉化成實的「銷售率」
‧找到可變現的社群經營模式，獲取收入

作者：陳雨露、楊棟

作者：陳雨露、楊棟

世界金融大歷史3000年

從古希臘城邦經濟到華爾街金錢遊戲

★誠品、金石堂、博客來暢銷榜
★IMF國際貨幣基金組織副總裁朱民推薦閱讀

3千年來，歷史總是不斷重演，金融巨輪如何推動歷史進程？
‧希臘雅典與斯巴達城邦打仗，需要軍費、糧食，因而催生海事借貸
‧想要賺更多錢驅使商人優化交易方式，荷蘭商人發明：交易所、信託、公
司、期貨
‧1992年歐洲12國簽訂「馬斯垂特條約」，歐元區逐步成為抗衡美國的重要
經濟體

歷史上的關鍵人、事、物究竟主導了哪些金融政策？金融政策又如何改變國
家的勢力範圍？本書將以金融角度解讀世界通史，我們將發現文明與政權版
圖的興亡，大多與金錢遊戲息息相關！

中國金融史

從西周封建經濟到唐朝盛世真相（西元前1046～西元907年）
從史上最富有的兩宋到錯失全球霸主的大明朝（西元960～1544年）

★誠品暢銷榜、金石堂強推選書
★經濟學家才能發掘的歷史真相

**本書從「錢」的角度解讀中國歷史，顛覆傳統政治史觀，改變你以往熟
悉的歷史！**
‧劉備與諸葛亮兩次貨幣改革，搞垮蜀漢經濟，是蜀漢敗於曹魏的關鍵？
‧唐朝貞觀盛世，其實是李世民欺騙史家的謊言：當時黃河水災連年不斷，
民戶數僅剩300萬戶，遠低於隋煬帝800萬戶、武則天600萬戶
‧北宋積弱，為何經濟生產力卻是唐朝的兩倍？
‧南宋只有半壁江山，卻是第一代世界海上貿易締造者，和世界50多個國家
貿易！
‧明朝曾經擁有世界一半以上的白銀，卻錯失全球霸主地位！